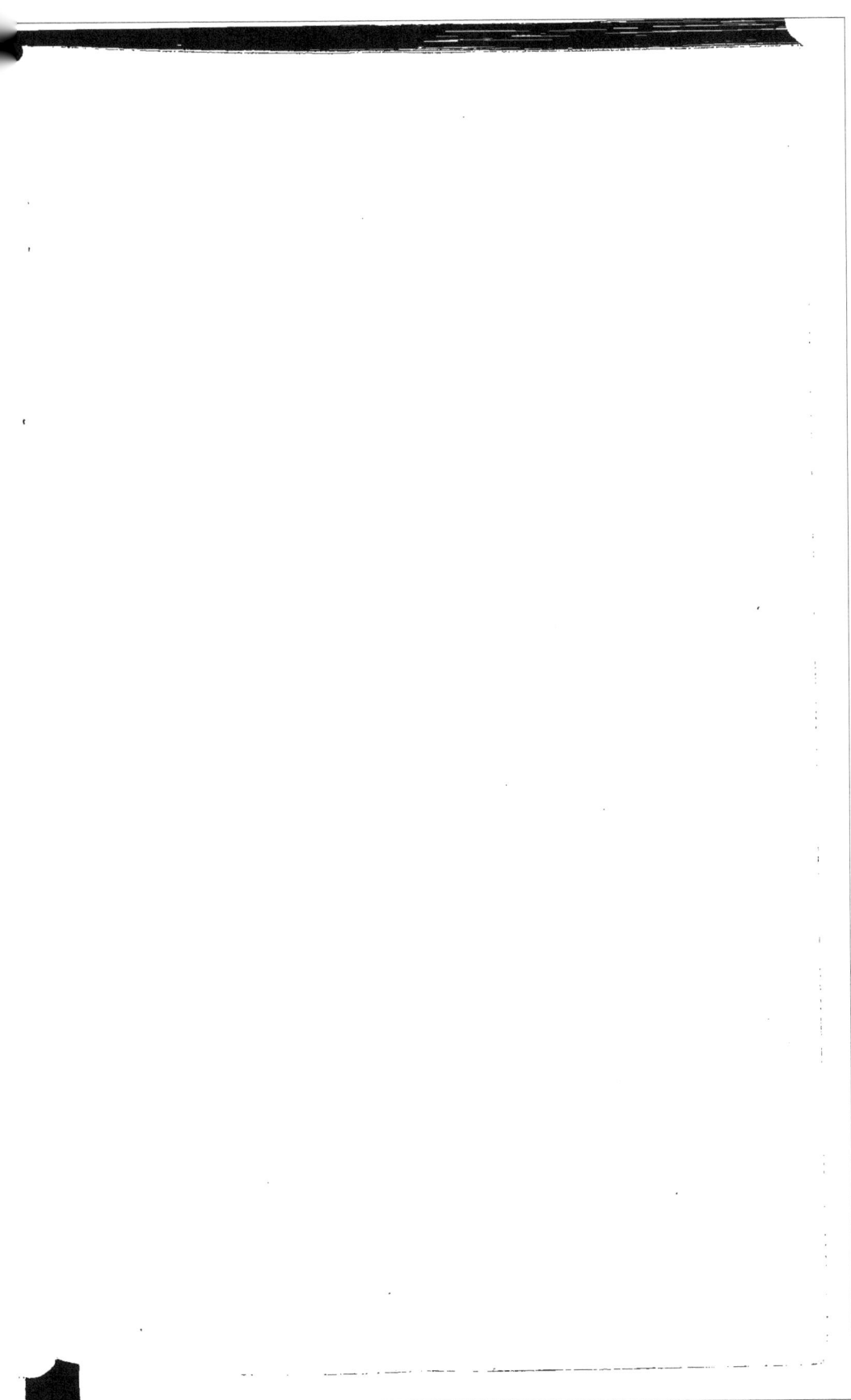

—⧸⧹⟋⟍o—

PARIS. — IMPRIMÉ PAR E. THUNOT ET Cie,

Successeurs de FAIX et THUNOT, 26, rue Racine, près de l'Odéon.

—⟋⟍⧸⧹o—

COMMENTAIRE

DE LA LOI DU 13 DÉCEMBRE 1848

SUR LA

CONTRAINTE PAR CORPS

ET DU TARIF DU 24 MARS 1849;

PRÉCÉDÉ

DES TRAVAUX PRÉPARATOIRES DE CETTE LOI

ET SUIVI DU

CODE DES CONTRAIGNABLES PAR CORPS.

PAR M. HIP. DURAND

(Seine-et-Oise),

ANCIEN MEMBRE DE L'ASSEMBLÉE CONSTITUANTE.

———◆———

PARIS.

VIDECOQ FILS AÎNÉ, ÉDITEUR,

LIBRAIRE DU TRIBUNAL DE COMMERCE,

1, PLACE DU PANTHÉON.

MADRID, BAILLY-BAILLIÈRE, CALLE DEL PRINCIPE, 11.

———

1850

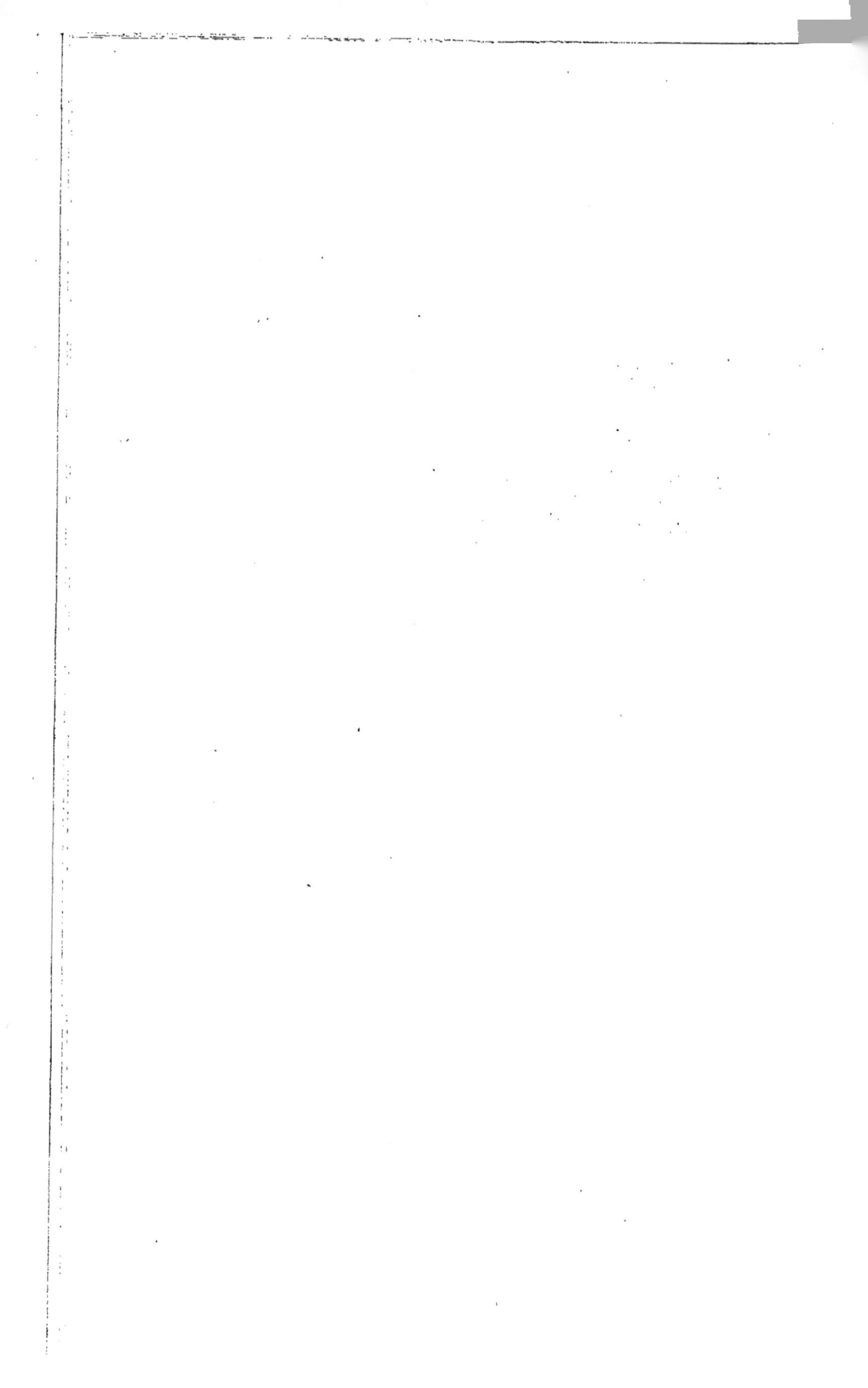

PRÉFACE.

Bien que ce livre ne soit pas un traité sur la contrainte par corps, il fait connaître l'ensemble de la législation actuelle sur cette matière. L'ouvrage est divisé en quatre parties.

La première comprend l'élaboration de la nouvelle loi. On y trouvera l'exposé de ses motifs, les diverses propositions qui ont été faites pour améliorer chez nous l'emprisonnement pour dettes, les discussions de l'Assemblée constituante sur cet important sujet. En présence des réclamations d'un grand nombre de chambres de commerce et de tribunaux consulaires, à la tête desquels se trouvaient celui de Paris et la Banque de France, et qui tous demandaient avec instance le rétablissement de la contrainte par corps comme un nerf indispensable à la res-

tauration du crédit; en présence de l'avis conforme du comité du commerce et de l'industrie
de l'Assemblée, il ne sera plus permis de dire
que le commerce ne croit pas que cette voie
d'exécution soit nécessaire.

La seconde partie, qui contient le premier
commentaire qui ait été fait de la loi du 13 décembre 1848, forme le complément de tous les
ouvrages de doctrine publiés antérieurement sur
la contrainte par corps. Cette loi a opéré de
nombreuses modifications, principalement dans
celle du 17 avril 1832; mais il est difficile de les
saisir à première vue, parce que les abrogations
sont moins expresses qu'implicites. La part que
l'auteur a prise comme rapporteur à la rédaction
de la loi nouvelle lui a permis d'en développer
le véritable esprit dans le commentaire que nous
publions.

La troisième partie se recommande comme
l'œuvre d'un praticien. L'expérience acquise par
l'auteur dans un long exercice de la profession

d'avoué, lui a servi à prévoir et à résoudre plusieurs difficultés assez sérieuses que présente
l'application du tarif du 24 mars 1849.

Le *Code des contraignables par corps*, qui compose la quatrième partie, renferme toutes les
dispositions des lois encore en vigueur sur l'emprisonnement pour dettes. Cette collection évi-
tera de nombreuses recherches aux magistrats
et aux jurisconsultes, et elle sera consultée avec
fruit par les publicistes qui s'occupent de l'examen de la question de savoir si la contrainte par
corps doit être conservée dans notre législation.
Ils pourront ainsi embrasser cette thèse sur
toutes ses faces, et éviter de la prendre seulement
par un de ses côtés, comme ils l'ont fait toujours
jusqu'à présent. Enfin, lorsque le législateur
portera son attention sur cette partie de nos
Codes, il saisira aisément d'un seul coup d'œil
quels sont les points qui appellent des réformes.

TRAVAUX PRÉPARATOIRES

DE LA LOI DU 13 DÉCEMBRE 1848

SUR LA

CONTRAINTE PAR CORPS.

Le gouvernement provisoire, en ouvrant les portes des prisons pour dettes après la révolution de février, ne proclama pas l'abolition de la contrainte par corps ; il imposa seulement une trêve aux poursuites des créanciers, et réserva à l'Assemblée constituante la solution de la question de savoir si la loi maintiendrait le droit de faire incarcérer certains débiteurs.

Voici comment s'exprime le décret rendu dans cette occasion :

« Le gouvernement provisoire de la République,
» Sur le rapport du ministre de la justice ;
» Considérant que la contrainte par corps, ancien
» débris de la législation romaine, qui mettait les per-
« sonnes au rang des choses, est incompatible avec
» notre nouveau droit public ;
» Considérant que, si les droits des créanciers mé-
» ritent la protection de la loi, ils ne sauraient être

1

» protégés par des moyens que repoussent la raison et
» l'humanité ; que la mauvaise foi et la fraude ont leur
» répression dans la loi pénale ; qu'il y a violation de
» la dignité humaine dans cette appréciation , qui fait
» de la liberté des citoyens un équivalent légitime
» d'une dette pécuniaire ;

» Décrète :

» Dans tous les cas où la loi autorise la contrainte
» par corps, comme moyen pour le créancier d'obtenir
» le payement d'une dette pécuniaire , cette mesure
» cessera d'être appliquée jusqu'à ce que l'Assemblée
» nationale ait définitivement statué sur la contrainte
» par corps.

» Fait à Paris , le 9 mars 1848.

» *Les membres du gouvernement provisoire* ,

» *Signé* , Dupont (de l'Eure), Lamartine ,
» Marrast, Garnier- Pagès, Albert, Ma-
» rie, Ledru-Rollin, Flocon, Ad. Cré-
» mieux, Louis Blanc, Arago. »

Quelque absolus que fussent les termes par lesquels
ce décret interdisait l'exercice de la contrainte par
corps, ses auteurs ne tardèrent pas à trouver qu'on
devait admettre des exceptions à la prohibition qu'il
portait. Dès le 23 mars, M. Crémieux, ministre de la
justice, écrivit aux procureurs généraux : « Les stel-
» lionataires sont débiteurs frauduleux ; les débiteurs
» d'amendes pour délits, les débiteurs de dépens, en
» matières pénales, sont de mauvaise foi ; le décret
» sur l'abolition de la contrainte par corps ne les con-
» cerne pas. »

Quelque temps après, la commission du pouvoir exécutif prit un arrêté ainsi conçu :

« La commission du pouvoir exécutif :

» Vu le décret du 9 mars dernier, portant que dans » tous les cas où la loi autorise la contrainte par corps, » comme moyen pour le créancier d'obtenir le paye- » ment d'une dette pécuniaire, cette mesure cessera » provisoirement d'être appliquée ;

» Considérant que le décret n'a pas eu en vue de » prohiber la contrainte employée comme moyen de » répression en matière criminelle, correctionnelle, ou » de simple police, ni de déroger aux lois spéciales » qui autorisent, dans certains cas déterminés, l'ar- » restation préventive des délinquants ;

» Que si la prohibition pouvait être considérée » comme générale et absolue, il en résulterait, no- » tamment en ce qui concerne le département des » finances, que la perception de l'impôt et la conser- » vation des forêts nationales seraient gravement com- » promises ; attendu que les délinquants forestiers et » ceux qui contreviennent aux lois sur les douanes et » les contributions indirectes, *étant la plupart complé-* » *tement insolvables*, l'administration, faute de la seule » sanction pénale qui lui reste le plus souvent, se » trouverait dans l'impossibilité d'empêcher la dévas- » tation des forêts, et de comprimer la fraude et la » contrebande ;

» Sur la proposition du ministre des finances,

» Arrête :

» Le décret du 9 mars 1848, sur la contrainte par » corps, n'est pas applicable au recouvrement des

» amendes et réparations prononcées au profit de
» l'État, en matière criminelle, correctionnelle ou de
» simple police, et ne déroge point aux lois pénales
» qui autorisent avant jugement l'arrestation des dé-
» linquants.

   » Les ministres seront chargés, chacun en ce qui le
» concerne, de donner des ordres en conséquence.

   » Paris, le 19 mai 1848.

        » *Les membres de la commission du pouvoir*
          » *exécutif,*

      » *Signé,* ARAGO, GARNIER-PAGÈS, MARIE,
       » LAMARTINE, LEDRU-ROLLIN.

    » *Par la commission du pouvoir exécutif,*

             » *Signé,* E. DUCLERC. »

La circulaire et l'arrêté prouvent que des protesta-
tions n'avaient pas tardé à se produire contre le
décret du 9 mars 1848.

A peine l'Assemblée constituante fut-elle réunie,
qu'une multitude de pétitions lui demanda de le rapporter. La plupart émanaient de négociants de
villes importantes qui s'étaient réunis pour exprimer
collectivement leurs plaintes. Des tribunaux consulaires, des chambres de commerce avaient joint à ces
réclamations le poids de leur autorité.

M. Labordère, représentant du peuple, déposa une
proposition par laquelle il demandait l'abrogation
pure et simple du décret du 9 mars. Cette proposition
fut renvoyée au comité de législation qui nomma,
pour l'examiner, une sous-commission composée de

MM. Gaslonde, Farconet, Kling, Laflige et H. Durand (Seine-et-Oise).

Le commerce de la capitale n'était pas resté indiffé-
rent à cette importante question. Le conseil de la
Banque chargea MM. d'Argout, Gauthier et Vernes de
se mettre en communication avec la sous-commission,
et de lui présenter des observations sur la nécessité de
rétablir la contrainte par corps.

Le tribunal consulaire de Paris donna la même
mission à son président, et formula ainsi son opinion
sur ce sujet :

Opinion émise par le Tribunal de commerce de Paris sur la question
de la contrainte par corps en matière de commerce.

Avant d'examiner le principe de la contrainte par
corps, en matière de commerce, et les divers points
qui se rattachent à cette grave question, il y a lieu de
rappeler sommairement les dispositions de loi qui tou-
chent cette matière et de se rendre compte des conséquences produites durant ces dernières années par
l'application de la loi de 1832.

La contrainte par corps, en matière commerciale,
remonte à l'origine la plus reculée.

Dans l'antiquité grecque et romaine, la personne du
débiteur était le gage du créancier.

Sous l'ordonnance de 1566 due à L'Hospital, les
débiteurs condamnés par corps par les juge et consuls,
n'avaient droit à aucun délai.

Sous les ordonnances de 1667, 1673 et 1681, les
juges, en matière commerciale, avaient la faculté de
prononcer la contrainte.

La loi du 24 août 1790 sur l'organisation judiciaire porte, titre XII, article 5, que la contrainte par corps continuera d'avoir lieu pour l'exécution des jugements de la juridiction consulaire.

Elle fut abolie le 9 mars 1793, rétablie le 24 ventôse an V, et confirmée les 15 germinal et 4 floréal an VI.

C'est sous l'empire de ces dernières dispositions qu'ont procédé les tribunaux de commerce jusqu'au 17 avril 1832.

Antérieurement à cette époque, il était de jurisprudence de ne prononcer la contrainte que pour des condamnations de 100 francs et au-dessus ; sa durée, quel que fût le chiffre de la dette, était de cinq années, conformément à l'article 18 du titre III de la loi de germinal an VI.

Suivant la loi de 1832, la contrainte ne peut pas être appliquée pour le payement d'une somme au-dessous de 200 francs ; et sa durée a été proportionnée d'un à cinq ans, suivant l'importance de la dette.

Telles sont, sommairement, les diverses dispositions de loi sur la matière.

Il est important d'être fixé sur les résultats produits par l'application de la loi du 17 avril 1832.

Prenons pour bases et points de rapprochement les faits qui se sont passés dans le ressort du tribunal de commerce de Paris.

Il a été rendu par cette juridiction, en 1844, 1845, 1846 et 1847, en moyenne et par année, 50,000 jugements. De ce nombre, il faut déduire, pour jugements de déclinatoires, préparatoires, défaut, débouté et

Report. . . 50,000

portant condamnation de moins
de 200 francs, les 2/5, soit. . . 20,000 jugements.

Reste. . . 30,000 —

Ces 30,000 jugements ne sont pas rendus contre un défendeur seulement, mais souvent contre 2, 3, 4, 5 parties en cause, soit, en moyenne, contre 2 1/2, ce qui donne le chiffre de 75,000, montant des contraintes prononcées chaque année.

Aucune de ces contraintes n'a pu être exercée sans le visa préalable du vérificateur attaché au bureau des gardes du commerce, conformément au décret du 14 mars 1808.

Il résulte du relevé fait qu'il a été visé en :

1844. . . . . . . 1,676 dossiers.
1845. . . . . . 1,823 —
1846. . . . . . 1,790 —
1847. . . . . . 2,024 —

Ensemble. . . 7,313 dossiers.

Soit en moyenne et par année 1,828 —

Dans ce nombre figurent des jugements rendus par des tribunaux de province qui s'élèvent à 40 ou 50 par année, et qui, pour la statistique, forment compensation aux jugements rendus à Paris et exécutés en province.

Il faut donc considérer comme exacte la moyenne qui vient d'être posée. Chaque année, on a demandé l'exécution de. . . . . . . 1,828 contraintes.

Il faut en retrancher pour affai-

Report. . . . 1,828

res qui s'arrangent, dans lesquelles le débiteur, effrayé des recherches dont il est l'objet, paye le créancier, ou prend avec lui des arrangements, les 2/5, soit. . . . . .   730 contraintes.

Reste. . . . 1,098   —

Il faut encore déduire de ce chiffre les contraintes dont l'exécution est poursuivie en vertu d'un jugement par défaut, et qui se trouvent suspendues par suite de l'opposition du débiteur. 10 pour 100, soit.   109   —

Il reste donc à exécuter.   989   —

De ce chiffre, il faut retirer les contraintes exécutées, mais non suivies d'écrou, le débiteur ayant payé ou donné satisfaction au créancier, soit.   588   —

Il n'y a donc eu d'exécutées complétement que.   401   —

On obtient le contrôle et la preuve de ce nombre par le relevé fait au greffe de la maison d'arrêt duquel il résulte le tableau suivant :

Entrée en	1844. . . .	369
	1845. . . .	368
	1846. . . .	394
	1847. . . .	473
Ensemble.	. . . . . .	1,604

Ce qui donne une moyenne de 401.

Voyons maintenant quelle a été la durée de la contrainte exercée contre ces 401 individus?

Il y en a :

207   qui sont restés détenus moins de 15 jours.

104   *id.*   moins d'un mois.

90   *id.*   en moyenne, moins
                          de deux mois.
_____

401

Cet état a été dressé sur les registres même du greffier de la maison d'arrêt.

Si nous recherchons la nature de la dette, nous trouvons que ces 401 individus ont été condamnés,

320   en qualité de commerçants, professions diverses patentables,

40   comme ayant fait acte de commerce,

41   n'ayant pas contesté la qualité ou les actes et
_____   ne s'étant jamais présentés en justice,

401   ayant été condamnés par défaut.

En parcourant les registres de notre greffe des faillites, nous voyons que, durant les quatre années précitées, il y a eu en moyenne trente-et-un commerçants détenus qui ont déposé leur bilan pour se soustraire à la contrainte exercée par un ou plusieurs créanciers.

Si, passant à un autre ordre d'idées, nous voulons nous rendre compte de l'importance des dettes pour lesquelles étaient détenues ces 401 personnes, nous obtenons les proportions suivantes :

De   200 à   500 fr. . . . .   2/5ᶜ.

De   500 à   2,000 fr. . . . .   2/5ᵉ.

De 2,000 à 20,000 fr. et au-dessus. . .   1/5ᵉ.

Il est à remarquer que des créances importantes de cent à deux cent mille francs ont été payées au greffe de la prison.

Appelant l'attention de la commission sur un autre point, nous lui ferons observer que l'exécution complète d'un jugement portant contrainte coûte environ 360 fr., somme qui se décompose comme suit :

Dépens liquidés par le tribunal. . . .	80 fr.
Frais de signification, commandement, saisie, etc.	90
Frais d'arrestation.	140
Écrou et premier mois d'aliment. . .	50
Ensemble.	360 fr.

Ces frais varient suivant le nombre des défendeurs. Nous avons pris au hasard 12 dossiers dans un nombre de 150, et nous en avons trouvé où les frais se montaient à plus de 500 fr., pour une dette dont le capital ne s'élevait pas à cette somme.

L'exposé qui précède signale les faits produits durant les quatre dernières années par l'application de la contrainte par corps.

Sans en tirer, maintenant, d'autres conséquences, il est cependant essentiel de faire observer que 75,000 contraintes prononcées n'ont amené que 401 incarcérations, dont la durée moyenne a varié de 15 jours à 60.

Ainsi un peu plus de 1/2 pour 100 durant un peu moins de 30 jours.

Ces diverses conséquences exposées, il y a lieu d'examiner le principe de la contrainte par corps.

Commercialement, elle n'a jamais été considérée comme une pénalité, mais bien comme un moyen de coaction, comme une épreuve de solvabilité, comme une voie de crédit.

Les faits susrelatés démontrent qu'en effet, c'est une voie activant la libération du débiteur, puisqu'il n'y a presque pas d'exemple d'individu restant détenu jusqu'à l'expiration de la durée de la contrainte.

Si c'est un moyen de coaction, c'est évidemment une garantie puissante offerte au prêteur.

C'est donc une voie de crédit pour l'emprunteur.

C'est sous ce point de vue surtout, et presque uniquement qu'il faut considérer la contrainte par corps en matière de commerce.

Là, où les opérations marchent trop vite pour pouvoir offrir à l'emprunteur toutes les garanties d'hypothèque, de nantissement, de gage quelconque, moyens lents et dispendieux ; là où l'on est souvent obligé d'agir avec spontanéité, déterminé par l'occasion qui se présente, ne connaissant quelquefois qu'au moment même de contracter la nature et l'importance de l'affaire, n'ayant qu'un instant pour accepter ou refuser, quelle garantie plus prompte, plus naturelle que celle de la personne qui vient solliciter la confiance ?

C'est dans l'intérêt du commerçant emprunteur que la contrainte par corps doit être maintenue, dans l'intérêt du petit commerçant qui souvent est nomade, voyage de foire en foire et transporte partout sa personne comme garantie, garantie presque inépuisable, qu'il renouvelle et augmente dans des proportions considérables, lorsqu'il agit avec honneur et probité.

Comment serait-il possible, alors que dans tous les pays étrangers, en Angleterre, en Hollande, en Allemagne, en Suisse, en Italie, aux États-Unis même, où cette voie de crédit existe, elle fût refusée aux citoyens français?

Ce serait vouloir les repousser de la commercialité du monde. Les étrangers refuseraient de contracter avec nous, et nous exclueraient du marché général.

Ce serait aussi fournir un moyen de libération à tous ces hommes indignes qui, pour se soustraire aux impôts du pays, et à l'action de leurs créanciers, convertissent leur fortune en titres au porteur, et se jouent de l'intérêt privé aussi bien que de l'intérêt public.

Comment pourrait-on faire disparaître cette voie de crédit, moyen si simple pour les parties contractantes et dont les inconvénients sont tellement faibles qu'ils se font à peine sentir?

401 individus incarcérés durant une moyenne de soixante jours,

Sur 75,000 contraintes décernées,

Sur, probablement, 75 millions de contrats passés,

Sur, probablement encore, une importance de capitaux qui s'élèvent à plusieurs milliards de crédit;

Comment abandonner un moyen de crédit qui est

     d'intérêt privé,

     d'intérêt commercial,

     d'intérêt public,

     d'intérêt international,

à une époque où ce même crédit cherche à nous échapper?

Lorsque la confiance disparaît, ce ne sont pas les

capitaux qui manquent, mais ils prennent une autre direction, direction presque toujours et heureusement improductive?

Voyez ce qui se passe aujourd'hui; les capitalistes n'osent prêter leurs fonds, encore moins à l'État qu'aux particuliers. Ils préfèrent laisser dormir leur argent à la Banque ou dans leurs caisses, les mettre en banknotes sur lesquelles ils perdent, acheter de l'or à un prix qui a été exorbitant.

Quel est le moyen de leur inspirer cette confiance qui revient aussi vite qu'elle disparaît? C'est de leur donner des garanties qui ne soient point onéreuses pour l'emprunteur.

Il en coûte moins cher à un commerçant de s'obliger personnellement que de donner au bailleur de fonds une partie de son actif en gage (fait qui constitue un privilége au préjudice de ses autres créanciers) et de dépenser une autre partie de son actif en frais d'actes et d'enregistrement.

Telles sont les considérations qui prouvent l'utilité de la contrainte par corps, et sur ce point le tribunal est unanime.

Mais la contrainte devra-t-elle être appliquée à l'acte de commerce fait par toute personne, ou seulement au commerçant faisant un acte de commerce?

C'est ici que la question se divise.

Pour la résoudre, constatons d'abord ce principe, qu'en matière de commerce c'est toujours l'acte et non la qualité de la personne qui détermine la compétence;

Que si le commerçant est toujours censé avoir fait un acte de commerce, cette présomption disparaît devant la preuve contraire.

C'est donc l'acte et seulement l'acte qu'il faut apprécier.

Ce principe posé, et le commerçant n'étant reconnu tel par la loi que lorsqu'il fait sa profession d'actes de commerce, comment pourra-t-on reconnaître que, dans l'espèce à juger, ce sera le cas d'un premier, d'un deuxième, ou d'un troisième acte de commerce?

Il vous faudrait donc déterminer le numéro de l'acte qui entraînerait la contrainte; et comment constater ce numérotage?

D'ailleurs, ne serait-ce pas faire une chose contraire à l'intérêt de celui qui débute dans les affaires, de celui qui ne peut encore inspirer de confiance et qui a besoin de crédit, que de lui défendre d'employer le moyen qui lui permettra de faire son premier acte de commerce, de s'élever, et peut-être de devenir utile à son pays?

Il serait donc à la fois impossible et injuste de n'admettre la contrainte par corps que pour les commerçants.

Cette opinion est encore celle émise à la presque unanimité; mais un excellent esprit, un juge qui siége depuis longtemps au tribunal, a signalé l'abus des lettres de change souscrites par des non-commerçants, par de jeunes étourdis qui dispersent promptement l'héritage qu'ils tiennent de leur famille.

Il a aussi signalé ce fait qu'un propriétaire qui vend les produits de sa récolte peut recevoir une lettre de change en payement, la transmettre par endossement, et se trouver ainsi contraignable par corps.

Il proposait donc de ne pas appliquer cette voie d'exécution aux individus non négociants pour signatures apposées sur des lettres de change, ou pour aval, lorsque ces signatures n'auraient pas pour causes des actes de commerce.

Nous ne pensons pas qu'il y ait lieu d'admettre cette exception; la lettre de change a été reconnue par la loi acte de commerce; c'est un titre qui, mis en circulation, devient une monnaie commerciale, et qui doit être entouré de garanties d'autant plus solides qu'il est appelé à inspirer une plus grande confiance, et qu'il jouit à l'étranger de toutes les conditions de sécurité.

Aux objections présentées, il y a lieu de répondre que, lorsque le jeune homme s'oblige imprudemment par lettre de change, il y a presque toujours supposition de lieu; que, dès lors, le titre (aux termes de l'article 112) n'est plus qu'une simple promesse obligeant le signataire, par les voies de droit, qu'il soit entre les mains du bénéficiaire ou d'un tiers porteur. Aujourd'hui, les tribunaux et les cours ne se bornent pas à examiner la forme du titre, alors qu'on allègue une supposition de lieu, les affaires sont examinées, mises en délibéré et avec de telles précautions, les erreurs sont devenues presque impossibles.

Quant aux propriétaires et aux donneurs d'aval, ils doivent savoir ce qu'ils font.

Le premier peut refuser la lettre de change qui lui est offerte, mais, en fait, le plus souvent il exige cette nature de titre, titre qu'il peut conserver en portefeuille; s'il le met en circulation, il subit les conséquences de l'acte auquel il s'est livré.

Quant au second, qui n'est contraignable que lorsque celui qu'il a garanti est tenu par cette voie, il peut toujours, aux termes de la loi, se soustraire à la contrainte en l'énonçant dans l'aval.

En résumé, c'est l'acte de commerce qui entraîne la contrainte; la lettre de change pour toute personne est, et doit être maintenue acte de commerce; toute dérogation à ce principe fondamental de la commercialité serait contraire au commerce et au crédit.

Enfin, si la contrainte par corps est une mesure rigoureuse, le débiteur de bonne foi peut toujours en obtenir la décharge :

Le commerçant en réclamant le bénéfice de la faillite ;

Le non-commerçant, incarcéré pour un acte de commerce, en faisant l'abandon de tous ses biens.

Le tribunal, après s'être prononcé d'une manière formelle pour le maintien de la contrainte par corps, a recherché quelles étaient les modifications à apporter à la loi de 1832.

Il ne peut proposer d'élever le chiffre minimum de 200 francs.

Ce ne serait pas, selon lui, une mesure démocratique, ce serait retirer une voie de crédit à ceux qui en ont le plus besoin; mais il sera équitable de soustraire le petit commerçant condamné pour 200 francs à tous ces frais qui viennent absorber une partie de son actif, et qui souvent restent à la charge du créancier.

Ce serait une mesure démocratique de proportionner les frais de poursuites à l'importance de la dette; c'est ainsi que procède l'enregistrement. Il n'est pas juste que les frais soient les mêmes pour 200 francs comme pour 20,000 francs.

Ce qui peut être fait sans inconvénient, ainsi que le démontrent les chiffres précités, c'est la diminution de la durée de la contrainte.

En résumé, le tribunal ne demande d'autre modification à la loi de 1832 que la suivante :

Art. 5. L'emprisonnement pour dette commerciale cessera de plein droit après six mois, lorsque le montant de la condamnation principale ne s'élèvera pas à 500 francs;

Après un an, lorsqu'il ne s'élèvera pas à 1,000 fr. ;

Après deux ans, lorsqu'il ne s'élèvera pas à 3,000 fr. ;

Après trois ans, lorsqu'il ne s'élèvera pas à 5,000 fr.,

Après quatre ans, lorsqu'il sera de 5,000 fr. et au-dessus.

Il émet aussi le vœu que les frais de poursuites et de contrainte soient proportionnés à l'importance de la dette.

Tribunal de commerce de Paris, le 24 juin 1848.

> DEVINCK, *juge, faisant l'intérim de la présidence;* BARTHELOT, *juge;* LE-TELLIER-DELAFOSSE, *id.* ; MOINERY, *id.* ; BELIN-LE-PRIEUR, *id.* ; GRI-MOULT, *id.*

La sous-commission, après avoir pris connaissance des pétitions à l'Assemblée, après plusieurs conférences avec MM. les délégués de la banque de France et du tribunal de commerce de Paris, après avoir entendu les observations de plusieurs praticiens, rédigea le projet suivant qui fut présenté au comité de législation, et dont on trouvera l'exposé des motifs dans le rapport fait à l'Assemblée nationale le 16 août 1848, *voy.* pages 28 et suiv., n°s 8 à 18.

Projet de décret sur la contrainte par corps, proposé au comité de législation par la sous-commission nommée à cet effet, et composée des citoyens Gaslonde, Farconet, Kling, Laflize et Hippolyte Durand (Seine-et-Oise), rapporteur.

L'Assemblée nationale décrète :

Art. 1er. Le décret du 9 mars 1848 qui suspend l'exercice de la contrainte par corps cesse d'avoir son effet. En conséquence, cette voie d'exécution pourra être employée sous les modifications établies par les articles suivants.

TITRE Ier. — *Dispositions relatives à la contrainte par corps en matière civile.*

Art. 2. En cas de dépôt nécessaire, la contrainte par corps sera facultative.

Art. 3. Le § 5 de l'article 2060 du Code civil est abrogé.

Art. 4. L'interdiction prononcée par l'article 2063 du Code civil de stipuler la contrainte par corps dans un acte est étendue même au contrat de bail.

Art. 5. Les agents de change, courtiers, greffiers, commissaires-priseurs et gardes du commerce seront, comme les notaires, avoués et huissiers, soumis à la contrainte par corps dans les cas prévus par le § 7 de l'article 2060 du Code civil.

TITRE II. — *Dispositions relatives à la contrainte par corps en matière de commerce.*

Art. 6. L'emprisonnement pour dette commerciale cessera de plein droit après six mois, lorsque le montant de la condamnation principale ne s'élèvera pas à plus de 500 fr. ; au delà de cette somme, la durée de la contrainte sera augmentée d'un mois par 100 fr., sans pouvoir excéder en tout cinq années.

Art. 7. L'article 24 de la loi du 17 avril 1832 sera aussi applicable aux dettes commerciales.

Art. 8. La disposition du jugement des tribunaux civils ou de commerce relative à la contrainte par corps ne deviendra définitive à l'égard du débiteur que par son incarcération. Il pourra même interjeter appel de ce chef dans les trois jours qui suivront l'emprisonnement, lorsqu'il aura déclaré dans le procès-verbal d'arrestation ou dans l'écrou qu'il veut se pourvoir par cette voie.

TITRE III. — *Dispositions relatives à la contrainte par corps en matière pénale.*

Art. 9. En matière criminelle, correctionnelle et de police, lorsque les condamnés envers l'État ne justifieront pas de leur insolvabilité, ils seront mis en liberté après avoir subi un mois de contrainte si l'amende et les autres condamnations judiciaires n'excèdent pas 15 fr., deux mois si elles s'élèvent de 15 à 50 fr., quatre mois si l'amende et les autres condamnations s'élèvent de 50 à 100 fr., huit mois si elles s'élèvent de 100 à 200 fr., et un an si elles excèdent 200 fr. et sont inférieures à 300 fr.

Lorsque le débiteur aura commencé sa soixante-dixième année avant le jugement, les juges pourront réduire la durée de l'emprisonnement à la moitié du délai fixé, suivant les cas, soit par le paragraphe précédent, soit par les articles 35 et 39 de la loi du 17 avril 1832.

Si le condamné atteint sa soixante-dixième année avant d'être écroué ou pendant son emprisonnement, la durée de la contrainte sera de plein droit réduite à la moitié du temps à courir, aux termes du jugement ou de l'article 35 de la loi du 17 avril.

Art. 10. L'article 39 de la même loi ne s'appliquera qu'aux condamnations inférieures à 300 fr.

TITRE IV. — *Dispositions générales.*

Art. 11. En toute matière, les sommes reçues en exécution du jugement de condamnation et provenant même de ventes mobilières ou immobilières, seront imputées de plein droit sur les causes de la contrainte nonobstant toute convention ou toute loi contraires.

Art. 12. La contrainte pas corps ne pourra pas être exercée contre le chef du pouvoir exécutif, son suppléant, ni contre les ministres; elle ne le sera contre un représentant du peuple qu'après l'autorisation de l'Assemblée nationale.

Art. 13. L'exercice de la contrainte par corps est suspendu contre l'électeur depuis le troisième jour qui précède l'ouverture du scrutin auquel il doit prendre part, jusqu'à la fin du troisième jour qui suit la proclamation du résultat des opérations électorales.

Art. 14. Les débiteurs mis en liberté par suite du décret du 9 mars 1848, et à l'égard desquels la contrainte par corps est maintenue, pourront être écroués de nouveau, à la requête de leurs créanciers, sans formalité préalable, mais les dispositions du présent décret leur seront applicables.

Art. 15. Les dettes postérieures au décret du 9 mars entraînent la contrainte par corps dans les cas où elle a lieu, et les jugements qui depuis l'ont prononcée dans les mêmes cas recevront leur exécution.

Art. 16. Toute personne qui aura concouru à la simulation d'un acte ayant pour but d'entraîner la contrainte par corps hors des cas où elle est autorisée par la loi, sera punie d'une amende qui ne pourra excéder la somme qui fait l'objet du contrat, et de l'interdiction des droits civiques pendant cinq ans au moins et dix ans au plus.

Ce projet ne fut pas d'abord discuté dans le sein du comité, où il y avait trois opinions différentes : les uns s'opposaient à l'abrogation du décret du gouvernement provisoire ; d'autres n'y consentaient qu'avec les modifications proposées par la sous-commission pour adoucir la rigueur de la contrainte par corps ; les autres enfin insistaient pour la remise en vigueur de la législation ancienne, soit parce qu'ils pensaient qu'elle satisfaisait aux besoins de l'époque, soit parce que dans la crainte que la discussion du projet n'éprouvât des lenteurs ils croyaient qu'il fallait ajourner les améliorations demandées afin de ne pas différer plus longtemps de déférer aux vœux du commerce. Cette dernière opinion prévalut, mais il fut décidé qu'en proposant l'abrogation du décret du 9 mars, le rapporteur indiquerait les modifications qui avaient paru nécessaires à la sous-commission. Dans une séance suivante, le comité adopta le rapport ci-après :

Rapport fait au nom du comité de législation sur la proposition du citoyen Labordère, tendant au rétablissement de la contrainte par corps, par le citoyen H. Durand (Seine-et-Oise), représentant du peuple. — *Séance du 16 août 1848.*

CITOYENS REPRÉSENTANTS,

1. Votre comité de législation s'occupait de l'importante matière de la contrainte par corps, lorsque vous lui avez renvoyé la proposition du citoyen Labordère, tendant au rétablissement de cette voie d'exécution. Le décret du 9 mars dernier, qui en a suspendu l'exercice, s'est fondé sur ce qu'elle est incompatible avec notre nouveau droit public, repoussée par la raison et l'humanité, inutile, puisque la mauvaise foi et la fraude ont leur répression dans la loi pénale. Enfin le décret s'appuie sur cette dernière considération qu'il y a violation de la dignité humaine dans cette appréciation qui fait, de la liberté du citoyen, un équivalent légitime d'une dette pécuniaire.

2. Nous allons vérifier successivement chacune de ces propositions.

3. Est-il vrai que la contrainte par corps soit incompatible avec les principes du gouvernement républicain?

Sans remonter aux républiques anciennes, qui conféraient aux créanciers des droits inhumains sur la personne des débiteurs, sans rapporter les décrets par lesquels la première Assemblée constituante a consacré le principe de l'emprisonnement, même contre ses propres membres, pour dette en matière de commerce ou en matière fiscale, pour restitution, dommages et intérêts, et amende en matière de police correctionnelle, en matière de police municipale ou de police rurale, nous rappellerons que la Convention, tout en abolissant la contrainte par corps, le 9 mars 1793, chargea son comité de législation de lui faire incessamment un rapport sur les exceptions, et que, trois semaines après, le 30 mars, elle limita l'effet de la loi du 9 aux prisonniers pour dette civile, ce qui excluait les débiteurs de condamnations pécuniaires, en matière criminelle; nous vous rappellerons aussi que cette célèbre Assemblée, qui, la première, a proclamé la République en France, a, dans la loi du 4 germinal an II, soumis à la contrainte par corps les contrevenants en matière de douanes, pour droits, confiscation, amende et restitution (tit. VI, art. 4).

Ce ne sont pas là les seules lois sur la contrainte par corps que fournissent nos annales républicaines; moins de quatre ans après la loi du 9 mars, le 12 ventôse an V, le conseil des Cinq-Cents, « considérant » qu'il importait de rendre aux obligations entre ci- » toyens la sûreté et la solidité qui seules peuvent don- » ner au commerce de la République la splendeur et » la supériorité qu'il doit avoir, » approuva la proposition de rétablir la contrainte par corps telle qu'elle existait avant son abolition. Cette résolution ayant été adoptée par le conseil des Anciens, devint la loi du 24 ventôse an V. Toutefois on sentit bientôt la nécessité de mettre cette partie de la législation en harmonie avec les institutions nouvelles, et ce fut l'œuvre de la loi du 15 germinal an VI, qui, quoique rendue sous la République, est beaucoup plus sévère pour les débiteurs que la loi du 17 avril 1832, dont le rétablissement est demandé.

En Suisse, aux États-Unis, l'emprisonnement pour dette est autorisé.

Une loi admise dans toutes les Républiques n'est donc pas repoussée par la nouvelle forme de notre gouvernement ; les auteurs du décret du 9 mars l'ont reconnu eux-mêmes. Dans une circulaire adressée aux procureurs généraux, le 23 du même mois, le ministre de la justice disait : « Les stellionataires » sont débiteurs frauduleux ; les débiteurs d'amendes » pour délits, les débiteurs de dépens, en matières » pénales, sont de mauvaise foi ; le décret sur l'abo» lition de la contrainte par corps ne les concerne » pas. »

La commission exécutive a rendu en outre, le 19 mai, un arrêté portant que le décret du 9 mars n'est pas applicable au recouvrement des amendes et réparations prononcées au profit de l'État en matière criminelle, correctionnelle ou de simple police.

4. On ne peut pas prétendre non plus que la contrainte par corps, légitimée par les Codes de tous les peuples civilisés, soit repoussée par la raison et l'humanité. Cette assertion est d'autant moins permise chez nous, que notre législation sur cette matière ne craint le parallèle avec aucune autre, et que sa supériorité a été reconnue par plusieurs nations étrangères qui en ont adopté les principes.

5. Si nos lois sur l'emprisonnement pour dettes ne sont contraires ni au régime républicain, ni à la raison, ni à l'humanité, sont-elles au moins inutiles, parce

que la mauvaise foi et la fraude trouveraient leur répression dans la loi pénale?

Lorsque la contrainte par corps est prononcée en matière civile, en matière commerciale, en matière de deniers publics ou contre un étranger, le fait qui y donne lieu, quelque odieux qu'il soit, n'est pas frappé d'une peine. Cette voie d'exécution est un moyen que le législateur donne au créancier de vaincre la mauvaise foi d'un débiteur solvable. Supprimez la contrainte par corps, et, dans beaucoup de cas, il faudra la remplacer par une peine pour ne pas laisser l'improbité impunie. C'est-à-dire que vous serez obligé de flétrir le débiteur, et par conséquent d'être plus rigoureux envers lui qu'on ne l'était avant le décret du 9 mars. Mais la peine aura-t-elle la même efficacité que la contrainte par corps? En matière criminelle, correctionnelle ou de police, on a jugé nécessaire d'autoriser l'incarcération du débiteur pour les condamnations pécuniaires prononcées contre lui; c'est que, le plus ordinairement, il n'y a pas d'autre moyen de l'amener à payer, et que la peine qui lui a été infligée ne répare pas le préjudice éprouvé par l'État ou par la partie civile.

6. Reste à savoir s'il est exact de dire qu'il y ait violation de la dignité humaine dans cette appréciation, qui fait de la liberté du citoyen un équivalent légitime d'une dette pécuniaire. Cela serait vrai si l'emprisonnement pour dette était une peine et libérait le débiteur; mais tel n'est ni son caractère ni son effet. C'est un moyen de coaction; la loi suppose que le débiteur a des ressources cachées, et c'est pour le contraindre à les mettre au jour qu'elle autorise son

incarcération. Cette supposition se trouve justifiée par le relevé du registre d'écrou des prisonniers pour dettes commerciales à Paris pendant les quatre dernières années. Il en résulte que la moyenne de ces détenus est de 401 par an, et celle de la durée de l'emprisonnement de moins de soixante jours. A l'expiration de la cinquième année, terme de la durée la plus longue de la contrainte en matière commerciale, il ne reste plus que trois prisonniers, ou parce qu'ils sont réellement dans l'impossibilité de se libérer, ou parce qu'ils aiment mieux garder la prison et leur argent.

7. Après avoir réfuté les raisons qui ont motivé la suspension de la contrainte par corps, nous devons examiner si cette voie d'exécution peut légitimement se justifier.

Il faut chercher la solution de cette question dans l'intérêt social, ainsi que nous allons le démontrer :

Tout individu est obligé, dans le for intérieur, de remplir ses engagements et de les exécuter selon qu'il en est convenu. Lorsqu'un prêt est fait à condition que, dans le cas où le débiteur ne payera pas à l'échéance, il sera mis en prison pour prouver qu'il est dans l'impossibilité de s'acquitter, parce qu'il n'est pas probable qu'il préférera son argent, s'il en a, à sa liberté, pourquoi ce contrat ne serait-il pas valable ? Parce que la loi, dans l'intérêt de la société, ne permet pas qu'un citoyen mette sa personne dans la dépendance d'un autre ; mais si le législateur pense que l'intérêt de la société exige que cette interdiction souffre des exceptions, évidemment il peut les déterminer ; c'est ce qu'il a fait lorsqu'il a autorisé, dans certains cas, le créancier à se servir de l'emprisonnement, comme d'une pierre de touche, pour éprouver la solvabilité du débiteur. Ces cas, en matière civile, sont ceux où celui-ci s'est placé dans une position odieuse et a violé la foi publique. Prenons pour exemple le stellionataire, ou un officier ministériel à qui on a été obligé, à cause de sa qualité, de confier des fonds et qui les a employés à son profit, ou le gardien d'objets saisis qui refuse de les représenter, ou l'usurpateur d'un fonds qui prétend se perpétuer dans sa jouissance, au mépris d'un jugement qui le condamne à déguerpir. Nous pourrions multiplier les exemples, et on verrait que, dans presque tous les cas de contrainte par corps en matière civile, le débiteur n'a pas seulement le tort de se soustraire à l'exécution de son obligation, mais que celui qui le poursuit a été sa victime. Il en est de même en matière pénale, lorsqu'il s'agit de réparer le préjudice causé par un crime, par un délit ou par une contravention. Il en est de même en matière de deniers publics, lorsqu'un comptable ou un redevable a détourné l'argent destiné à subvenir aux dépenses de l'État, d'une commune ou d'un établissement de bienfaisance. C'est pour réprimer les spéculations des aventuriers nomades, c'est pour protéger les nationaux contre la faiblesse qui les porte à faire crédit aux étrangers, que la loi autorise l'emprisonnement de ces derniers pour toutes sortes de dettes. D'autres principes régissent les matières commerciales dans lesquelles la contrainte par corps est une garantie de l'exécution d'engagements qui ne souffrent pas de retard ; c'est aussi une voie de crédit au moyen de laquelle il se fait chaque année, à Paris, pour plusieurs milliards d'affaires. Il ne faut pas s'exa-

gérer le nombre des débiteurs contre lesquels s'exerce
la contrainte par corps. Ce n'est, le plus ordinairement, qu'une menace. Si elle est prononcée, chaque
année, contre à peu près 75,000 individus par le tribunal de commerce de la Seine, plus de 73,000 se
libèrent avant la remise des pièces aux gardes du commerce, qui ne reçoivent qu'environ dix-huit cents
dossiers par an. Sur ce nombre, quatorze cents créances sont réglées avant l'écrou, puisque, comme nous
l'avons dit précédemment, la moyenne des incarcérations n'est que de 401, et le fonds de roulement de la
population de la dette n'est que de 125 prisonniers ;
ainsi 125 individus qui restent détenus en moyenne
moins de 60 jours, voilà tout ce que coûte, dans la capitale, à la liberté, un des principaux éléments non-
seulement de notre commerce intérieur, mais encore
de notre commerce avec les négociants étrangers qui
auraient un avantage sur les nôtres, si ceux-ci ne
pouvaient pas offrir leurs personnes comme gage de
leur fidélité à remplir leurs engagements.

Nous savons bien que l'on abuse des lettres de
change, qu'il est facile d'en faire de factices, qui servent à cacher de simples prêts ; mais, si la loi n'a pas
pris assez de précautions pour prévenir ces abus, il
faut qu'elle soit plus prévoyante, il faut qu'elle frappe
d'amende et d'interdiction des droits civiques le prêteur et les emprunteurs qui se livrent à ces trafics de
la liberté.

8. La sous-commission, que nous avions chargée
de l'examen de notre législation sur cette matière,
nous signale d'autres modifications que nous allons
sommairement vous indiquer :

9. En matière civile, on pourrait, au lieu d'obliger le juge à prononcer la contrainte par corps pour dépôt nécessaire, lui laisser la faculté d'en dispenser le débiteur, lorsqu'on ne peut lui reprocher qu'une simple négligence. Ne semble t-il pas aussi que cette voie rigoureuse d'exécution ne doit pas être abandonnée, même pour des cas très-rares, aux stipulations des parties ; qu'il ne doit pas leur être loisible d'en faire l'objet de conventions, et qu'il ne peut être permis de l'employer que dans le cas où la loi en a reconnu l'impérieuse nécessité?

10. L'article 2060, § 7, du Code civil, qui prononce la contrainte par corps contre les notaires, les avoués et les huissiers pour la restitution des titres à eux confiés et des deniers par eux reçus pour leurs clients, par suite de leurs fonctions, garde le silence sur les agents de change, courtiers, commissaires-priseurs et gardes du commerce ; c'est une lacune qu'il conviendrait peut-être de combler. La personne de tout officier ministériel doit répondre de la restitution des titres et des deniers qui lui ont été remis à raison de ses fonctions.

11. En matière de commerce, la loi du 17 avril 1832 a, dans son article 5, fixé la durée de la contrainte suivant l'importance de la dette : au-dessous de 500 fr., un an ; de 1,000 fr., deux ans ; de 3,000 fr., trois ans ; de 5,000 fr., quatre ans ; au delà, cinq ans. Ainsi la différence d'un centime dans la somme peut faire la différence d'une année dans la durée. Cette disproportion a paru trop considérable ; on pourrait adopter une échelle de gradation moins choquante, réduire pour 500 fr. la durée de la contrainte à six

mois, et au delà l'augmenter d'un mois par 100 fr., sans pouvoir excéder en tout cinq annécs.

12. L'article 24 de la même loi permet au débiteur, lorsqu'il n'a pas été incarcéré pour une dette commerciale, d'obtenir son élargissement en payant, ou consignant le tiers du principal de la créance et de ses accessoires, et en donnant caution pour le surplus. Ne serait-il pas juste d'accorder au débiteur d'une dette commerciale le même avantage? Le gouvernement l'avait proposé et la chambre des pairs l'avait adopté en 1832; la chambre des députés a rejeté cette proposition, parce que cette sorte de dette ne souffre ni retards, ni payements partiels. Mais lorsque le débiteur est incarcéré, tout le mal causé par l'inexécution de son engagement a produit son effet, et on peut sans danger lui faciliter les moyens de se libérer.

13. En matière criminelle, correctionnelle et de police, la loi du 17 avril contient une contradiction qu'il faut faire disparaître. Les articles 39 et 40, par un vice de rédaction, fixent une durée différente à la contrainte par corps, lorsque la condamnation prononcée au profit d'un particulier est de 300 fr. Notre sous-commission a vu aussi, dans cette partie de la loi, des lacunes qu'elle nous a proposé de combler. L'article 40 prévoit que la condamnation prononcée, soit en faveur d'un particulier, soit en faveur de l'État, s'élève à 300 fr., et que le débiteur ait commencé sa soixante-dixième année avant le jugement, ou qu'il l'ait atteinte pendant l'emprisonnement. Dans le premier cas, les juges ne peuvent fixer la durée de la contrainte au delà de la moitié du temps qu'elle aurait duré si le débiteur n'eût pas été septuagénaire; dans

le deuxième, la durée de la détention est réduite de plein droit à la moitié du temps qu'elle avait encore à courir aux termes du jugement; mais la loi ne s'explique point pour le cas où le débiteur septuagénaire a été condamné à une somme inférieure à 300 fr.; en sorte qu'il en résulte cette anomalie que, pour une somme moindre, il pourra être retenu plus longtemps en prison.

14. Nous venons de dire que l'article 40 suppose le cas où la condamnation au profit de l'État s'élève à 300 fr.; l'article 35 s'applique quand elle est inférieure à cette somme et que le condamné justifie de son insolvabilité : dans ce cas, il ne peut être détenu plus de quatre mois; mais s'il ne fait pas cette justification, la loi garde le silence : d'où on a tiré cette conséquence que la durée de la contrainte, dans ce cas, serait illimitée; en sorte que le malheureux pourrait être incarcéré toute sa vie pour une dette de moins de 300 fr., alors qu'il n'aurait pas pu être retenu plus de dix ans, aux termes de l'article 40, pour une condamnation qui se serait élevée à cette somme.

15. Deux abus graves nous ont été signalés dans l'exercice de la contrainte par corps, et les auteurs du projet soumis à notre examen ont cherché les moyens de les réprimer. Des souscripteurs ou des endosseurs de billets à ordre, non négociants, se laissent souvent condamner par corps; on attend que le délai de l'appel soit expiré, et c'est alors seulement que l'exécution commence. L'article 20 de la loi du 17 avril a déjà fait fléchir en faveur de la liberté le principe qui interdit d'interjeter appel d'un jugement rendu en dernier ressort, la même considération ne permettrait-

elle pas d'autoriser l'appel du chef de la contrainte même, après le délai des trois mois qui suivent la signification?

16. Le deuxième abus sur lequel notre attention a été appelée, c'est qu'avant l'exercice de la contrainte par corps, le débiteur est souvent soumis à des poursuites qui n'ont d'autre résultat que de couvrir des frais d'exécution pour lesquels l'emprisonnement n'est pas autorisé par la loi. Une disposition qui porterait que toute somme reçue en exécution du jugement de condamnation serait imputée de plein droit sur les causes de la contrainte, mettrait fin probablement à ces frais frustratoires.

17. Les chartes de 1814 et de 1830 avaient prévu le cas où la contrainte par corps serait exercée contre des membres de nos assemblées représentatives; le nouveau projet de Constitution qui s'élabore en ce moment garde le silence sur ce point, qui peut être réglé par un décret particulier. Notre sous-commission est d'avis que cette voie d'exécution ne peut être exercée contre un représentant du peuple qu'après l'autorisation de l'Assemblée nationale, et que l'intérêt public exige d'en affranchir les membres du pouvoir exécutif; par la même raison, l'électeur ne pourrait pas être arrêté pour dette pendant le temps nécessaire à l'exercice de son droit.

18. Telles sont, citoyens représentants, les diverses modifications qu'on nous a proposé d'apporter à la législation sur la contrainte par corps; mais elles entraîneraient de longs débats et ne pourraient pas être adoptées avant la discussion du projet de Constitution. Cependant le commerce réclame avec de vives in-

stances le rétablissement de la contrainte par corps comme un moyen indispensable pour atteindre les débiteurs de mauvaise foi, à une époque où l'on peut, en même temps, être millionnaire et n'avoir aucun bien saisissable, étaler un faste insultant et être couvert de dettes; le commerce réclame ce rétablissement comme un nerf nécessaire à la renaissance du crédit. Un nombre considérable de pétitions vous ont été adressées dans ce but de tous les points du territoire de la République. Votre comité du commerce et de l'industrie nous a exprimé une opinion semblable (1). En attendant qu'il nous soit loisible d'intro-

---

(1) *Avis adressé au comité de législation par le comité du commerce et de l'industrie, sur l'abrogation du décret du gouvernement provisoire en date du 9 mars 1848.*

Le comité du commerce et de l'industrie reconnaît qu'une loi qui met la liberté d'un citoyen à la discrétion d'un autre citoyen est une loi exorbitante; qu'un tel principe ne saurait être accepté sans réserve, et que son application doit être restreinte au cas d'absolue nécessité.

Dans les crises révolutionnaires que nous avons traversées, dans ces moments où l'on fait appel aux passions généreuses de l'homme plutôt qu'à la froide raison du législateur, le principe de la contrainte par corps a été attaqué avec succès par des arguments tirés de la morale et de l'humanité. Cependant il a toujours été maintenu, même alors, contre les débiteurs et fournisseurs de l'État.

Renversé plusieurs fois, le principe de la contrainte par corps s'est toujours relevé, non-seulement comme un principe salutaire et sagement protecteur des droits des créanciers, mais aussi dans l'intérêt bien compris du débiteur et du crédit dans le commerce. Il y a, en effet, un grave danger contre lequel il faut se prémunir : c'est de disposer contre un intérêt et de le compromettre, alors qu'on a l'intention bien réelle de le protéger. La contrainte par corps a donc été maintenue comme un frein peut-être nécessaire à la trop grande facilité de contracter légèrement des engagements qu'on ne peut pas tenir, et aussi comme une juste menace envers le débiteur de mauvaise foi qui pourrait se soustraire souvent aux légitimes rigueurs de la police correctionnelle, mais qui ne doit pas échapper à la loi qu'il s'est faite lui-même et qu'il a voulu peut-être braver, en souscrivant une obligation qu'il savait bien ne pas pouvoir tenir, qu'il était même résolu à ne pas tenir.

Le comité du commerce et de l'industrie ne croit pas devoir exposer au

3

duire dans le régime de cette voie d'exécution les améliorations que nous venons de vous signaler, nous avons l'honneur de vous proposer d'en rétablir l'exercice tel qu'il existait avant le décret du 9 mars et de décréter l'urgence.

Voici en quels termes nous vous proposons d'adopter, d'accord avec le citoyen Labordère, sa proposition :

« L'Assemblée nationale décrète :
» *Article unique.* Le décret du 9 mars, qui suspend » l'exercice de la contrainte par corps, cesse d'avoir » son effet. »

Ce projet devait rencontrer une vive opposition. Plusieurs amendements furent d'abord proposés. Nous allons les faire connaître.

---

comité de législation toutes les considérations qui militent en faveur du maintien de la contrainte par corps, au moins en matière commerciale. Il se borne à demander le rappel du décret du 9 mars 1848, ainsi qu'il est réclamé par une pétition adressée par la chambre de commerce d'Amiens, et remise par notre collègue le citoyen Morel-Cornet. Mais par cela même que ce principe, repoussé par les instincts les plus généreux de notre nature, ne peut être maintenu que par des raisons tirées de l'ordre économique et de la pratique même des affaires, le comité du commerce et de l'industrie exprime le vœu qu'une disposition nouvelle de la loi consacre, dans cette matière, une différence bien légitime entre le débiteur de bonne foi et le débiteur de mauvaise foi. Il appelle aussi l'attention du comité de législation sur les pénalités portées dans la loi du 17 avril 1832, et demande si, tout en ménageant une sanction efficace au principe de la contrainte par corps, on ne pourrait pas, dans certains cas, proposer de réduire la durée de l'emprisonnement.

Paris, le 7 août 1848.

Le président du comité du commerce et de l'industrie,

Ch. MORLOT.

Amendements ou dispositions additionnelles proposées sur le projet de décret relatif au rétablissement de la contrainte par corps,

1° Par le citoyen Dabeaux.

Art. 2. Néanmoins, cette contrainte ne pourra être exercée contre les signataires de lettres de change, non commerçants, si ces lettres de change n'ont pas pour occasion des opérations de commerce, trafic, change, banque ou courtage.

2° Par le citoyen Crémieux.

Article 1er.

Les articles 1er, 5, 7, 19, 20, 24, 25, 35, 39, § 2, et 40, § 2, de la loi du 19 avril 1832, sont modifiés comme il suit :

Art. 1er. La contrainte par corps sera prononcée, sauf les exceptions et les modifications ci-après, contre tout Français condamné pour dette commerciale, contre tout étranger condamné pour dette civile et commerciale, au payement d'une somme principale de 300 fr. au moins,

Art. 5. L'emprisonnement sera prononcé pour trois mois, quand la condamnation principale sera de 300 fr., pour quatre mois quand elle sera de 300 à 600 fr. ; au-dessus de cette somme, la durée de l'emprisonnement augmentera de quinze jours par 100 fr., sans qu'elle puisse jamais excéder trois ans.

Pour toute condamnation au-dessous de 1,000 fr., la durée de l'emprisonnement pourra, selon les circonstances, être réduite de moitié au plus.

Pour toute condamnation au-dessous de 600 fr., le jugement pourra de plus surseoir à la contrainte par corps pendant trois mois au plus à compter de l'échéance du titre.

Quelle que soit la durée de la condamnation prononcée, le débiteur pourra toujours, après qu'il en aura subi la moitié, réclamer sa mise en liberté, et le tribunal pourra la prononcer, pour cause d'insolvabilité notoire et constatée.

Art. 7. Dans tous les cas où la contrainte par corps a lieu en matière civile, soit que la loi l'ordonne, soit qu'elle laisse au juge la faculté de la prononcer, la durée en sera fixée par le jugement. Elle sera de trois mois au moins, de trois ans au plus.

Art. 19. La contrainte par corps n'est jamais prononcée contre le débiteur au profit : 1° de son mari ni de sa femme, 2° de ses ascendants, descendants, frères ou sœurs, alliés au même degré. Elle n'est jamais prononcée au profit de l'oncle ou de la tante, du neveu ou de la nièce, des alliés au même degré.

Art. 20. Ajouter : Il pourra être relevé par le débiteur jusqu'à l'expiration du troisième jour après son incarcération.

Art. 24. Le débiteur obtiendra son élargissement en payant ou consignant : 1° les intérêts de la dette, 2° les frais liquidés, 3° le quart du principal, et en donnant, pour le surplus, une caution acceptée par le créancier ou reçue par le tribunal civil dans le ressort duquel le débiteur sera détenu.

Art. 25. La caution sera tenue de s'obliger, solidairement avec le débiteur, à payer, dans un délai qui ne pourra excéder six mois pour une dette commerciale,

une année pour toute autre dette : 1° les trois quarts
qui resteront sur le principal, 2° les intérêts à courir
jusqu'à la nouvelle échéance.

Art. 35. Néanmoins, les condamnés qui justifieront
de leur insolvabilité, suivant le mode prescrit par l'article 420 du Code d'instruction criminelle, seront mis
en liberté après avoir subi dix jours de contrainte,
lorsque l'amende et les autres condamnations pécuniaires n'excéderont pas 15 fr., quinze jours quand
elles seront de 16 à 30 fr., vingt jours de 31 à 50 fr.,
un mois de 51 à 100 fr., deux mois de 101 à 200 fr.,
trois mois de 201 à 300 fr.

Art. 39, § 2. La durée de la contrainte par corps
sera déterminée par le jugement de condamnation,
dans les limites de trois mois à trois ans.

Art. 40, § 2. Néanmoins, si le débiteur a commencé sa soixante-dixième année, les juges ne pourront dépasser un maximum de deux ans.

Article 2.

En toute matière, les sommes reçues en exécution
du jugement de condamnation seront imputées de
plein droit sur les causes de la contrainte ; elles diminueront la dette en s'appliquant d'abord aux frais
liquidés, 2° aux intérêts courus jusqu'au jour du payement, 3° au capital. La durée de l'emprisonnement
diminuera successivement, à mesure des payements
ainsi faits par à-compte : le temps écoulé sous la contrainte s'imputera sur cette durée. Le débiteur dont la
dette sera réduite à moins de 300 fr., sera mis immédiatement en liberté.

Article 3.

Toute stipulation conventionnelle de contrainte par corps, par quelque cause que ce puisse être, est nulle et de nul effet; toute simulation ayant pour but d'entraîner la contrainte par corps sera punie d'une amende de 50 à 300 fr., et pourra l'être de l'interdiction des droits civiques pendant cinq ans. La peine sera prononcée par le tribunal appelé à statuer sur le titre.

Article 4.

Les articles 14 et 17 de la loi du 17 avril 1832 sont abrogés.

Dispositions transitoires.

Article 5.

Ceux des débiteurs mis en liberté par suite du décret du 9 mars 1848, à l'égard desquels la contrainte par corps est maintenue, et qui n'ont pas subi, dans toute sa durée, l'emprisonnement auquel ils sont soumis par la présente loi, pourront être écroués de nouveau, huit jours après un commandement de payer.

Article 6.

Pour toute dette entraînant la contrainte par corps en vertu des dispositions de la loi du 17 avril 1832, confirmée par la présente loi, le créancier qui aurait obtenu jugement depuis le décret du 9 mars 1848, sans condamnation à la contrainte par corps, obtiendra cette condamnation du tribunal qui a rendu le jugement. La nouv.lle décision sera rendue sur simple requête, et exécutée comme il est dit à l'article 5. La requête et le nouveau jugement, ainsi que le commandement de payer, seront enregistrés *gratis*.

3° *Par le citoyen Regnard.*

Art. 1er. Dans tous les cas où la loi prononce la contrainte par corps, il est permis au juge d'en réduire la durée ou même d'en faire entièrement remise.

Art. 2. Le terme le plus long de l'exercice de la contrainte par corps, pour toute espèce de dette, n'excédera pas deux années.

Art. 3. Les étrangers sont assimilés aux nationaux, quant aux causes et à la durée de la contrainte par corps; en conséquence le titre 3 de la loi du 17 avril 1832 est abrogé.

Art. 4. La détention prononcée en exécution de l'article 35 de la loi du 17 avril 1832 ne pourra être ordonnée pour un temps qui excédera le double de la durée de la peine d'emprisonnement auquel le débiteur de l'amende aurait été condamné par le même jugement.

Tous ces amendements, qui sont examinés dans le deuxième rapport (V. *infra*, p. 124), consacraient le principe de la contrainte par corps, mais ils n'en admettaient le rétablissement que sous modification. La grande question soulevée par la proposition de M. Labordère occupa l'Assemblée constituante dans sa séance du 1er septembre. *Le Moniteur* rend compte ainsi de la discussion générale et des votes qui la suivirent :

ASSEMBLÉE NATIONALE.

Séance du vendredi 1er septembre.

PRÉSIDENCE DU CITOYEN ARMAND MARRAST.

LE CITOYEN PRÉSIDENT. L'ordre du jour appelle la discussion du projet de décret relatif à la contrainte par corps.

Le comité de législation a proposé un article unique ainsi conçu :

« Le décret du 9 mars, qui suspend l'exercice de la contrainte par corps, cesse d'avoir son effet. »

M. Crémieux a proposé un contre-projet composé de cinq articles, dans lesquels il modifie successivement toute la loi de 1832.

Je donne la parole à M. Crémieux.

(Le citoyen Crémieux échange de la tribune quelques paroles à voix basse avec le président.)

LE CITOYEN PRÉSIDENT. M. Crémieux demande à ne développer son contre-projet qu'après la discussion générale.

La parole est à M. Grevy contre les conclusions du comité.

(M. Grevy ne se présente pas.)

LE CITOYEN PRÉSIDENT. La parole est à M. Wolowski contre les conclusions du comité.

LE CITOYEN WOLOWSKI. Citoyens représentants, je venais combattre hier une mesure prise par le gouvernement provisoire; aujourd'hui je viens défendre le décret qu'il a rendu... (On n'entend pas!) Je demande un peu d'indulgence de la part de l'Assemblée, j'étais souffrant hier et je le suis encore aujourd'hui.

Je viens m'opposer à l'abrogation du décret rendu par le gouvernement provisoire, qui abolit la contrainte par corps. Il y a longtemps que l'abolition de la contrainte par corps a été mise à l'ordre du jour.

En 1832, lorsque la loi qui a été obligatoire jusqu'au moment où le décret du gouvernement provisoire a été rendu; en 1832, un jurisconsulte éminent, M. Portalis, disait que cette loi ne devait être envisagée que comme une loi transitoire, et qu'il fallait espérer qu'il arriverait un moment où la contrainte par corps pourrait être complétement abolie. Je crois que ce moment, que M. Portalis saluait comme une espérance, doit être pour nous une réalité; je crois que les motifs les plus graves puisés dans la politique, dans la morale et dans l'intérêt du commerce lui-même, dont on s'arme pour venir demander le rétablissement de la contrainte par corps, s'opposent à cette voie d'exécution, qui est un vestige de l'ancienne procédure *des aveux*, qui est un vestige d'une époque de barbarie vers laquelle nous ne devons pas rétrograder.

Il est, à mes yeux, un principe qui domine toute cette matière, c'est que la liberté humaine n'est pas dans le commerce, c'est qu'on ne saurait autoriser cette facilité avec laquelle un homme engagerait le bien le plus précieux, sa liberté même, sans aucune de ces formalités les plus simples qui environnent tout acte de la vie civile.

Je dis, Messieurs, que la liberté n'est pas dans le commerce; c'est la grande conquête que nous avons réalisée; c'est l'expression la plus haute du progrès

que nous avons accompli. Je comprends à merveille
que dans la société antique, alors que l'homme était
ravalé au rang des choses, alors que l'esclavage en faisait une marchandise, je comprends qu'alors on ait
admis la voie d'exécution contre laquelle je viens protester ; mais aujourd'hui, surtout dans la République
française, c'est là ce que je ne comprendrais pas.
C'est en vain que le rapport vient invoquer le souvenir
des républiques d'Athènes et de Rome, et même de la
république des États-Unis... (Rumeurs diverses.)
C'est une simple réponse que je veux faire à une objection qui a été soulevée par le rapport. C'est en vain,
disais-je, que le rapport fait appel à ces souvenirs his-
toriques : je crois, Dieu merci, que la République
française ne ressemblera pas sur tous les points aux
républiques anciennes dont le rapport invoque le souvenir.

Dans la République française on ne reconnaîtra pas
d'esclaves. Dans les républiques anciennes un petit
nombre d'hommes pouvaient être libres à une condition, c'est que la masse était esclave ; c'était en harmonie avec ce principe que la contrainte par corps
pouvait être admise.

Quant aux États-Unis, nous ne le savons que trop,
ils maintiennent encore, dans une partie de leur territoire, l'esclavage d'une partie des habitants : c'est
là un exemple que nous devons répudier. Répudions
donc aussi la contrainte par corps, qui ne s'est maintenue que dans certains États de l'union américaine.

J'ai dit que la politique sainement entendue s'op-
posait au rétablissement de la contrainte par corps.
En effet, si nous suivons, sur cette grave matière, le

développement successif de la législation, nous voyons
un progrès continu qui adoucit la loi en même temps
que les mœurs. Le droit sauvage de l'époque primitive, qui se traduisait en un droit de vie et de mort sur
le débiteur, se transforme peu à peu en un droit plus
doux, celui de la contrainte par corps, pour venir
enfin expirer complétement devant l'émancipation que
la révolution première avait proclamée.

Vous savez qu'en 1793 la contrainte par corps a été
abolie comme contraire à la saine morale, aux droits
de l'homme et aux vrais principes de la liberté ; je crois
que les principes sur lesquels le législateur de 1793
s'était appuyé existent encore dans toute leur force,
et qu'ils doivent nous conduire vers les mêmes conséquences.

Qu'est-ce que la contrainte par corps ? Le nom le
dit assez : c'est une violence qui est faite dans la personne, dans la liberté humaine ; c'est le droit donné
de priver de la liberté, d'humilier l'homme dans son
honneur, de le froisser dans ses affections, de le tuer
dans son existence.

Je disais tout à l'heure que la contrainte par corps
me paraissait être un dernier vestige de l'ancienne
procédure des aveux ; en effet, la contrainte par corps,
vous le savez tous, n'est pas envisagée par les jurisconsultes comme une peine ; elle est envisagée seulement comme un moyen d'épreuve de la solvabilité du
débiteur. Or qu'est-ce autre chose, sinon la torture
transportée dans le domaine civil, la torture que l'ancienne procédure criminelle employait pour obtenir
l'aveu de la culpabilité de celui qu'elle y soumettait ?
(*A gauche.* Très-bien ! — Rumeurs diverses.)

Il y a une autre observation très-grave, c'est que la contrainte par corps, telle qu'on en réclame le rétablissement, est un pas rétrograde, même si on consulte les anciennes dispositions de la loi française à cet égard. L'ordonnance de Louis XIV, de 1667, ne jetait pas, elle, au moins l'interdit sur la conscience du juge ; elle laissait au juge la faculté d'apprécier les circonstances dans lesquelles la contrainte par corps devait être prononcée ; elle laissait au juge la faculté d'examiner si réellement le débiteur pouvait payer et ne le voulait pas, ou bien si le débiteur était hors d'état de payer. La législation actuelle condamne le juge à prononcer la contrainte par corps en tout état de cause. C'est donc un pas rétrograde, quand on consulte les précédents de notre législation française sur cette matière.

Je disais que la contrainte par corps pouvait être assimilée à la torture en matière civile, et de hautes autorités peuvent être invoquées à cet égard. Je me bornerai à vous citer quelques paroles prononcées, il y a déjà vingt années, dans l'enceinte de la chambre des pairs par M. de Broglie.

Quant à la nature intime de cette institution que l'on demande aujourd'hui de rétablir, M. de Broglie disait :

« La contrainte par corps n'est, à bien prendre, que la *question* consacrée en matière civile, après qu'elle a disparu en matière criminelle. La souffrance qui résulte de la première est moins amère, moins déchirante que celle qui caractérisait autrefois la question ; mais, en revanche, elle est plus longue, et ce qui se perd en intensité se regagne en durée. »

La morale proteste également contre le rétablissement de la contrainte par corps.

L'homme, avant d'appartenir à son débiteur, qui veut étendre en quelque sorte sa main mise sur lui, appartient à la patrie; il appartient à la famille, et vous l'enlevez à sa famille, vous enlevez le soutien de la famille, qui peut seul pourvoir à son existence; vous commettez un acte immoral; vous brisez les liens de la famille par l'exercice de cette torture civile, qui est connue sous le nom de contrainte par corps.

Lorsqu'on consulte les précédents, on acquiert une conviction bien triste, c'est que la contrainte par corps, dans son application, n'est pas autre chose et ne peut pas être autre chose que le moyen de faire payer une dette par ceux qui ne la doivent pas; c'est le moyen d'asseoir une spéculation honteuse sur les affections les plus saintes et les plus pures, sur l'amour de la femme, sur l'amour des parents. (Sensations diverses.) C'est de cette manière seulement que la contrainte par corps a quelques résultats; on extorque un payement, non pas à l'homme qui ne peut pas payer, mais à sa famille, que l'on force à intervenir pour lui, et que l'on force au payement, alors qu'elle ne doit rien en réalité.

Aussi ce ne sont pas les négociants honorables qui font usage de la contrainte par corps; les noms des maisons considérées n'ont jamais paru sur les registres qui marquent les incarcérateurs. C'est dans les bas-fonds de l'usure qu'il faut chercher ceux qui font usage de la contrainte par corps.

Je termine ces rapides observations par l'examen de la question la plus sérieuse, de celle du véritable intérêt du commerce engagé dans la législation de la contrainte par corps.

On dit que l'intérêt commercial s'élève ici à la hauteur d'un véritable intérêt public, que le crédit commercial est une branche du crédit public, et qu'on ne doit reculer devant aucune extrémité pour asseoir ce crédit commercial sur une base solide. Or je crois qu'ici encore on commet une étrange erreur : si le commerce vit de confiance, il faut que le commerce examine la moralité de l'homme auquel il fait des avances, et que cette moralité lui serve de gage avant tout. Pour cela, il n'a pas besoin de la contrainte par corps; il faut que le commerce prête *à* la personne, et non *sur* la personne.

L'exactitude du payement n'est nullement garantie par cette voie rigoureuse d'exécution.

En effet, lorsqu'un billet, qui doit servir de monnaie dans la circulation, n'est pas acquitté à l'échéance, il y a les involutions de procédure qui peuvent prolonger les délais de payement, et empêcher que le but qu'on assigne à la prévoyance du législateur soit complétement atteint. Mais, si ce but n'est pas atteint, il y a des inconvénients, et j'emploie ici une expression très-adoucie, des inconvénients très-graves qui résultent de la législation de la contrainte par corps : c'est qu'elle pèse le plus sur ceux qui ne sont pas commerçants, tandis que c'est au nom du commerce et des commerçants qu'on en réclame l'exercice.

Le commerçant, lorsqu'il n'acquitte pas un billet, lorsqu'il suspend un payement, est déclaré en faillite, et, bien qu'il y ait contre lui une présomption de mau-

vaise foi, on lui accorde très-facilement un sauf-conduit qui le met à l'abri de l'incarcération. Mais le non-
commerçant n'a pas cette ressource de la faillite ; le
non-commerçant, que la présomption de la bonne foi
devrait couvrir, c'est lui qui va expier dans la prison
les résultats de la législation contre laquelle je proteste.

Permettez-moi de vous citer un fait qui vous fera
mettre en quelque sorte le doigt sur la difficulté.

Un libraire achète le manuscrit d'un auteur, il le
paye 1,400 fr., il paye en billets qui entrent dans la
circulation. L'auteur y met sa signature.

Le libraire fait de mauvaises affaires ; il dépose son
bilan ; il passe un arrangement avec ses créanciers,
et il n'est pas incarcéré. Mais l'auteur, qui a mis en
circulation ces malheureux billets, se trouve condamné
à visiter les prisons pour dettes, car il n'est pas admis
au triste bénéfice de la faillite, et il expie, par une
longue incarcération, cette espèce de surprise faite à
sa bonne foi (1).

Tel est le résultat le plus ordinaire de la législation
sur la contrainte par corps.

On parle beaucoup des précédents commerciaux,
et l'on fait appel à l'expérience. Je respecte beaucoup
l'expérience, je respecte beaucoup les faits ; mais c'est
précisément l'expérience, ce sont les faits qui me paraissent prononcer contre la législation qu'on prétend
restaurer. Qu'on aille dans nos plus grands centres
d'industrie, de manufactures, et qu'on consulte les re-

---

(1) L'auteur qui vend son manuscrit ne fait pas un acte de commerce,
et le billet qu'il reçoit du libraire et qu'il endosse, n'emporte pas la contrainte par corps. (L. 17 avril 1832, art. 3.)

gistres des écrous. Ce relevé a été fait avec beaucoup
de soin et de patience par plusieurs auteurs recom-
mandables qui se sont occupés de cette matière.
Qu'est-ce que l'on y voit, à Marseille, à Saint-Étienne,
à Lyon? Ce ne sont pas des industriels, des commerçants, des hommes livrés à l'exercice des grandes in-
dustries qui fleurissent dans ces villes, qui sont des
victimes de la législation de la contrainte par corps,
ou bien qui en font usage. On ne rencontre ni les ar-
mateurs à Marseille, ni les grands fabricants de ru-
bans ou d'armes à Saint-Étienne, ni les fabricants
de ces brillants tissus de soie de Lyon dans la
geôle des prisons pour dettes. On y rencontre des
avocats, des médecins, des hommes de lettres, des
ouvriers, des porteurs d'eau, des tailleurs, des au-
bergistes.

Voilà les catégories qui fournissent la geôle des prisons pour dettes.

Ce ne sont pas les grands commerçants à qui l'on
fait l'application de la législation sur la contrainte par
corps.

J'ai rappelé les paroles de M. de Broglie, pour
protester au nom de la philosophie du droit contre le
rétablissement de la contrainte par corps. Je puis
aussi rappeler les paroles d'un homme dont la mémoire vit sans aucun doute dans cette enceinte, de
Jacques Laffitte, pour protester, au nom du commerce,
contre la contrainte par corps.

Voici ce que disait M. Jacques Laffitte en 1828 :

« Les besoins du commerce ne réclament point
l'exécution de la contrainte par corps. Elle ne s'exécute qu'au profit de l'usure contre de malheureux pères

de famille et quelques jeunes imprudents..... Le commerce, qui civilise tout, a-t-il besoin, pour sa sûreté, de recourir à des moyens qui rappellent les temps de la plus grande barbarie? Évidemment non. »

En effet, ce n'est pas pour de fortes créances, pour ces créances qui peuvent résulter de grandes négociations commerciales, que nous voyons se réaliser les emprisonnements pour dettes. D'après les relevés statistiques dont j'ai parlé tout à l'heure, et qui ont été faits avec beaucoup de soins, il est parfaitement démontré que la moyenne la plus forte de la somme pour laquelle les incarcérations ont lieu ne s'élève pas au-dessus de 3,000 fr. Trois mille francs, c'est le taux de la liberté humaine en France!

Il y a une autre objection qui a été faite par M. le rapporteur contre ceux qui s'opposent au rétablissement de la contrainte par corps, c'est le peu de durée de l'emprisonnement. Il faudrait consulter un autre élément dont il n'a pas tenu compte suffisamment. Cet élément, c'est de savoir si ceux qui sont rendus à la liberté après un emprisonnement de courte durée, ont été rendus à la liberté parce que la loi a été efficace, parce qu'elle a amené le payement des créances, ou bien s'ils ont été uniquement rendus à la liberté parce que le créancier, après les avoir soumis pendant quelque temps à cette espèce de *question* préalable, les a envisagés comme une *non-valeur* et n'a pas voulu plus longtemps faire les frais de leur incarcération. Les faits démontrent que c'est cette dernière cause qui amène la plupart des libérations, et qui produit le résultat, signalé dans le rapport, du peu de durée des emprisonnements.

Mais si la loi sur la contrainte par corps ne produit
pas de grands résultats pour le commerce, elle en
produit de très-grands, de très-funestes, quant au
travail général de la société ; elle paralyse en effet le
travail de ceux qui n'ont le plus souvent, pour assurer
leur existence et celle de leur famille, que leur commerce, leur industrie, leur intelligence : singulier
moyen et singulière garantie, en vérité, que celle qui
empêche le payement que l'on veut obtenir du moment
où on y a recours, car elle empêche l'homme qui par
son travail pourrait arriver à la libération, de travailler et d'obtenir ainsi cette libération.

Il est un pays, un pays qu'il est permis d'invoquer
lorsqu'il s'agit des grands intérêts du commerce ; ce
pays, c'est l'Angleterre. Eh bien ! l'Angleterre n'a pas
maintenu la contrainte par corps dans la rigueur absolue qu'on voudrait lui rendre aujourd'hui en France.
Les principes qui avaient é é apportés maintes fois à
la tribune par lord Brougham et sir John Campbell,
ont fiui par triompher. Ce sont ces principes qui seuls
peuvent inspirer une législation juste, équitable en
cette matière.

Voici ce que disait sir John Campbell en 1835, et
c'est par là que je termine :

« Un homme qui doit malgré lui ne doit pas être
puni, l'infortune imprévue qui le met dans l'impossibilité de remplir ses engagements ne peut être assimilée à un crime. Il faut abolir l'emprisonnement dans
ce cas et non dans celui où il y a fraude. »

Oui, frappez au nom de la morale publique ceux
qui ont commis une fraude, ceux qui ont commis un
dol, un délit ; mais respectez celui que des circon-

stances extraordinaires, imprévues, auxquelles il n'a pu se dérober, mettent dans l'impossibilité absolue d'accomplir un engagement à un moment donné; que la pauvreté ne soit pas frappée comme un crime, alors que cette pauvreté est le fruit d'un accident, et qu'il n'y a pas de la faute de l'homme qui est tombé dans cet état de misère.

Si vous voulez rétablir la contrainte par corps, rétablissez-la donc au moins d'une manière humaine, telle qu'elle était comprise dans l'ordonnance de 1667; laissez au juge la faculté d'arbitrer les cas dans lesquels la contrainte par corps pourra être prononcée; ne jetez pas l'interdit sur la conscience du juge et ne le forcez pas à mettre un homme en prison alors que sa conscience lui dit que cet homme ne peut pas payer et qu'il n'y a aucune faute de sa part s'il ne peut pas se libérer au moment où on le poursuit.

Le citoyen président. Avant de donner la parole à d'autres orateurs, je dois prévenir l'Assemblée que le citoyen Regnard vient de proposer un amendement qui est un nouveau système. Il est composé de quatre articles.

Un représentant. Monsieur le président, j'avais demandé la parole.

Le citoyen président. L'Assemblée doit être prévenue de tout ce qui doit venir ensuite, pour savoir si elle continuera la discussion générale, ou si elle doit renvoyer les amendements au comité de législation, qui n'a pas connaissance de l'amendement de M. Regnard.

Voici dans quels termes il est rédigé :

« Art. 1er. Dans tous les cas où la loi prononce la

contrainte par corps, il est permis au juge d'en réduire la durée, ou même d'en faire entièrement remise.

» Art. 2. Le terme le plus long de l'exercice de la contrainte par corps, pour toute espèce de dette, n'excédera pas deux années.

» Art. 3. Les étrangers sont assimilés aux nationaux, quant aux causes et à la durée de la contrainte par corps; en conséquence, le titre III de la loi du 17 avril 1832 est abrogé.

» Art. 4. La détention prononcée en exécution de l'article 35 de la loi du 17 avril 1832 ne pourra être ordonnée pour un temps qui excédera le double de la durée de la peine d'emprisonnement auquel le débiteur de l'amende aurait été condamné par le même jugement. »

C'est complétement un nouveau système sur lequel le comité n'a pas été appelé à délibérer.

La parole est à M. Bonjean pour le projet.

Le citoyen Bonjean. Je crois qu'il vaudrait mieux renvoyer au comité.

Le citoyen président. M. Boudet a demandé la parole contre le renvoi au comité.

Le citoyen Boudet. Citoyens, je désire expliquer à l'Assemblée, en deux mots, comment le renvoi au comité, quant à présent, ne pourrait avoir aucun résultat.

Le comité, avant d'adopter l'article unique qui est présenté à l'Assemblée, a examiné la question de savoir s'il devait se livrer, en tout ou partie, à l'examen de certaines modifications qu'il y a à apporter à la législation générale sur la contrainte par corps; c'est après en avoir délibéré qu'il a reconnu que, quant à

présent, les modifications qu'on voudrait apporter à
la législation générale sur la contrainte par corps le
mèneraient beaucoup trop loin.

Cette exclusion générale est donc par cela même un
fait acquis dans l'opinion du comité qui exclut l'examen par lui, *à priori* préjudiciellement, des différentes
propositions qui ont été faites, soit par le citoyen
Crémieux, soit par le citoyen Regnard.

Vous voyez donc qu'avant tout, et pour que le renvoi soit accepté par le comité, il faudrait que l'Assemblée eût la bonté de vider la question dont le comité lui-même a été préoccupé, à savoir, si l'on
devrait se borner à révoquer le décret du gouvernement provisoire qui a supprimé la contrainte par
corps, de manière à la faire revivre dans l'état d'auparavant.

Si l'Assemblée pense qu'on ne doit pas se borner à
ce point quant à présent, ce sera le cas de renvoyer
au comité l'examen des diverses propositions qui lui
ont été faites, tant par le citoyen Crémieux que par
le citoyen Regnard ; mais, avant tout, je demande
que l'Assemblée veuille bien vider la question de savoir si on se bornera à rétablir purement et simplement la contrainte par corps quant à présent, en remettant à une autre époque l'examen des différentes
modifications fort nombreuses dans lesquelles il faudrait entrer maintenant. Je ferai remarquer.....

Une voix. C'est une question de priorité.

LE CITOYEN BOUDET. C'est une question de priorité, si vous voulez.

Un membre. Les amendements l'ont de droit.

LE CITOYEN BOUDET. L'amendement du citoyen

Crémieux, par exemple, ne peut pas avoir la priorité comme amendement ordinaire, et je vais le démontrer en deux mots à l'Assemblée.

Le citoyen Crémieux, si on donnait à son amendement la priorité, nous appellerait à délibérer sur une série d'articles de la loi de 1832 relatifs à la contrainte par corps. Cette loi a quarante ou cinquante articles; le citoyen Crémieux demande à en réformer quinze ou vingt; nous n'avons pas même le texte des articles de cette loi de 1832 sur la contrainte par corps sous les yeux. Comment voulez-vous qu'en vertu de la priorité, l'Assemblée délibère immédiatement sur les articles proposés par le citoyen Crémieux, quand le citoyen Crémieux n'a pas même mis en face des modifications qu'il demande le texte de la loi de 1832? Il faudrait tout au moins les renvoyer au comité, si l'Assemblée voulait entrer dans cet ordre d'idées. Mais, encore une fois, l'idée fondamentale du projet a été que, quant à présent, on ne pouvait pas aller se livrer à un examen trop appronfondi de toutes les modifications à faire à la législation générale de la contrainte par corps; que ces modifications demanderaient beaucoup de temps, qu'elles seraient un remaniement d'une partie considérable de la législation civile et de la législation commerciale, et, sans nier qu'il y ait peut-être des modifications à apporter plus tard à cette législation, le comité a demandé le *statu quo* de la législation générale, comme si le décret du gouvernement provisoire n'avait pas eu lieu.

LE CITOYEN CRÉMIEUX. Citoyens, s'il s'agissait d'une matière ordinaire qui, chaque jour, peut se débattre devant les assemblées délibérantes, je comprendrais le système qui a été présenté par le comité de législation et qui vient d'être soutenu par l'honorable M. Boudet ; mais il s'agit de la contrainte par corps, et voici à quoi se résume l'objection qui vient d'être présentée.

Elle consiste en ceci : Oui, il peut y avoir à faire contre les résu tats de la loi de 1832 relative à la contrainte par corps ; oui, dans certains de ses articles, il peut y avoir exagération, et les résultats qu'elle produit peuvent avoir certains effets fâcheux. Mais c'est un malheur. Comme il ne s'agit que de la liberté de l'homme, ce n'est pas trop la peine de s'en occuper de suite. (Réclamations. — *A gauche.* C'est vrai !)

Je me demande, messieurs, si c'est autre chose que ce que je dis que les expressions suivantes : « Il pourrait y avoir sans doute bien des choses à faire dans la législation relative à la contrainte par corps ; mais nous demandons à l'Assemblée de déclarer immédiatement qu'elle sera rétablie telle qu'elle était avant, sauf à voir plus tard à corriger les défauts de la loi. »

Mais de cela seul qu'un article de la loi de 1832 ferait rester en prison un jour de plus un de vos concitoyens, il faudrait, nécessairement, avant de rétablir la loi de 1832, examiner cet article. (Oui ! oui ! —Très-bien !)

Et, du reste, qu'on ne se trompe pas sur la proposition que j'ai faite ; je ne l'ai pas faite pour entraver le cours de la discussion en elle-même ; non, je demande que l'Assemblée décide d'abord si elle doit abroger ce décret de 1848, que j'ai eu l'honneur de proposer au gouvernement provisoire, qui l'a accueilli en entier, sans difficulté, et dont je demande aujourd'hui le maintien. (Très-bien!) Seulement, citoyens, dans le cas où vous penseriez, après avoir entendu la discussion générale, que le décret auquel je me rattache, dont je vous demande le maintien aujourd'hui, comme j'en ai demandé la publication au mois de mars; dans le cas où vous penseriez que ce décret n'irait plus à l'état actuel de la République (On rit à gauche), je vous demanderai alors, non pas de prononcer son abrogation, mais de renvoyer au comité pour l'examen des amendements, et voici pourquoi : Si vous prononcez son abrogation, sans vous prononcer en même temps sur les amendements que nous présentons, dans le cas où vous ne voudriez plus du décret, alors c'est la loi de 1832 qui revit tout entière; alors cette loi, qui excitera certainement la réprobation de beaucoup d'entre vous, quand vous l'examinerez dans les détails que nous attaquons; alors cette loi sera immédiatement exécutée; alors, dès demain, on retombera sous l'empire d'une mauvaise loi.

En deux mots, si vous pensez que le principe ne peut pas rester tout entier, avant de prononcer sur l'abrogation, ou même en la prononçant, renvoyez les amendements au comité de législation, afin qu'il puisse venir vous faire un rapport sur les amendements proposés.

Et ne croyez pas que ce soit quelque chose de bien grave que ces amendements; il s'agit simplement de modifier les parties les plus cruelles, passez-moi l'expression, de la loi de 1832. Je n'ai pas attaqué vingt articles de cette loi, je n'en ai attaqué que neuf articles; ces neuf articles, je n'ai pas même demandé leur abrogation; j'ai demandé seulement leur modification, et avec les hommes éclairés qui font partie de votre comité de législation, ce serait un travail facile. Si ces amendements lui étaient renvoyés aujourd'hui, il n'aurait pas de difficulté à vous présenter un rapport promptement, et à vous mettre à même de statuer, non pas sur l'abrogation d'un décret que je regarde encore comme bienfaisant et nécessaire (Oui! oui!), mais sur l'examen de la loi de 1832; c'est ainsi que vous examinerez les amendements que j'ai présentés et ceux qui ont été produits par quelques-uns de nos collègues.

Ainsi je me résume, citoyens, sur cette discussion incidente. Ce décret rendu par le gouvernement provisoire, le premier, au reste, qui tienne au ministère de la justice, qui soit attaqué..., et, messieurs, je défendrai vivement, je défendrai pied à pied tous les décrets que vous attaquerez émanés du ministre de la justice et adoptés, après un mûr examen, par les hommes qui, faisant partie du gouvernement provisoire, avaient plus spécialement étudié les matières du droit et sa portée philosophique. Oui, citoyens, nous avons prononcé l'abolition de la contrainte par corps, comme nous avons prononcé l'abolition de la peine de mort en matière politique (Acclamations), comme nous avons demandé l'abolition de l'esclavage. (Acclamations et murmures.)

LE CITOYEN ROUHER. Vous avez ruiné les colonies!

Un membre. On les a sauvées, au contraire!

LE CITOYEN CRÉMIEUX. Nous n'avons pas voulu que cet autre esclavage de tous les jours, qui pèse sur une foule de malheureux et qui atteint à peine ceux qu'il devrait atteindre, que cet autre esclavage se continuât.

(Bravo! bravo!) Vous direz si nous avons eu tort, et si votre conscience se prononce contre le décret, vous le corrigerez, non en l'abrogeant, mais en modifiant la loi de 1832. Ainsi vous referez ce qu'il pourrait y avoir d'erroné dans les actes de notre court et trop long pouvoir ; mais assurément vous n'abdiquerez pas ce qui est au fond de vos consciences à tous, et, par ce sentiment d'humanité qui vous appartient, qui vous tient tout entiers, vous renverrez au comité de législation pour qu'il examine cette loi de 1832, pour qu'il la rende, je ne dis pas bonne, c'est impossible, car toute loi qui aura pour base la contrainte par corps pour autre chose que pour un délit sera toujours une mauvaise loi, mais encore meilleure s'il est possible. (Mouvement en sens divers.)

LE CITOYEN VALETTE (du Jura). Je demande la parole.

LE CITOYEN PRÉSIDENT. Sur quoi? Il s'agit de savoir si l'on renverra au comité de législation ou si l'on continuera la discussion.

LE CITOYEN VALETTE (du Jura). C'est là-dessus que j'ai un mot à dire.

Je désire que l'Assemblée se prononce aujourd'hui sur le principe même relatif à la matière de la contrainte par corps, sur le principe fondamental de la matière.

Il y a une première question, qui est de savoir si la contrainte par corps existera ou n'existera pas d'une manière quelconque ; en d'autres termes, si le décret du 9 mars sera ou non abrogé.

Eh bien! l'Assemblée devra d'abord se prononcer sur ce point. (Bruit.) C'est la question. (Oui! oui!)

Mais j'ajoute que, si l'Assemblée veut adopter un système intermédiaire qui consiste, non pas à rétablir l'ancien état de choses, mais à y introduire des améliorations ou des corrections, il faut aussi qu'elle se prononce sur ce point aujourd'hui. Elle le peut facilement, comme elle l'a fait pour la loi des concordats amiables, en décidant une question de priorité.

Si l'Assemblée admet qu'on mette en discussion le projet du comité de législation, on pourra adopter ce projet. Si elle entend que la contrainte par corps soit abrogée, elle peut le décider immédiatement sur une proposition. Si elle veut qu'on réforme la contrainte par corps sans l'abolir, elle renverra au comité de législation le projet de M. Crémieux ou un de ceux qui ont été présentés.

Je propose donc qu'on statue immédiatement sur l'une ou l'autre de ces propositions.

LE CITOYEN PRÉSIDENT. Je mets aux voix la proposition du renvoi au comité de législation, soit de l'amendement de M. Crémieux, soit de l'amendement de M. Regnard...

LE CITOYEN REGNARD. Il faut continuer la discussion générale et se prononcer sur le principe. (Oui! oui!)

LE CITOYEN PRÉSIDENT. Je vais mettre aux voix la question de savoir si la discussion générale continuera; car si l'on doit renvoyer au comité, il est fort inutile de faire perdre le temps de l'Assemblée.

LE CITOYEN REGNARD. Il me paraît impossible qu'on ne donne pas suite à la discussion générale, car c'est par suite de la discussion générale que l'Assemblée éclairée saura si elle veut ou si elle ne veut pas de la contrainte par corps. Or, si l'Assemblée décide qu'elle ne veut pas de la contrainte par corps, il n'y aura pas d'amendement bien évidemment, puisqu'il n'y aura plus rien à amender.

Il faut donc d'abord que la discussion générale suive son cours, et qu'ensuite on discute la question de savoir si les amendements devront ou non être renvoyés au comité. (Appuyé!)

LE CITOYEN PRÉSIDENT. La discussion générale continuant, la parole est à M. Grevy.

LE CITOYEN GREVY. La contrainte par corps m'a toujours paru faire tache dans notre législation, incompatible avec les principes de notre droit public, contraire aux lois de la justice, de la morale, de l'humanité, inutile au commerce... (Exclamations), inutile au commerce, féconde en résultats fâcheux pour la famille et la société; elle est condamnée à la fois et par son principe et par ses effets.

Je supplie l'Assemblée de vouloir bien ne pas juger mon opinion sur la simple énonciation que je suis obligé d'en faire, et de vouloir bien attendre les arguments et les développements que j'aurai l'honneur de lui fournir à l'appui des propositions que j'énonce.

Lorsque le décret du 9 mars vint abolir la contrainte par corps, je le considérai comme une des réformes du gouvernement provisoire les plus conformes au progrès des temps et à l'esprit de la révolution qui venait de s'accomplir.

M. le rapporteur du comité de législation, voulant justifier dans son principe la contrainte par corps, nous en montre l'origine dans les républiques anciennes.

C'est mon premier motif pour la condamner. Il faut, en effet, remonter aux législations barbares pour retrouver la source de la contrainte par corps.

Dans les principes de ces législations, l'homme est une chose qui peut devenir la propriété d'un autre homme.

Par une conséquence nécessaire, le débiteur répond de ses engagements sur sa personne, comme sur toutes les autres choses qu'il possède; s'il ne paye pas, le créancier le traîne en justice et se le fait adjuger; il en devient propriétaire, il peut épuiser sur lui son droit de propriété.

C'est le premier état, le beau idéal de la contrainte par corps.

Puis, plus tard, elle se transforme; ce n'est plus à la servitude qu'elle aboutit, c'est à l'emprisonnement; l'homme cesse d'être dans le commerce, mais sa liberté y reste. C'est le deuxième état de la contrainte par corps, telle qu'elle est arrivée jusqu'à nous.

Ainsi, la contrainte par corps, qui a sa source première dans le droit de propriété de l'homme sur l'homme, repose encore aujourd'hui sur cet autre principe non moins barbare, que la liberté est dans le commerce. Voilà le principe qu'il faut professer, qu'il faut soutenir, quand on veut justifier la contrainte par corps.

M. le rapporteur du comité de législation n'a pas osé aller jusque-là; mais ses devanciers ont été plus courageux, et, qu'il me permette de le dire, plus logiques.

En 1829, le ministre de la justice, présentant à la

chambre des pairs le projet qui devint plus tard la loi de 1832, disait :

« L'esprit de commerce, qui tend à réduire en valeur négociable, non-seulement les choses matérielles, mais encore les choses incorporelles, et qui cherche à mobiliser toutes les valeurs, ne pouvait manquer de faire entrer dans la masse des capitaux dont l'homme peut disposer, sa liberté même, et ce capital devrait être d'autant plus précieux qu'il représente à la fois pour chacun ce que son travail peut féconder et ce qu'il peut créer par son industrie. »

Ainsi voilà qui est clair et franc. La liberté est un capital comme un autre : c'est une marchandise ; elle est dans le commerce. Voilà à quoi il faut arriver quand on veut être logique ; voilà le principe sur lequel repose la contrainte par corps.

Ai-je besoin de discuter devant vous cette doctrine grossière, et de prouver que la liberté n'est pas une marchandise, qu'elle n'est pas dans le commerce ? Non ; la liberté ne peut pas plus être dans le commerce que l'homme lui-même, dont elle est inséparable, dont elle forme le plus noble attribut. La liberté est inaliénable ; c'est le principe fondamental de notre droit public ; il est écrit expressément dans nos lois : elles défendent formellement aux citoyens d'engager leur liberté et de se soumettre volontairement à la contrainte par corps.

Or je dis qu'à côté de ce principe, qui est la base de notre droit public, la loi de 1832 forme une contradiction manifeste.

En effet, cette loi permet de faire indirectement ce que le principe que je rappelle défend de faire directement.

Comment! par une disposition générale et d'ordre public, il est défendu aux citoyens d'engager leur liberté, de se soumettre volontairement à la contrainte par corps, aux officiers publics de recevoir tout acte dans lequel elle serait stipulée, aux magistrats de la prononcer dans ces circonstances ; et, à côté de ce principe général et protecteur de la liberté, il y a toute une législation spéciale qui permet aux citoyens, en formant des engagements d'une certaine nature, en souscrivant des actes revêtus d'une certaine forme, de se soumettre volontairement à la contrainte par corps, c'est-à-dire d'engager, d'aliéner volontairement leur liberté.

Est-il possible de tomber dans une inconséquence plus choquante ?

Aussi les partisans les plus éclairés de la contrainte par corps n'ont-ils pas cherché à la justifier en principe ; ils ont reculé devant cette nécessité ; et, en 1831, M. Portalis, rapporteur de la commission de la chambre des pairs, dans la discussion de cette même loi de 1832, disait :

« Votre commission s'est abstenue d'examiner la question de savoir si la contrainte par corps devait être ou non maintenue. Ceux de ses membres qui sont convaincus qu'elle est incompatible avec les principes de notre droit public, et qu'elle n'est pas réclamée par les intérêts du commerce, ont jugé que le moment n'est pas venu d'élever une telle discussion, ils ont pensé qu'elle retarderait indéfiniment l'adoption des restrictions qu'on est à peu près convenu d'apporter à une législation rigoureuse, et ils ont préféré ne pas combattre *un principe vicieux* qu'on a peu d'espérance de bannir de notre législation dans les circonstances présentes, que de s'exposer à voir ajourner encore des mesures propres à en atténuer les effets, en rendant les applications qu'il reçoit plus rares et moins sensibles. »

Voilà comment s'exprimait en 1831 la commission de la chambre des pairs, par l'organe de son rapporteur. Elle subissait, malgré elle, la nécessité de tolérer quelque temps encore la contrainte par corps, et elle la subissait pour en restreindre graduellement les applications, et arriver progressivement à l'extirper. Elle réprouvait le principe de la contrainte par corps, elle le qualifie de vicieux. Voilà ce qu'on faisait en 1831. En 1848, sous le gouvernement républicain, nous sommes en progrès, c'est le principe même de la contrainte par corps qu'on justifie ; on soutient qu'il est en parfaite harmonie avec le principe de notre gouvernement. Je n'ai pas été peu étonné de trouver une thèse en forme sur ce sujet dans le rapport de votre comité de législation. Il est vrai qu'on ne se met pas en frais d'arguments théoriques ; on y lit seulement que la contrainte par corps ayant toujours existé, c'est une raison suffisante pour qu'elle soit considérée comme n'étant pas incompatible avec les principes de notre gouvernement.

Je pourrais, messieurs, répondre que cet argument repose sur une base fausse, que la contrainte par corps n'a pas toujours et partout existé, et qu'au moment où je parle, chez toutes les nations qui marchent à la tête de la civilisation, la contrainte par corps tend manifestement à disparaître.

Mais quelle est la valeur de cette argumentation

qui consiste à dire que, puisque la contrainte par corps a existé jusqu'à présent, c'est une raison suffisante pour qu'elle existe toujours? Quelle est l'institution surannée, quel est l'abus invétéré qui ne se justifierait pas ainsi par sa longue existence, avec cette méthode d'argumentation qui consiste à mettre le fait à la place du droit?

Je crois donc, messieurs, avoir démontré que le principe de la contrainte par corps est en contradiction ouverte avec le principe fondamental de notre droit public. Le principe de la contrainte par corps est qu'on peut aliéner sa liberté, qu'elle est aliénable; le principe de notre droit public est que la liberté est inaliénable.

On a beaucoup discuté sur la question de savoir si la contrainte par corps est une peine. Cette discussion me paraît avoir roulé sur une confusion de mots.

Si ceux qui soutiennent que la contrainte par corps n'est pas une peine veulent dire qu'elle n'en a pas le caractère légal, les effets légaux, c'est-à-dire qu'elle n'a pas pour objet de punir un fait prévu par la loi pénale, qu'elle n'est pas infligée par les tribunaux de répression, à la requête du ministère public, qu'elle n'a pas les conséquences flétrissantes des condamnations criminelles, ils ont incontestablement raison. Mais s'ils veulent dire que, sous le rapport afflictif, la contrainte par corps n'a pas tous les caractères de la peine, ils sont dans une évidente erreur.

Quelle différence y a-t-il entre le détenu pour dettes et le condamné correctionnellement, sous le rapport que j'indique? L'un n'est-il pas comme l'autre sous les verroux, privé de sa liberté, séparé de sa famille, de ses amis, soumis aux mêmes privations, endurant les mêmes souffrances ? Il est donc évident que, sous le rapport afflictif, il n'y a aucune différence entre le condamné correctionnellement et le débiteur détenu pour dettes.

Or je vous demande si infliger une peine afflictive à un fait qui n'est ni un crime ni un délit ; si traiter de la même manière, soumettre au même châtiment celui qui a été condamné correctionnellement, frappé par un tribunal de répression pour un fait punissable, et le débiteur insolvable qui n'est que malheureux, ce n'est pas faire abstraction de t ute moralité dans l'appréciation des actions humaines ; je vous demande si ce n'est pas infliger un mal qui n'a pas été mérité, si ce n'est pas de l'injustice et de l'immoralité!

Et si l'on considère que cette peine sans délit, ce châtiment sans culpabilité, ce n'est pas la société, mais l'intérêt privé, mais la passion individuelle qui l'inflige à son gré ; si l'on considère que souvent c'est moins l'espoir de recouvrer une créance désespérée, qu'un sentiment de vengeance ou de colère qui détermine le créancier à user de l'arme qu'il a dans la main... (Interruption. —*A gauche.* Oui ! oui !)

Je m'étonne, messieurs, de ces interruptions ; je ne comprends pas qu'il soit possible de contester que souvent l'aigreur qui résulte de la longue attente, des sacrifices faits, des pertes éprouvées, ne détermine pas chez le créancier un sentiment de haine, un sentiment de colère qui se poursuit sur la personne de son débiteur. Cela est incontestable.

Eh bien, si cela est une loi qui livre ainsi la personne du débiteur au créancier quand celui-ci n'en peut plus tirer que de la douleur, n'est-elle pas une loi évidemment immorale et injuste?

On me répondra que telle n'est pas la pensée de la loi ; que la loi n'a pas voulu armer le créancier d'une peine ; que c'est seulement un moyen d'exécution qu'elle lui donne.

Mais, messieurs, quelle que soit l'intention de la loi, n'y a-t-il pas l'effet qui subsiste et qui est le même? Est-ce qu'en réalité ce n'est pas une peine, et une peine afflictive, qui est remise aux mains du créancier? et cela ne suffit-il pas pour que, dans son effet, la loi porte une atteinte à la justice et à la moralité?

Ainsi, messieurs, contraire au principe fondamental de notre droit public, contraire aux lois de la justice et de la moralité, voilà la contrainte par corps considérée dans son principe.

Permettez-moi de vous dire un mot de ses effets.

L'utilité! La contrainte par corps est utile au commerce, voilà le grand mot des panégyristes de la contrainte par corps, c'est leur objection principale. Si l'Assemblée veut bien me continuer quelques instants de sa bienveillante attention, je crois pouvoir prendre l'engagement de prouver que cette objection n'a pas le moindre fondement et ne soutient pas une discussion sérieuse. (Parlez! parlez!)

Parcourez les maisons de détention pour dettes, compulsez les registres d'écrou, consultez les statistiques qui se publient chaque année. Quels sont les individus qui remplissent les maisons de détention? Des commerçants? Non; ce sont de jeunes dissipateurs, quelques pères de famille dans la détresse, beaucoup de chevaliers d'industrie, des hommes appartenant à toutes les professions et que le besoin ou l'imprudence ont entraînés à souscrire des lettres de change.

Mais les commerçants proprement dits, les commerçants honnêtes, faisant un commerce utile à la prospérité nationale, les commerçants ayant des marchandises, des capitaux, il n'y en a pas où il n'y en a presque pas.

Et les créanciers qui tiennent leurs débiteurs en prison, quels sont-ils? Des commerçants? Pas davantage; ce sont en général des faiseurs d'affaires verreuses, des usuriers. Demandez aux maisons de commerce honorables, demandez à tous les négociants qui se respectent s'ils font souvent incarcérer leurs débiteurs : ils vous répondront qu'ils n'en ont pas besoin, et que dans tous les cas ils y répugneraient, car les mœurs valent mieux que la loi qu'on veut nous rendre.

Une voix à droite. Mais les chambres de commerce la demandent.

Une autre voix. Lesquelles?

LE CITOYEN GRÉVY. Je répondrai dans un instant à l'objection ; on ne contestera pas le fait que j'énonce : les débiteurs qui sont en prison, les créanciers qui les y retiennent n'appartiennent pas au commerce, au commerce honnête, au commerce utile, le seul qu'il puisse être question de protéger ; ils appartiennent au mauvais commerce, au trafic honteux, à l'usure. J'insiste sur ce fait : c'est qu'en général, ni les débiteurs qui sont en prison, ni les créanciers qui les ont fait incarcérer ne sont des commerçants. Le commerce ne se sert donc pas de la contrainte par corps; et si le commerce ne se sert pas de la con-

trainte par corps, comment peut-on dire que la contrainte par corps est utile au commerce?

Je sais ce qu'on va me répondre ; on me dira que,
si le commerce ne se sert pas de la contrainte par
corps, il peut s'en servir ; que c'est précisément en
cela que consiste l'efficacité de la contrainte par corps ;
que c'est cette menace, toujours suspendue sur la tête
du commerçant, qui le rend si ponctuel dans l'exécution de ses engagements.

Messieurs, quand vous voyez un commerçant embarrassé dans ses affaires, s'agiter, se tourmenter à
l'approche de ses échéances, demandez-lui quelle est
la cause de ses angoisses ; demandez-lui si c'est la peur
de la contrainte par corps, si c'est la peur d'aller en
prison. Il vous répondra que non ; il vous dira que
c'est la peur de voir sa signature protestée, parce que
le protêt, c'est la perte de son crédit, et que la perte
de son crédit, c'est la faillite, c'est-à-dire la ruine et
le déshonneur.

La faillite, voilà l'épouvantail du commerce, et non
pas la contrainte par corps, qui ne peut jamais l'atteindre : je vais vous le démontrer.

Examinez la position du commerçant avant la faillite. S'il ne fait pas honneur à ses engagements, et qu'il
soit incarcéré, le seul fait de l'incarcération le constitue en état de faillite. Sa faillite doit être déclarée
dans les trois jours, soit sur sa demande, soit sur la
demande de ses créanciers, soit d'office par le tribunal ; et à l'instant où la faillite est déclarée. la contrainte par corps cesse, à moins qu'il n'y ait banqueroute et que le commerçant n'ait pas pu obtenir un
sauf-conduit, ce qui est étranger au sujet que je traite.

je constate ce fait que, d'une part, l'incarcération suffit pour faire déclarer la faillite ; et, de l'autre, que la déclaration de faillite fait cesser la contrainte par corps. Vous ne pouvez donc pas contraindre par corps un commerçant avant sa faillite. Il y a là un concours d'effets contraires qui aboutit à ce résultat :

L'emprisonnement pour dettes fait naître la faillite, et la faillite fait expirer l'emprisonnement. Ainsi pas de contrainte par corps avant la faillite, pas de contrainte par corps non plus pendant le cours de la faillite ; car toutes les poursuites individuelles sont alors suspendues, la contrainte par corps comme toutes les autres.

Un membre. On peut mettre le débiteur en prison pendant la faillite.

LE CITOYEN GREVY. Vous ne pouvez pas exercer la contrainte par corps. Vous confondez l'emprisonnement préventif avec la contrainte par corps ; on peut mettre préventivement ou correctionnellement un failli sous la main de la justice. Nous ne parlons pas des cas de banqueroute, qui sont étrangers à ce qui fait l'objet de cette discussion ; nous ne parlons que de la contrainte par corps. Or j'énonce un fait incontestable, c'est que la faillite fait cesser la contrainte par corps, puisque toutes les poursuites individuelles sont suspendues pendant son cours.

J'ajoute qu'après la faillite on ne peut pas non plus incarcérer pour dettes le débiteur, et je le prouve.

Il y a, messieurs, deux portes pour sortir de la faillite : le concordat et le contrat d'union. Si le débiteur en faillite obtient un concordat, ce qui est le cas

le plus général, il n'y a pas de contrainte par corps.
Il me suffit d'énoncer cette proposition.

S'il n'obtient pas de concordat, et qu'il soit placé
sous la loi du contrat d'union, il est ou il n'est pas déclaré excusable. S'il est déclaré excusable, il n'y a pas
de contrainte par corps; il est déchargé de la contrainte par corps pour tous les faits antérieurs à sa faillite. Or je vous demande si vous connaissez beaucoup
de cas dans lesquels un failli qui n'est pas banqueroutier ne soit pas déclaré excusable. Je ne crains pas de
hasarder une expression, en disant qu'il n'y en a pas
un sur cinquante; il est excessivement rare de trouver
un failli non banqueroutier qui n'obtienne pas une déclaration d'excusabilité.

Vous ne pouvez donc presque jamais appliquer
votre loi, même aux faillis placés sous le contrat d'u-
nion. Il y a mieux, c'est que, pour l'imperceptible
nombre de ceux qui ne sont pas déclarés excusables,
il faut, pour que la contrainte par corps soit possible,
que le créancier qui veut incarcérer prouve qu'il est
survenu de nouveaux biens à son débiteur : une jurisprudence constante l'exige, et elle est rationnelle,
car la présomption est que le failli qui n'est pas banqueroutier, c'est-à-dire qui n'a pas détourné une partie de son actif, n'a plus rien; il ne saurait donc être
mis en prison si l'on ne prouve qu'il lui est survenu de
nouveaux biens.

Ainsi, vous le voyez, ni le failli concordataire, ni le
failli placé sous le contrat d'union et déclaré excusable, ni même celui qui n'a pu obtenir le bénéfice
d'excusabilité, si l'on ne prouve qu'il possède quelque
chose, ne peuvent être soumis à la contrainte par corps.

J'avais donc raison de dire tout à l'heure que, par la faillite, le commerçant échappe à la loi de la contrainte par corps.

La loi de la contrainte par corps est en contradiction absolue avec la loi des faillites ; la loi des faillites paralyse dans ses effets la loi de la contrainte par corps.

Et voyez maintenant le fait lui-même, parcourez les prisons : quels commerçants faillis y trouvez-vous ? Il n'y en a pas, et il ne peut pas y en avoir. Un de nos honorables collègues, qui doit parler, je crois, dans cette discussion, me disait l'autre jour, dans une conversation que nous avions sur cette matière, que c'est là de la théorie, que les faits viennent la démentir. De la théorie ! Mais à côté des arguments je montre les faits, non-seulement, la loi à la main, je vous fais voir qu'un négociant ne peut être mis en prison, ni avant ni pendant ni après la faillite ; mais, en outre, à côté de la théorie je place les faits qui viennent la confirmer ; j'ouvre les prisons et je vous dis : Montrez-moi les commerçants faillis qui sont retenus par la contrainte par corps, et vous n'en pouvez trouver. Avais-je tort de vous dire, en commençant, que le commerce n'a rien à faire de la contrainte par corps, qu'elle est inutile au commerce ?

J'ai prouvé que le commerce ne s'en sert pas, qu'il ne peut s'en servir ; qu'elle n'est ni un moyen, ni une menace. Je demande alors quelle est la valeur de cette objection qui se reproduira, et à l'appui de laquelle on n'apportera aucune preuve sérieuse ? On ne manquera pas de vous dire sur tous les tons que la contrainte par corps est utile au commerce, mais on ne vous le prouvera pas. Cette objection disparaît devant les faits.

Non, il n'est pas vrai que le commerce honnête, le seul que vous deviez protéger, se serve de la contrainte par corps; non, il n'est pas vrai qu'il puisse s'en servir; non, il n'est pas vrai qu'elle lui soit utile.

Mais faisons un pas de plus dans cette discussion et examinons ce singulier système de protection que la contrainte par corps a organisé pour le commerce.

Au premier abord, quand on parle de la contrainte par corps comme moyen de protection pour le commerce, il semble que c'est le commerce qui doit profiter de la contrainte par corps; que c'est aux commerçants qu'on donnera la contrainte par corps pour se faire payer. Non; c'est le contraire. Il semble que si vous voulez protéger un marchand, vous lui donnerez la contrainte par corps contre les pratiques qui iront dans son magasin acheter des marchandises et qui ne le payeront pas. On concevrait, en effet, ce système; en Angleterre les choses se passent ainsi. Je n'approuve pas cet état de choses, mais il est du moins rationnel et logique. Si absolument vous vouliez protéger le commerce par la contrainte par corps, vous ne pourriez pas prendre une disposition meilleure; mais ce que vous faites, c'est tout le contraire; vous renversez le système de protection.

Permettez-moi un exemple qui est très-frappant, et qui vous prouvera combien cette situation est anormale et contradictoire.

Voilà un marchand; un simple particulier lui prend sa marchandise, et il ne le paye pas à l'échéance. Le marchand n'a pas la contrainte par corps contre son acheteur; mais si ce marchand ne paye pas le fabri-

cant qui lui a vendu cette même marchandise, il est
sujet à la contrainte par corps.

Il y a mieux ; supposez un contrat synallagmatique
entre un individu non commerçant et un commerçant ;
l'individu non commerçant ne pourra pas être contraint par corps pour l'exécution du contrat, tandis
que le commerçant pourra l'être !

Voilà ce qu'on appelle protéger le commerce ! Voilà
comment on a organisé la contrainte par corps, dans
l'intérêt du commerce ! Y a-t-il rien de plus inconséquent?

Non-seulement c'est inconséquent, contradictoire,
mais c'est déshonorant. Cette contrainte par corps,
qui n'est pas utile au commerce, elle le déshonore. Le
principe sur lequel repose la contrainte par corps,
c'est que le débiteur est présumé de mauvaise foi, c'est
qu'il peut payer et qu'il ne le veut pas ; c'est une sorte
de torture, comme on vient de le dire, qu'on lui inflige dans la prison pour le forcer à se libérer. La contrainte par corps a donc pour cause une supposition
de mauvaise foi, une improbité présumée, et vous
étendez la contrainte par corps à tous les commerçants
sans exception, c'est-à-dire qu'en déclarant que tous
les commerçants, pour tous leurs engagements commerciaux, sont soumis à la contrainte par corps, vous
établissez contre eux une présomption universelle de
mauvaise foi et d'improbité. (Très-bien !) Vous
déshonorez le commerce sous prétexte de le protéger.
Voilà ce qu'il y a de plus clair dans les effets de la
contrainte par corps en ce qui concerne le commerce.

On m'a interrompu pour me dire : Il y a des pétitions : le commerce demande le rétablissement de la contrainte par corps.

Il y a des pétitions! Messieurs, pour répondre catégoriquement à cette objection, j'aurais besoin de reconnaître très-exactement quels sont les pétitionnaires.

Il y a bien des gens qui vivent de la contrainte par corps, des frais qu'elle entraîne, des mauvaises affaires qu'elle facilite.

Il y a en outre beaucoup de négociants très-honorables et très-honnêtes qui croient à l'efficacité de la contrainte par corps. Mais demandez-leur quelles sont leurs raisons; car vous n'êtes pas ici pour accepter aveuglément les opinions qui vous viennent du dehors; eh bien! à ces commerçants de bonne foi qui vous envoient des pétitions, demandez-leur leurs raisons, ils ne donneront pas, j'en suis persuadé, un motif plausible à l'appui de leurs pétitions; c'est un préjugé qui est jeté dans les esprits, il est si facile d'accepter une opinion toute faite, et il y a si longtemps que cette phrase court le monde, « la contrainte par corps est utile au commerce, » qu'on accepte cette opinion toute faite et qu'on la transmet à l'Assemblée sous forme de pétition; mais on se trouverait bien embarrassé si l'on arrivait à la justifier.

Les commerçants les plus éclairés et les plus intelligents ne demandent pas le rétablissement de la contrainte par corps; il y a longtemps qu'ils la jugent comme je le fais à cette tribune. Une des illustrations les plus compétentes du commerce, M. Laffitte, disait en 1828, à la chambre des députés :

« Disons-le franchement, les besoins du commerce

ne réclament point l'exécution de la contrainte par corps, elle ne s'exerce qu'au profit de l'usure, contre de malheureux pères de famille et quelques jeunes imprudents. »

Si je n'avais occupé déjà si longtemps votre attention, je l'appellerais sur une autre face de la question, sur quelques-uns des effets de la contrainte par corps. (Parlez! parlez!) Je déroulerais à vos yeux les effets moraux de la contrainte par corps sur le débiteur, sur sa famille, sur la société. Je vous montrerais le détenu arraché à sa profession, à son industrie, consumant dans une oisiveté forcée des années précieuses; les forces de son corps, les facultés de son âme s'altérant par la captivité; la dépravation des prisons le gagnant peu à peu; je vous montrerais sa femme abandonnée sans ressources, sans protection, exposée à tous les dangers de l'isolement et du besoin; ses enfants dans l'abandon, réduits à l'état d'orphelins, car avec votre protection exclusive pour l'intérêt du créancier, vous mettez le détenu dans l'impossibilité d'accomplir ses devoirs d'époux et de père.

La femme a-t-elle de la fortune, il faut qu'elle s'en dépouille, car elle ne peut pas laisser en prison l'homme dont elle porte le nom. Toutes les précautions du père de famille seront impuissantes pour la protéger; les dispositions protectrices du régime dotal lui-même tomberont devant la nécessité de faire sortir le mari de prison.

Ceci donne même lieu à une fraude très-commune.

Deux époux sont mariés sous le régime dotal; ils veulent aliéner, au mépris de la loi, la dot de la femme; la contrainte par corps leur en offre le moyen. Le mari souscrit des engagements commerciaux simulés, il se fait mettre en prison, et la femme obtient l'autorisation d'aliéner les immeubles dotaux. (C'est vrai!) Interrogez ceux de vos collègues qui habitent des anciens pays de droit écrit, où le régime dotal est en faveur; ils vous diront que la contrainte par corps est le moyen habituel de ruiner les familles.

A ces raisons je voudrais en ajouter une dernière, et appeler l'attention de l'Assemblée sur l'économie de la législation spéciale dont on vous demande le rétablissement.

Considérée dans son but, la contrainte par corps est une épreuve de solvabilité; elle repose sur cette pensée que le débiteur peut payer, et qu'il ne veut pas payer. Or cette pensée de la loi, le fondement sur lequel elle repose, a été perdue de vue par les rédacteurs de la loi : la solvabilité présumée du débiteur est la chose dont on s'est le moins occupé. Quel est le caractère auquel la loi s'arrête pour attacher la contrainte par corps à telle ou telle obligation? C'est le caractère de la créance; quant à la question de savoir, la seule qu'on devrait examiner, si le débiteur possède quelque chose, s'il est de mauvaise foi, si la contrainte par corps peut aboutir à tirer de ses mains les biens qu'il retient, c'est la circonstance dont on s'est le moins occupé. Il est cependant évident qu'entre la nature des créances et la solvabilité des débiteurs, il n'y a aucune espèce de liaison.

La loi manque donc son but; elle frappe aveuglément toute une catégorie de débiteurs; elle frappe tous les commerçants, sans distinction entre le commerçant

insolvable et le commerçant de mauvaise foi qui retient encore quelque partie de sa fortune.

Autre inconséquence. Il y a dans la loi deux grandes
catégories d'obligations; il y a les obligations de faire
et les obligations de donner.

Pour les obligations de faire, il y a un texte dans le
Code civil qui dit qu'elles se résolvent en dommages-
intérêts; et dans le Code de procédure civile, un autre
texte porte que, pour toutes les condamnations aux
dommages-intérêts, on peut prononcer la contrainte
par corps.

Une voix. Jusqu'à un certain chiffre!

Le citoyen Grévy. Oui, au-dessus d'un certain
chiffre; cela va sans dire. Il en résulte que pour toutes
les obligations de faire, la contrainte par corps peut
être ordounée.

Et les obligations de donner, la contrainte par corps
y est-elle attachée? Nullement.

Voilà deux classes d'obligations dont l'une est soumise à la contrainte par corps tandis que l'autre en est
affranchie!

Il y a dans le comité de législation beaucoup de jurisconsultes éclairés et éminents; je voudrais bien que
l'un d'eux prît la peine de nous donner une raison
quelconque de cette différence. Je voudrais bien qu'il
nous dît pourquoi toutes les obligations de faire sont
soumises à la contrainte par corps, et pourquoi les
obligations de donner n'y sont pas également soumises? C'est une inexplicable contradiction!

Je pourrais pousser plus loin cette critique; je m'arrête: j'en ai dit assez pour faire voir combien cette

législation qu'on veut rétablir était inintelligente, contradictoire, aveugle.

Si, comme le disait tout à l'heure l'honorable M. Crémieux, vous vouliez, ce que je ne puis croire, revenir sur le décret du gouvernement provisoire et rétablir en principe la contrainte par corps, il serait en tous cas impossible de maintenir cette législation, qui n'est qu'un tissu de dispositions incohérentes.

Messieurs, j'ai examiné la contrainte par corps dans son principe ; j'ai prouvé qu'elle est incompatible avec les principes de notre droit public ; qu'elle outrage les lois de la morale, de l'humanité. Je l'ai examinée dans ses effets : j'ai prouvé qu'elle était inutile au commerce, qu'elle ne sert qu'à faciliter l'usure, les trafics honteux, la fraude, le dérèglement ; qu'elle est funeste au débiteur, à sa famille, à la société ; j'ai montré, enfin, que la législation spéciale qu'on veut nous rendre est un ramassis informe de dispositions vicieuses.

La contrainte par corps est un vieux débris des législations barbares ; c'est le dernier vestige du droit de propriété de l'homme sur l'homme ; il appartenait à la révolution de Février de le faire disparaître ; il ne convient pas à l'Assemblée nationale de le restaurer. (Très-bien ! très-bien !)

LE CITOYEN PRÉSIDENT. La parole est à M. le ministre de l'intérieur.

LE CITOYEN SENARD, *ministre de l'intérieur*. Citoyens représentants, je viens, au nom du gouvernement, vous faire connaître son opinion sur la question qui vous est soumise. C'est son devoir en toute circonstance, et la matière est trop grave pour qu'il puisse s'en affranchir. Aujourd'hui comme hier je viens vous déclarer, au nom du gouvernement, qu'il s'écarte des théories absolues. Il ne veut pas l'abolition de la contrainte par corps; il ne veut pas le maintien des abus qui, dans la législation antérieure, l'avaient à juste titre rendue odieuse.

Peut-être dira-t-on encore que nous venons faire du juste-milieu. (Hilarité.) Mais cette fois je suppose qu'on ne nous accusera pas de romantisme, et qu'on nous trouvera probablement très-classiques. (Nouvelle hilarité.) Il est vrai qu'on pourra nous dire que nous venons faire la cour tantôt à un principe, tantôt à un autre. (Exclamations diverses. — Interruptions.)

Je réponds, messieurs, à des attaques dont la haute intelligence de l'Assemblée a déjà fait justice; (Très-bien !) j'y réponds parce qu'elles ont été produites, et je les accepte, parce qu'elles sont la condition inévitable que doivent accepter tous ceux qui, dans la gestion des affaires publiques, voudront se tracer et suivre une ligne droite, invariable, mais conforme aux nécessités sociales et aux faits pratiques humains. (Mouvement à gauche.) Ceux-là, sans doute, devront heurter successivement d'un côté et de l'autre les idées qui ont la prétention de se poser dans toute leur rigueur, et sans tenir compte de ce qui est réalisable. Mais c'est là un inconvénient qu'il faut savoir subir, toutes les fois qu'on veut substituer l'application raisonnée des principes à la proclamation de ces idées absolues et de ces systèmes tout d'une pièce, dont l'impuissance se révèle si vite dans la direction des sociétés. (Très-bien !)

Ce n'est pas, messieurs, d'aujourd'hui que la question de la contrainte par corps a occupé les législateurs et les publicistes.

Je me garderai bien de chercher à remettre sous vos yeux toute cette série d'arguments qui tant de fois, depuis un demi-siècle, ont été reproduits pour ou contre son principe et son utilité. Ce qui me frappe seulement ici dès l'abord, c'est que le premier orateur qui est monté aujourd'hui à la tribune pour glorifier la mesure décrétée par le gouvernement provisoire, l'honorable M. Crémieux, a fait distribuer à l'Assemblée un amendement dont voici les premiers mots :

« La contrainte par corps sera prononcée, sauf les exceptions et les modifications ci-après, contre tout Français condamné pour dettes commerciales, etc. » (Mouvement prolongé.)

Ainsi celui-là même qui, tout à l'heure, venait défendre si bien les bonnes intentions et les pensées généreuses du gouvernement provisoire, commence par reconnaître, comme nous le faisons nous-mêmes, que la contrainte par corps doit être maintenue ; seulement il ajoute, comme nous, qu'elle ne doit s'appliquer qu'aux dettes vraiment commerciales et aux engagements pris par les étrangers.

Ce seul fait ne nous révèle-t-il pas l'impossibilité pour tous les hommes pratiques de méconnaître la nécessité de la contrainte par corps dans les engagements commerciaux, en même temps qu'ils reconnaissent l'abus qu'on en a fait trop souvent.

Sans doute il ne faut pas, et on vous l'a dit avec grande raison, que l'usure puisse venir usurper un droit qui n'a pas été fait pour elle. Il ne faut pas que la législation attache les moyens de coaction qui sanctionnent les obligations vraiment commerciales à tous les actes qui en revêtiraient la forme extérieure.

Aussi nous adopterons avec empressement tous les amendements qui refusent la contrainte par corps aux lettres de change qui ne sont souscrites ni par des commerçants ni pour de véritables faits de commerce; et de même nous accepterons toutes les dispositions qui tendent à réduire la durée de l'emprisonnement et à faire pénétrer le plus possible l'adoucissement de nos mœurs dans la législation qui assure l'exécution des obligations. (Assentiment.)

Voilà, messieurs, les termes généraux dans lesquels nous admettons la solution de la question. Si l'Assemblée me le permet, je dirai maintenant quelques mots des objections principales que vient de présenter l'honorable orateur qui m'a précédé à cette tribune. (Parlez! parlez!) La liberté, a-t-il dit, est inaliénable, et le commerçant lui-même n'en peut pas faire marchandise : le commerce, d'ailleurs, n'emploie pas la contrainte par corps? Les prisons pour dettes ne renferment pas de commerçants; l'idée de la contrainte par corps est donc tout à fait impuissante, et quand viennent les échéances des obligations, ce n'est pas la crainte d'être arrêté, mais la crainte seule d'être mis en faillite qui préoccupe les débiteurs.

Tout cela est très-spécieux, sans doute; mais qu'en reste-t-il après un moment d'examen?

Sans doute la liberté humaine n'est pas dans le commerce des choses. Mais n'est-ce pas abuser des mots que de voir un trafic dans le mode d'exécution de l'obligation contractée?

Et quant à l'inutilité de la contrainte et au prétendu abandon où elle serait laissée par le commerce, il m'est difficile de supposer que les données sur lesquelles le préopinant s'est appuyé soient le résultat d'une étude sérieuse, ou bien elles auraient été vues au travers d'une bien étonnante préoccupation. Mais la preuve que le commerce prend au sérieux la contrainte par corps, c'est que toutes les fois que nous avons interrogé les chambres et les tribunaux de commerce, ils nous ont répondu en demandant son maintien.

La preuve que le commerce prend au sérieux la contrainte par corps, c'est que si, au lieu de prendre pour base des assertions faciles à produire, vous aviez voulu passer vous-même le seuil de nos prisons, vous auriez vu qu'à côté des victimes de l'usure, du fils de famille qui attend que son père ou sa mère vienne racheter ses lettres de change, à côté du mari qui s'est fait incarcérer pour faciliter une fraude au régime dotal, tous faits qui demeureront toujours des faits exceptionnels, vient se placer le fait général de la détention des débiteurs commerçants que fait apparaître la statistique de toutes les prisons. (C'est vrai!)

Et de même, quand tout à l'heure on vous montrait le commerçant peu soucieux de la contrainte par corps, et ne craignant que la faillite, on oubliait ce qui, quelques instants pl s tard, allait se révéler dans la discussion même de l'honorable orateur : c'est qu'on voit souvent des commerçants aller déposer leur bilan pour éviter la contrainte par corps, et qu'ils n'hésitent pas à se résigner à l'affront de la faillite pour rédimer leur liberté. Ne dites donc pas que le négociant n'est pas retenu par la crainte de la contrainte par corps, et qu'elle est inutile en matière commerciale.

Mais pourquoi chercher dans l'exécution même l'utilité de la contrainte par corps?

C'est au moment où le contrat va se former qu'elle apparaît dans toute son évidence. Regardez-y bien, messieurs, et voyez à ce moment à qui surtout la contrainte par corps importe, si c'est à l'homme riche ou à l'homme pauvre, à celui qui va donner du crédit et prêter son argent, ou à celui qui vient solliciter la confiance et l'emprunt.

Il n'est pas difficile de trouver de l'argent quand on peut offrir un gage, une hypothèque, une solide garantie. Mais quelles sûretés pourra donner celui qui n'a pour tout bien que son industrie, ou qu'une fortune mobilière souvent douteuse ou difficile à constater? Et quand, pour obtenir les fonds dont il a besoin, il affirme qu'il a de quoi payer, et qu'il conservera religieusement son avoir, et qu'il le produira au jour de l'échéance, quel gage donnera-t-il de sa sincérité, de sa fidélité à remplir son engagement? Ne voyez-vous donc pas que les conditions rigoureuses de l'obligation qu'il contracte deviennent pour lui un véritable instrument de crédit? (Très-bien!) Et cette contrainte par corps, qui n'est pas une peine, mais, comme on l'a dit avec raison dans le rapport, un moyen de coaction, qui obligera le débiteur à faire les derniers efforts pour se libérer, quand viendra le jour d'exécuter son engagement; cette contrainte n'est-elle pas le plus souvent la seule garantie qu'il puisse offrir? Je le répète donc, et là est, pour moi, la plus puissante des

raisons d'affirmer l'utilité de la mesure, quand le contrat n'est pas formé encore, c'est celui qui demande
de l'argent et du crédit, qui a intérêt à ce que la contrainte par corps existe; car autrement ses sollicita-
tions seraient inutiles, et le crédit lui serait refusé.
(Approbation.)

Voilà ce que savent tous ceux qui se rendent compte
du mouvement des affaires commerciales. Voilà ce que
toutes les nations commerçantes ont compris; et certes,
il faut bien qu'il n'y ait rien là qui répugne aux principes républicains, car le rapporteur de la commission
relève avec raison que la Suisse et les États-Unis, qui
vivent depuis longtemps sous la forme républicaine,
bien loin d'avoir considéré la contrainte par corps en
matière commerciale comme quelque chose de contraire, soit à leur constitution, soit à la dignité et à la
liberté de l'homme, n'ont jamais hésité à maintenir
dans leur sein l'institution de la contrainte par corps
en matière de commerce. (Assentiment prolongé.)

Je ne veux pas insister davantage sur une question
connue et dès longtemps épuisée.

Je veux seulement exprimer à l'Assemblée le désir
qu'en conservant le principe, par l'abrogation pure et
simple des décrets, elle veuille bien en même temps
renvoyer au comité de législation les divers amendements qui ont été proposés; car, quelque rapproché
que doive être le vote des lois organiques qui suivront
la Constitution, je regretterais que l'abrogation pure
et simple des décrets nous rejetât sous le régime de la
loi de 1832, lorsqu'il est si facile dans cette matière
d'arriver à coordonner ce qu'il y a de bon et d'utile
dans les divers amendements déjà proposés.

Je me résume donc en demandant à l'Assemblée d'abroger les décrets qui ont suspendu la contrainte par corps en matière commerciale, et de renvoyer immédiatement à son comité de législation les amendements qui ont été proposés. (Approbation. — Aux voix! aux voix!)

LE CITOYEN REGNARD. Citoyens représentants, le discours de M. le ministre de l'intérieur, que nous venons d'entendre, n'a pas changé mes convictions; il n'a fait, au contraire, que les fortifier. Mes convictions sont celles-ci :

La contrainte par corps est une de ces institutions que certains préjugés opiniâtres respectent encore, mais dont l'humanité gémit et dont la raison s'indigne.

Fille de l'ignorance et de la barbarie, cette institution avait primitivement, sinon sa cause légitime au point de vue moral, du moins son excuse plausible au point de vue utilitaire. A défaut d'autre mérite, elle avait celui de libérer réellement le débiteur, et de servir efficacement l'intérêt du créancier.

A Rome, le débiteur insolvable était adjugé par le magistrat à son créancier comme une chose vénale et productive. Dans le moyen âge, les choses se passaient à peu près de la même manière, et la servitude de la dette aboutissait presque infailliblement à l'extinction de la dette même. De nos jours, en Russie, l'esclavage crée aussi une solvabilité pour le débiteur, en utilisant son travail au profit de son créancier.

La législation russe est barbare, la législation romaine et celle du moyen âge l'étaient aussi, j'en tombe d'accord avec vous; mais la législation qu'on veut rétablir n'est guère moins inhumaine, et elle est de plus

beaucoup moins logique ; car, chez nous, l'emprisonnement pour dettes ne semble avoir été admis qu'à
cette condition qu'il sera improductif.

En même temps que le débiteur incarcéré perd l'aptitude, et, ce qui est pis encore, l'habitude et le goût
du travail, en même temps qu'il voit ainsi son seul
capital, ou, pour mieux dire, ses seules ressources,
pour l'avenir, s'amoindrir et s'annihiler, le présent
pèse sur sa dette, et, en pesant sur cette dette, il l'é-
largit au lieu de l'atténuer. Un pauvre diable, mis en
prison pour n'avoir pas pu payer à l'échéance 200 fr.
qu'il devait, se trouve, au bout de l'année, les frais
de justice non compris, débiteur de 563 fr. A Rome
autrefois, à Moscou aujourd'hui, il eût, dans un es-
pace de temps moindre, acquis sa liberté avec sa libération ; chez nous, trois cent soixante-cinq jours de
souffrances n'ont eu et n'auront pour son créancier et
pour lui d'autre résultat que de tripler sa dette !

Ce résultat seul suffirait, il semble, pour la condamnation du prétendu droit d'où il dérive ; mais ce n'est
pas tout, il s'en faut, et, sous quelque point qu'on
aborde cette question de l'emprisonnement pour dettes,
on se heurte à des absurdités, à des iniquités, à des
impossibilités matérielles ou morales. Je ne veux pas
épuiser la question ; je ne veux en signaler à l'Assemblée que les aspects les plus saillants. Je me contente-
rai donc de dire et de prouver que la contrainte par
corps est contraire à l'ordre public, qu'elle constitue
une peine inique, que son principe est immoral et contraire aux principes généraux du droit ; qu'elle ne
cautionne pas les créances qu'elle a la prétention de
protéger, et qu'enfin elle est, par le fait, interdite aux

créanciers qui pourraient y avoir le plus légitimement recours.

J'ai dit, messieurs, que la contrainte par corps était contraire à l'ordre public.

S'il est un principe certain en pareille matière, c'est assurément celui-ci : que les choses qui ne sont pas dans le commerce ne peuvent être l'objet d'une stipulation, d'un trafic, d'une transaction, d'un compromis, en un mot, d'une aliénation même conditionnelle ou temporaire. Or la contrainte par corps, qu'est-ce autre chose si ce n'est une aliénation de cette espèce? qu'est-ce autre chose si ce n'est le résultat de la stipulation de la perte de sa liberté, pour le cas où on ne tiendrait pas tel ou tel engagement? Chose singulière! la loi vous défend une aliénation de ce genre d'une manière directe; la loi ne nous permet pas l'aliénation directe de notre liberté, ne fût-ce que pour un jour, que pour une heure, et elle nous permettrait l'aliénation indirecte de cette même liberté pour cinq années tout entières! Une pareille anomalie ne révolte-t-elle pas autant la logique que l'humanité? De deux choses l'une : la liberté humaine est chose qui tombe dans le commerce ou non; dans le premier cas, son aliénation même absolue et perpétuelle doit être permise directement; dans le second cas, son aliénation, même conditionnelle et temporaire, doit être interdite, soit indirectement, soit directement. Entre ces deux partis, pouvons-nous hésiter d'ailleurs? Eh quoi! à Rome, alors que l'esclavage existait encore, le législateur proclamait la liberté inaliénable, parce qu'elle était sans prix, et nous hésiterions à appliquer les conséquences du même principe après avoir prohibé la traite, aboli l'esclavage colonial et fait de la fraternité un devoir civique! La loi de 1832 interdisait l'incarcération d'un frère par un frère; ce qui n'était alors qu'une exception doit donc devenir aujourd'hui la règle, sinon il faut reconnaître que nous ne sommes pas plus avares de fictions que nos prédécesseurs, et qu'à leur exemple nous aimons mieux reconnaître des droits que les respecter.

J'ai dit, messieurs, que la contrainte par corps constituait une peine inique, et, pour le contester, on a été obligé de faire une équivoque de mots. La contrainte par corps constitue une peine inique, car elle n'offre aucune proportion avec le fait qui en détermine l'application. Ce fait, en effet, quel qu'il soit, échappe à l'action de la loi pénale. Or comment peut-il se faire que la justice civile ou commerciale se montre plus rigoureuse que la justice répressive? Comment l'inexécution d'engagements pris ou de devoirs acceptés peut-elle aboutir à des conséquences plus fâcheuses que l'atteinte directe à l'inviolabilité de la personne et de la propriété? Il en est ainsi cependant sous le régime qu'on veut rétablir. Sous ce régime, en effet, qu'une lettre de change soit imprudemment ou légèrement souscrite, ou que des circonstances imprévues viennent empêcher son acquittement à l'échéance, et il n'en faudra pas plus pour qu'un créancier inexorable tienne, pendant plusieurs années, son débiteur sous les verrous; et cela, lorsque des coups et blessures, des escroqueries, des vols et d'autres délits n'entraînent chaque jour, comme expiation, que quelques jours d'emprisonnement, ou même une simple et insignifiante peine pécuniaire. En telle sorte que la vindicte publique se montre moins exigeante que la vindicte privée, et que la loi sauvegarde mieux les intérêts particuliers des citoyens que les intérêts généraux de la société.

Dira-t-on que l'emprisonnement pour dettes diffère de l'emprisonnement correctionnel, en ce qu'il n'entraîne pas après lui le même déshonneur? Soit; mais qu'est-ce que cela prouve, si ce n'est l'injustice de l'assimilation du débiteur au délinquant, quant à la peine? Cette peine n'en consiste-t-elle pas moins, quant à l'un et à l'autre, dans la privation de sa liberté? Cette peine n'a-t-elle pas pour résultat, à l'égard de l'un comme à l'égard de l'autre, la cessation de tout travail, la perte de tout crédit, et trop souvent, hélas! l'indigence et la ruine d'une famille entière?

Mais, a-t-on dit, et je cite ici les expressions mêmes du rapporteur de la loi de 1832 à la chambre des pairs : « La contrainte par corps n'est pas une peine, c'est un droit d'exécution. Il faut bien se garder d'ajouter au malheur de ceux qui peuvent gémir dans les prisons, la présomption de mauvaise foi. L'emprisonnement prouve seulement que le débiteur a été dans l'impossibilité de s'acquitter au terme fixé. »

Tel n'est pas, citoyens, le principe de l'emprisonnement pour dettes; mais, en supposant le contraire, quoi de plus facile que de répondre à l'argument que nous reproduisons?

En effet, on ne peut pas sortir de ce dilemme.

Ou la contrainte par corps suppose ou elle ne suppose pas la bonne foi du débiteur. Si elle ne suppose pas sa bonne foi, elle a évidemment un caractère pénal ; si elle suppose sa bonne foi, elle ne fait que constater son impuissance. Mais alors la loi qui la consacre est à la fois inique et absurde. Inique, puisqu'elle atteint non le manque de foi, mais le manque de ressources ; absurde, puisqu'elle tend à aggraver le mal au lieu d'y remédier, et qu'elle a pour résultat presque infaillible de rendre perpétuelle l'impuissance temporaire qu'elle constate.

J'ai dit que la contrainte par corps est immorale dans son principe.

Envisagé comme moyen de coaction, l'emprisonnement pour dettes est profondément immoral. Basé sur une présomption inconciliable avec les principes généraux du droit, il suppose toujours chez le contraignable en retard de payer, la *solvabilité* et la *mauvaise foi*. La loi n'admet pas l'impuissance ; elle présume la mauvaise volonté jusqu'à la preuve du contraire. Et comment obtient-elle cette preuve ? Par la torture.

Aussi l'action coercitive de la contrainte par corps a-t-elle été définie « une torture pour arracher au malheureux à qui on la fait subir, non l'aveu de ce qu'il ne veut pas dire, mais le remboursement de ce qu'il ne veut pas payer. »

Le rapporteur de la loi de 1832 exprimait là même pensée (car la même pensée se retrouvait toujours, comme le disait tout à l'heure M. le ministre de l'intérieur, pour défendre la contrainte par corps) en termes moins énergiques, mais non moins clairs, lorsqu'il disait :

« La contrainte par corps est un moyen coercitif pour amener le débiteur à remplir son engagement ;

mais comme on ne doit pas présumer que ce dernier sacrifie sa liberté pour soustraire sa fortune
à ses créanciers, on suppose que, s'il ne paye pas,
c'est en général parce qu'il ne lui reste pas de ressources pour s'acquitter. L'emprisonnement imposé au
débiteur est donc une épreuve de solvabilité; c'est un
moyen de vaincre la mauvaise volonté de celui qui
chercherait à cacher son avoir. »

Ainsi, comme je le disais en commençant, le principe même de la contrainte par corps est en complète
contradiction avec les principes généraux du droit. Ces
principes acceptent toujours comme présumée la bonne
foi; c'est la mauvaise foi, au contraire, que la contrainte par corps suppose toujours. Fallait-il donc déroger à la règle générale dans le cas précisément où
son application semblait plus nécessaire, et devait-on
moins de protection à la liberté qu'à la propriété, à
l'homme qu'à la chose?

La contrainte par corps ne cautionne pas les créances
qu'elle a la prétention de protéger.

Cela est évident si le débiteur est réellement insolvable; dans ce cas, l'exercice de la contrainte opère
en sens inverse de son but : elle aggrave la position
du créancier, elle diminue chaque jour les chances
d'acquittement d'une dette qui chaque jour s'accroît,
elle paralyse en germe les produits futurs d'un travail
dont elle déshabitue.

Ce cas d'insolvabilité réelle du débiteur est d'ailleurs le cas le plus général. Qu'on consulte les praticiens, qu'on interroge les statistiques, et l'on verra
combien peu l'exercice de la contrainte par corps est
efficace, et combien rarement le créancier incarcéra-

teur parvient à se couvrir même des frais qu'a nécessités l'exercice de son droit.

Et qu'on ne dise pas que cette perspective même
fera qu'il n'usera de ce droit qu'avec mesure, avec
réserve, et qu'il ne voudra pas, pour un avantage très-
incertain, s'exposer à l'avance certaine des aliments à
fournir. L'intérêt ne raisonne aussi bien que lorsqu'il
est guidé par le sang-froid; mais lorsqu'il se pas-
sionne, il s'aveugle ou plutôt il s'immole et s'annihile
en se transformant en besoin de vengeance.

Du moins l'intérêt plus clairvoyant atteindra-t-il son
but, et l'insolvabilité réelle du débiteur fera-t-elle
seule obstacle à l'exercice du droit du créancier.

Rien n'est moins sûr, et voilà ce que disait à cet
égard l'un des auteurs qui ont le plus attentivement
étudié au point de vue historique la question qui nous
occupe :

« Comme moyen de contraindre un débiteur au
payement de sa dette, l'emprisonnement est plus souvent frustratoire qu'utile. Pour la possibilité d'un payement incertain, le créancier court la chance d'une
perte certaine. Si le débiteur se roidit contre les tor-
tures, s'il met à ne pas s'exécuter la même obstination que le créancier à sévir, ce dernier sera nécessairement vaincu dans une lutte où il ne peut que
s'appauvrir et où son adversaire n'a rien à perdre.
Souvent même il arrivera que la résistance du détenu
sera d'autant plus ferme qu'il sera plus solvable; car
le riche débiteur qui ne veut pas payer peut tromper les
ennuis de la prison en y introduisant le plaisir, et trouver une certaine satisfaction à insulter à la colère impuissante du créancier. Ainsi, loin de servir ce der-

nier dans les cas où elle semble devoir lui être utile,
la contrainte par corps est souvent pour lui la source
d'un désappointement et d'un préjudice. »

J'ai dit, en dernier lieu, que la contrainte par corps
était par le fait interdite aux créanciers qui pourraient
y avoir le plus légitimement recours.

Et en effet, pour l'exercer, il ne suffit pas d'être
classé dans une certaine catégorie de créanciers, il
faut pouvoir encore nourrir pour ainsi dire sa créance,
il faut pouvoir y ajouter tous les frais d'incarcération,
d'aliments, etc., qui doivent forcément en accroître
le chiffre dans une proportion relative d'autant plus
grande que la dette primitive sera plus faible; en telle
sorte que la contrainte par corps deviendra pour le
pauvre une arme à double tranchant, toujours bles-
sante, soit qu'il veuille s'en servir, soit qu'il veuille
s'en défendre. Sous cet aspect, cette institution serait
éminemment contraire à l'esprit d'égalité qui devrait
présider à nos lois, comme à l'esprit de fraternité qui
devrait pénétrer dans nos mœurs. Or, avant même que
ces dogmes d'égalité et de fraternité eussent été for-
mulés dans notre symbole républicain, l'anomalie que
nous signalons choquait déjà les esprits droits et les
cœurs généreux.

« Tous les créanciers, disait on, n'inspirent pas l'intérêt à un égal degré. Un capitaliste éprouve la perte
d'une somme minime, c'est un malheur qui ne trouve
que des indifférents; mais l'ouvrier, mais la pauvre
veuve qui auront confié à l'apparente probité d'un emprunteur le modeste capital où se résument toutes les
économies d'une vie laborieuse, s'ils sont menacés de
voir s'évanouir l'unique ressource de leur vieillesse,

que de vives sympathies ne doivent-ils pas inspirer !
Eh bien ! pourtant c'est en vain qu'ils réclameront
contre leur débiteur le privilége du riche ; la contrainte
par corps est une arme de luxe dont le prix est trop
élevé pour être à la portée du créancier pauvre, car la
faim du débiteur ne saurait faire crédit. Ainsi l'application de la contrainte par corps, exclusivement ré-
servée au riche, demeure impossible dans le seul cas
peut-être où elle serait presque morale. »

Mais la contrainte par corps a-t-elle du moins les
avantages que supposent ses défenseurs ?

Il faut le dire, depuis un siècle les partisans de la
contrainte par corps n'ont fait que paraphraser et com-
menter une phrase de *l'Esprit des lois*; c'est ce qu'ils
ont fait surtout lorsque le sort de cette institution a
été mis en doute ; c'est ce qu'ils ont fait en 1829, en
1832 ; c'est ce qu'ils font encore aujourd'hui.

Cette phrase de Montesquieu, la voici :

« Dans les affaires qui dérivent des contrats civils
ordinaires, la loi ne doit pas donner la contrainte par
corps, parce qu'elle fait plus de cas de la liberté d'un
citoyen que de l'aisance d'un autre ; mais, dans les
conventions qui dérivent du commerce, la loi doit faire
plus de cas de l'aisance publique que de la liberté d'un
citoyen. »

A cet apophthegme voici ce que répondait, en 1829,
M. Decazes ; à coup sûr ce n'était pas un démagogue,
et il s'adressait à la chambre des pairs, qui bien certainement n'était pas trop suspecte de philanthropie
exagérée.

M. Decazes disait :

« La société peut demander, dans l'intérêt commun,

à un particulier le sacrifice de ses biens, car la richesse publique doit passer avant l'aisance privée; mais, quant à la liberté et à la vie, elles sont d'un trop haut prix pour que des intérêts de richesse puissent jamais en exiger l'abandon. Il n'est qu'un cas où la société puisse en disposer; c'est lorsque sa sûreté est compromise, lorsqu'elle se trouve pour ainsi dire dans l'exercice du droit de légitime défense, soit parce qu'elle est menacée au dehors, soit parce que l'ordre et la morale, qui sont aussi la vie des sociétés, ont été gravement troublés ou sont compromis au dedans. Elle peut alors demander même le sang pour le sang; car elle fait verser un sang coupable pour empêcher que l'impunité n'encourage le crime et pour défendre le sang innocent. Mais lorsqu'il n'y a pour motiver l'exercice de ce droit formidable ni délit ni même quasi-délit, comment justifier les atteintes portées à la liberté des sujets? »

Voulez-vous maintenant examiner, au point de vue purement utilitaire, quelle est l'influence de la contrainte par corps sur les transactions commerciales? Sous ce point de vue encore, la cause des partisans de cette institution ne sera pas meilleure.

Plusieurs membres. Assez! assez!

Voix nombreuses. Parlez! parlez!

LE CITOYEN REGNARD. On me concédera ceci, sans doute : c'est que si cette influence existait, si réellement la contrainte par corps venait en aide à celui qui veut emprunter et à celui qui veut prêter, à l'un pour lui donner un crédit, à l'autre pour lui donner une confiance qui, sans cela, leur ferait défaut, il faudrait pour cela que les faits démontrassent ou que la contrainte par corps protége le commerçant créancier, ou qu'elle atteint le commerçant débiteur, ou qu'elle sauvegarde les créances qui ont pour cause des actes de commerce.

Or aucune de ces hypothèses n'est exacte.

Et d'abord un premier fait semble les démentir toutes trois également : c'est que ce n'est pas, il s'en faut, dans les villes les plus commerçantes que la contrainte par corps s'exerce le plus fréquemment. Ainsi voilà la proportion relative, pour huit villes importantes, des incarcérations causées par des lettres de change et des incarcérations déterminées par un autre motif. (*V.* Bayle-Mouillard, p. 223.)

Et maintenant la contrainte par corps vient-elle souvent en aide aux commerçants lorsqu'ils sont créanciers? Point du tout, et voici ce que répond la statistique. (*V.* Bayle-Mouillard, p. 189 à 191.)

Mais sont-ce du moins des commerçants que la loi de la contrainte par corps atteint ordinairement?

Pas le moins du monde ; et, par une curieuse inconséquence, ce sont les commerçants qui ont le moins à craindre l'effet de cette institution qu'on prétend introduire dans l'intérêt de leur crédit.

Le commerçant, en effet, qui ne paye pas ses dettes tombe en faillite ; or la faillite a pour résultat presque immédiat de le faire sortir de prison. Il n'en est pas ainsi, il est vrai, lorsque cette faillite est présumée entachée de fraude ou de mauvaise foi. Mais alors pourquoi le commerçant débiteur reste-t-il en prison? En vertu de la contrainte par corps? Nullement, mais comme prévenu d'un délit ou d'un crime, comme pré-

7

venu de banqueroute simple ou de banqueroute frauduleuse.

Restent les actes du commerce. Sont-ils en effet protégés par la loi de la contrainte par corps? sont-ce ceux qui se livrent habituellement à de pareils actes que l'emprisonnement commercial atteint?

Dès 1829, M. Jacquinot de Pampelune avait remarqué qu'à Paris un tiers environ des détenus pour dettes en vertu de jugements du tribunal de commerce, ou n'avaient aucune profession, ou avaient des professions absolument étrangères au commerce.

En 1831, M. Portalis, rapporteur à la chambre des pairs, disait : « Sur vingt individus détenus pour avoir tiré ou endossé des lettres de change, il y en a quinze au moins dont les engagements ont pour but des négociations dont le commerce rougirait. »

En 1832, M. Decazes disait : « Les neuf dixièmes des détenus pour lettres de change ne sont pas négociants, et les faits pour lesquels ils ont été condamnés sont tout à fait étrangers au commerce. Les véritables commerçants ne sont pas intéressés dans la question. »

Mais interrogeons des documents statistiques plus complets et plus satisfaisants. (*V.* Bayle-Mouillard, p. 191 à 196.)

M. Decazes se trompait-il lorsqu'il disait que les neuf dixièmes des lettres de change n'avaient pas pour objet des transactions commerciales? (*V.* Bayle-Mouillard, p. 225 à 228.)

« Nîmes.	59 sur	82
» Montpellier.	80 sur	121
» Avignon. , ...	21 sur	35

» Clermont-Ferrand.   32 sur   57
» Marseille. . . . . .   19 sur   67
» Paris. . . . . 417 sur 1,232
» Lyon. . . . .   32 sur   565
» Saint-Étienne.. . .   0 sur   50 »

Dans les quatre premières villes, dit l'auteur, qui sont évidemment les moins commerçantes, il y a donc eu proportionnellement bien plus d'arrestations déterminées par des lettres de change que dans Paris, Lyon et Saint-Étienne, où le commerce a atteint le plus haut degré de développement.

La contrainte par corps vient-elle, d'une manière spéciale, en aide aux commerçants lorsqu'ils sont créanciers? Pas du tout, messieurs, et voici les chiffres que donne la statistique.

Ces chiffres que je cite sont extraits d'une statistique faite par M. Bayle-Mouillard, dans un mémoire couronné par l'Académie des sciences morales et politiques.

Il cite pour Paris, par exemple, ces chiffres :

Sur 1,000 personnes incarcérées, il y avait :

      294 propriétaires et rentiers,
      221 journaliers,
      160 employés,
       45 étudiants,
       10 hommes de lettres.

De 1831 à 1832, sur 1,000 personnes incarcérées, il y avait :

      242 propriétaires ou rentiers,
       42 anciens militaires,
       76 employés,

17 médecins,

18 instituteurs,

 9 jurisconsultes,

 3 hommes de lettres,

27 étudiants,

57 ouvriers.

Quels étranges commerçants! dit M. Bayle-Mouillard.

Voyant qu'on ne pouvait pas justifier la contrainte par corps par l'effet qu'elle produisait, soit à l'égard des faits qualifiés par la loi d'actes de commerce, soit par rapport au commerçant créancier, soit par rapport au commerçant débiteur, on a dit : La contrainte par corps ne doit pas se mesurer sur le nombre des débiteurs en défaut dont elle punit l'inexactitude, mais sur le nombre bien plus grand de payements dont elle assure la rentrée ; la preuve des services qu'elle rend aux négociants se trouve dans les faits qui établissent la rareté de son application, dans les transactions véritablement commerciales.

M. Portalis appréciait bien cet argument, lorsqu'il disait que s'il était établi que la contrainte par corps ne fût suivie d'aucun résultat, l'effet moral qu'on se propose disparaîtrait bientôt, car l'effet moral ne vient pas de la lettre morte de la loi, mais de l'application de la contrainte qui peut s'ensuivre. Un dernier mot, messieurs, c'est celui-ci : Dans quelles circonstances nous demande-t-on de revenir sur le décret, très-sage suivant moi, qui a été rendu par le gouvernement provisoire? Dans les circonstances précisément où le décret devrait être rendu s'il n'existait pas déjà. Ces

circonstances sont celles-ci : sept mille commerçants à
Paris, cinq ou six fois autant en nombre en province,
sont dans l'état de suspension notoire de payement,
vingt-cinq ou trente mille faillites sont imminentes ;
des commerçants probes, intelligents, circonspects,
se sont trouvés, par le résultat d'événements de force
majeure, dans l'impossibilité de satisfaire à leurs engagements ; eh bien ! messieurs, dans des circonstances semblables, qu'a-t-on fait autrefois à une
époque qui n'avait pas la prétention d'être une époque
de progrès, une époque de liberté ? Dans le dernier
siècle, sous Louis XIV et sous Louis XV, deux fois
l'exercice de la contrainte par corps a été suspendu.
En 1715, sous le ministère du chancelier Voisin, après
la guerre d'Espagne (Interruption, rumeur), après la
guerre de la succession d'Espagne ; la contrainte par
corps a été une seconde fois suspendue par Daguess-
seau après les désastres causés par le système de
Law... (Interruption.)

Eh bien ! les défenseurs de la contrainte par corps,
plus justes que votre comité de législation (Interruption) et que ceux qui m'interrompent en ce moment,
approuvaient cette suspension, et ils l'approuvaient
par les raisons mêmes qui devraient vous déterminer,
vous aussi, à approuver le décret du gouvernement
provisoire. Voici ce que disait, à cet égard, M. Troplong, homme éminent, mais plutôt comme jurisconsulte que comme économiste, et qui était partisan de
la contrainte par corps :

« La ruine du crédit public, l'énormité des impôts,
la rareté du numéraire et la dépréciation des valeurs
en circulation, l'ébranlement des fortunes privées,

expliquent suffisamment ce répit temporaire accordé aux malheurs du temps, à l'empire de la force majeure et à la crainte imminente d'une crise générale. »

Je le déclare, quant à moi, lors même que je n'aurais pas été décidé à voter en principe contre tout rétablissement de la contrainte par corps, je m'y serais encore décidé dans les circonstances actuelles, et je demande purement et simplement l'ordre du jour sur la proposition qui vous est faite.

LE CITOYEN PRÉSIDENT. La parole est à M. Bonjean.

Voix nombreuses. La clôture! la clôture!

LE CITOYEN PRÉSIDENT. M. Bonjean demande la parole sur la clôture.

LE CITOYEN BONJEAN. Je n'entends pas traiter cette question contre le bon plaisir de l'Assemblée; mais je ne demande la parole contre la clôture que pour prier l'Assemblée de vouloir bien écouter quelques renseignements statistiques qui me paraissent de nature à réfuter l'argumentation que nous entendons ici depuis le commencement de la discussion. (Parlez! parlez!)

Puisque l'Assemblée veut bien me permettre d'ajouter quelques mots... (Interruption.)

LE CITOYEN PRÉSIDENT. L'Assemblée paraît vouloir entendre M. Bonjean; je lui donne la parole et je réclame le silence.

LE CITOYEN BONJEAN. Je ne suivrai pas les préopinants dans leurs excursions dans le droit romain ni même dans la législation de Louis XIV et de Louis XV. (La clôture! la clôture!)

Messieurs, on a invoqué successivement différentes considérations; plusieurs des orateurs, et peut-être tous les orateurs qui ont parlé pour l'abolition complète de la contrainte par corps, vous ont fait un tableau pathétique de femmes abandonnées, d'enfants délaissés, de débiteurs dont l'activité est paralysée pendant de longues années sous les verrous. C'est par de pareils tableaux présentés avec art qu'on surprend le cœur des assemblées, et, en surprenant leur cœur, on trompe leur jugement.

Voici quelques chiffres qui suffisent pour répondre à toutes ces raisons tirées de l'humanité. (Murmures.) Vous voyez bien cependant que je ne développe rien ; je me borne à citer des chiffres.

Il se prononce à Paris, dans une année, 75,000 jugements emportant contrainte par corps. Sur 75,000 condamnations, 1,800 dossiers seulement sont remis aux gardes du commerce pour être exécutés ; sur ces 1,800 affaires, 1,400 sont arrangées sans qu'il soit nécessaire de recourir à l'emprisonnement ; de sorte que, sur ces 75,000 jugements portant contrainte par corps, il y a à peine 400 débiteurs incarcérés. (Interruption.)

Et, remarquez-le, en outre, ces emprisonnements qu'on vous a présentés comme durant de longues années, ne durent en moyenne que 55 à 60 jours. Ainsi donc il est démontré que, pour Paris, sur 75,000 jugements portant contrainte par corps, il n'y a en réalité que 400 incarcérations dont la durée moyenne est de 55 jours.

Vous le voyez, il y a loin de ces résultats aux tableaux pathétiques qu'on nous avait présentés de femmes et d'enfants délaissés et de malheureux débiteurs usant leur vie dans l'inaction forcée d'une détention prolongée pendant de longues années.

Il faut maintenant examiner la question sous un autre rapport.

Tout le monde convient que la contrainte par corps est légitime lorsqu'elle est prononcée contre le débiteur de mauvaise foi. Examinons donc dans quel cas la contrainte par corps se prononce ; vous verrez que le plus souvent non-seulement il y a mauvaise foi, mais encore délit. On peut, en effet, ranger en trois catégories les cas de contrainte par corps.

En matière criminelle, la contrainte par corps est prononcée pour assurer le recouvrement des amendes et des dommages-intérêts qui sont dus par les personnes convaincues de crimes ou délits. Voilà, assurément, une classe de débiteurs qui méritent peu la sympathie de l'Assemblée ; ce sont des hommes convaincus de crimes ou délits qui, accessoirement à la peine principale, sont condamnés à des amendes ou des réparations civiles dont la contrainte par corps a pour but d'assurer le payement contre la mauvaise volonté du débiteur.

En matière civile vous trouverez des résultats analogues. En effet, en matière civile, la contrainte par corps ne peut être prononcée que dans les cas suivants : pour stellionat, et vous savez que le stellionat, c'est l'escroquerie en matière immobilière ; pour la répétition des deniers confiés à des personnes publiques, pour la répétition des minutes confiées à des officiers publics, notaires ou huissiers, et enfin pour le cas de dépôt nécessaire. Or, je le demande, celui qui nie le dépôt qui lui a été confié, le stellionataire, le dépositaire infidèle, que font-ils ? Ils se rendent coupables d'un abus de confiance, ils commettent un délit ; cette classe de débiteurs ne mérite certes pas la sympathie, et la contrainte par corps est parfaitement légitime à leur égard.

Voyons maintenant la contrainte par corps en matière de commerce. On a dit : La contrainte par corps n'est pas nécessaire au commerce, car le commerce n'en use pas, et, dans tous les cas, la faillite serait un moyen pour le débiteur commerçant de se mettre à l'abri de la contrainte par corps. Examinons la valeur de cette objection.

Vous dites que la contrainte par corps n'est pas nécessaire au commerce. Je dis que c'est l'âme du crédit, et, par une conséquence nécessaire, l'âme du commerce. (Oui! c'est vrai! — Réclamations sur plusieurs bancs.)

C'est l'âme du commerce, et je vais le prouver. Beaucoup de membres de cette Assemblée ont-ils cherché à se rendre compte de l'importance et de la nature de ce qu'on appelle le fonds de roulement du commerce français? Pour ceux qui n'y auraient pas réfléchi, je fournirai les renseignements suivants, qui sont plutôt atténués qu'exagérés : le fonds de roulement du commerce français est de 26 milliards. Pour combien le numéraire métallique et les billets de banque entrent-ils dans la formation de ce fonds? Pour un milliard à peine. (Bruit à gauche.)

Un représentant, au fond de la salle. On n'a ici entendu absolument rien depuis un quart d'heure. (Exclamations diverses.)

LE CITOYEN BONJEAN. Je le répète, dans ce fonds de roulement, le numéraire métallique entre tout au plus pour 800 millions; le reste du numéraire se trouve absorbé par les affaires civiles et par les transactions entre les agriculteurs, lesquels, vous le savez, ne connaissent que le numéraire métallique, et ne veulent ni billets de banque ni billets de commerce.

La banque fournit environ 300 millions, en sorte que, dans ce fonds de roulement de 26 milliards, le numéraire métallique et les billets de banque entrent à peine pour 1 milliard à 1,200 millions.

Or qu'est-ce qui forme le restant du fonds de roulement, 24 ou 25 milliards? Ce sont exclusivement les billets à ordre, les lettres de change.

Ainsi, sans qu'on y prenne garde peut-être, il existe en réalité, en France, un papier-monnaie qui circule à l'égal de la monnaie, un papier-monnaie dont les proportions dépassent de beaucoup ce qu'ont pu rêver les plus hardis partisans du papier-monnaie, un papier-monnaie qui, pourtant, malgré les préventions invétérées de notre nation, est accepté par le commerce avec autant de confiance que le numéraire et le billet de banque.

Eh bien! cet énorme capital de 25 milliards, sur quoi repose-t-il? à quel coin est frappée cette monnaie? quelle est la sanction qui en assure le remboursement, qui fait qu'on a confiance en lui? Cette sanction, qui fait que ce papier-monnaie est accepté dans les transactions commerciales à l'égal du numéraire métallique lui-même, c'est la contrainte par corps. (Murmures de dénégation.)

Vous dites non, on l'a dit avant vous, et, pour prouver cette négation, on a dit : Prenez donc bien garde, les commerçants font peu usage de la contrainte par corps; puis on a cité l'honorable M. Laffitte, qui, dans une longue carrière de banque, n'a pas fait usage de contrainte par corps, mais pourquoi? Ne vous y trompez pas, messieurs; c'est en cela précisément que consiste l'excellence de la contrainte par corps. Oui, elle est surtout utile, parce qu'elle agit principalement comme un moyen comminatoire; parce que, lorsqu'un créancier a cette arme redoutable dans les mains, le débiteur fait de plus grands efforts pour payer, fait des efforts qu'il ne ferait pas si l'on n'avait pas contre lui ce moyen de poursuite énergique.

Rappelez-vous les chiffres que je vous citais tout à l'heure, et voyez combien ils sont éloquents! A Paris, 75,000 condamnations par corps, et 400 incarcérations seulement; pourquoi? C'est donc 74,600 débiteurs qui, sous la menace de la contranite corporelle, parviennent à donner satisfaction à leurs créanciers.

Aussi, je n'hésite pas à le dire, la contrainte par corps, le plus souvent sans résultat contre le petit, le très-petit nombre de débiteurs qui la subit réellement, n'en produit pas moins un excellent effet, en ce que, comme moyen comminatoire, elle arrive à forcer au payement une immense quantité de débiteurs qui, sans elle, braveraient effrontément les poursuites de leurs créanciers.

Une autre objection à laquelle il faut répondre un mot. (La clôture! la clôture.) Messieurs, la chambre est fatiguée; je m'en tiens à ce que je viens de dire; je crois que l'humanité n'est nullement intéressée à l'abolition de la contrainte par corps, et que la plupart des débiteurs incarcérés sont fort peu intéressants.

J'ai établi qu'en matière civile, en matière criminelle, la contrainte par corps est prononcée à la suite de crimes et de délits, ou de faits analogues qui en légitiment suffisamment l'application. J'ai démontré, je le crois, par des chiffres sans réplique, qu'en matière commerciale la contrainte par corps est l'âme de la lettre de change, l'âme du billet à ordre, sans lesquels il n'y a pas de fonds de roulement, sans lesquels il n'y a pas de crédit possible. Enfin je crois avoir répondu à l'objection tirée de ce que généralement le grand commerce ne faisait pas usage de la contrainte par corps, en prouvant que la contrainte par corps agissait comme moyen comminatoire, et que, sous ce rapport, elle méritait toute la faveur du législateur. Heureux, en effet, le législateur qui peut obtenir d'aussi grands résultats sans être obligé d'employer autre chose que des moyens simplement comminatoires!

De toutes parts. La clôture! la clôture!

LE CITOYEN PRÉSIDENT. Je mets aux voix la clôture de la discussion générale.

(La clôture est prononcée.)

LE CITOYEN PRÉSIDENT. Je consulte maintenant l'Assemblée pour savoir si elle entend passer à la discussion des articles.

(L'Assemblée décide qu'elle passe à la discussion des articles.)

LE CITOYEN PRÉSIDENT. La question agitée d'abord est de savoir si l'Assemblée renverra au comité les amendements qui ont été proposés. (Non! non!)

Plusieurs membres. Il faut d'abord voter sur le principe.

LE CITOYEN PRÉSIDENT. Veut-on voter d'abord sur l'article unique? (Oui! oui!)

On va voter sur l'article unique proposé par le comité de législation, et attendu que vingt membres ont demandé le scrutin de division, il va y être procédé.

Plusieurs voix. Expliquez le vote !

LE CITOYEN PRÉSIDENT. Je vais relire l'article et expliquer le vote.

Voici le texte de l'article unique :

« Le décret du 9 mars, qui suspend l'exercice de la contrainte par corps, cesse d'avoir son effet. »

Ceux qui voudront voter pour cet article mettront un billet blanc ; ceux qui voudront voter contre mettront un billet bleu.

Il est bien entendu que le gouvernement a demandé que les amendements fussent renvoyés au comité de législation. (Oui ! oui !)

Voix à gauche. Si l'article n'est pas adopté ?

LE CITOYEN PRÉSIDENT. Si l'article n'est pas adopté, tout sera terminé ; mais si l'article est adopté, je rappelle à l'Assemblée que le gouvernement a demandé le renvoi des amendements au comité.

Voici le résultat du dépouillement du scrutin :

Nombre des votants. 693
Majorité absolue. 347
Billets blancs, pour l'adoption.   456
Billets bleus, contre. 237

(L'Assemblée a adopté l'article unique.)

LE CITOYEN PRÉSIDENT. Il s'agit de savoir maintenant si l'on renverra les amendements au comité de législation. La parole est à M. le ministre des finances sur cette question.

LE CITOYEN GOUDCHAUX, *ministre des finances*. Citoyens représentants, le gouvernement a appuyé l'article que vous venez d'adopter, mais il doit vous faire
savoir quelle est sa pensée au sujet des amendements
et vous dire qu'il est disposé à en accepter plusieurs
et qu'il est prêt à entrer dans la discussion immédiatement.

Vous aurez donc à décider si vous voulez vous occuper immédiatement des amendements, ou si vous en-
tendez les renvoyer à votre comité de législation.

LE CITOYEN PRÉSIDENT. La parole est à M. Boudet,
au nom du comité de législation.

LE CITOYEN BOUDET. Je n'ai qu'un mot à dire. Je
parle en mon nom personnel, car je ne suis pas rapporteur.

Je voulais dire d'abord que, si par hasard l'Assemblée, sur la parole de M. le ministre des finances, son-
geait à continuer la discussion des amendements, nous
serions obligés de la décliner ; car nous n'avons pas
examiné ces articles sous ce rapport, et nous ne
sommes pas prêts ; car nous ne sommes pas aussi
heureux que M. le ministre des finances.

Mais avant de renvoyer au comité, je veux faire
comprendre à l'Assemblée un inconvénient dont il
faut qu'elle se préoccupe. Nous ne résistons pas au
renvoi ; mais nous voulons vous en exposer les conséquences.

Je suppose que l'examen des amendements demande
beaucoup de temps ; que les amendements examinés,
on revienne ici avec un nouveau rapport, et que la
discussion des amendements et le vote définitif demande du temps, dans quelle situation resteront les

choses? Elles resteront à l'état de décret du gouvernement provisoire suspendant la contrainte par corps. (Non! — Oui! oui!)

Un membre. Vous n'avez décrété que le principe. (Agitation.)

LE CITOYEN MINISTRE DES FINANCES. C'est évident, nous l'entendons ainsi.

LE CITOYEN MINISTRE DE L'INTÉRIEUR. Il n'y a pas de question; il s'agit d'un projet dont un seul article est voté.

LE CITOYEN BOUDET. Je commence par dire que je ne résiste pas à ce que l'Assemblée va décider; que je ne chercherai pas à lui démontrer qu'elle aurait tort de renvoyer au comité de législation; que le renvoi sera adopté; mais je veux lui faire voir la conséquence de ce renvoi.

Par son renvoi, l'article qui vient d'être voté, qui a annulé le décret du gouvernement provisoire, cet article sera suspendu; il n'aura pas d'effet; conséquemment, la question du rétablissement de la contrainte par corps sera suspendue comme l'article lui-même, et si l'examen des amendements et le vote définitif demandent plusieurs semaines, plusieurs mois; (Exclamations.) la chose est possible, à cause de la constitution; si le vote définitif de la loi demande du temps, quinze jours, un mois, pendant ce temps-là, la contrainte par corps ne sera pas rétablie, c'est certain.

C'est en présence de ces difficultés que je veux que l'Assemblée se place.

Le comité de législation a reçu un très-grand nombre de pétitions, non pas émanées de personnes privées, mais émanées d'un grand nombre de chambres de commerce, qui demandent le rétablissement immédiat de la contrainte par corps comme moyen général de crédit.

C'est à l'Assemblée à voir si elle veut que ce moyen de crédit soit donné au pays, ou si elle entend attendre un temps indéterminé.

LE CITOYEN CRÉMIEUX. Deux motifs me déterminent à demander le rejet des observations qui viennent d'être présentées par M. Boudet. Le premier, c'est une question que toute l'Assemblée à comprise. Il a bien été déclaré, quand nous avons voté, que nous allions voter sur le principe d'abrogation, mais avec un renvoi des amendements pour être examinés. Cela a été dans la pensée de tous.

Dès ce moment, il n'y a pas de difficulté. Si ce que présente M. Boudet devait arriver, ce serait un motif de plus pour rester dans l'état actuel de la suspension, car, s'il était vrai qu'il y ait des difficultés si énormes dans l'examen de la loi, c'est qu'en vérité, la contrainte par corps ne doit pas rester telle qu'elle est aujourd'hui, avec la loi de 1832, qu'il y a beaucoup à faire. Par conséquent, même dans ce cas, il y a impossibilité de rester dans l'état actuel.

Mais j'ajoute, d'une part, que le ministère déclarait qu'il était prêt à accepter immédiatement l'examen de la loi, et d'autre part, si l'on veut renvoyer au comité, comme les amendements ne sont pas de nature à retenir plus longtemps le comité, qu'ils se rattachent à des principes acceptés, qu'il ne s'agit que de modifier la loi de 1832; c'est bien se méfier des lumières du comité dont l'honorable préopinant fait si éminemment partie, que de supposer qu'il mettra si long-temps à présenter un rapport; d'un autre côté, j'ajoute que l'Assemblée ne mettra pas beaucoup de temps à le discuter.

Je demande donc le renvoi au comité de tous les amendements, pour présenter un rapport demain ou a upremier jour.

LE CITOYEN PRÉSIDENT. Je consulte la chambre.

(La chambre prononce le renvoi des amendements au comité de législation.)

Ainsi ce fut l'opinion de la sous-commission qui prévalut. Le comité la chargea d'examiner les amendements qui lui avaient été renvoyés, et de les combiner s'il y avait lieu avec le premier projet. La sous-commission se remit à l'œuvre, et du nouveau travail auquel elle se livra est sorti le projet qu'on va lire.

Deuxième projet de décret sur la contrainte par corps, proposé par la sous-commission au comité de législation.

Art. 1er. (*Disposition adoptée.*) Le décret du 9 mars 1848, qui suspend l'exercice de la contrainte par corps, cesse d'avoir son effet.

(*Ajouter.*) En conséquence, cette voie d'exécution est rétablie sous les modifications suivantes :

TITRE Ier. — *Dispositions relatives à la contrainte par corps en matière civile.*

Art. 2. La contrainte par corps conventionnelle est abolie.

Art. 3. Les agents de change, courtiers, greffiers, commissaires-priseurs et gardes du commerce seront, comme les notaires, avoués et huissiers, soumis à la

8

contrainte par corps dans les cas prévus par le § 7 de l'article 2060 du Code civil.

TITRE II. — *Dispositions relatives à la contrainte par corps en matière commerciale.*

Art. 4. La contrainte par corps ne sera prononcée ou exécutée contre des individus non négociants, tireurs, accepteurs ou endosseurs de lettres de change, ou signataires d'aval sur des effets négociables, que quand leurs signatures et engagements auront eu pour cause des opérations de commerce, trafic, change, banque ou courtage.

Art. 5. L'emprisonnement pour dette commerciale cessera de plein droit après quatre mois, lorsque le montant de la condamnation principale ne s'élèvera pas à plus de 500 francs ; au-dessus de cette somme, la durée de la contrainte sera augmentée de quinze jours par 100 fr., sans qu'elle puisse jamais excéder cinq années.

Art. 6. L'article 24 de la loi du 17 avril 1832 sera aussi applicable aux dettes commerciales.

TITRE III. — *Dispositions communes aux deux titres précédents.*

Art. 7. La disposition du jugement des tribunaux civils ou de commerce, relative à la contrainte par corps, ne deviendra définitive à l'égard du débiteur que par son incarcération. Il pourra même interjeter appel de ce chef dans les trois jours qui suivront l'emprisonnement.

TITRE IV. — *Dispositions relatives à la contrainte par corps contre les étrangers.*

Art. 8. L'arrestation provisoire d'un étranger ne sera autorisée qu'après que le créancier aura affirmé sous serment : 1° que le débiteur ne possède pas sur le territoire français un établissement de commerce ou des immeubles d'une valeur suffisante pour assurer le payement de la dette ; 2° qu'il est sur le point de prendre la fuite.

TITRE V. — *Dispositions relatives à la contrainte par corps en matière pénale.*

Art. 9. Lorsque le débiteur ne justifiera pas de son insolvabilité aux termes de l'article 35 de la loi du 17 avril 1832, la durée de la contrainte sera du double de ce qu'elle aurait été s'il eût fait cette justification.

Lorsque le débiteur aura commencé sa soixante-dixième année avant le jugement, les juges pourront réduire la durée de l'emprisonnement à la moitié du délai fixé, suivant les cas, soit par le paragraphe précédent, soit par les articles 35 et 39 de la loi du 17 avril 1832.

Si le condamné atteint sa soixante-dixième année avant d'être écroué ou pendant son emprisonnement, la durée de la contrainte sera de plein droit réduite à la moitié du temps à courir aux termes du jugement ou de l'article 35 de la loi du 17 avril.

Art. 10. L'article 39 de la même loi ne s'appliquera qu'aux condamnations inférieures à 300 francs.

TITRE VI. — *Dispositions générales.*

Art. 11. La contrainte par corps ne peut être prononcée ni exécutée au profit de l'oncle ou de la tante, du neveu ou de la nièce, ni des alliés au même degré.

Art. 12. En toute matière, les sommes reçues en exécution du jugement de condamnation et provenant même de ventes mobilières ou immobilières, seront imputées de plein droit sur les causes de la contrainte nonobstant toute convention ou toute loi contraires.

Art. 13. La contrainte par corps ne pourra pas être exercée contre les membres du pouvoir exécutif; elle ne le sera contre un représentant du peuple qu'après l'autorisation de l'Assemblée nationale.

Art. 14. L'exercice de la contrainte par corps est suspendu contre l'électeur depuis le troisième jour qui précède l'ouverture du scrutin auquel il doit prendre part, jusqu'à la fin du troisième jour qui suit la proclamation du résultat des opérations électorales.

Art. 15. Les débiteurs mis en liberté par suite du décret du 9 mars 1848, et à l'égard desquels la contrainte par corps est maintenue, pourront être écroués de nouveau à la requête de leurs créanciers, sans formalité préalable, mais les dispositions du présent décret leur seront applicables.

Art. 16. Les dettes postérieures au décret du 9 mars entraînent la contrainte par corps dans les cas où elle a lieu, et les jugements qui depuis l'ont prononcée dans les mêmes cas, recevront leur exécution.

Si la contrainte par corps n'a pas étéo btenue, elle pourra être demandée au tribunal compétent. Les actes et jugements seront enregistrés gratis s'ils n'ont pas pour objet d'autres chefs.

Art. 17. Toute personne qui aura concouru à la simulation d'un acte ayant pour but d'entraîner la contrainte par corps hors des cas où elle est autorisée par la loi, sera punie d'une amende qui ne pourra excéder la somme qui fait l'objet du contrat et de l'interdiction des droits civiques pendant cinq ans au moins et dix ans au plus. La peine sera prononcée par le tribunal appelé à statuer sur le titre.

Les principales dispositions de ce nouveau projet qui n'existaient pas dans le précédent sont comprises sous les articles 2, 4, 8, 11, et le deuxième paragraphe de l'article 16.

L'article 2 effaçait de nos lois la contrainte par corps conventionnelle en matière civile, celle dont il est vrai de dire qu'elle met la liberté individuelle dans le domaine des contrats.

La sous-commission avait eu la pensée de faire disparaître aussi la contrainte par corps facultative. Il lui avait paru d'abord que l'emprisonnement pour dettes ne pouvait être autorisé que lorsque le législateur en avait constaté seul la nécessité ; mais elle a reconnu bientôt que ce serait aggraver la condition des débiteurs, parce que ce serait rendre la contrainte obligatoire pour le juge dans la plupart des cas où la loi s'en remet à sa prudence du soin de la prononcer.

L'article 4 admettait le principe de l'amendement de M. Dabeaux, qui avait proposé de ne plus considérer les lettres de change en elles-mêmes comme des actes de commerce, et d'affranchir par conséquent les signataires non négociants de la contrainte par corps lorsque leurs signatures et engagements n'auraient point eu pour cause des opérations de commerce, trafic, change, banque ou courtage. Un amendement semblable avait été proposé lors de la discussion de la loi du 17 avril 1832 à la chambre des pairs par la commission, mais il n'avait pas été adopté.

L'article 8, qui soumettait l'arrestation provisoire d'un étranger à l'affirmation sous serment du créancier que le débiteur ne possédait en France aucun bien d'une valeur suffisante pour assurer le payement de la dette, et qu'il était sur le point de prendre la fuite, était emprunté au droit coutumier (1) et à plusieurs législations étrangères (2). C'était une garantie donnée au débiteur qu'il ne serait arrêté préventivement qu'en cas de nécessité absolue. Cet article ne touchait en rien au droit du créancier qui avait obtenu condamnation et pouvait toujours, dans ce cas, exercer la contrainte par corps.

Aucune de ces dispositions n'a été admise dans la rédaction définitive du projet présenté à l'Assemblée nationale.

Le deuxième paragraphe de l'article 16 permettait au créancier qui, ayant droit à la contrainte par corps, ne l'avait pas obtenue à cause du décret du 9 mars, de la demander de nouveau au tribunal compétent. Ce paragraphe adopté par le comité a été supprimé lors de la discussion de la loi, sur la demande d'un membre et du consentement de la sous-commission.

L'article 11 est le seul qui soit passé dans la loi sous le n° 10. Il étend aux oncles, tantes, neveux, nièces, et aux alliés au même degré, la prohibition d'exercer la contrainte par corps que, par respect pour les saints devoirs de la famille, l'article 19 de la loi du 17 avril 1832 avait établie à l'égard du mari et

---

(1) *V.* coutumes d'Ostende, R. 8, art. 1; de Nieuport, R. 3, art. 14; d'Alost, R. 5, art. 3 et 5; de Gand, R. 4, art. 13; de l'évêché de Metz, t. XV, art. 2.

(2) *V.* Rey, Institutions judiciaires de l'Angleterre, p. 273; Code autrichien, art. 275; Revue de droit français et étranger, 1840, p. 925.

de la femme, des ascendants, des descendants, des frères et sœurs et des alliés au même degré.

Le deuxième projet de la sous-commission fut soumis, dans le comité de législation, à une première discussion qui amena plusieurs modifications, et il fut provisoirement adopté ainsi :

Premier projet de décret sur la contrainte par corps, adopté par le comité de législation.

Art 1er. Le décret du 9 mars 1848 qui suspend l'exercice de la contrainte par corps cesse d'avoir son effet. (Cette disposition était déjà adoptée.) En conséquence, cette voie d'exécution est rétablie sous les modifications suivantes :

Titre Ier. — *Dispositions relatives à la contrainte par corps en matière civile.*

Art. 2. La contrainte par corps conventionnelle est abolie.

Art. 3. Les agents de change, courtiers, greffiers, commissaires-priseurs et gardes du commerce seront, comme les notaires, avoués et huissiers, soumis à la contrainte par corps, dans les cas prévus par le § 7 de l'article 2060 du Code civil.

Titre II. — *Dispositions relatives à la contrainte par corps en matière commerciale.*

Art. 4. L'emprisonnement pour dette commerciale cessera de plein droit après trois mois, lorsque le montant de la condamnation principale ne s'élèvera pas à plus de 200 fr. ; au-dessus de cette somme, la durée de la contrainte sera augmentée d'un mois par 200 francs.

Art. 5. Pour toute condamnation au-dessous de 600 fr., le jugement pourra surseoir à la contrainte par corps pendant trois mois, au plus, à compter de l'échéance du titre.

Art. 6. Le bénéfice des articles 24 et 25 de la loi du 17 avril 1832 pourra être invoqué même en matière commerciale.

TITRE III. — *Dispositions communes aux deux titres précédents.*

Art. 7. La disposition du jugement des tribunaux civils ou de commerce, relative à la contrainte par corps, ne deviendra définitive à l'égard du débiteur que par son incarcération. Il pourra même interjeter appel de ce chef dans les trois jours qui suivront l'emprisonnement.

TITRE IV. — *Dispositions relatives à la contrainte par corps en matière pénale.*

Art. 8. Les condamnés qui justifieront de leur insolvabilité, suivant le mode prescrit par l'article 420 du Code d'instruction criminelle, seront mis en liberté après avoir subi dix jours de contrainte, lorsque l'amende et les autres condamnations pécuniaires n'excéderont pas 15 fr.; quinze jours quand elles seront de 16 à 30 fr.; vingt jours de 31 à 50 fr.; un mois de 51 fr. à 100 fr.; deux mois de 101 fr. à 200 fr.; trois mois de 201 à 300 fr.

Lorsque le débiteur ne justifiera pas de son insolvabilité, la durée de la contrainte sera du double de ce qu'elle aurait été s'il eût fait cette justification.

Lorsque le débiteur aura commencé sa soixante-cinquième année avant le jugement, les juges pourront réduire la durée de l'emprisonnement à la moitié du délai fixé.

Si le condamné a atteint sa soixante-cinquième année avant d'être écroué ou pendant son emprisonnement, la durée de la contrainte sera de plein droit réduite à la moitié du temps à courir aux termes du jugement ou du paragraphe premier du présent article.

Art. 9. L'article 39 de la loi du 17 avril 1832, combiné avec l'article 17 du présent décret, ne s'appliquera qu'aux condamnations inférieures à 300 francs (1).

TITRE V. — *Dispositions générales.*

Art. 10. La contrainte par corps ne peut être prononcée ni exécutée au profit de l'oncle ou de la tante, du neveu ou de la nièce, ni des alliés au même degré.

Art. 11. En toute matière, les sommes reçues en exécution du jugement de condamnation et provenant même de ventes mobilières ou immobilières, seront imputées de plein droit sur les causes de la contrainte, nonobstant toute convention ou toute loi contraire.

Art. 12. La contrainte par corps ne pourra pas être exercée contre les membres du pouvoir exécutif : elle

---

(1) *Loi du 17 avril* 1832, art. 39. Lorsque la condamnation prononcée n'excédera pas 300 francs, la mise en liberté des condamnés, arrêtés ou détenus à la requête et dans l'intérêt des particuliers, ne pourra avoir lieu, en vertu des articles 34, 35 et 36, qu'autant que la validité des cautions ou l'insolvabilité des condamnés auront été, en cas de contestation, jugées contradictoirement avec le créancier.

La durée de la contrainte sera déterminée par le jugement de condamnation dans les limites de six mois à cinq ans.

ne le sera contre un représentant du peuple qu'après l'autorisation de l'Assemblée nationale.

Art. 13. L'exercice de la contrainte par corps est suspendu contre l'électeur depuis le troisième jour qui précède l'ouverture du scrutin auquel il doit prendre part, jusqu'à la fin du troisième jour qui suit la proclamation du résultat des opérations électorales.

Art. 14. Les débiteurs mis en liberté par suite du décret du 9 mars 1848, et à l'égard desquels la contrainte par corps est maintenue, pourront être écroués de nouveau, à la requête de leurs créanciers, huit jours après une simple mise en demeure enregistrée *gratis*; mais ils profiteront des dispositions du présent décret.

Art. 15. Les dettes postérieures au décret du 9 mars entraînent la contrainte par corps dans les cas où elle a lieu, et les jugements qui depuis l'ont prononcée dans les mêmes cas recevront leur exécution. Si la contrainte par corps n'a pas été obtenue, elle pourra être demandée au tribunal compétent. Les actes et le jugement seront enregistrés *gratis* s'ils n'ont pas pour objet d'autre chef.

Art. 16. Toute personne qui aura concouru à la simulation d'un acte ayant pour but d'entraîner la contrainte par corps hors des cas où elle est autorisée par la loi, pourra être punie d'une amende qui n'excédera pas la somme qui fait l'objet du contrat et de l'interdiction des droits civiques pendant cinq ans au moins et dix ans au plus. La peine sera prononcée par le juge qui aura déclaré le titre simulé.

Art. 17. En aucune matière la contrainte par corps ne pourra excéder deux années ni être exercée simul-

tanément contre le mari et la femme, même pour des
dettes différentes ; elle ne pourra être exécutée contre
un débiteur qui aura commencé sa soixante-cinquième
année, qu'en cas d'une condamnation pour crime,
délit ou contravention.

Art. 18. Dans le mois qui suivra la promulgation
du présent décret, un arrêté du pouvoir exécutif diminuera le tarif des frais en matière de contrainte par
corps. Toute perception de droit en dehors de ce tarif,
sous quelque dénomination que ce soit, entraînera la
suspension de l'officier ministériel.

Art. 19. Les dispositions contraires au présent décret sont abrogées.

À la seconde lecture dans le comité, on rejeta
comme ne devant pas trouver place dans une loi qui
s'occupait d'intérêts purement civils, les dispositions
de droit public qui interdisaient d'exercer la contrainte
par corps contre les membres du pouvoir exécutif et
qui en réglaient l'exercice contre les représentants du
peuple pendant la durée de leur mandat, et contre les
électeurs pendant la tenue des comices.

L'article 11 qui, dans le but d'empêcher les frais
frustratoires auxquels les débiteurs sont trop souvent
exposés, prescrivait d'imputer de plein droit sur les
causes de la contrainte toutes les sommes reçues en
exécution du jugement de condamnation, et l'article
16 qui édictait des peines contre toute personne ayant
concouru à la simulation d'un acte afin de soumettre
l'une des parties à la contrainte par corps hors des cas
où elle est autorisée par la loi, furent également reje-
tées. Le comité a pensé qu'il suffirait de la vigilance

des magistrats pour prévenir le premier abus, et il s'est arrêté devant la difficulté de caractériser exactement la simulation. Il a craint d'ouvrir la porte à l'arbitraire.

Nous ne développerons pas ici les motifs des dispositions adoptées, on les trouvera dans le rapport fait à l'Assemblée le 23 octobre 1848 et que nous allons donner. Soumis préalablement à une lecture attentive et à un examen minutieux dans le sein du comité, il doit être considéré comme exprimant plutôt son opinion que la pensée personnelle du rapporteur.

Rapport fait au nom du comité de législation, sur les modifications à introduire dans le régime de la contrainte par corps, par le citoyen H. Durand (Seine-et-Oise), représentant du peuple. — *Séance du 23 octobre* 1848.

Citoyens représentants,

1. Après avoir déclaré que le décret suspensif de l'exercice de la contrainte par corps cesserait d'avoir son effet, vous nous avez renvoyé les divers amendements qui avaient pour objet de modifier les lois sur cette matière; nous venons aujourd'hui vous faire connaître notre opinion touchant les réformes que comporte cette partie de notre législation.

2. Les amendements que nous avons examinés ont été présentés par les citoyens Dabeaux, Regnard et Crémieux.

3. Le citoyen Dabeaux ne s'est attaché qu'à un point; il n'a pas demandé d'autre changement que d'assimiler les lettres de change aux billets à ordre, c'est-à-dire de ne pas permettre d'exercer la contrainte par corps contre les signataires non commerçants, si les engagements n'ont pas pour occasion

des opérations de commerce, trafic, change, banque ou courtage.

Nous ne nous sommes pas dissimulé qu'un certain nombre de lettres de change n'étaient pas sérieuses et que la modification proposée tendait à faire cesser des abus réels. Mais nous avons considéré aussi que les tribunaux ne manquent pas de déjouer cette fraude, lorsqu'elle leur est prouvée ; que, s'il n'était plus possible de simuler des lettres de change pour soumettre indûment un débiteur à la contrainte par corps, on arriverait au mêmerésultat en simulant des actes de commerce ; qu'ainsi la difficulté ne serait pas résolue, mais seulement éludée. Nous avons pensé, en outre, que les lettres de change faisant dans le commerce l'office de monnaie, ce serait en diminuer la valeur que de leur retirer une partie de la garantie du payement, et que cette altération porterait atteinte à la confiance qu'elles inspirent à l'étranger, et nuirait aux opérations de nos négociants, dont les papiers offriraient une sûreté de moins que ceux de leurs concurrents.

4. Le citoyen Regnard a proposé quatre modifications : 1° dans tous les cas où la loi prononce la contrainte par corps, permettre au juge d'en réduire la durée ou même d'en faire entièrement remise ; 2° réduire à deux ans le terme le plus long de l'emprisonnement pour toute espèce de dette ; 3° assimiler les étrangers aux nationaux quant aux causes et à la durée de la contrainte par corps ; 4° calculer dans certains cas, pour les condamnations pécuniaires en matières criminelle, correctionnelle et de police, la durée de la contrainte sur la durée de la peine de l'emprisonnement.

5. Si les meilleures lois sont celles qui laissent le moins de prise à l'arbitraire du juge, cette maxime doit principalement être observée dans les républiques où l'application stricte de la loi est une garantie de la liberté des citoyens, et surtout en matière de contrainte par corps, parce que ce moyen extrême d'exécuter un débiteur ne devrait être autorisé que dans les cas où le législateur en a lui-même reconnu l'impérieuse nécessité. Ces motifs nous ont déterminés à vous proposer le rejet du premier article des amendements de M. Regnard.

6. Tout en admettant avec lui le principe de la diminution de la durée de la contrainte par corps, nous avons pensé qu'il fallait maintenir la distinction faite par nos lois entre les dettes commerciales et les autres dettes et ne pas établir, pour toutes, une durée uniforme. Nous vous proposons, en conséquence, de réduire le *maximum* de la contrainte en matière commerciale de cinq ans à trois ans, et le *minimum* d'un an à trois mois, et de graduer l'échelle par trimestre et non plus par année, afin qu'une différence minime dans la dette ne fût plus la cause d'une différence considérable dans la durée.

Dans les autres matières nous avons réduit le maximum de dix ans à cinq ans, et le minimum d'un an à six mois. En matières criminelle, correctionnelle et de police nous avons même, dans certains cas, réduit le maximum de cinq ans à quelques mois. Ces améliorations nous ont paru satisfaire à tout ce qu'exigeait à cet égard l'humanité. Régler la durée de la contrainte, comme le propose M. Regnard, sur la durée de l'emprisonnement dans les cas de l'art. 35 de la loi du

17 avril 1832, ce serait affranchir de cette voie d'exécution le débiteur condamné pour crime, délit ou contravention qui n'entraînent pas la prison, et ce serait
souvent obliger le juge à augmenter la durée de la
peine de l'emprisonnement pour assurer le recouvrement des condamnations pécuniaires.

7. Nous n'avons pas non plus partagé l'opinion du
citoyen Regnard d'assimiler les étrangers non domiciliés aux nationaux, quant aux causes et à la durée de
la contrainte par corps; ce serait revenir à la législation antérieure à la loi du 10 septembre 1807, et faire
revivre les abus de confiance qu'elle a fait cesser. Ce
n'est pas à dire que cette matière ne soit susceptible
d'aucune amélioration. Les étrangers non domiciliés
seront soumis à la règle générale posée dans l'art. 12
du projet de loi que nous vous proposons; le maximum
de la durée de la contrainte sera réduit par conséquent
de dix à cinq ans, et le minimum de deux ans à six mois.

8. Nous n'entrerons pas dans l'examen de la série
d'amendements proposés par l'honorable M. Crémieux.
Après les avoir discutés avec lui nous sommes de-
meurés d'accord sur les principes de la plupart des
changements qu'il a proposés, et ils se trouvent ins-
crits dans le projet de loi que nous avons l'honneur
de vous soumettre. Il n'y a que deux articles sur lesquels nous n'avons pas pu nous entendre. C'est d'a-
bord celui relatif à la dérogation aux règles de l'imputation de payements tracées par le Code civil et à la
diminution successive de la durée de l'emprisonnement
à mesure des payements ainsi faits par à-compte, en
sorte que le débiteur, dont la dette se serait trouvée
réduite au-dessous du minimum de la somme fixée

pour cette voie d'exécution, aurait été immédiatement mis en liberté. Nous avons pensé que les petits commerçants, dont le seul moyen de crédit est d'offrir à leurs créanciers le gage de leur personne, seraient privés de cette ressource si on pouvait s'affranchir de l'emprisonnement en réduisant par un à-compte de quelques francs la dette au-dessous du taux fixé pour l'exercice de la contrainte. Le motif qui a inspiré à M. Crémieux de demander une dérogation au droit commun en matière d'imputation de payement, c'est de faire cesser un abus sur lequel notre attention avait déjà été appelée. Il arrive souvent qu'avant d'arrêter le débiteur on exerce contre lui des poursuites qui ne peuvent pas amener l'extinction de tout ou partie de la dette, et dont l'unique résultat est de couvrir des frais frustratoires. Sans doute on mettrait fin à ces odieuses pratiques en imputant de plein droit sur les causes de la contrainte les sommes produites par ces poursuites. Mais, outre que la disposition proposée serait d'une application difficile, elle n'est pas nécessaire. La législation en vigueur arme les magistrats d'un pouvoir suffisant. L'art. 1031 du Code de procédure civile est formel, il suffit de l'exécuter. Nous avons la confiance qu'en appelant sur ces exactions l'attention des magistrats, ils ne manqueront pas aux devoirs que la loi leur impose.

9. L'autre article sur lequel nous avons été en dissentiment avec l'honorable M. Crémieux, est celui par lequel il a proposé de punir d'amende et de l'interdiction des droits civiques toute simulation ayant pour but d'entraîner l'emprisonnement pour dette, hors des cas où il est autorisé par la loi.

Nous avons craint que la difficulté de déterminer d'une manière précise les caractères de la simulation ne prêtat trop à l'arbitraire, et que les usuriers, qui auraient un nouveau risque à courir, n'en prissent occasion pour augmenter le taux de l'intérêt.

10. Ces deux points exceptés, c'est de concert avec l'honorable M. Crémieux que nous avons l'honneur de vous proposer le projet de loi dont nous vous exposons les motifs.

11. Nous vous avons déjà fait connaître les réductions notables que nous vous proposons d'apporter dans la durée de la contrainte par corps. Nous ne reviendrons pas sur ces dispositions et nous abordons de suite les autres parties de notre projet.

12. L'art. 2 interdit de stipuler la contrainte par corps dans un acte de bail pour le payement des fermages des biens ruraux. Nous avons voulu affranchir de cette voie de rigueur une dette qu'une mauvaise récolte ou un retard éprouvé dans le payement du prix de la vente de ses denrées, met souvent le fermier dans l'impossibilité d'acquitter à l'échéance.

13. Le Code civil, qui autorise la contrainte par corps contre les notaires, les avoués et les huissiers pour la restitution des titres à eux confiés et des deniers reçus pour leurs clients par suite de leurs fonctions, ne parle pas des greffiers, des commissaires-priseurs ni des gardes du commerce qui se trouvent dans les mêmes cas. De là était née la question de savoir si ces derniers officiers publics pouvaient, comme les premiers, être soumis à la contrainte lorsqu'ils seraient condamnés à des restitutions semblables. Si, en droit, la question a pu être décidée négativement

parce que l'emprisonnement pour dette ne doit être prononcé que dans les cas expressément prévus par la loi, en équité, l'affirmative ne peut être douteuse et c'est la solution proposée par l'art. 3 du projet.

14. Plusieurs tribunaux de commerce sont dans l'usage, lorsque la dette est peu considérable et n'a pas pour cause une lettre de change ou un billet à ordre, de surseoir à l'exécution de la contrainte pendant quelques mois. L'art. 5 consacre cette coutume, lorsque le montant de la condamnation principale est inférieur à 500 fr., et en étend même l'application aux lettres de change et aux billets à ordre, et il fixe à trois mois au plus la durée du sursis, à compter de l'échéance de la créance.

15. La loi du 17 avril 1832 permet au débiteur incarcéré pour une dette non commerciale d'obtenir son élargissement en payant ou consignant le tiers du principal de la dette et de ses accessoires, et en fournissant, pour le surplus, caution de payer dans un délai qui ne peut excéder une année. L'art. 6 fait cesser l'exception établie par l'art. 24 de la loi du 17 avril à l'égard des dettes commerciales. On ne doit pas craindre que cette faculté accordée au débiteur porte de la perturbation dans les affaires, car, lorsqu'il est incarcéré, tout le mal causé par son retard est fait, et la facilité qui lui est accordée de se libérer partiellement ne peut qu'être avantageuse au créancier.

16. Il n'était pas rare de rencontrer dans les prisons pour dettes des débiteurs non négociants, condamnés par corps au payement de billets à ordre qui n'avaient pas pour cause des opérations de commerce. Il était intervenu un jugement par défaut, le débiteur avait

été mis à même d'y former opposition, s'en était fait débouter aussi par défaut, et l'emprisonnement n'avait été opéré qu'après l'expiration du délai de l'appel. C'est pour prévenir le retour de ces fraudes à la loi que l'art. 7 permet d'interjeter appel même après l'expiration des délais. La faveur dont doit être entourée la liberté nous a fait admettre cette dérogation à la rigueur des principes.

17. La loi du 17 avril 1832, art. 40, réduisait la durée de l'emprisonnement du débiteur de condamnations pécuniaires en matières criminelle, correctionnelle et de police, lorsqu'il avait commencé sa soixante-dixième année, et que la dette s'élevait à 300 fr.; il n'en était pas de même si elle était inférieure à cette somme : dans ce cas, par suite sans doute d'un oubli du législateur, il n'y avait pas de distinction entre les débiteurs, qu'ils fussent ou non septuagénaires. De là cette anomalie étrange que le septuagénaire débiteur de moins de 300 fr. pouvait être détenu plus long-temps que si la dette se fût élevée à cette somme. Nous ne nous sommes pas contentés de diminuer la durée de la contrainte pour tous les débiteurs sans distinction d'âge, l'art. 9 a soumis cette réduction à des règles uniformes pour tous les septuagénaires, quel que fût le chiffre de la dette.

18. Par respect pour les liens du sang et les devoirs de la famille, l'art. 10 étend aux oncles et tantes, grands-oncles et grandes-tantes, neveux et nièces, petits-neveux et petites-nièces, et aux alliés aux mêmes degrés, la prohibition de prononcer et d'exécuter la contrainte par corps.

19. L'art. 21 de la loi du 17 avril 1832 interdit

d'exécuter simultanément contre le mari et la femme la contrainte par corps pour la même dette. L'art. 11 du projet va plus loin ; il ne veut pas que, même pour des dettes différentes, la famille soit privée de ses deux soutiens. Si l'un est déjà emprisonné pour dettes, il faut laisser l'autre veiller à la garde, à la protection et à la subsistance des enfants, et aux intérêts de la société conjugale.

20. Enfin cet article étend encore davantage sa prévoyante sollicitude pour la famille ; il permet aux juges de surseoir à l'exécution de la contrainte pendant une année dans l'intérêt des enfants mineurs du débiteur. Il faut laisser au survivant du père ou de la mère débiteur le temps de les pourvoir d'un protecteur pendant la durée de la contrainte.

21. Il nous reste à vous entretenir des dispositions transitoires ; l'art. 13 règle la situation des débiteurs mis en liberté en vertu du décret du 9 mars dernier. Ce décret, il ne faut pas l'oublier, n'a pas aboli, mais a seulement suspendu l'exercice de la contrainte par corps, jusqu'à ce que l'Assemblée nationale eût statué sur son maintien. La conséquence de la levée de la suspension, c'est que les créanciers rentrent dans leurs droits, tels qu'ils sont limités par le décret dont nous avons l'honneur de vous proposer l'adoption. Il suit de là qu'ils ne pourront exercer la contrainte par corps que contre ceux de leurs débiteurs qui s'y trouveront encore soumis et pendant la durée déterminée par le projet, en sorte que s'ils ont accompli le temps pendant lequel ils pourraient être détenus sous la nouvelle législation, leurs créanciers ne pourront pas les faire incarcérer, et que le temps passé en prison avant

le 9 mars sera déduit sur la durée, telle que nous vous proposons de la fixer. Pour écrouer de nouveau le débiteur, un commandement ne sera pas nécessaire, il suffira d'une simple mise en demeure.

22. L'art. 14 s'applique aux dettes antérieures et aux dettes postérieures au décret du 9 mars, qui, aux termes de la législation précédente, emportaient la contrainte par corps. S'il est intervenu un jugement de condamnation qui l'ait prononcée, il recevra son exécution dans les limites du décret que vous rendrez; si les juges n'ont pas cru devoir l'autoriser, elle pourra être demandée au tribunal compétent.

23. Des plaintes se sont produites sur l'élévation des frais d'exécution de la contrainte par corps. L'art. 15 du projet charge le pouvoir exécutif d'établir un nouveau tarif dans la forme des règlements d'administration publique.

24. Nous avons reçu de magistrats consulaires des réclamations contre le régime de certaines prisons pour dettes, où les débiteurs qui ont des ressources cachées se livrent à des désordres dispendieux, au mépris de leurs créanciers. Pour faire cesser ces scandaleux spectacles, il n'est pas besoin d'une disposition législative, il suffit d'exécuter le règlement du 30 octobre 1841. Votre comité ne doute pas que M. le ministre de l'intérieur n'y tienne la main et ne veille à ce qu'aucune prison, pas même celle du département de la Seine, ne soit soustraite à son autorité.

Voici le projet de loi que nous avons l'honneur de vous proposer :

Projet de loi sur la contrainte par corps.

Art. 1er. Le décret du 9 mars 1848, qui suspend l'exercice de la contrainte par corps, cesse d'avoir son effet. (*Ce paragraphe a été adopté.*)

La législation antérieure sur la contrainte par corps est remise en vigueur sous les modifications suivantes.

TITRE Ier. — *Dispositions relatives à la contrainte par corps en matière civile.*

Art. 2. A l'avenir, la contrainte par corps ne pourra pas être stipulée dans un acte de bail pour le payement des fermages des biens ruraux.

Art. 3. Les greffiers, les commissaires-priseurs et les gardes du commerce seront, comme les notaires, les avoués et les huissiers, soumis à la contrainte par corps, dans les cas prévus par le § 7 de l'article 2060 du Code civil.

TITRE II. — *Dispositions relatives à la contrainte par corps en matière commerciale.*

Art. 4. L'emprisonnement pour dette commerciale cessera de plein droit après trois mois, lorsque le montant de la condamnation en principal ne s'élèvera pas à 500 fr. ; après six mois, lorsqu'il ne s'élèvera pas à 1,000 fr. ; après neuf mois, lorsqu'il ne s'élèvera pas à 1,500 francs; après un an, lorsqu'il ne s'élèvera pas à 2,000 francs.

L'augmentation se fera ainsi successivement de trois mois en trois mois pour chaque somme en sus qui ne dépassera pas 500 fr. , sans pouvoir excéder trois années pour les sommes de 6,000 fr. et au-dessus (1).

Art. 5. Pour toute condamnation en principal au-dessous de 500 fr., même en matière de lettre de change et de billet à ordre, le jugement pourra suspendre l'exercice de la contrainte par corps pendant trois mois au plus, à compter de l'échéance de la dette.

Art. 6. A l'avenir, les dispositions des articles 24 et 25 de la loi du 17 avril 1832, seront applicables aux matières commerciales (2).

TITRE III. — *Dispositions communes aux dettes civiles et aux dettes commerciales.*

Art. 7. Le débiteur, contre lequel la contrainte par corps aura été prononcée par jugement des tribunaux civils ou de commerce, conservera le droit d'interjeter appel du chef de la contrainte, dans les trois jours qui suivront l'emprisonnement ou la recommandation, lors même que les délais ordinaires de l'appel seraient expirés. Le débiteur restera en état.

---

(1) *Loi du 17 avril* 1832, art. 5. L'emprisonnement pour dette commerciale cessera de plein droit après un an, lorsque le montant de la condamnation principale ne s'élèvera pas à 500 fr.;

Après deux ans, lorsqu'il ne s'élèvera pas à 1,000 fr.;

Après trois ans, lorsqu'il ne s'élèvera pas à 3,000 fr.;

Après quatre ans, lorsqu'il ne s'élèvera pas à 5,000 fr.;

Après cinq ans, lorsqu'il sera de 5,000 fr. et au-dessus.

(2) *Loi du 17 avril* 1832, art. 24. Le débiteur, si la contrainte par corps n'a pas été prononcée pour dette commerciale, obtiendra son élargissement en payant ou consignant le tiers du principal de la dette et de ses accessoires, et en donnant pour le surplus une caution acceptée par le créancier, ou reçue par le tribunal civil dans le ressort duquel le débiteur sera détenu.

Art. 25. La caution sera tenue de s'obliger, solidairement avec le débiteur, à payer, dans un délai qui ne pourra excéder une année, les deux tiers qui resteront dus.

TITRE IV.—*Dispositions relatives à la contrainte par corps en matières criminelle, correctionnelle et de police.*

Art. 8. La durée de la contrainte par corps, dans les cas prévus par l'article 35 de la loi du 17 avril 1832, ne pourra excéder trois mois.

Lorsque les condamnations auront été prononcées au profit d'une partie civile et qu'elles seront inférieures à 300 fr., si le débiteur fait les justifications prescrites par l'article 39 de la même loi, la durée de l'emprisonnement sera la même que pour les condamnations prononcées au profit de l'État.

Lorsque le débiteur de l'État ou de la partie civile ne fera pas les justifications exigées par les articles ci-dessus indiqués de la loi du 17 avril 1832, et par le § 2 de l'article 420 du Code d'instruction criminelle, la durée de l'emprisonnement sera du double.

Art. 9. Si le débiteur a commencé sa soixante-dixième année avant le jugement, la contrainte par corps sera déterminée dans la limite de trois mois à trois ans.

S'il a atteint sa soixante-dixième année avant d'être écroué ou pendant son emprisonnement, la durée de la contrainte sera, de plein droit, réduite à la moitié du temps qui restera à courir.

TITRE V. — *Dispositions générales.*

Art. 10. La contrainte par corps ne peut être prononcée ni exécutée au profit de l'oncle ou de la tante, du grand-oncle ou de la grande-tante, du neveu ou de la nièce, du petit-neveu ou de la petite-nièce, ni des alliés au même degré.

Art. 11. En aucune matière, la contrainte par

corps ne pourra être exercée simultanément contre le mari et la femme, même pour des dettes différentes.

Les tribunaux pourront, dans l'intérêt des enfants mineurs du débiteur et par le jugement de condamnation, surseoir, pendant une année au plus, à l'exécution de la contrainte par corps.

Art. 12. Dans tous les cas où la durée de la contrainte par corps n'est pas déterminée par la présente loi, elle sera fixée par le jugement de condamnation dans les limites de six mois à cinq ans.

Néanmoins, les lois spéciales qui assignent à la contrainte une durée moindre continueront d'être observées.

TITRE VI. — *Dispositions transitoires.*

Art. 13. Les débiteurs mis en liberté par suite du décret du 9 mars 1848, et à l'égard desquels la contrainte par corps est maintenue, pourront être écroués de nouveau, à la requête de leurs créanciers, huit jours après une simple mise en demeure, mais ils profiteront des dispositions de la présente loi.

Art. 14. Les dettes antérieures ou postérieures au décret du 9 mars qui, d'après la législation en vigueur avant cette époque, entraînaient la contrainte par corps, continueront à produire cet effet dans les cas où elle demeure autorisée par la présente loi, et les jugements qui l'auront prononcée recevront leur exécution, sous les restrictions prononcées par les articles précédents.

Si la contrainte par corps n'a pas été prononcée par les jugements rendus postérieurement au décret du 9 mars, elle pourra être demandée au tribunal compétent.

Art. 15. Dans les trois mois qui suivront la promulgation de la présente loi, un arrêté du pouvoir exécutif, rendu dans la forme des règlements d'administration publique, modifiera le tarif des frais en matière de contrainte par corps.

Avant la discussion de ce projet dans l'Assemblée, de nouveaux amendements furent présentés; les voici:

Amendements proposés sur le projet de décret relatif à la contrainte par corps.

1° *Par M. Brillier.*

Loi du 17 *avril* 1832.	*Amendements.*
Art. 1er. La contrainte par corps sera prononcée, sauf les exceptions et les modifications ci-après, contre *toute personne* condamnée pour dette commerciale au payement d'une somme principale de 200 fr. et au-dessus.	Mettre la disposition suivante avant l'article 4 du projet, qui deviendrait l'article 5.
Art. 2. Ne sont point soumis à la contrainte par corps en matière de commerce : 1° les femmes et les filles non légalement réputées marchandes publiques; 2° les mineurs non commerçants, ou qui ne sont point réputés majeurs pour le fait de leur commerce ; 3° les veuves et héritiers des justiciables des tribunaux de commerce assignés devant ces tribunaux en reprise d'instance ou par action nouvelle, en raison de leur qualité.	Art. 4. La contrainte par corps, en matière de commerce, ne pourra être prononcée que contre les commerçants condamnés pour dette commerciale au payement d'une somme principale de 200 fr. et au-dessus. Dans aucun cas, elle ne sera prononcée contre les veuves et héritiers des commerçants, assignés pour dettes commerciales, en raison de leur qualité. Les articles 1, 2 et 3 de la loi du 17 avril 1832 sont abrogés.
Art. 3. Les condamnations prononcées par les tribunaux de commerce contre des individus non négociants, pour signatures apposées, soit à des lettres de change réputées	Supprimer le second paragraphe de l'article 14 du projet présenté par le citoyen Durand (Seine-et-Oise), au nom du comité de législation.

Loi du 17 *avril* 1832.

simples promesses aux termes de l'article 112 du Code de commerce, soit à des billets à ordre, n'emportent point la contrainte par corps, à moins que ces signatures et engagements n'aient eu pour cause des opérations de commerce, trafic, change, banque ou courtage.

2ª *Par* **M.** *Demortreux.*

Art. 10 additionnel. « Elle ne pourra non plus (la » contrainte par corps) être mise à exécution au profit » des acheteurs ou cessionnaires de créance, dont les » titres seront postérieurs aux jugements de condamna- » tion qui la prononcent. »

3° *Par M. Salmon.*

Ajouter à l'art. 9 cet alinéa :

La contrainte par corps en matière criminelle, correctionnelle et de simple police, ne sera exercée, dans l'intérêt de l'État ou des particuliers, contre des individus âgés de moins de seize ans accomplis à l'époque du fait qui a motivé la poursuite, qu'autant qu'elle aura été formellement prononcée par le jugement de condamnation.

Le comité décida que les amendements de MM. Brillier et Demortreux seraient combattus, et que le rapporteur consentirait à l'adoption de celui de M. Salmon.

La discussion s'ouvrit à l'Assemblée constituante le 13 décembre. Nous allons en donner le compte rendu d'après le *Moniteur.*

La loi fut votée le même jour. Les légères modifications que subit ce projet furent consentiés par la sous-commission, à laquelle avaient été adjoints en dernier lieu MM. Boudet et Vallette (du Jura). Tous les amendements que la sous-commission combattit furent rejetés.

ASSEMBLÉE NATIONALE.

Séance du mercredi 13 décembre.

PRÉSIDENCE DU CITOYEN ARMAND MARRAST.

LE CITOYEN PRÉSIDENT. Nous reprenons maintenant la suite de la délibération sur le projet relatif à la contrainte par corps J'ai rappelé hier à l'Assemblée qu'elle avait déjà voté la première partie de l'article 1er, qui est ainsi conçu :

« Le décret du 9 mars 1848, qui suspend l'exercice de la contrainte par corps, cesse d'avoir son effet. »

C'est voté. Le deuxième paragraphe est ainsi conçu :

« La législation antérieure sur la contrainte par corps est remise en vigueur sous les modifications suivantes. »

Je mets aux voix ce paragraphe.

(Le paragraphe est adopté.)

LE CITOYEN PRÉSIDENT.

TITRE Ier. — *Dispositions relatives à la contrainte par corps en matière civile.*

« Art. 2. A l'avenir, la contrainte par corps ne pourra être stipulée dans un acte de bail, pour le payement des fermages des biens ruraux. »

LE CITOYEN RENOUARD. Je demande la parole.

LE CITOYEN PRÉSIDENT. Vous avez la parole.

LE CITOYEN RENOUARD. Citoyens représentants, je propose à l'Assemblée de ne pas adopter l'exception proposée par l'article 2 du projet en discussion. Cette disposition abrogerait l'article 2062 du Code civil, qui autorise la stipulation de la contrainte par corps pour les fermages des biens ruraux. Je cherche les motifs de l'exception proposée, ils sont ainsi exposés dans le rapport du comité :

« Nous avons voulu affranchir de cette voie de rigueur une dette qu'une mauvaise récolte ou un retard éprouvé dans le payement, dans le prix de la vente de ses denrées, met souvent le fermier dans l'impossibilité d'acquitter à l'échéance. »

Ainsi, messieurs, deux raisons seulement ont motivé l'exception : l'une que le défaut de payement à l'échéance provient, le plus souvent, de la mauvaise récolte ; et l'autre, qu'il peut provenir encore du retard qu'éprouve le fermier lui-même dans le payement du prix de ses denrées.

Ces raisons, messieurs, ne me paraissent pas concluantes ; je dirai presque qu'elles ne sont pas sérieuses. En effet, c'est méconnaître entièrement les relations qui s'établissent entre le maître et le fermier que de supposer que, dans le cas d'une mauvaise récolte ou d'un retard dans le payement du prix des denrées qu'éprouve le fermier, le propriétaire exerce contre lui la contrainte par corps. Ces relations, messieurs, entre le propriétaire et le fermier sont toutes d'affection, de protection, de bienveillance de la part du propriétaire.

Il n'arrive jamais, presque jamais, au moins dans le cas d'une mauvaise récolte ou dans le cas de retard de payement du prix des denrées vendues par le fermier, que le propriétaire se livre à des poursuites

rigoureuses, à l'exercice de la contrainte par corps.
Je maintiens que, sur cent propriétaires, il ne s'en
trouvera pas un dont on puisse accuser la sévérité,
tandis que tous ou presque tous font habituellement
des remises volontaires et subissent des pertes considérables. Ce n'est donc pas pour un cas aussi exceptionnel que celui dont on a parlé dans l'exposé des
motifs que vous devez prohiber la stipulation de la
contrainte par corps.

D'où vient habituellement le défaut de payement des
fermages? Il ne provient pas d'une mauvaise récolte;
car dans le cas d'une mauvaise récolte, remarquez-le
bien, le Code civil protége les intérêts du fermier;
s'il y a une perte de la moitié de la récolte, il obtient
des tribunaux une remise, si elle ne lui est pas accordée par le propriétaire. Et, en dehors même des dispositions du Code civil, les usages locaux sont encore
plus favorables au fermier; ils accordent, quelle que
soit la quotité de la récolte, une indemnité propor-
tionnelle à la perte éprouvée dans la récolte. Mais le
défaut de payement des fermages proviendra le plus
souvent de la paresse du fermier, de ses habitudes
d'intempérance ou d'ivrognerie; il proviendra aussi
quelquefois du dol et de la fraude, parce que le fermier
voudra s'enrichir aux dépens du propriétaire : voilà les
cas les plus fréquents où il y aura défaut de payement
des fermages.

Eh bien! messieurs, ces cas ne méritent pas du tout
l'indulgence, les sympathies de l'Assemblée, ils réclament au contraire la stipulation de la contrainte par
corps : aussi a-t-elle toujours été admise pour le payement des fermages des biens ruraux.

Je comprends très bien, messieurs, que nous soyons disposés, dans les circonstances où nous votons la loi actuelle, à témoigner nos sympathies pour les débiteurs, parce que, il faut le reconnaître, dans la crise qui a eu lieu, il y a eu beaucoup de débiteurs malheureux. Mais je vous conjure d'examiner quel est le nombre des débiteurs incarcérés qui ont subi la contrainte par corps pour défaut de payement des fermages : vous n'en trouverez qu'un petit nombre.

Une voix. Aucun !

Le citoyen Renouard. Aucun, peut-être. Pourquoi cela? Parce que dans tous les cas où il n'y a pas fraude ou inconduite, le propriétaire, je le répète, n'exerce jamais la contrainte par corps.

Maintenant, messieurs, si, nonobstant cela, vous éprouvez des sympathies pour les débiteurs, croyez-vous donc que les petits propriétaires ne doivent pas aussi exciter vos sympathies et qu'ils n'y ont pas des droits? Combien avez-vous, surtout dans les départements qui ne sont pas riches, de petits propriétaires qui n'ont pas d'autre moyen d'existence que le fermage d'un patrimoine très-borné, d'une petite ferme, qui étant vieux ou malades, sont obligés de la livrer à l'exploitation d'un fermier, et n'ont pas d'autre moyen d'existence !

Eh bien! messieurs, laisserez-vous ces petits propriétaires, qui attendent ce payement pour vivre, les laisserez-vous désarmés contre des fermiers qui auraient été paresseux, intempérants, ivrognes, etc., ou bien qui auront soustrait leurs ressources mobilières pour ne pas payer leur dette légitime?

Ce n'est pas tout encore, messieurs, ce n'est pas

seulement dans l'intérêt des propriétaires que vous devez maintenir la stipulation de la contrainte par corps; vous devez aussi la maintenir dans l'intérêt bien entendu des fermiers, et j'appelle votre attention sur cette considération.

Grâce à l'esprit démocratique du Code civil, qui augmente continuellement la division de la propriété, il y a aujourd'hui beaucoup de petites fermes, de fermes rurales d'un capital de 15, 20, 30,000 fr.

Les fermes rurales, messieurs, sont livrées à de petits cultivateurs qui n'offrent aucune garantie immobilière et qui ne présentent aux propriétaires d'autre gage que celui de leur personne; c'est ce gage qui est la base de la confiance accordée quand on compte d'ailleurs sur la bonne conduite du petit cultivateur; c'est ce gage de la personne qui fait que les propriétaires ne craignent pas de livrer leurs exploitations rurales à un fermier qui n'a pas de garantie immobilière, mais qui stipule la contrainte par corps. Supprimez cette stipulation, et vous fermerez à ces petits cultivateurs l'accès des fermes rurales; on sera plus difficile, on sera plus exigeant.

Je trouve, messieurs, dans le rapport du comité, une considération contre les petits commerçants, ou plutôt en leur faveur, qui est ainsi exprimée :

« Nous avons pensé que les petits commerçants dont le seul moyen de crédit est d'offrir à leurs créanciers le gage de leur personne, seraient privés de cette ressource, si on pouvait s'affranchir de l'emprisonnement en réduisant par un à-compte de quelques francs la dette au-dessous du taux fixé pour l'exercice de la contrainte. »

Ainsi le comité a très-bien reconnu qu'il était des cas où l'exemption, où la prohibition de la contrainte par corps tournait contre les débiteurs eux-mêmes; c'est ce qui arriverait à l'égard des petits commerçants.

Eh bien! ce motif milite beaucoup plus fortement à l'égard des petits cultivateurs. Ils cesseront, je le répète, de trouver aucune ferme à exploiter, lorsqu'ils n'offriront aucune garantie immobilière, et ils seront réduits au triste métier de journalier. C'est donc dans leur propre intérêt, dans leur intérêt bien entendu que vous devez maintenir la faculté de stipuler la contrainte par corps, stipulation, je le répète, dont le propriétaire n'abuse jamais, mais qui est une arme utile, souvent une disposition simplement comminatoire contre le dol et la mauvaise foi.

Je persiste donc à demander le rejet de l'article 2, et néanmoins, si cet article devait être maintenu, je propose à l'Assemblée d'ajouter à cet article une disposition additionnelle portant que les tribunaux prononceront la contrainte par corps pour le payement des fermages, des biens ruraux, dans le cas où le fermier aurait enlevé, sans le consentement du propriétaire, les meubles, effets, fruits et récoltes garnissant le domaine.

Le citoyen Durand (de Seine-et-Oise), *rapporteur.* Citoyens représentants, l'honorable préopinant vous a dit que l'article 2 du projet de loi en discussion avait pour objet d'abroger l'article 2062 du Code civil. Cette assertion est inexacte : nous n'abrogeons pas l'article 2062, nous proposons seulement d'en abroger la première disposition. L'article 2062 en contient deux;

10

par la première, il est permis de stipuler dans un bail la contrainte par corps, il est permis au fermier de s'y soumettre pour le payement des fermages ; la deuxième disposition de cet article a pour objet, non pas de permettre au fermier, au propriétaire, de stipuler cette voie d'exécution, mais d'accorder au juge la faculté de la prononcer contre le fermier lorsqu'il a soustrait les instruments aratoires, le cheptel qui lui ont été confiés par le propriétaire.

Ainsi, nous n'avons à nous occuper ici que de la première disposition, relative à la contrainte par corps conventionnelle.

Il a paru à votre comité de législation qu'il était très-contestable de savoir si on devait permettre aux parties de stipuler la contrainte par corps. Il a paru à votre comité qu'en général la nécessité de l'emprisonnement pour dette devait être reconnue par la loi, c'est-à-dire que la loi devait déterminer dans quels cas il est indispensable de prononcer la contrainte par corps, ou bien que la loi devait laisser aux juges la faculté de la prononcer ; mais il est très-douteux que l'on doive permettre aux parties de la stipuler. Quand elle n'est pas écrite dans la loi, il ne faut pas permettre aux parties de stipuler qu'elles s'y soumettront.

Voilà les principales raisons qui nous ont déterminés à vous proposer l'article 2 qui est en ce moment en discussion.

L'honorable préopinant a dit qu'en cas de perte de récoltes, le fermier pouvait se faire décharger du payement de son fermage. Nous le savons ; mais l'article 2 n'a pas pour objet de prévoir ce cas. Ainsi qu'il est énoncé dans l'exposé des motifs, nous supposons que le fermier ne pourra pas payer parce qu'il aura fait une mauvaise récolte, que l'année aura été stérile; nous supposons que ses produits sont insuffisants pour payer ses fermages, qu'il est gêné; le propriétaire, dans ce cas, si la contrainte par corps a été stipulée dans le bail, peut l'incarcérer.

Eh bien, dans l'intérêt de l'agriculture, dans l'intérêt des classes pauvres, dans l'intérêt des fermiers, nous avons cru qu'il était bon de ne pas autoriser de pareilles stipulations.

Le fermier peut aussi vendre sa récolte à crédit. Si les billets souscrits ne sont pas payés à l'échéance, si le banquier chez lequel il aura placé ses fonds fait faillite, nous ne voulons pas que le débiteur, dans ces cas, soit exposé à la contraite par corps, et le comité propose de rayer cette faculté du Code.

Enfin, on dit que souvent les fermiers ne veulent pas payer par mauvaise foi. Nous pensons, nous, que la mauvaise foi, cas exceptionnel, ne se présume pas aux termes de la loi, et que, quand on l'articule, elle doit être prouvée. On ne doit pas supposer que le fermier soit de mauvaise foi, on doit supposer qu'il est de bonne foi.

Du reste, s'il fallait prononcer la contrainte par corps contre tous les débiteurs en les arguant de mauvaise foi, il n'y aurait pas de créancier qui ne ferait un tel reproche à son débiteur insolvable.

Il ne suffit pas que le débiteur soit de mauvaise foi pour qu'il soit soumis à la contrainte par corps, il faut qu'il se soit trouvé dans un cas prévu par la loi, c'est-à-dire qu'il faut que le législateur ait reconnu que la contrainte par corps était indispensable. Ce qui nous fait penser qu'elle n'est pas nécessaire dans le cas dont il s'agit, c'est que très-rarement elles est stipulée dans les baux.

Tous les hommes d'affaires le savent, et les notaires que nous avons interrogés nous ont dit que cette clause était peu usitée; s'il en est ainsi, c'est une tache qui existe dans la législation.

Nous vous proposons de la faire disparaître.

Nous insistons pour maintenir l'article dont le préopinant a demandé le rejet.

LE CITOYEN RENOUARD. Messieurs, les raisons qui viennent d'être déduites par l'honorable rapporteur du comité ne me semblent pas concluantes. Qu'est-ce qu'il vous dit? Il vous dit qu'il y a des inconvénients à autoriser la stipulation de la contrainte par corps par une convention. Mais cet exemple n'est pas le seul, et il y en a d'autres. D'ailleurs, on n'a pas prohibé la stipulation de la contrainte d'une manière absolue. N'est-ce pas encore presque une puérilité de s'attacher ainsi à l'expression, lorsqu'on contracte des obligations qui, par leur nature, entraînent la contrainte par corps? n'est-ce pas comme si on la stipulait dans le contrat? C'est la même chose.

D'ailleurs, ce n'est point parce que les parties consentent à la stipuler à l'avance que vous devez admettre ou rejeter la contrainte par corps; vous devez vous décider à cet égard, d'après la nature de la dette.

Eh bien! la nature de la dette, pour les fermages, exige la stipulation de la contrainte par corps; elle l'exige, dans l'intérêt du petit propriétaire, dans l'intérêt bien entendu des fermiers.

Qu'est-ce qu'un bail? C'est, en quelque sorte, un contrat d'association ; c'est un véritable contrat d'association, quand c'est à titre de colon qu'on livre son bien ; c'est à peu près la même chose, quand c'est, moyennant une rente fixe, parce que la rente est la représentation habituellement de la moitié des fruits perçus. C'est donc un contrat d'association.

Or, messieurs, il ne doit pas être plus permis de violer ce contrat d'association, que de violer les contrats d'association ordinaire, en matière commerciale, car cela entraînerait la contrainte par corps.

En deuxième lieu, je le répète, pour beaucoup de propriétaires, le fermage rural qu'ils exigent, est le seul moyen d'existence qu'ils aient. Et puis, le fermier a tant de facilités, quand il ne présente pas de garantie immobilière, pour soustraire au propriétaire ses ressources mobilières, la récolte, les fruits, les bestiaux qui garnissent le domaine, qu'en vérité, il y aurait un très-grave danger pour le propriétaire, s'il n'y avait pas la stipulation de la contrainte par corps.

On dit : Mais la contrainte par corps est stipulée bien rarement, nous avons consulté là-dessus des notaires. Je ne sais à quels notaires et à quels pays on s'est adressé ; mais ce que je sais bien, c'est que je suis d'un pays où, au contraire, la contrainte par corps est très-souvent stipulée dans les baux ; elle est surtout stipulée dans les baux qui ont pour objet de petites fermes qui sont confiées à des hommes qui n'offrent pas de garantie mobilière.

Je recommande beaucoup cette considération à votre attention. Je persiste donc, et tout au moins, dans la disposition additionnelle que j'ai proposée.

Je n'ai pas bien saisi les arguments qu'on a fait valoir contre la disposition additionnelle. Je propose, tout au moins, de prononcer la contrainte par corps contre le fermier dans le cas où il aura déplacé, enlevé, sans le consentement du propriétaire, des meubles, effets, fruits ou récoltes garnissant la métairie.

Que font les débiteurs quand ils ne veulent pas payer les propriétaires et qu'ils ont dans le domaine des ressources mobilières qui les payeraient? Ils font ce qu'on appelle vulgairement chez nous mettre la clef sous la porte; ils emportent tout ce qui garnit le domaine, pendant la nuit, clandestinement, le déplacent, le cachent çà et là, et puis abandonnent l'exploitation rurale.

Dans cette hypothèse-là, pouvez-vous refuser la contrainte par corps, même pour le payement des fermages? Cela ne peut pas être.

J'ai entendu qu'on me faisait cette objection : Mais le Code civil y pourvoit; il prononce la condamnation pour déplacement de bestiaux.

C'est une erreur de la part de ceux qui ont émis cette opinion de leur place; ils n'ont pas saisi la disposition additionnelle. Le Code civil ne prononce la contrainte par corps que pour l'enlèvement et le divertissement des bestiaux que le propriétaire a livrés à cheptel. Mais la disposition que je propose n'a pas seulement pour objet les bestiaux et les instruments livrés à cheptel au fermier, mais encore ceux que lui-même y a apportés; ceux dont il est tenu de garantir le domaine : le Code civil lui en imposant l'obligation. Eh bien! je veux que, dans le cas où il enlèverait ses meubles, ses effets qui sont le gage du propriétaire, je veux que, dans ce cas qui constitue une fraude flagrante, la contrainte par corps soit prononcée même pour le payement des fermages.

Je persiste donc dans mon amendement.

LE CITOYEN DÉRODÉ. Je viens défendre la rédaction du comité. L'honorable préopinant vous a d'abord entretenus des rapports qui existent, suivant lui, entre les fermiers et ce qu'on appelle les maîtres. Ce seraient, suivant lui, des rapports de patronage à inférieurs, de bienveillance d'un côté et de reconnaissance obligée de l'autre, et pour manifester cette bienveillance particulière dont ce qu'on appelle les maîtres seraient animés à l'égard des fermiers, on demanderait que, par une dérogation au droit civil, les fermiers fussent soumis à la contrainte par corps. Je doute qu'ils soient grandement touchés de ce témoignage de bienveillance. Quel est le caractère de ce contrat? est-il différent des autres? Le propriétaire est un capitaliste qui remet son capital aux mains du travailleur qui le fait fructifier, et qui lui donne en échange le prix du louage, absolument comme le détenteur d'un capital mobilier le prête ou à un intermédiaire, comme un banquier, ou à un industriel qui l'emploie dans son industrie, et qui lui donne en échange l'intérêt ou la rente. C'est exactement la même chose. Eh bien! cela posé, pourquoi faire une différence quand il s'agit d'un fermage? Il n'y en a aucune; c'est une location comme une autre. Quels sont donc les principes? C'est, d'une part, qu'on ne peut pas aliéner sa liberté, qu'il ne dépend pas de soi de mettre dans une convention, que si on ne l'exécute pas, on sera soumis à la contrainte par corps. Il faut que la contrainte par corps

soit stipulée, non par les contractants, mais par la loi
elle-même. Il y a dans le projet une distinction sage.
S'agit-il du payement du loyer, la condition est la même
que s'il s'agissait du payement du loyer d'une maison et non de la terre qui reste dans le droit commun.
S'agit-il au contraire de la restitution du cheptel; alors,
comme l'enlèvement est une sorte d'abus de confiance,
on comprend qu'il a fallu maintenir la contrainte par
corps. Cela est logique et conséquent. Lorsque le fermage a des rapports d'assimilation avec le louage
ordinaire, on applique les règles ordinaires. Lorsqu'au
contraire il en diffère, on applique des règles spéciales.
Mais, dit-on, voyez l'intérêt des petits cultivateurs et
des petits propriétaires; voyez combien de familles
qui n'ont qu'une petite ferme pour revenu! Quel intérêt n'y a-t-il pas à assurer leur existence, en consa-
crant la contrainte par corps? La même objection
pourrait être faite pour le capital mobilier. Ces familles
prêtent un capital mobilier avec une garantie hypo-
thécaire, ou même sans garantie; et si le capital n'est
pas restitué, si le revenu n'est pas payé, est-ce qu'elles
auront pour cela la contrainte par corps? Pourquoi
donc établir une préférence, un privilége au profit du
détenteur du capital immobilier? C'est là, messieurs, la
conséquence d'un vieux préjugé qui attachait certains
priviléges à la taxe; la terre est un capital comme un
autre, et le revenu de la terre ne doit pas être pri-
vilégié.

Mais, ajoute-t-on, c'est dans l'intérêt du fermier
lui-même que nous réclamons la contrainte par corps,
car, s'il ne pouvait pas disposer de sa liberté, pour
ajouter cette garantie aux autres qu'il a à offrir, ou

s'il n'a que celle-là, il ne trouverait pas de propriétaire qui voudrait lui confier une exploitation. Ce raisonnement peut se faire également pour le capital mobilier, et il faudrait dire également que celui qui n'offre aucune espèce de garantie ne pourra emprunter des capitaux mobiliers qu'en engageant sa liberté. C'est ce que personne ne peut soutenir.

Ainsi le système du comité serait ceci : Le contrat de fermage, de bail, lorsqu'il s'applique à une terre susceptible d'être mise en exploitation, est un contrat civil et réglé en droit civil. Or, en matière de droit civil, la contrainte par corps ne peut pas être admise. On est conséquent avec le principe de la loi générale en faisant disparaître cette disposition exorbitante qui créerait un privilége, que rien ne justifie, au profit des détenteurs de capitaux immobiliers.

LE CITOYEN PRÉSIDENT. Je mets aux voix l'article 2.

LE CITOYEN RENOUARD. Je n'ai qu'un mot à dire. Je repousse l'assimilation d'un bien à loyer avec un bien à ferme. Un bien à loyer ne donne pas à un individu des moyens de travail. Celui qui a une maison à loyer est en mesure de surveiller le locataire; il habite la plupart du temps dans la maison; quand il n'y habite pas, il habite très-près; tandis que le propriétaire d'un bien rural affermé habite la plupart du temps loin de cette propriété, il habite souvent la ville; le bien sera dans un hameau, il n'aura aucun moyen de surveillance.

Et puis, vous voulez assimiler le bail à loyer d'une maison avec le bail d'un domaine rural qui donne à l'individu qui le prend à ferme les moyens d'utiliser son industrie, d'avoir du travail assuré pendant toute

l'année, d'échapper à la triste condition de journalier.
Non, il y a une différence immense, et voilà pourquoi, en tout temps, sous toutes les législations, on
a fait une différence entre le bail à loyer d'une maison
avec le bail d'un bien rural ; voilà pourquoi la contrainte par corps a été autorisée pour les baux des
biens ruraux, et non pour les baux des autres loyers.

Je persiste dans toutes mes propositions.

LE CITOYEN PRÉSIDENT. Je relis l'article 2 du projet de loi :

« A l'avenir, la contrainte par corps ne pourra être
stipulée dans un acte de bail pour le payement des
fermages des biens ruraux. »

Je consulte l'Assemblée.

(L'épreuve a lieu ; un petit nombre de représentants y prend part.)

LE CITOYEN PRÉSIDENT. Il est impossible que le
bureau prononce si chacun des membres ne prend
pas part au vote.

Plusieurs voix. On n'a pas compris !

LE CITOYEN PRÉSIDENT. L'assemblée est extrêmement inattentive ; on ne prend pas part au vote, et,
par suite, il est impossible que le bureau décide. Je
vais lire une fois encore l'article proposé par le comité.

(Après une nouvelle lecture, l'article 2 est mis aux
voix et adopté.)

LE CITOYEN PRÉSIDENT. M. Renouard propose une
disposition additionnelle à l'article 2, qui serait conçue
dans les termes suivants :

« Néanmoins, la contrainte par corps sera prononcée par les tribunaux pour le payement des fermages ruraux, lorsque le fermier aura enlevé, sans le

consentement du propriétaire, des meubles, effets, fruits et bestiaux garnissant la ferme. »

LE CITOYEN DURAND (Seine-et-Oise), *rapporteur.* Citoyens représentants, l'auteur de l'amendement a dit qu'il n'avait pas compris les raisons que j'avais proposées contre son amendement; il ne les a pas comprises par une excellente raison, c'est que je n'en ai donné aucune; il était inutile de le discuter, tant que vous n'aviez pas admis l'article du comité.

L'honorable auteur de l'amendement vous propose d'introduire dans la législation sur la contrainte par corps une disposition beaucoup plus rigoureuse que la loi actuelle.

Il veut qu'au lieu d'adoucir la contrainte par corps, on rende la condition du débiteur pire. La loi a prévu le cas où un fermier viendra à enlever les bestiaux et les meubles qui garnissent la ferme. Il ne s'agit pas des bestiaux qui sont confiés par le propriétaire; l'article 2062 prévoit ce cas. Il dit que, dans le cas où les bestiaux appartiennent au propriétaire, si le fermier ne peut pas les représenter à la fin du fermage, il y sera contraint par corps; les juges ont la faculté de l'ordonner. Il ne s'agit pas de ce cas; il s'agit des bestiaux propres du fermier, il s'agit de meubles qui lui appartiennent et qui garnissent la ferme.

Eh bien, le Code civil a encore pourvu à ce cas. Dans l'article 2102, il est dit qu'alors le propriétaire peut faire suivre les meubles et bestiaux, qu'il peut les faire saisir et les revendiquer, et que, s'il les revendique dans les délais prescrits par la loi, le propriétaire conserve sur ces bestiaux et sur ces meubles le privilége que l'article 2102 lui accorde. Ce privilége ne suffit pas à M. Renouard ; il veut de plus que le propriétaire ait encore la contrainte par corps.

Remarquez que cette disposition serait bien plus rigoureuse que le Code civil, puisque la contrainte par corps ne peut être prononcée, aux termes de l'article 2062, contre le fermier, pour le payement de son fermage, que lorsqu'elle a été stipulée dans un bail. Or, d'après l'amendement, cette stipulation ne sera pas nécessaire ; mais, par cela seul que le fermier aura enlevé ses bestiaux, par cela seul qu'il aura enlevé ses meubles, il sera contraint par corps de réintégrer et les bestiaux et les meubles. Il ne nous paraît pas possible d'admettre cette disposition.

Et voyez un peu où cela nous conduirait.

Le fermier a des bestiaux dans ses étables ; il veut les vendre et en tirer de l'argent pour payer son propriétaire ; et le propriétaire lui dira : Vous avez enlevé vos bestiaux, je demande contre vous la contrainte par corps. En vérité, quand il s'agit d'adoucir la législation sur cette matière, il nous semble qu'il n'est pas possible d'admettre un amendement qui aggrave ainsi la condition des débiteurs. (Très-bien ! — Aux voix !)

LE CITOYEN LABORDÈRE. L'amendement, je pense, a été mal compris. Vous venez d'ôter aux propriétaires l'une des garanties que leur donnait la loi, la stipulation de la contrainte par corps dans les baux. Ils n'ont plus aujourd'hui cette garantie. Il faut y suppléer. L'amendement veut que, lorsqu'il y aura eu détournement des meubles garnissant la ferme sans le consentement du propriétaire, le fermier soit soumis à la contrainte par corps pour le payement des fermages.

Lorsqu'il y a bail à ferme, et que les ustensiles nécessaires pour l'exploitation appartiennent au fermier, le propriétaire du fonds a un privilége sur ces ustensiles. Les meubles qui garnissent la ferme sont une sorte de gage *nécessaire* sans lequel l'exploitation ne pourrait pas avoir lieu. Le propriétaire a une garantie, sans doute, lorsque le détournement est opéré : il peut suivre pendant quarante jours les meubles détournés et les saisir, il peut les revendiquer ; mais s'il arrive que les meubles soient cachés de telle manière qu'il ne puisse pas les retrouver, s'il arrive qu'ils aient été vendus à des tiers de bonne foi, dans ce cas la garantie manque. Et remarquez que, si vous refusez la contrainte par corps, le propriétaire n'aura aucun moyen de contraindre le fermier de mauvaise foi à payer ses fermages, puisque les meubles qu'il aura dissipés ne se retrouveront plus.

J'admets cependant, et je réponds ici à l'objection qui a été faite par le rapporteur, je reconnais qu'il arrivera des cas où le fermier ne sera pas de mauvaise foi ; il aura pu vendre des objets dépendant de la ferme pour subvenir à des besoins pressants. Dans ce cas, il est certain que la contrainte par corps ne doit pas être prononcée.

Il est dans l'esprit de l'amendement qu'elle soit exercée lorsqu'il y a mauvaise foi, détournement frauduleux du gage ; et pour qu'il n'y ait pas équivoque sur ce point, je proposerai un sous-amendement qui consisterait à dire que les tribunaux *pourront* prononcer la contrainte par corps dans le cas de détournement des meubles garnissant la ferme.

Les tribunaux auront à examiner s'il y a eu, ou non, mauvaise foi ; ils prononceront ou ne prononceront pas la contrainte par corps. Mais il faut leur réserver l'appréciation de cette circonstance, afin que le propriétaire qui aura été trompé, qui aura vu disparaître son gage, et alors que la fraude sera constatée, ait le bénéfice de la contrainte par corps contre le fermier qui manque à ce point à son obligation.

LE CITOYEN BAROCHE. Je m'oppose à l'amendement et au sous-amendement, et je demande que la contrainte par corps ne puisse pas être prononcée dans le cas dont il s'agit.

L'Assemblée vient de décider tout à l'heure que l'article 2062 du Code civil était abrogé en ce que cet article permettait au fermier de consentir la contrainte par corps dans les baux de biens ruraux. L'Assemblée nationale, sans doute, a pensé, et, je crois, avec raison, qu'il n'y avait pas de motifs pour placer les locataires de biens ruraux dans une situation moins favorable que les locataires de propriétés urbaines, et qu'il n'était pas plus permis de stipuler la contrainte par corps dans un cas que dans l'autre.

Maintenant que demande-t-on? On vous demande de permettre aux tribunaux, puisque, d'après le sous-amendement, ce ne serait plus qu'une contrainte par corps facultative, de permettre aux tribunaux de prononcer la contrainte par corps contre les fermiers qui auraient détourné de la ferme le mobilier qui est la garantie du propriétaire.

Je demande pourquoi, dans ce cas, on veut faire la position du locataire de biens ruraux différente de celle où se trouve le locataire de propriétés urbaines. Je comprends qu'il y a mauvaise foi très-souvent de la part du fermier qui détourne son mobilier au préjudice du propriétaire, sans payer ses loyers. Mais je demande à l'honorable auteur de l'amendement pourquoi, dans ce cas, il veut qu'on puisse prononcer la contrainte par corps contre le fermier, lorsqu'on ne le pourrait pas contre le locataire d'une boutique, qui aurait frauduleusement détourné les marchandises qui la garnissaient et qui étaient le gage du propriétaire. Il n'y a pas de raisons pour prononcer la contrainte par corps plutôt dans un cas que dans l'autre.

LE CITOYEN MARIE, *ministre de la justice.* Dans ce système, il faudrait mettre : *contre tout locataire.*

LE CITOYEN BAROCHE. Il faudrait évidemment, comme le dit M. le ministre de la justice, mettre : *contre tout locataire.* On ne l'a pas proposé ; et en proposant la contrainte par corps uniquement contre le fermier, on se rattache encore à cette distinction que l'Assemblée vient de faire disparaître en acceptant la disposition qu'elle a votée tout à l'heure.

M. le rapporteur a fait remarquer avec raison qu'en définitive le propriétaire n'est pas privé de toute espèce de droits, par cela seul que le mobilier a été détourné. La loi civile a donné au propriétaire, en matière de biens ruraux, un avantage qu'il n'a pas en matière de propriétés urbaines ; car c'est pendant quarante jours que le propriétaire d'une ferme peut revendiquer le mobilier détourné à son préjudice, tandis que le propriétaire d'un immeuble situé dans une ville ne peut exercer la revendication que pendant quinze jours.

C'est là, suivant moi, le seul avantage qu'il faille accorder au propriétaire de biens ruraux qui a vu ainsi disparaître son gage ; mais, quant à la contrainte par corps, je ne vois pas qu'elle puisse être adoptée, ni comme nécessité, ni même comme faculté. (Très-bien ! — Aux voix !)

Le citoyen président. Je mets aux voix la disposition additionnelle présentée par M. Renouard et sous-amendée par M. Lecordier, dont je donne une nouvelle lecture :

« Néanmoins, la contrainte par corps pourra être prononcée par les tribunaux, pour le payement des fermages ruraux, lorsque le fermier aura enlevé, sans le consentement du propriétaire, des meubles, effets, fruits et bestiaux garnissant la ferme. »

(Cette disposition additionnelle, mise aux voix, n'est pas adoptée.)

« Art. 3. Les greffiers, les commissaires-priseurs et les gardes du commerce seront, comme les notaires, les avoués et les huissiers, soumis à la contrainte par corps dans les cas prévus par le § 7 de l'article 2060 du Code civil. » (Adopté.)

Nous passons au titre II, qui contient les dispositions relatives à la contrainte par corps, en matière commerciale.

Avant l'article 4, M. Brillier propose un amendement ainsi conçu :

« La contrainte par corps, en matière commerciale, ne pourra être prononcée que contre les commerçants condamnés pour dette commerciale au payement d'une somme principale de 200 fr. et au-dessus.

» Dans aucun cas, elle ne sera prononcée contre les veuves et héritiers des commerçants assignés pour dette commerciale en raison de leur qualité. »

Plusieurs membres. C'est de droit! C'est la loi de 1832!

LE CITOYEN PRÉSIDENT *continuant.* « Les articles 1, 2 et 3 de la loi du 17 avril 1832 sont abrogés. »

M. Brillier a la parole pour développer son amendement.

LE CITOYEN BRILLIER. Citoyens représentants, la portée de mon amendement est facile à comprendre.

La loi du 17 avril 1832 applique la contrainte par corps aux dettes commerciales, sans se préoccuper de la qualité des personnes, c'est-à-dire, contre toutes personnes, commerçantes ou non commerçantes. Mon amendement, au contraire, distingue : il n'applique pas la contrainte par corps aux dettes commerciales, lorsqu'elles concernent des non-commerçants.

Voilà toute la pensée de l'amendement.

Quant à la rédaction, il ne faut pas vous en préoccuper.

J'ai entendu dire, en effet, que c'était la loi de 1832. On a raison; une partie de la loi de 1832 est reproduite dans mon amendement, et voici pourquoi : c'est que deux articles de la loi de 1832 ne sont que des exceptions ou des développements du principe de l'article 1er. En changeant l'exception, c'est-à-dire en la détruisant et en faisant une règle générale, j'ai voulu fondre ces trois articles de la loi de 1832 en un seul. Voilà pourquoi il y a des dispositions qui se trouvent dans mon amendement et qui ne sont autre chose que les dispositions littérales de la loi de 1832.

En deux mots, mon amendement a pour but, encore une fois, de ne pas appliquer la contrainte par corps aux actes de commerce toutes les fois que ces actes n'émanent pas de commerçants. C'est là

11

la portée de mon amendement. Voyons s'il est fondé.

Messieurs, mon amendement ne constitue pas une innovation aussi grande qu'on pourrait le croire au premier abord ; l'innovation, elle est plutôt dans la loi de 1832. Je m'explique :

Si vous consultez la législation qui existait à cette époque, vous la trouvez dans la loi du 15 germinal an 6, qui reproduisait à peu près littéralement les dispositions de l'ordonnance de 1667. L'ordonnance de 1667 disait en effet que la contrainte par corps avait lieu pour dettes entre commerçants pour faits de marchandises dont ils se mêlent, et la loi du 15 germinal an 6 dit que la contrainte par corps a lieu de marchands à marchands pour faits de marchandises dont ils se mêlent réciproquement.

Vous voyez que c'est exactement la même chose.

Que résulte-t-il de là ?

Il en résulte que deux éléments essentiels étaient requis par la loi pour que la contrainte par corps pût être appliquée, savoir : qu'il y eût fait de marchandises, c'est-à-dire acte commercial, et que cet acte émanât des commerçants, puisqu'il y avait *de marchands à marchands* dans la loi de l'an 6, et *entre marchands* dans l'ordonnance de 1667.

La loi de 1832 a changé cet état de choses ; elle a aggravé (je vous prie de faire attention à ceci), elle a aggravé la contrainte par corps.

Cependant je crois que le mouvement de nos idées et l'état de nos mœurs ne doivent pas nous porter à exagérer les voies d'exécution qui sont déjà rigoureuses de leur nature. Je crois au contraire qu'on doit plutôt tendre à en adoucir la rigueur.

Or c'est tout le contraire qu'on a fait par la loi de 1832.

La contrainte par corps n'était applicable qu'entre marchands, pour fait de marchandises ; et par la loi de 1832, on l'a appliquée à tous les actes ayant le caractère commercial, quelle que soit la personne qui ait fait ces actes.

Voilà la différence.

Vous le voyez : mon amendement, loin de contenir une innovation, revient plutôt à un état de chose précédent, à un état de chose qui était moins grave, qui renfermait des dispositions moins rigoureuses que la loi de 1832. Je vous prie de bien faire attention à cela, parce qu'assez généralement, d'après l'impression qui m'est revenue, on a semblé croire que je proposais une innovation extraordinaire, sans précédents. Messieurs, il n'en est rien : l'innovation est dans la loi de 1832 ; mon amendement, au contraire, tendrait à revenir aux lois antérieures, déjà plus rigoureuses que les premières ; car la loi de l'an VI était plus rigoureuse que l'ordonnance de 1667.

Je vous fais remarquer encore que, dans la loi de 1832, il y a une exception au principe lui-même : cette exception est faite au profit des femmes. Pour les femmes, alors même qu'elles font un acte de commerce, si elles ne sont pas commerçantes, elles ne sont pas soumises à la contrainte par corps. Voilà une exception au principe. Mon amendement a pour but de généraliser cette exception, de faire que cette exception soit la règle générale toutes les fois qu'il s'agira d'un acte commercial ; s'il n'est pas fait par une personne commerçante, il n'emportera pas la contrainte par corps.

Mon amendement trouve donc des précédents dans l'ancienne législation, et un point d'appui dans la loi de 1832, dans une exception qu'elle contient.

J'ajouterai encore ceci : c'est que la commission de la chambre des pairs, chargée de préparer le projet de loi de 1832, avait elle-même proposé un amendement qui n'était pas dans les mêmes termes que celui que je produis, mais qui en contenait presque tout le principe.

Ainsi, vous voyez qu'il n'a rien d'extraordinaire, rien d'exorbitant. Il s'agit plutôt de faire rentrer dans des termes modérés une voie de contrainte qui est excessivement rigoureuse, au lieu de l'aggraver, comme l'avait fait la loi de 1832.

La loi de 1832, selon moi, contient un vice radical dans ce principe exagéré; le voici : elle attache la contrainte par corps au seul fait commercial, sans tenir compte de la qualité de la personne; mais le caractère... (Bruit.)

LE CITOYEN PRÉSIDENT. Je prie l'Assemblée de faire silence : l'amendement qu'on discute est la partie la plus importante de la loi; je voudrais qu'elle en fût bien convaincue, elle prêterait plus d'attention.

LE CITOYEN BRILLIER. Je vous faisais remarquer, messieurs, que le principe de la loi, tel que je le signalais, contenait un vice essentiel, et qu'il est facile de comprendre, en y réfléchissant. La loi attache la contrainte par corps au seul fait commercial; mais le caractère commercial d'un acte, vous le savez, tient à une circonstance difficile à saisir; c'est de l'intention que dépend le caractère commercial d'un acte. Tel achat, par exemple, est commercial si on le fait dans l'intention de revendre l'objet acheté ; il ne l'est pas, si on le fait dans une autre intention, quand bien même on revendrait l'objet acheté.

Vous comprenez combien cela est fugitif ; vous comprenez donc combien l'abus d'un pareil principe est facile ; et, si vous consultez les faits, vous voyez que cet abus s'est développé à outrance.

Ainsi, pour en citer une première application, on a abusé de la loi de la contrainte par corps, pour compromettre la dot des femmes. C'est ainsi que les maris, dans une position extrême, simulent des actes commerciaux, emportant la contrainte par corps, et font ensuite engager leurs femmes.

Voilà un premier genre de fraude ; mais il y en a un autre bien plus grave ; le voici :

Ce principe de crédit qu'on veut attacher à la contrainte par corps, en ce sens que l'homme qui n'a pas de bien peut présenter sa personne pour garantie de la somme empruntée, ce principe de crédit, dans certains cas d'application, produit des effets désastreux. Je veux parler des jeunes gens inexpérimentés qui veulent emprunter auprès des usuriers. Il arrive que vous leur donnez en effet un moyen de crédit ; mais c'est un moyen de crédit désastreux ; ce n'est pas un crédit pour se procurer des ressources dans le but de travailler, de développer leurs facultés ; c'est un moyen de crédit qui leur procure des ressources pour se livrer au désordre, pour tuer ce qu'il y a de bien en eux, toutes leurs facultés honnêtes, toutes leurs facultés morales ; voilà l'élément de crédit qui est fourni aux jeunes gens inexpérimentés.

Et puis, en ce qui touche le capital qui est entre

les mains de l'usurier, qu'arrive-t-il? Il arrive que vous l'excitez, et c'est en effet le but de la loi de l'institution de la contrainte par corps, vous l'excitez à des spéculations honteuses ; c'est-à-dire qu'une certaine classe d'usuriers, par exemple, ne craignent pas de provoquer les jeunes gens, de profiter de leur inexpérience, des passions qui les agitent à cet âge, et pourquoi? Pour les attirer, pour leur prêter de l'argent, afin de se procurer des gains, des bénéfices énormes, profondément immoraux en même temps qu'illicites. Voilà ce qui arrive.

Vous comprenez alors que cet élément de crédit, dans le cas particulier que j'examine, est désastreux, calamiteux.

Quand on y réfléchit, quand on voit les précédents, quand on se rappelle les procès véritablement scandaleux qui ont eu lieu à Paris il y a douze ans, on est indigné de voir que tant de jeunes gens se soient perdus et aient plongé leurs familles dans la désolation; on est profondément affligé devant de pareils résultats.

Nous dira-t-on que c'est l'exception, que ces cas sont très-rares, et que les lois les meilleures ont toujours un côté par lequel on peut en abuser? Je répondrai par des faits; les voici, d'après la statistique : Sur cent emprisonnements pour dettes, savez-vous combien il y en a de cette espèce? Il y en a littéralement cinquante-huit! Je ne parle pas d'une autre catégorie, qui certainement mériterait de fixer aussi l'attention de l'Assemblée, c'est-à-dire la catégorie d'individus qui sont détenus pour dettes, alors même qu'il ne s'agit pas d'actes commerciaux de la nature de ceux pour lesquels la contrainte par corps puisse être légitime; mais enfin je parle de ce qui m'occupe spécialement, de cette classe d'hommes qui sont victimes des usuriers : il y en a cinquante-huit sur cent ; n'est-ce pas effrayant? Et lorsqu'on voit ce principe de la loi produire des résultats pareils, lorsque le mal dépasse évidemment les effets utiles que peut produire la loi, n'est-ce pas le cas de la réformer?

Je crois que citer ces faits, c'est faire comprendre suffisamment, soit que vous considériez la question au point de vue historique, et d'après l'état de la législation jusqu'en 1832, soit que vous considériez les résultats de la loi de 1832 elle-même, que vous ne devez pas hésiter à abroger les dispositions de la loi, et à refondre les trois premiers articles dans l'article que je propose.

Le citoyen président. M. Bravard-Veyrières a la parole contre l'amendement.

Le citoyen Bravard-Veyrières. Messieurs, je viens combattre l'amendement que l'honorable M. Brillier a développé devant vous. Il a beaucoup insisté sur les inconvénients que peut entraîner la contrainte par corps attachée à des faits de commerce isolés de la qualité de commerçant, et spécialement, car c'est là pour moi toute la question, de la contrainte par corps attachée aux lettres de change. Il vous a signalé l'abus qu'on en avait fait à l'égard de certains maris qui, pour racheter leur liberté, avaient obtenu le sacrifice de la dot de leur femme, et avaient ainsi compromis non-seulement leurs propres moyens d'existence, mais encore ceux de leur famille; il vous a parlé aussi de ces jeunes gens inexpérimentés qui, malheureusement, compromettent leur avenir en souscrivant des lettres de change au profit, la plupart du temps, d'usuriers.

Messieurs, je ne nie pas la possibilité de cet abus, et, croyez-le bien, j'en suis aussi ennemi que qui ce soit; mais je suis convaincu qu'on les a singulièrement exagérés; qu'ils trouvent, d'ailleurs, une répression suffisante dans les dispositions de la législation qui nous régit; et qu'enfin, si l'on supprimait la contrainte par corps en matière de lettres de change, on n'aboutirait, en définitive, sans tarir pour cela la source de ces abus, qu'à causer un préjudice immense, je ne dis pas seulement au commerce, mais à la société en général.

En effet, veuillez, je vous prie, remarquer d'abord qu'il ne peut s'agir ici des mineurs; car les lettres de change souscrites par des mineurs sont nulles et sans aucun effet à leur égard; il ne peut donc être question que des majeurs.

Remarquez, en deuxième lieu, que les tribunaux de commerce ont la plus grande latitude pour annuler les lettres de change suspectes, soit comme entachées d'une supposition de personne ou de lieu, soit comme surprises par dol; ils ont, à cet égard, un pouvoir discrétionnaire à peu près illimité, et ils en usent toutes les fois que les circonstances le comportent, notamment lorsqu'ils reconnaissent, dans l'opération, la présence d'un usurier.

Ainsi, voilà une garantie contre les abus qu'on vous a signalés en les exagérant; cette garantie est efficace et elle est suffisante.

Au surplus, je le demande, que sont ces abus par-

ticuliers, isolés, en comparaison du dommage irrépa-
rable que la suppression de la contrainte par corps en
matière d'actes de commerce, et spécialement en matière de lettres de change, apporterait au commerce
en général, au crédit, à la circulation?

La lettre de change, car c'est d'elle spécialement
qu'il s'agit, ne le perdez pas de vue, la lettre de
change a un double et inappréciable avantage : elle
sert à faire passer, sans qu'on ait à subir les embarras
et les frais inséparables d'un transport effectif de numéraire, à faire passer les fonds d'un lieu dans un
autre, quelque éloigné qu'il soit ; elle sert, aussi, à
effectuer une série indéterminée de payements sans
aucun déplacement de numéraire, ou au moyen d'un
seul déplacement de numéraire ; et voici, en deux
mots, comment :

Le tireur de la lettre de change la donne en payement au preneur ; le preneur, à son cessionnaire ; ce
cessionnaire, au sien, et ainsi de suite jusqu'au jour
de l'échéance, où elle est définitivement acquittée par
le tiré, qui en cela ne fait que se libérer lui-même envers le tireur, dont il était, dès l'origine, le débiteur :
de sorte que, dans l'intervalle de la création de la lettre
de change à son échéance, elle passe de main en main,
circule de place en place, comme une espèce de monnaie commerciale ; et cette monnaie est tellement répandue aujourd'hui, que, je crois pouvoir le dire sans
exagération, il existe plus de valeurs en circulation
sous la forme de lettres de change qu'il n'est sorti
d'écus de tous les hôtels des monnaies. (Assentiment.)

Mais, vous le comprenez de reste, pour que les lettres de change circulent librement et sans entrave,

pour qu'elles fassent, en un mot, l'office de monnaie, il faut nécessairement deux choses : il faut qu'on puisse en apprécier la valeur d'après le simple vu du titre, et que le payement en soit garanti par les moyens les plus énergiques. Mieux le payement sera garanti, plus la valeur de la lettre de change se rapprochera de celle du numéraire ; et plus, par conséquent, elle sera recherchée, plus elle aura de facilité à circuler. C'est pourquoi il a été admis en principe que la lettre de change, par cela seul qu'elle est régulière en la forme, produit les effets qui lui sont propres à l'égard de tous ceux qui l'ont signée, quelle que soit leur qualité, à quelque titre et pour quelque cause qu'ils y aient apposé leur signature. Qu'ils soient commerçants ou non-commerçants, qu'ils se soient engagés à un titre ou à un autre, soit comme tireurs, soit comme accepteurs, soit comme endosseurs ou donneurs d'aval ; qu'ils se soient engagés pour une cause commerciale ou pour une cause civile en elle-même, ils sont tous soumis pour le payement à la solidarité et à la contrainte par corps. C'est là, messieurs, ce qu'on exprime en disant que « la lettre de change est réputée un acte de commerce à l'égard de toute personne ; » et aussi, « qu'en matière de lettre de change, la forme emporte le fond. » C'est, en effet, à cette condition, et à cette condition seulement, que la lettre de change peut remplir sa destination, qu'elle peut circuler ; en un mot, qu'elle peut faire l'office de monnaie.

Si l'on était astreint, pour user de la contrainte par corps contre l'un des signataires, à justifier qu'il est commerçant ou qu'il s'est engagé pour un fait commercial en soi, il y aurait ou il pourrait y avoir autant de procès que de signataires; et la lettre de change, discréditée d'avance par la perspective de toutes ces difficultés, de toutes ces contestations possibles, n'aurait véritablement plus cours, elle serait *démonétisée*.

Je le dis donc hautement : Tout amendement tendant à supprimer la contrainte par corps d'une manière absolue, soit à l'égard des simples actes de commerce, soit à l'égard des lettres de change, ou bien à en subordonner l'exercice en matière de lettres de change à la preuve que les signataires sont commerçants ou qu'ils se sont engagés pour un fait commercial en soi, tout amendement de ce genre, dis-je, est exclusif de la circulation, et par conséquent il est destructif de la lettre de change; il ne saurait donc être admis par vous.

Je crois, messieurs, avoir démontré que la circulation, qui est de l'essence même de la lettre de change, et sans laquelle elle serait véritablement impuissante et stérile, que la circulation est nécessairement subordonnée au plus ou moins de certitude du payement, et que là où la garantie de la contrainte par corps viendrait à manquer, la garantie du payement lui-même cessant, la circulation de la lettre de change se trouverait paralysée.

Maintenant j'ajoute que ce serait bien vainement qu'on aurait supprimé la contrainte par corps en matière de lettres de change, si on la laissait subsister pour d'autres actes de commerce: car les abus qu'on veut atteindre ne manqueraient pas de se reproduire sous une autre forme.

Tel qui ne pourrait pas se soumettre à la contrainte par corps en s'engageant par lettre change, ne man-

querait pas de s'y soumettre en s'engageant sous une
autre forme, en faisant un autre acte de commerce
qui serait peut-être plus onéreux pour lui. Et l'honorable auteur de l'amendement l'a si bien compris,
qu'il n'a pas admis de distinction entre la lettre de
change et les actes de commerce en général.

Ainsi, comme vous voyez, il ne s'agit pas seulement (ce qui est le point capital à mes yeux) de la
suppression radicale de la contrainte par corps en matière de lettres de change; il s'agit de la suppression
de la contrainte par corps pour tous les actes commerciaux en général, pour tous sans exception; de sorte
que, si vous pouviez consentir à adopter cet amendement, vous ne feriez véritablement rien moins que
mettre au néant la décision si sage par laquelle vous
avez déjà rétabli dans la législation le principe salutaire de la contrainte par corps.

Je crois donc, en vous engageant à repousser cet
amendement, ne faire autre chose que vous engager à
vous montrer conséquents avec vous-mêmes; et en
cela, messieurs, croyez-le bien, vous ferez cesser une
des causes qui ont le plus contribué à ralentir, à paralyser les opérations commerciales; vous concourrez
puissamment à faire renaître, à consolider le crédit;
et en même temps vous donnerez satisfaction au vœu
général du commerce. (Adhésion.)

Le citoyen Brillier. L'honorable préopinant vous
a dit que les tribunaux de commerce avaient des
moyens de réprimer les abus que j'ai signalés.

Je réponds par un seul fait : Assurément les tribunaux de commerce ont les meilleures intentions du
monde et la plus ferme volonté. Cependant la stati-

stique dit que, sur cent emprisonnements, il y en a cinquante-huit pour fait d'usure, à l'égard desquels les dispositions de la législation actuelle ont été insuffisantes.

J'arrive au second point. L'honorable préopinant vous disait que ce serait anéantir en quelque sorte les lettres de change, que ce serait en détruire la circulation, parce que, dit-il, il faut qu'au vu de la lettre de change on puisse, en quelque sorte, en reconnaître l'efficacité, et il attache l'efficacité des lettres de change à la contrainte par corps.

Messieurs, il n'a peut-être pas suffisamment fait attention que, dans législation actuelle, il n'en est pas ainsi ; dans la législation actuelle, il y a des signatures derrière lesquelles il n'y a pas de contrainte par corps. Par exemple, si la signature qui est sur une lettre de change est la signature d'un septuagénaire, il n'y a pas de contrainte par corps ; si c'est la signature d'un mineur, il n'y a pas de contrainte par corps ; si c'est la signature d'une femme, il faut savoir si cette femme est marchande publique. Ce n'est pas par la remise de la pièce que vous pouvez juger de son efficacité.

Quelle est donc la raison qui décide à prendre une lettre de change, qui fait circuler la lettre de change ? La voici : c'est la confiance qu'inspire la personne qui vous remet la lettre de change ; c'est la confiance qu'inspirent des signatures qui sont connues ; quant à celles qui ne sont pas connues, elles n'inspirent aucune confiance. Dans l'état actuel de la législation, vous êtes obligés de vous livrer à l'enquête dont vous parlait l'honorable préopinant ; vous êtes obligés, si vous voulez attacher l'efficacité de la contrainte par corps à la lettre de change, vous êtes obligés de vous informer quel est l'âge de la personne qui a signé, quelle est la qualité de la femme qui a signé la lettre de change.

Ainsi l'objection, selon moi, n'est pas fondée. Pourquoi? Parce que, encore une fois, la circulation des lettres de change ne tient nullement à la contrainte par corps ; elle tient à la confiance qu'inspire celui qui la remet et aux signatures qui sont au dos et qui sont connues.

LE CITOYEN DAVY. Il ne faut pas se dissimuler que l'amendement qui vous est présenté doit avoir sur les opérations commerciales une plus haute portée qu'on ne nous l'a signalé jusqu'à présent. Cet amendement embrasse non-seulement les lettres de change, comme on l'a reconnu, mais encore tous effets de commerce, comme on vous l'a signalé, et en outre tous actes de commerce qui, par cela même qu'ils n'auraient pas été faits par des commerçants habituels, ne seraient pas soumis à la contrainte par corps. Il résulterait même de l'amendement, que quelques citoyens qui voudraient s'associer pour un fait accidentel, constituer une société en participation, ne faisant là qu'un acte isolé, ne constituant pas une maison de commerce ou l'habitude des actes de commerce, ne se trouveraient pas soumis à la contrainte par corps pour l'opération commerciale à laquelle ils se seraient livrés. Vous le voyez, l'amendement ne se contente pas d'attaquer un des grands instruments de crédit de notre pays, il vient attaquer jusqu'aux principes qui ont servi à faire votre Code de commerce.

M. Brillier, au moment où il avait présenté son amendement, nous le présentait sous cet ordre d'idées, que l'amendement devait avoir pour objet de rétablir, disait-il, le système qui existait avant la loi de 1832. M. Brillier a commis une erreur capitale sur ce point; la loi de 1832 n'a, en aucune façon, innové, quant à la contrainte par corps, eu égard aux actes de commerce ou aux citoyens faisant habituellement le commerce.

Le Code de commerce, dans son article 631, posait l'application de règles commerciales, non-seulement vis-à-vis des commerçants d'habitude, mais encore vis-à-vis de toute personne faisant un acte de commerce. Le Code de commerce, dans son article 632, réputait acte de commerce toute opération de banque, de courtage, et, en outre, les lettres de change; de telle sorte que la loi de 1832, en frappant de la contrainte par corps tous les actes de commerce, ne faisait pas autre chose que de résumer en une seule et même disposition deux dispositions qui existaient déjà dans le Code de commerce.

C'est donc tout à la fois la destruction du principe reconnu dans la loi de 1832 et du principe reconnu dans votre Code de commerce qu'on vous propose de détruire aujourd'hui.

Je sais bien qu'on a présenté, en réponse à M. Bravard-Veyrières, des objections qu'on a fait résulter de faits accidentels; on a parlé, par exemple, des jeunes gens qui peuvent se trouver entraînés à souscrire des lettres de change. Entendons-nous bien à cet égard, car la disposition qu'on vous présente ne doit pas avoir pour effet de détruire ce malheureux état de choses.

Le jeune homme entraîné à souscrire des lettres de change, y aura été entraîné, de la part de celui qui l'aura amené sur un terrain aussi désastreux, moins en vue de la lettre de change qu'en vue de l'héritage qui doit lui advenir un jour. Et quand, dans l'état des choses, vous voyez les cours et les tribunaux prononcer la nullité de la lettre de change, en constatant qu'il y a eu supposition de lieu et de personnes, ils ne peuvent pas aller cependant jusqu'à éteindre la dette. Ils ne l'éteignent que quand elle est le résultat de la fraude, quand il n'y a pas de dette légitime et sérieuse.

Mais ce n'est pas la question dont vous avez à vous préoccuper, parce que les titres restent encore, dans ce cas, ce qu'ils étaient avant, dépouillés de la contrainte par corps, mais constatant et constituant une créance. Or l'usurier qui aura amené un jeune homme dans cette voie désastreuse n'en restera pas moins son créancier, parce que la lettre de change ne sera pas atteinte par la contrainte par corps, et il n'en exercera pas moins son droit lorsque adviendra l'héritage au jeune homme avec lequel il aura contracté.

Vous voyez donc que c'est pour un fait purement accidentel qu'on veut vous amener à détruire tout l'effet de la lettre de change. Remarquez le bien, la lettre de change, comme tout effet de commerce, dans la nature des relations commerciales, intéresse presque toujours trois personnes au moins : le souscripteur, le tireur et le tiers porteur. C'est un titre qui, par sa forme extérieure, inspire la confiance, qui en fait, comme je le disais, un instrument de crédit. Voulez-vous, dans l'état actuel de nos relations commerciales, briser cet instrument de crédit? C'est la question, la véritable question qui vous est posée dans le moment actuel.

J'ajoute maintenant, quant à une autre partie de l'amendement, que M. Brillier vous propose de déclarer ce qui existe dans notre législation, que les veuves et les héritiers des commerçants ne soient pas atteints par la contrainte par corps.

Messieurs, c'est un principe qui n'est pas méconnu, c'est plus qu'un principe, c'est une disposition de nos lois, elle existe dans la loi de 1822. Et comme le projet de loi qui vous est proposé par le comité de législation dispose d'une manière formelle que la législation antérieure pour la contrainte par corps est remise en vigueur, il en résulte que ce que l'on vous propose devient complétement inutile.

Je repousse, sous tous ces rapports, l'amendement de M. Brillier.

LE CITOYEN PRÉSIDENT. M. Pascal (d'Aix) a la parole en faveur de l'amendement.

LE CITOYEN PASCAL (d'Aix). Messieurs, est-il vrai que l'amendement du citoyen Brillier ait pour but de paralyser l'instrument de crédit dans le commerce? C'est dans ces termes que la question a été posée par l'honorable préopinant auquel je réponds.

Eh bien, je crois que mon honorable collègue est tombé dans la plus grande erreur. Et, en effet, que veut prévenir l'amendement qui vous est soumis? L'amendement qui vous est soumis veut porter remède à un mal certain, à un mal évident, à un mal qui est constaté par les relevés officiels; et, par conséquent, les intérêts du commerce sont tout à fait en dehors de la question. Et, en effet, est-ce qu'il s'agit d'attaquer

12

la lettre de change? est-ce qu'il s'agit d'enlever à la lettre de change les garanties de la contrainte par corps entre négociants?

Non, messieurs ; toutes les fois qu'il s'agira d'opérations commerciales, la lettre de change emportera nécessairement la contrainte par corps ; mais lorsqu'il arrivera que des individus qui ne sont pas négociants auront été portés à contracter un engagement, et que le créancier leur aura imposé la forme de la lettre de change, si le souscripteur, si l'emprunteur n'est point négociant, alors il ne sera pas passible de la contrainte par corps.

Voilà à quoi se réduit purement et simplement l'amendement qui vous est proposé. Par conséquent, ne venez point parler ici des intérêts du commerce, qui ne sont pas en jeu dans la question ; mais, au contraire, représentez-vous l'emprunteur malheureux qui est pressé par un prêteur, qui est souvent un usurier, qui lui impose une forme qui doit lui faire aliéner sa liberté, et alors vous verrez que l'amendement qui vous est proposé doit être nécessairement accepté par vous.

Et remarquez qu'ici, comme on vous le disait tout à l'heure, la circulation de la lettre de change ne sera point entravée. En effet, qu'est-ce qui facilite la circulation de la lettre de change? Est-ce la contrainte par corps, ainsi qu'on a voulu le soutenir tout à l'heure? Évidemment non.

Ce qui facilite la circulation, c'est la facilité du transport de l'effet commercial d'une main dans une autre.

Voilà ce qui facilite la circulation de la lettre de

change, et nullement la contrainte par corps.

Maintenant, on tire une objection de ce que l'amendement impliquerait tous les autres effets de commerce.

En vérité, cette objection n'est pas sérieuse ; car, après tout, quels sont tous les autres effets de commerce ? Il y a les billets à ordre et les lettres de change. Or, il est déjà établi par la législation, ainsi que par la jurisprudence, que les billets à ordre qui ne sont pas souscrits par des négociants n'emportent pas la contrainte par corps. Eh bien, tout ce qu'on vous demande, c'est d'appliquer à la lettre de change qui est souscrite par un individu qui n'est pas négociant, les mêmes principes que ceux qui régissent les billets à ordre.

LE CITOYEN BOUDET. Je demande la parole.

LE CITOYEN PRÉSIDENT. Vous avez la parole.

LE CITOYEN BOUDET. Je ne veux dire que quelques mots.

Il s'agit de savoir dans cette discussion si, pour faire disparaître l'abus de la lettre de change, vous voulez faire disparaître la lettre de change elle-même. (C'est cela ! — Très-bien ! très-bien !)

Personne ne doute que, dans l'intérêt des usuriers, et surtout contre les fils de famille, contre ceux qui ont besoin d'emprunts, on ait souvent abusé de la forme de la lettre de change, afin d'obtenir la contrainte par corps contre ceux qui s'engagent légèrement. Mais sont-ce là les seuls actes, les seules formes en vertu desquels on puisse abuser des mineurs et même des majeurs qui ont besoin d'argent ? Parce qu'on peut abuser des hypothèques, des contrats à réméré, de certaines sociétés commerciales, des consignations sur marchandises, faut-il supprimer tous les contrats qui sont les éléments du commerce et qui sont employés chaque jour ? Parce que certains abus peuvent accompagner l'usage de la lettre de change, faut-il l'attaquer, la rendre moins facile à circuler, la frapper de suspicion ? car c'est ce que vous faites, si vous adoptez l'amendement proposé ; si la lettre de change n'a pas virtuellement toute sa force, parce qu'elle est lettre de change, entourée de toutes les solennités déterminées par la loi, elle sera, par cela seul, frappée de suspicion dans sa circulation ; on sera obligé d'examiner le nombre, la valeur, la qualité des signatures ; de voir si aucune d'elles ne pourra changer la juridiction, si toutes les signatures sont attachées, toutes les garanties qui, ordinairement, dérivent de la loi commerciale ; je vous demande si, en présence de ces tâtonnements, de cette étude laborieuse, de cette espèce de suspicion qui pèsera sur la lettre de change, elle aura la même autorité qu'elle a aujourd'hui ?

On vous a déjà parlé de l'utilité de la lettre de change, de son autorité dans le commerce, de sa circulation à l'égal de la monnaie ; sur toutes ces considérations importantes, je ne veux pas revenir ; mais j'insiste sur ce que la lettre de change tire toute sa valeur de sa propre nature, indépendamment de la qualité du débiteur. Si vous admettez un seul cas de suspicion, vous détruisez la lettre de change elle-même, parce que vous la soumettez à des investigations et à des vérifications souvent impossibles, et qui, dans tous les cas, entraveraient sa circulation.

On vous a dit, pour prouver que la lettre de change

pouvait être d'un mauvais emploi, que les détenus pour dettes ayant l'usure pour cause, comptaient à raison de 58 pour 100 dans les prisons pour dettes.

Cela prouve que les prêteurs à usure ont de mauvais débiteurs, contre lesquels la contrainte par corps s'exerce plus souvent que contre les autres citoyens contraignables ; mais il n'en résulte pas que les lettres de change soient la cause nécessaire de tous ces emprisonnements, et que les prêts usuraires cesseraient, ou diminueraient, si l'effet des lettres de change était restreint aux commerçants.

Tout le monde sait qu'en matière d'usure on emploie beaucoup d'autres contrats que les lettres de change. Tout le monde a pu voir dans la *Gazette des tribunaux* cette spécialité et cette variété de contrats inventés pour remplacer la lettre de change, dans le but de garantir des prêts usuraires.

Un membre. L'amendement les atteint tous.

Le citoyen Boudet. On me répond qu'on les atteint. Je dis, au contraire, que vous ne les atteindrez jamais tous ; que l'on saura bien inventer d'autres contrats, qui auront le caractère commercial, pour arriver au même but. On cachera des prêts usuraires sous d'autres formes que la lettre de change, sous d'autres formes qui ne sont pas prévues par l'amendement.

Je dois, en finissant, rappeler à l'Assemblée que la législation n'est pas désarmée contre les lettres de change simulées ou entachées de fraude. Il existe une disposition du Code de commerce, largement appliquée par les tribunaux, qui sert de remède aux abus de la lettre de change : c'est l'article 112 ; il porte que, toutes les fois que la lettre de change contient une supposition de lieux, de domiciles, de personnes, de qualités, elle est réputée simple promesse et ne donne pas lieu à la contrainte par corps. Or, presque toujours, lorsque la lettre de change est le moyen de consommer un prêt usuraire, elle renferme ces dissimulations; les tribunaux ne les laissent jamais passer, et se montrent avec raison fort sévères à maintenir la sincérité de la lettre de change. Il y en a de fréquents exemple dans la *Gazette des Tribunaux*. Le remède a paru suffisant jusqu'ici; la situation n'a pas changé.

D'ailleurs, s'il se trouve des hommes qui, pour obtenir des emprunts à gros intérêts, se soumettent à la forme de la lettre de change, c'est le cas de dire que c'est leur faute et qu'ils doivent en subir les conséquences.

Il ne resterait que les cas de minorité, pour lesquels il y a toujours supposition.

Un membre. Ils sont nuls.

Le citoyen Boudet. On dit qu'ils sont nuls. Mais je suppose qu'au moyen d'une fausse date on ne puisse pas atteindre la minorité; l'acte sera nul alors, par cela seul qu'il y aura supposition que la lettre de change aura reçu une date postérieure à la majorité du débiteur; elle n'aura pas, dans ce cas, son effet légal quant à la contrainte par corps; elle sera réputée simple promesse.

Jusqu'à présent, messieurs, ce remède a paru suffisant; la question a été agitée en 1832, lorsque la loi sur la contrainte par corps a été présentée. Après une discussion approfondie, on a laissé la contrainte par corps attachée à la lettre de change : je demande qu'elle soit maintenue telle qu'elle existe.

LE CITOYEN PRÉSIDENT. Je vais relire l'amendement.

« La contrainte par corps, en matière commerciale, ne pourra être prononcée que contre les commerçants condamnés pour dettes commerciales, au payement d'une somme principale de 200 fr. et au-dessus ; dans aucun cas, elle ne sera prononcée contre la veuve ou les héritiers du commerçant, en raison de leur qualité. »

L'amendement propose d'abroger les articles 1 et 3 de la loi de 1832.

(Le premier paragraphe de l'amendement de M. Brillier est mis aux voix et n'est pas adopté.)

LE CITOYEN PRÉSIDENT. M. Jules Favre propose de remplacer tout l'article 4 par une seule disposition, dont voici le texte :

« La durée de l'emprisonnement, en matière commerciale, sera fixée par les tribunaux suivant les circonstances, sans que toutefois cette durée puisse être prolongée au delà de deux années. » (Réclamations.)

M. Jules Favre a la parole pour développer son amendement.

LE CITOYEN RAPPORTEUR. On ne nous a pas communiqué cet amendement.

LE CITOYEN PRÉSIDENT. Il vient d'être présenté par M. Jules Favre.

LE CITOYEN JULES FAVRE. Messieurs, j'éprouve quelques scrupules à soumettre à l'Assemblée l'amendement que j'ai eu l'honneur de déposer entre les mains de M. le président, puisque cet amendement, qui contient un système nouveau, n'a pas été communiqué à la commission. Cependant cet amendement me paraît reposer sur des bases de justice éternelle, et c'est pourquoi c'est, de ma part, une sorte de devoir de venir à la tribune le proposer, sinon à l'adoption immédiate de l'Assemblée, au moins à l'examen de la commission qui pourrait, à une autre séance, exprimer devant l'Assemblée quel est son avis sur cet amendement.

Voici, messieurs, en quelques mots, et pour ne pas abuser des moments de l'Assemblée, quelle est la double économie et du projet de décret qui lui est soumis, et de l'amendement que j'ai l'honneur de lui proposer.

Le projet de décret, dans son article 4, n'est que la continuation, l'atténuation, si vous voulez, des différentes dispositions législatives qui se sont succédé sur la contrainte par corps, et qui ont toutes eu pour base, non pas, messieurs, la moralité, non pas la position particulière du débiteur, mais le chiffre de la dette. Vous savez, messieurs, que la loi de germinal an XI, la loi de 1807 et la loi de 1832 n'ont pas eu une autre économie; et l'article 4, qui est soumis maintenant à votre délibération, dit que la contrainte par corps sera limitée, suivant le chiffre de la dette de celui qui y sera soumis, à trois mois pour 500 fr., et ainsi de suite, par une gradation successive, jusqu'à une délai de trois années, qui peut atteindre le débiteur d'une somme de 6,000 fr.

J'ai toujours été frappé de ce qu'il y avait, dans un pareil système de législation, d'aveugle et de cruel. La loi est pour ainsi dire arbitraire en ayant posé d'une manière immuable le terme de l'emprisonnement qui devait servir de garantie aux créanciers, et il peut très-bien arriver que le résultat d'une pareille législation soit profondément inique ; car il se peut que le débiteur d'une somme de 500 fr. soit placé dans des conditions beaucoup moins intéressantes, ait forfait à la bonne foi d'une manière beaucoup plus grave que le débiteur d'une somme de 6,000 fr., cependant, sans que le magistrat puisse adoucir l'effet d'une pareille législation, car elle le lui commande, et il n'inscrit pas même dans sa décision les motifs qui pourraient atténuer cet effet. Ainsi, le débiteur d'une somme de 500 fr., qui est dans des conditions extrêmement défavorables, pourra sortir de prison, pourra acheter sa liberté par un sacrifice de trois mois d'emprisonnement, tandis que celui qui est débiteur d'une somme de 6,000 fr., dans des conditions entièrement favorables, qui sera père de famille, qui sera dans l'impossibilité d'acquitter le premier denier entre les mains de son créancier, devra subir un emprisonnement de trois ans. C'est assez vous dire quelle est la différence du système que je propose, lorsque je demande que les tribunaux soient juges souverains de la question, de la durée d'emprisonnement, qu'en conservant le principe de la contrainte par corps, puisque tel est l'avis de l'Assemblée, on en atténue, vous me permettrez cette expression, on en moralise les effets, on laisse aux juges le soin d'apprécier quelle est la situation du débiteur, quelles sont ses ressources, quelles sont les garanties qu'il peut offrir au créancier, quelles ont été les circonstances qui l'ont amené à manquer à ses engagements.

Je ne veux pas en dire davantage ; M. le rapporteur va sans doute monter à la tribune, je ne sais si c'est pour combattre mon amendement ; quant à moi, j'appelle les investigations, les méditations de l'Assemblée sur cette question, qui me paraît de la plus haute importance. Je conclus en demandant à la commission d'examiner de plus près l'amendement que j'ai l'honneur de proposer, et de remettre à une autre séance pour y statuer d'une manière définitive.

LE CITOYEN RAPPORTEUR. Citoyens représentants, il est regrettable que, dans une matière aussi grave, aussi difficile, aussi ardue que celle qui vous est soumise en ce moment, une matière que votre comité étudie depuis plusieurs mois, sur laquelle vous lui avez renvoyé un grand nombre d'amendements, il est regrettable qu'on vienne en improviser à la tribune sans les faire connaître préalablement; cependant je puis combattre à l'instant même l'amendement qui vient de surgir. Cet amendement a un grand défaut, c'est de méconnaître le grand principe qui sépare la durée de l'emprisonnement en matière civile et en matière de commerce.

En matière civile, où la contrainte par corps n'est pas, comme en matière commerciale, un instrument de crédit, la loi laisse au juge la faculté d'en régler la durée dans certaines limites. Ainsi, en matière civile, sous la législation actuelle, le juge peut déterminer la durée de l'emprisonnement entre une année au moins et dix années au plus. Nous proposons sur ce point, comme vous le verrez, une grave modification, puisque nous réduisons le maximum de la durée de l'emprisonnement à cinq ans au lieu de dix; nous réduisons de moitié.

En matière commerciale, il n'en est pas ainsi. Rien ne doit être laissé à l'arbitraire du juge. Lorsque le créancier et le débiteur contractent ensemble, lorsque les négociants et les marchands font entre eux des actes de commerce, il faut que le créancier sache quelle doit être la durée de la contrainte par corps contre son débiteur, il faut qu'il sache pendant combien de temps ce dernier sera soumis à cette épreuve de sa solvabilité.

C'est pour cela que la durée de la contrainte par corps se trouve échelonnée dans le système de la loi de 1832 dont nous avons adopté les principes, seulement nous l'avons réduite et singulièrement réduite.

Ainsi, dans la loi de 1832, la durée de l'emprisonnement peut aller jusqu'au *maximum* de cinq ans. D'après l'article 4 que nous vous proposons, la durée de la contrainte par corps ne pourra pas, en matière commerciale, excéder trois années. Le *minimum* de la durée de l'emprisonnement, en matière de commerce, d'après la loi de 1832, était fixé à un an; nous descendons plus bas, nous proposons trois mois.

Là où la loi de 1832 autorisait le créancier à retenir le débiteur pendant une année pour une somme de 500 fr..., nous ne permettons au créancier de retenir son débiteur que pendant trois mois. La loi de 1832 avait une échelle d'après laquelle la durée de la contrainte par corps augmentait d'une année suivant la somme qui était due. Ainsi, au delà de 500 fr. jusqu'à 1,000 fr., la durée de la contrainte par corps était deux ans. Vous voyez que, pour une somme minime au-dessus de 500 fr., la durée se trouvait augmentée d'une année. Nous avons pensé que, dans ce cas, il y avait rigueur excessive, iniquité, et qu'il ne fallait pas pour une somme modique qu'il y eût une aussi grande différence dans la durée ; aussi, au lieu de prendre l'échelle d'une année, nous ne l'avons prise que de trois mois, en sorte que, pour une somme de 1,000 fr., au lieu de deux ans qui devaient être subis d'après le système de la loi de 1832, le projet ne permet que six mois, et ainsi de suite.

Vous voyez que nous avons fait à cette partie de la législation toutes les améliorations possibles, toutes les améliorations compatibles avec nos mœurs.

Nous nous opposons à l'amendement qui vous est proposé, parce qu'il aurait pour effet de détruire le crédit : autant vaudrait anéantir la contrainte par corps en matière de commerce, que de laisser arbitrairement au juge la faculté d'en allonger ou d'en diminuer la durée. En matière de commerce, il faut qu'on sache ce qu'on fait, il faut qu'on sache ce qu'on stipule, qu'on sache combien de temps le débiteur sera incarcéré ; c'est pour cela que nous vous proposons de rester dans les termes de la loi de 1832, du moins quant au principe, et seulement de diminuer le temps ; et, d'après la comparaison que nous avons faite entre la loi de 1832 et celle que nous vous proposons, vous voyez que nous avons opéré des réformes radicales et profondes, et amélioré, d'une manière sensible, la condition du débiteur, puisque nous avons réduit considérablement la durée de la contrainte à laquelle il doit être soumis pour le payement de la dette.

Par tous ces motifs, nous insistons pour que vous rejetiez l'amendement de M. Jules Favre.

LE CITOYEN JULES FAVRE. Messieurs, il y a une idée qui domine dans ce débat, c'est que la contrainte par corps est peu favorable. M. le rapporteur vous a dit qu'elle devait servir de garantie à la sécurité des transactions commerciales; et cependant M. le rapporteur, qui a pris la défense de si légitimes intérêts, a invoqué comme titre de faveur les dispositions qu'il vous a présentées, les modifications assez profondes qui ont été introduites par le comité de législation dans certaines dispositions rigoureuses des lois précédentes. Il faut donc que M. le rapporteur reconnaisse avec moi que tout ce qu'on pourra faire contre la contrainte par corps, dans la limite des intérêts qu'il veut protéger, sera conforme à nos mœurs et conforme à la loi naturelle.

Eh bien! je demande à M. le rapporteur qu'il veuille bien faire un pas de plus dans le chemin où il est engagé. Il a reconnu que le terme de cinq années fixé par les lois précédentes n'est pas rigoureusement nécessaire; il l'a abaissé au terme de trois années, et, pour les dettes qui ne dépassent pas 500 f., ce terme n'excédera pas trois mois. Voilà, si je ne me trompe, des faveurs considérables accordées aux débiteurs, et M. le rapporteur reconnaît, puisqu'il vous demande de les consacrer, que l'intérêt du commerce est compatible avec de pareilles concessions.

Eh bien! sans vouloir porter atteinte aux intérêts du commerce, je lui demande de vouloir bien introduire dans la loi ce que j'appelle l'élément d'appréciation morale laissée à la libre action des tribunaux.

Quelle a été l'objection, je pourrais dire la seule objection que j'aie rencontrée dans les paroles de M. le rapporteur? La voici :

En matière civile, les tribunaux peuvent fixer la

durée de la contrainte par corps dans une certaine limite; mais en matière commerciale, cela ne se peut pas, et pourquoi? Parce qu'il faut, en matière commerciale, que tout soit prévu à l'avance; il faut que, de même que le commerçant sait quel est l'impôt qu'il acquittera sur le timbre du billet qui doit lui servir à souscrire son engagement, il sache aussi quelle sera la durée de la garantie personnelle qu'il obtiendra contre son débiteur. Permettez-moi de m'élever contre une pareille idée. Je ne crois pas que ce soit celle de la législation française; je ne crois pas qu'il soit possible de dire que, dans aucune matière, même la plus respectable, même celle qui peut toucher à la grandeur et à la prospérité commerciale du pays, on puisse asseoir une hypothèque sur la personne. Cette hypothèque, elle doit toujours être modifiée par les circonstances morales qui entourent les transactions; et c'est précisément par cette raison que je me plains de ce qu'il y a d'inexorable dans les dispositions du projet de loi, qui a copié ici les dispositions des lois précédentes, et qui fait que, fatalement, quels que soient les motifs d'intérêt qui s'attachent à sa position, un homme est nécessairement voué à la prison pour un certain temps, parce qu'il a souscrit un certain chiffre d'une dette. Je dirai que c'est là une loi barbare, une loi aveugle dans ses dispositions, et qui peut être modifiée sans danger pour les transactions commerciales. Et, quand les commerçants sauront que les tribunaux peuvent appliquer la contrainte par corps dans les termes indiqués par mon amendement, soyez sûrs qu'ils se croiront tout aussi à l'abri de toute pensée de fraude et de mauvaise spéculation qu'avec la durée fixée à l'avance et que rien au monde ne peut faire franchir.

Je vous propose donc de remplacer la disposition du comité de législation par celle que j'ai formulée. Je termine en m'excusant devant l'Assemblée de n'avoir pas communiqué à l'avance cette disposition au comité de législation. Cela a tenu à cette cause que je ne croyais pas que le projet de la contrainte par corps fût discuté aujourd'hui ; mais, encore une fois, si l'Assemblée attache quelque importance aux idées que j'ai eu l'honneur de développer devant elle, je crois qu'il vaudrait beaucoup mieux renvoyer à une autre séance tout cet article, que de rejeter, faute d'une appréciation complète, un ordre d'idées qui n'aurait pas été suffisamment examiné par le comité.

Le citoyen Valette (du Jura). Messieurs, M. Jules Favre vous propose d'accorder aux tribunaux, en matière commerciale, un pouvoir discrétionnaire à l'effet de déterminer la durée de la contrainte par corps, et même ce pouvoir discrétionnaire va jusqu'à pouvoir réduire cette contrainte à rien, ou à peu près rien, c'est-à-dire à vingt-quatre heures de contrainte par corps, par exemple.

Eh bien ! la loi du 17 avril 1832, que, dans ce moment-ci, nous travaillons à réformer, a bien admis un certain pouvoir discrétionnaire en matière civile, parce que là, la contrainte par corps s'applique rarement ; elle est d'exception, et le juge peut assez facilement, dans chaque procès, apprécier la moralité de l'action ; mais, en matière commerciale, la loi de 1832 n'a pas voulu admettre le même pouvoir discrétionnaire, et avec beaucoup de raison, parce que là, c'est la nature même du titre qui emporte la contrainte par corps, et que les juges de commerce, qui rendent un nombre énorme de jugements, seraient dans l'impossibilité radicale d'apprécier, dans chacune des causes qui sont jugées devant eux, l'indulgence que peut mériter le débiteur, sa position, en un mot, toutes les circonstances du fait.

Eh bien! M. Jules Favre bouleverse cette distinction si utile, si raisonnable, entre les dettes commerciales et les dettes civiles qui n'emportent la contrainte par corps que par exception; pour les dettes civiles, le juge peut apprécier; la loi de 1832 lui en donne la faculté quoiqu'elle ne lui donne pas tout ce que demande M. Jules Favre.

Mais, en fait de dettes commerciales, il faut que le créancier sache précisément quelle est la valeur de son titre. Sans cela, vous tuez le titre commercial et vous arrivez à ce résultat que souvent une émotion d'audience, une plaidoirie d'avocat va changer complétement la valeur du titre du créancier. L'amendement de M. Jules Favre me paraît donc de nature telle qu'il bouleverserait les principes qui sont les fondements mêmes de la matière. (Très-bien! très-bien! — Aux voix!)

LE CITOYEN PRÉSIDENT. Je vais relire l'amendement de M. Jules Favre avant de le mettre aux voix. Il remplacerait l'article 4.

En voici la rédaction.

« La durée de l'emprisonnement, en matière commerciale, sera fixée par les tribunaux suivant les circonstances, sans que, toutefois, cette durée puisse être prolongée au delà de deux années. »

(L'amendement est mis aux voix et n'est pas adopté.)

LE CITOYEN PRÉSIDENT. Je lis maintenant l'article 4.

LE CITOYEN RAPPORTEUR. Il y a un amendement présenté par M. Dabeaux, et un autre par M. Regnard.

L'amendement de M. Dabeaux a été rejeté en même temps que celui de M. Brillier.

LE CITOYEN PRÉSIDENT. Voici celui de M. Regnard :

« La durée la plus longue de la contrainte par corps pour toute espèce de dette n'excédera pas deux années. »

L'amendement est-il appuyé? (Non! non!)

Alors je n'ai pas à le mettre aux voix.

Je lis l'article 4.

TITRE II. — *Dispositions relatives à la contrainte par corps en matière commerciale.*

« Art. 4. L'emprisonnement pour dette commerciale cessera de plein droit après trois mois, lorsque le montant de la condamnation en principal ne s'élèvera pas à 500 fr. ; après six mois, lorsqu'il ne s'élèvera pas à 1,000 fr. ; après neuf mois, lorsqu'il ne s'élèvera pas à 1,500 fr.; après un an, lorsqu'il ne s'élèvera pas à 2,000 fr.

» L'augmentation se fera ainsi successivemsnt de trois mois en trois mois pour chaque somme en sus qui ne dépassera pas 500 fr., sans pouvoir excéder trois années pour les sommes de 6,000 fr. et au-dessus. » (Adopté.)

M. de Saint-Priest propose, après l'article 4, un amendement qui serait ainsi conçu :

« Le prix de la journée d'un détenu sera de 1 fr.

13

25 c. à Paris. Dans les départements, le prix actuel sera augmenté d'un cinquième. »

LE CITOYEN DURAND (de Seine-et-Oise), *rapporteur*. Cet amendement doit se placer dans les dispositions générales. Nous ne nous occupons, dans le titre II, que de contrainte par corps en matière de commerce ; si on introduit ici cet amendement, il ne sera applicable qu'au débiteur détenu pour faits commerciaux.

Plusieurs membres. C'est évident ! Ce n'est pas le lieu !

LE CITOYEN PRÉSIDENT. Il convient d'ajourner l'amendement de M. de Saint-Priest au titre V : *Dispositions générales.*

Nous passons à l'article 5.

« Art. 5. Pour toute condamnation en principal au-dessous de 500 fr., même en matière de lettre de change et de billet à ordre, le jugement pourra suspendre l'exercice de la contrainte par corps, pendant trois mois au plus, à compter de l'échéance de la dette. »

M. Wolowski fait à cet article l'amendement suivant :

« Dans tous les cas où la loi prononce la contrainte par corps, le jugement pourra en réduire la durée ou même en affranchir entièrement les débiteurs. (Réclamations.)

Quelques voix. La question préalable ! C'est jugé !

LE CITOYEN WOLOWSKI. L'amendement que j'ai l'honneur de présenter à l'Assemblée n'est pas, autant qu'il pourrait sembler au premier abord, une innovation. C'est le retour pur et simple à la législation française de tous les temps, à la législation qui a été obligatoire dans ce pays jusqu'à la révolution de 1789.

Aux termes de l'ordonnance de 1667, le juge n'était pas obligé d'appliquer la contrainte par corps; il avait le droit de prononcer la contrainte par corps; et par conséquent, dans tous les cas où il apercevait que c'était par vengeance, que c'était par fraude, que c'était par un mauvais sentiment qu'un créancier poursuivait son débiteur avec la dernière rigueur, et voulait le faire emprisonner, alors il pouvait le dispenser de la contrainte par corps.

Plusieurs membres. C'est décidé; on vient de rejeter l'amendement de M. Favre.

LE CITOYEN PRÉSIDENT. Je ferai observer que l'Assemblée a déjà prononcé le rejet de l'amendement de M. Jules Favre. Mais l'amendement de M. Jules Favre était bien moins large que celui que développe en ce moment M. Wolowski; M. Wolowski propose que, dans tous les cas, les tribunaux puissent affranchir de la contrainte par corps, tandis que M. Jules Favre proposait d'en limiter la durée, et d'accorder au juge la faculté de l'abréger.

Plusieurs membres. Raison de plus! La question préalable!

LE CITOYEN WOLOWSKI. Messieurs, la question est assez grave pour qu'elle mérite un instant votre attention. Je ne crois pas qu'alors qu'il s'agit..... (Aux voix!)

LE CITOYEN PRÉSIDENT. Permettez à l'orateur de s'expliquer, je mettrai ensuite la question préalable aux voix, si on la demande!

LE CITOYEN WOLOWSKI... Je ne crois pas, en thèse

générale, qu'alors qu'il s'agit de la liberté d'un homme, le juge puisse être transformé en une machine à condamnation. La législation ancienne laissait à l'arbitraire du juge de déterminer les cas dans lesquels le souscripteur d'une lettre de change pouvait être dispensé de la contrainte par corps. Vous ne pouvez pas lui enlever ce droit dans le temps où nous vivons, et alors que la contrainte par corps a beaucoup perdu de son prestige. (Bruit.)

Si l'Assemblée n'était pas fatiguée, je me permettrais d'invoquer, à l'appui de la proposition que fais en ce moment, une autorité des plus imposantes. Un grand jurisconsulte, qui était en même temps un grand économiste, M. Rossi, qui vient d'être assassiné à Rome... (Exclamations.)

Un membre. A quoi bon rappeler cela?

LE CITOYEN DURAND (de Seine-et-Oise), *rapporteur.* Quel rapport cela a-t-il avec la contrainte par corps?

LE CITOYEN WOLOWSKI. Le rapport que cela a avec la contrainte par corps est bien clair : c'est que M. Rossi a traité de la contrainte par corps, et qu'il a justement réclamé cette faculté que je réclame maintenant ; il s'est appuyé sur des motifs bien simples. La législation criminelle, alors qu'il s'agit de l'emprisonnement d'un homme pour quelques années, pour quelques jours, interroge avec une sollicitude scrupuleuse toutes les circonstances atténuantes qui peuvent servir à faire diminuer la durée de la peine ; et alors qu'il s'agit de prononcer sur la liberté d'un homme, pour un simple engagement commercial, vous voulez que le magistrat prononce et soit forcé de prononcer la contrainte par corps! Je ne crois pas qu'il doive en être ainsi.

Je vois, d'après les dispositions de l'Assemblée, qu'elle ne veut pas entendre des développements d'une grande étendue, et c'est pour cela que je me borne au peu de mots que je viens de prononcer, en protestant contre un excès de rigueur auquel je ne puis m'associer.

LE CITOYEN RAPPORTEUR. Je demande la question préalable.

LE CITOYEN PRÉSIDENT. M. le rapporteur demande la question préalable. Je vais la mettre aux voix. (Non! non! — Le rejet!)

L'amendement de M. Wolowski est-il appuyé? (Non! non! — Oui!)

M. le rapporteur a la parole pour le combattre.

LE CITOYEN DURAND (de Seine-et-Oise), *rapporteur*. Messieurs, vous venez de rejeter tout à l'heure l'amendement de M. Jules Favre, qui avait pour objet de fixer la durée de la contrainte par corps seulement à deux ans, et de laisser à l'arbitraire du juge la durée de cette contrainte.

Qu'est-ce que vous propose maintenant M. Wolowski? Il vous propose plus, il vous propose de supprimer la contrainte par corps.

LE CITOYEN WOLOWSKI. De laisser au juge la faculté de la prononcer.

LE CITOYEN RAPPORTEUR. Il vous propose de laisser au juge la faculté de la supprimer. M. Jules Favre avait proposé de laisser fixer la durée par le juge; M. Wolowski propose de laisser au juge la faculté de supprimer la contrainte par corps.

Évidemment, les raisons qui vous ont fait rejeter l'amendement de M. Jules Favre, les raisons qui vous ont fait penser que la contrainte par corps devait, au maximum, durer trois ans ; les raisons qui vous ont fait penser que le juge ne devait pas fixer cette durée ; les raisons qui vous ont fait penser que la durée de la contrainte serait pour telle somme de trois mois, pour telle somme de six mois, pour telle autre de neuf mois, d'un an, etc., toutes ces raisons-là militent également pour faire rejeter l'amendement de M. Wolowski. Ce serait détruire ce que vous venez de faire tout à l'heure ; ce serait détruire l'article que vous venez de voter, que d'admettre l'amendement de M. Wolowski.

En conséquence, je propose la question préalable. (Non ! non !)

Plusieurs voix. Non ! le rejet de l'amendement !

LE CITOYEN RAPPORTEUR. Le rejet.

LE CITOYEN PRÉSIDENT. Je mets aux voix l'amendement de M. Wolowski.

(L'amendement est mis aux voix et rejeté.

L'article 5 est ensuite mis aux voix et adopté.)

LE CITOYEN PRÉSIDENT. « Art. 6. A l'avenir, les dispositions des art. 24 et 25 de la loi du 17 avril 1832 seront applicables aux matières commerciales. » (Adopté.)

TITRE III. — *Dispositions communes aux dettes civiles et aux dettes commerciales.*

« Art. 7. Le débiteur contre lequel la contrainte par corps a été prononcée par jugement des tribunaux civils ou de commerce, conservera le droit d'interjeter appel du chef de la contrainte dans les trois jours qui suivront l'emprisonnement ou la recommandation, lors même que les délais ordinaires de l'appel seraient expirés. Le débiteur restera en l'état. »

M. Casabianca a présenté un amendement qui consisterait à ajouter à l'article ces mots :

« Le débiteur conservera la faculté de faire appel, ainsi qu'il est dit dans l'article, alors même qu'il aurait acquiescé au jugement. »

Le citoyen Durand (de Seine-et-Oise), *rapporteur*. Il y a un amendement semblable de M. Valette (du Jura), dont la rédaction nous semble préférable; du reste nous admettons cette disposition.

Le citoyen président. M. Casabianca a la parole pour développer son amendement.

Un membre. Il est inutile de le développer, puisque la commission l'adopte.

Le citoyen Casabianca. Je n'ai que deux mots à dire à l'appui de mon amendement.

Cet amendement a pour objet de remédier à l'un des abus qui se commettent le plus fréquemment dans l'exercice de la contrainte par corps.

Presque tous les jugements qui la prononcent sont rendus par défaut; on les notifie avec commandement, on menace de les mettre à exécution; pour accorder un délai au débiteur on lui fait souscrire un acquiescement. Il en résulte qu'il se voit ainsi dépouillé du droit d'interjeter appel.

Cet abus a tellement frappé les magistrats, que plusieurs cours ont annulé des acquiescements, tandis que d'autres les ont déclarés valables. Il est essentiel de faire cesser les incertitudes de la jurisprudence.

Messieurs, en présentant mon amendement, je me suis conformé à la pensée du comité, qui accorde au débiteur le droit d'appeler du jugement même après que les délais ordinaires de l'appel sont expirés. A plus forte raison le même droit doit-il être accordé au débiteur, alors qu'avant l'expiration de ce délai on lui a fait souscrire un asquiescement qui est presque toujours arraché par une contrainte morale. S'il a été privé de sa liberté contrairement à la loi, on ne peut lui enlever les moyens de faire réparer cette injustice.

Messieurs, la question est trop simple pour avoir besoin d'être plus longuement discutée.

LE CITOYEN RAPPORTEUR. M. Valette a proposé un amendement dans le même sens. Nous l'avons adopté avant de connaître celui de l'honorable M. Casabianca.

Nous adoptons le principe qui sert de base aux deux amendements.

LE CITOYEN PRÉSIDENT. Je lis l'article 7 avec l'addition proposée par M. Valette, afin que M. Casabianca déclare s'il y adhère :

« Le débiteur contre lequel la contrainte par corps aura été prononcée par le jugement des tribunaux civils ou de commerce, conservera le droit d'interjeter appel du chef de la contrainte, dans les trois jours qui suivront l'emprisonnement ou la recommandation, lors même que les délais ordinaires de l'appel seraient expirés *et que le débiteur aurait acquiescé au jugement.* »

LE CITOYEN CASABIANCA. Cette addition est absolument celle que je propose de faire à l'article.

LE CITOYEN PRÉSIDENT. Je mets aux voix l'art. 7 proposé par la commission, avec le sous-amendement dont je viens de donner lecture, et auquel le comité adhère.

Une voix. La commission adhère à cela?

Le citoyen rapporteur. C'est évident.

Le citoyen Valette. On ne peut pas pactiser sur la contrainte par corps.

(L'art. 7, mis aux voix avec les modifications proposées, est adopté.)

Le citoyen président. Après l'art. 7, M. Regnard propose un paragraphe additionnel ainsi conçu :

« Les étrangers sont assimilés aux nationaux, quant aux causes et à la durée de la contrainte par corps; en conséquence, le titre III de la loi du 17 avril 1832 est abrogé. »

L'amendement est-il appuyé? (Non! non!)

Je n'ai pas alors à le mettre aux voix.

Titre IV. — *Dispositions relatives à la contrainte par corps en matières criminelle, correctionnelle et de police.*

« Art. 8. La durée de la contrainte par corps, dans les cas prévus par l'article 35 de la loi du 17 avril 1832, ne pourra excéder trois mois.

» Lorsque les condamnations auront été prononcées au profit d'une partie civile et qu'elles seront inférieures à 300 fr., si le débiteur fait les justifications prescrites par l'article 39 de la même loi, la durée de l'emprisonnement sera la même que pour les condamnations prononcées au profit de l'État.

» Lorsque le débiteur de l'État ou de la partie civile ne fera pas les justifications exigées par les articles ci-dessus indiqués de la loi du 17 avril 1832, et par le paragraphe 2 de l'article 420 du Code d'instruction criminelle, la durée de l'emprisonnement sera du double. »

Sur cet article, il y a un amendement proposé par M. Regnard. Je vais le lire, bien qu'il soit menacé d'avoir le sort de tous les autres (On rit), attendu l'absence de son auteur :

« La détention prononcée en exécution de l'article 35 de la loi du 17 avril 1832, ne pourra être ordonnée pour un temps qui excédera le double de la durée de la peine d'emprisonnement auquel le débiteur de l'amende aurait été condamné par le même jugement. »

LE CITOYEN RAPPORTEUR. Le comité a délibéré et a rejeté l'amendement.

LE CITOYEN PRÉSIDENT. L'amendement est-il appuyé? (Non! non!) Je ne le mets donc pas aux voix.

(L'article 8 est mis aux voix et adopté.)

LE CITOYEN PRÉSIDENT. M. Renouard a la parole pour une disposition additionnelle.

LE CITOYEN RENOUARD. J'ai l'honneur de proposer la disposition additionnelle suivante :

« Dans le cas prévu par l'article 35 de la loi du 17 avril 1832, le débiteur incarcéré, qui fera les justifications exigées, sera mis en liberté en vertu d'une ordonnance du président du tribunal, rendue sur simple requête non signifiée, et à laquelle seront annexés les extraits et certificats réguliers constatant l'insolvabilité.

» L'ordonnance et les pièces qui l'accompagneront resteront annexées à l'acte d'écrou. »

Cette disposition additionnelle est entièrement conforme à la lettre et à l'esprit de la loi du 17 avril 1832.

Aux termes de l'article 35 de cette loi, lorsqu'il s'agit d'une dette envers l'État, il n'y a pas lieu à contestation devant les tribunaux. Au contraire, quand il s'agit d'une dette envers un particulier, aux termes de l'article 39 de la même loi, les justifications doivent être débattues devant le tribunal. C'est ce qui résulte de la différence de rédaction de l'article 35 et de l'article 39.

En conséquence, il importe de fixer la marche à suivre dans le cas de l'article 35; la loi est muette là-dessus, et de là il résulte des difficultés. Doit-on s'adresser au tribunal? Le geôlier doit-il lui-même ordonner la mise en liberté? Non, cela ne doit pas être; il faut toujours l'intervention d'un magistrat pour apprécier et pour constater la régularité des certificats.

Remarquez, messieurs, la disposition de la loi : l'article 420 du Code d'instruction criminelle, auquel se réfère l'article 35, détermine les extraits, les certificats qui doivent être délivrés; il les détermine de manière à offrir des garanties à l'État. Il faut d'abord un extrait du rôle des contributions établissant qu'on ne paye pas plus de 6 fr., ou un certificat négatif de contribution : il faut, en second lieu, un certificat d'indigence délivré par le maire, visé par le sous-préfet et, de plus, approuvé par le préfet. Quand ces conditions sont remplies, les justifications légales sont complètes et, aux termes de la loi, on a droit d'obtenir sa mise en liberté.

Dès lors, il ne faut pas soumettre le débiteur à une contestation judiciaire, elle aurait les plus graves inconvénients; presque toujours le débiteur serait forcé d'y renoncer ; car, il ne faut pas craindre de le dire, le plus souvent, les receveurs de l'enregistrement et des domaines, qui ont fait opérer l'incarcération, résistent à la mise en liberté en vertu de ces certificats qu'ils supposent presque toujours être le produit de la complaisance, et ils y résistent d'une manière systématique; j'ai vu des certificats lacérés par les receveurs de l'enregistrement, quoiqu'ils fussent parfaitement en règle.

Je propose à l'Assemblée de faire comme on fait quand on n'a pas consigné les aliments, de recourir au président du tribunal; il examine le certificat; il en apprécie la régularité, et là-dessus, sur simple ordonnance, sans procès, sans contestation, on ordonne la mise en liberté. Je le répète, c'est le résultat de la différence qu'il y a entre la dette envers l'État et la dette envers les parties civiles.

LE CITOYEN DAVY. Votre amendement paraîtrait s'appliquer même à ce qui concerne les parties civiles.

LE CITOYEN RENOUARD. Il s'applique seulement au cas de l'article 35.

LE CITOYEN RAPPORTEUR. Il aurait été bon de le soumettre à M. le ministre des finances.

LE CITOYEN RENOUARD. Remarquez que toute mon argumentation est précisément basée sur la différence que la loi a mise dans la rédaction de l'article 35 et dans la rédaction de l'article 39. Il résulte de la rédaction de l'article 39 que les certificats doivent être jugés, en cas de contestation, par le tribunal.

Au contraire, il n'y a rien de semblable dans l'article 35; voilà pourquoi je ne vous propose d'appliquer ma disposition additionnelle qu'à l'article 35.

Dans le cas de l'article 39, c'est la marche normale:

on notifie le certificat à la partie civile ; elle y adhère, ou le conteste ; si elle conteste, on s'adresse aux tribunaux ; si elle adhère, la mise en liberté a lieu. Dans les cas de condamnation envers l'État, il n'y a rien de semblable ; il faut que la marche soit plus rapide, plus simple et moins coûteuse.

LE CITOYEN RAPPORTEUR. J'ai quelques mots à dire sur cet amendement qui me paraît contenir des principes dangereux. Nous regrettons qu'il n'ait pas pu être communiqué au comité qui aurait pu l'examiner et en délibérer.

Voici en quoi il nous paraît contenir des principes dangereux : c'est que le débiteur sera mis en liberté sur le vu du certificat qu'il se sera fait délivrer par des personnes de sa commune, par le maire, par le percepteur, et vous savez avec quelle facilité en général se délivrent les certificats, surtout quant il s'agit de mettre un homme en liberté. On n'appellera pas le créancier qui est intéressé à contester la sincérité et la régularité de ces certificats.

On ne peut pas assimiler ce cas à celui où les aliments n'ont pas été consignés. Là il y a un certificat délivré par le gardien de la maison d'arrêt ou de la maison des détenus pour dettes.

Ce certificat est délivré aux risques et périls du signataire ; c'est un certificat constatant un fait matériel, c'est-à-dire que les aliments n'ont pas été consignés. Si le gardien délivre un certificat faux ou erroné, le créancier a un recours contre lui. Mais, lorsque le maire délivre un certificat constatant que le débiteur est insolvable, lorsque le percepteur des contributions délivre un certificat constatant que le débiteur ne paye qu'une certaine somme de contributions, le percepteur aura constaté un fait résultant de ses registres; mais si ce débiteur, qui ne paye qu'une certaine cote de contributions dans sa commune, en paye dans une autre une plus forte, le percepteur n'en aura pas moins donné un certificat exact et le président ordonnera la mise en liberté du débiteur, parce que le créancier, qui ne sera pas là, ne pourra pas contester et le juge ne sera pas averti que, dans une autre commune, le débiteur paye une autre cote de contributions.

Vous voyez donc que l'assimilation entre le cas dont il s'agit et le défaut de consignation d'aliments n'est pas possible, que les deux cas sont tout à fait différents, et que, par conséquent, on ne peut pas tirer d'analogie de l'un à l'autre. La proposition qui vous est faite, l'amendement qui vous est proposé nous paraît dangereux, tant à l'égard des intérêts des particuliers qu'à l'égard de ceux du trésor, contre lesquels il sera facile de surprendre ainsi des certificats erronés et de faire mettre en liberté des débiteurs qui doivent rester détenus, parce qu'ils ne sont pas insolvables, comme ils le prétendent.

LE CITOYEN PRÉSIDENT. M. Renouard a la parole.

LE CITOYEN RENOUARD. (Aux voix!) Je demande la permission de répondre aux observations du rapporteur, qui ne me paraissent pas fondées. Toutes les raisons déduites par M. le rapporteur font le procès à la loi du 17 avril 1832 et ne prouvent rien contre ma disposition additionnelle. Que porte, en effet, la loi de 1832? Dans l'article 35, elle dit : « Les condamnés qui justifieront de leur insolvabilité, suivant le mode prescrit par l'article, remarquez ces mots, suivant le mode prescrit par l'article 420 du Code d'instruction criminelle, seront mis en liberté. »

Voilà le principe. Quant on fait les justifications suivant le mode prescrit par l'article 420, on a le droit d'être mis en liberté.

Qu'exige l'article 420 du Code d'instruction criminelle ? Il exige : 1° un extrait du rôle des contributions, constatant qu'ils payent (les incarcérés) moins de 6 fr., ou un certificat du percepteur de leur commune, portant qu'ils ne sont point imposés ; 2° un certificat d'indigence à eux délivré par le maire de la commune de leur domicile ou par son adjoint, visé par le sous-préfet et approuvé par le préfet de leur département.

Qu'a donc voulu la loi ? Elle a voulu que l'homme condamné envers l'État, non pas envers des parties civiles, fût mis en liberté, s'il faisait les justifications prescrites par l'article 420.

Quelles sont ces justifications ? Le certificat du percepteur constatant qu'il ne paye pas plus de 6 fr. ou qu'il ne paye rien, et, de plus, un certificat du maire visé par le sous-préfet et approuvé par le préfet.

Remarquez ces mots : « Approuvé par le préfet. » Ce n'est plus un simple visa, une simple légalisation, c'est une approbation ; et toutes les fois que les agents du domaine, du trésor, craindront qu'on veuille recourir à ce moyen, ils ne manqueront jamais d'avertir le préfet qu'il n'y aurait pas lieu à approuver un certificat, et qu'ils sont en mesure de justifier de la solvabilité. Quoi qu'il en soit de ces précautions, toujours est-il qu'aux termes précis de la loi du 17 avril 1832, le condamné a droit à sa mise en liberté quand il a fait les justifications.

Qu'y a-t-il dans la loi? Il y a une lacune sur le mode à suivre pour exécuter ses dispositions; et quand je propose un mode pour l'exécuter, il n'est pas vrai de dire que je viens émettre un principe dangereux. Le principe dont je demande l'application est consacré par la loi du 17 avril; et j'ajoute que cette loi est sage; que les précautions dont elle entoure le certificat, la nécessité d'avoir l'approbation du préfet, suffisent pour garantir les intérêts du trésor.

Je persiste donc dans ma disposition additionnelle.

LE CITOYEN SALMON. Citoyens représentants, je viens, même dans l'intérêt des condamnés contre lesquels on exercerait la contrainte, combattre les dispositions de l'amendement de M. Renouard.

Voici ce qui se passe dans la pratique : quand on veut faire incarcérer un condamné, on s'adresse au procureur de la République pour lui demander l'autorisation d'incarcérer. Sur le vu de toutes les justifications, le procureur de la République donne à la gendarmerie l'ordre d'arrêter. Et puis ensuite, quand on veut obtenir la mise en liberté, on s'adresse de nouveau au procureur de la République. Le condamné lui fait parvenir des certificats attestant son indigence, et, sur le vu de ces certificats, le magistrat du parquet ordonne la mise en liberté.

Que propose-t-on maintenant de substituer à ce système qui est extrêmement simple et qui repose sur le texte de l'article 35 de la loi de 1832? On propose de faire intervenir les tribunaux, c'est-à-dire d'ajouter à des formes qui sont très-simples, très-expéditives, des longueurs qui ne feraient que retarder la mise en liberté. Ainsi, il s'agirait de faire intervenir le tribunal.

Une voix. Le président!

LE CITOYEN SALMON. Le président, si vous le voulez; mais il est bien plus simple de recourir au procureur de la République qui, sur le vu des certificats, fait mettre en liberté.

Une voix. S'il ne le fait pas?

LE CITOYEN SALMON. Il le fera, il est obligé de le faire.

Vous auriez un jugement du tribunal, et si le procureur de la République se refusait à la mettre à exécution, vous retomberiez dans les difficultés que vous voulez éviter. Vous ne pouvez pas supposer, lorsque des modifications ont été faites aux termes de la loi, que le procureur de la République résistera à accomplir son devoir en faisant exécuter la loi même, comme il ferait exécuter un jugement.

Je vous en supplie, au nom même des condamnés, n'admettez pas une mesure qui rendrait leur position plus mauvaise.

Il y a, messieurs, une formalité tout à fait inutile, c'est celle de l'intervention du préfet; mais nous n'en sommes pas à réformer le Code d'instruction criminelle. La loi de 1832, comme la loi forestière, s'en sont référées, pour la forme des certificats, à l'article 420 de ce Code; et substituer aux prescriptions de cet article un mode nouveau, ce serait, d'une manière incidente, faire abroger un des principes de notre droit commun. On ne peut donc admettre une telle manière de procéder.

Une chose plus simple, c'est de rentrer dans le droit commun, et de se reporter à la loi de 1832. Vous le ferez en rejetant l'amendement de M. Renouard.

LE CITOYEN RENOUARD. Je n'ai qu'un mot à dire, c'est que je ne veux pas que le procureur de la République soit juge du mérite de l'incarcération qu'il a ordonnée lui-même, et que le président offre toujours beaucoup plus de garantie que le procureur de la République.

LE CITOYEN PRÉSIDENT. Je consulte l'Assemblée sur la disposition additionnelle de M. Renouard.

(Cette disposition additionnelle n'est pas adoptée.)

LE CITOYEN PRÉSIDENT. « Art. 9. Si le débiteur a commencé sa soixante-dixième année avant le jugement, la contrainte par corps sera déterminée dans la limite de trois mois à trois ans.

« S'il a atteint sa soixante-dixième année avant d'être écroué, ou pendant son emprisonnement, la durée de la contrainte sera, de plein droit, réduite à la moitié du temps qui restera à courir. » (Adopté.)

M. Salmon propose d'ajouter à l'article 9 un article additionnel ainsi conçu :

« La contrainte par corps en matière criminelle, correctionnelle et de simple police, ne sera exercée, dans l'intérêt de l'État ou des particuliers, contre des individus âgés de moins de seize ans accomplis à l'époque du fait qui a motivé la poursuite, qu'autant qu'elle aura été formellement prononcée par le jugement de condamnation. »

LE CITOYEN DURAND (de Seine-et-Oise), rapporteur. Le comité adhère à cet amendement.

LE CITOYEN PRÉSIDENT. Je mets aux voix le paragraphe additionnel de M. Salmon, que le comité adopte.

(Le paragraphe additionnel, mis aux voix, est adopté.)

Le citoyen président. Je mets aux voix l'ensemble de l'article 9.

(L'article 9, mis aux voix dans son ensemble, est adopté.)

Le citoyen président :

Titre V. — *Dispositions générales.*

« Art. 10. La contrainte par corps ne peut être prononcée ni exécutée au profit de l'oncle ou de la tante, du grand oncle ou de la grand'tante, du neveu ou de la nièce, du petit neveu ou de la petite nièce, ni des alliés au même degré. » (Adopté.)

Paragraphe additionnel proposé par M. Demortreux.

« Elle ne pourra non plus (la contrainte par corps) être mise à exécution au profit des acheteurs ou cessionnaires de créances, dont les titres seront postérieurs aux jugements de condamnation qui la prononcent. »

M. Demortreux renonce-t-il à son amendement? (Non! non!)

Le citoyen Demortreux. Messieurs, l'amendement que je propose est fort simple. Quelques mots suffiront pour le justifier. Je propose d'ajouter à l'article 10 la disposition que voici : « Elle ne pourra non plus (la contrainte par corps) être prononcée en aucun cas au profit des acheteurs ou cessionnaires de créances, dont les titres seront postérieurs aux jugements de condamnation qui la prononcent. »

Voici ce qui arrive dans la pratique : lorsqu'un créancier a obtenu un jugement contre son débiteur, il commence à diriger quelques poursuites contre lui ; il fera même au besoin une saisie au domicile ; mais, lorsqu'il s'aperçoit que les poursuites qu'il dirige contre son débiteur sont inutiles, alors il passe sa créance au compte des profits et pertes, et il en reste là. L'acheteur de créances fait autre chose ; il sait par exemple que la femme a quelquefois un peu de bien dotal avec lequel elle élève sa famille, ses enfants ; l'acheteur de créances va trouver le créancier qui reste tranquille, qui ne veut pas ruiner une famille ; il lui dit : Vous avez une créance irrécouvrable ; voulez-vous me la vendre ? je vous en offre tant, et je la paye comptant. Le créancier, qui considère sa créance comme perdue, regarde l'offre qui lui est faite comme avantageuse, il cède son titre. Alors l'acheteur de créances recommence les poursuites avec une grande activité ; la femme demande à être autorisée de vendre son bien ; le tribunal autorise la vente, et le prix passe entre les mains de l'acheteur de la créance, d'un spéculateur avide qui s'enrichit de cette façon.

C'est pour faire cesser cet inconvénient que je propose d'ajouter à l'art. 10 que la contrainte par corps ne pourrait pas être prononcée au profit de l'acheteur ou cessionnaire de créances, dont les titres seront postérieurs au jugement de condamnation qui la prononce.

Remarquez que je n'applique l'amendement qu'à la créance dont la cession serait postérieure au jugement, car il se pourrait que la cession fût faite avant le jugement de condamnation, par un individu qui aurait besoin de transporter sa créance, ou que cette créance fût achetée par un individu qui croirait acheter une bonne créance qui serait payée à son échéance ; dans ce cas-là, je n'applique pas la restriction que je propose ; c'est donc seulement à l'acheteur de créances, au spéculateur, que s'applique l'amendement que j'ai proposé.

LE CITOYEN FAVART. Votre amendement entrave les négociations de bonne foi.

LE CITOYEN DEMORTREUX. Non, puisque je suppose que la créance est cédée postérieurement aux jugements de condamnation.

Une voix. Qu'est-ce que cela fait?

LE CITOYEN DEMORTREUX. Je répète en terminant que, quand on dispose de la créance d'un homme insolvable, cela ne peut profiter qu'au spéculateur.

LE CITOYEN PRÉSIDENT. L'amendement présenté par M. Demortreux est-il appuyé? (Non! non!)

S'il n'est pas appuyé, je n'ai pas à le mettre aux voix.

« Art. 11. En aucune matière la contrainte par corps ne pourra être exercée simultanément contre le mari et la femme, même pour des dettes différentes.

» Les tribunaux pourront, dans l'intérêt des enfants mineurs du débiteur et par le jugement de condamnation, surseoir, pendant une année au plus, à l'exécution de la contrainte par corps. »

LE CITOYEN SAINTE-BEUVE. Je demande la division.

LE CITOYEN PRÉSIDENT. La division est de droit.

Sur l'article 11, M. Regnard avait proposé un amendement dont je vais donner lecture pour la forme, parce qu'il a déjà été rejeté par l'Assemblée lors de la discussion des amendements de MM. Jules Favre et Wolowski :

« Dans tous les cas où la loi prononce la contrainte par corps, il est permis au juge d'en limiter la durée, même d'en faire entièrement la remise. »

Je n'ai plus à consulter l'Assemblée là-dessus. (C'est entendu !)

Je mets aux voix le premier paragraphe de l'article 11 :

« En aucune matière la contrainte par corps ne pourra être exercée simultanément contre le mari et la femme, même hors des dettes différentes. »

(Le premier paragraphe de l'article 11 est mis aux voix et adopté.)

Deuxième paragraphe :

« Les tribunaux pourront, dans l'intérêt des enfants mineurs du débiteur et par le jugement de condamnation, surseoir, pendant une année au plus, à l'exécution de la contrainte par corps. »

La parole est à M. Baroche sur ce paragraphe.

LE CITOYEN BAROCHE. Je demande le rejet du second paragraphe de l'article 11, dont je vous demande la permission de relire le texte, qui est ainsi conçu :

« Les tribunaux pourront, dans l'intérêt des enfants mineurs du débiteur et par le jugement de condamnation, surseoir, pendant une année au plus, à l'exécution de la contrainte par corps. »

Il résulte de la disposition qui vous est proposée, que le sort des débiteurs pourra être différent selon qu'ils auront des enfants ou qu'ils n'en auront pas. Ainsi un homme est assigné devant le tribunal de commerce, en condamnation, en payement d'une somme de 4 ou 500 francs en raison d'un billet de commerce qu'il a souscrit; il sera condamné et condamné par corps, c'est-à-dire que la contrainte par corps devra être ou pourra être immédiatement exécutée. Un autre individu qui, dans des circonstances tout à fait semblables, aura signé un billet tout à fait semblable aussi, sera bien condamné avec la contrainte par corps; mais parce qu'il a des enfants, et parce que ses enfants sont mineurs, le tribunal de commerce pourra surseoir pendant un an à l'exécution de la contrainte par corps. Je crois que cela serait complétement en opposition avec des principes très-sages qui tout à l'heure, et à propos d'une autre question, à propos de l'amendement de M. Wolowski, nous étaient indiqués par l'honorable M. Valette. La contrainte par corps peut être prononcée en matière civile et en matière commerciale; quand il s'agit d'une dette civile, le Code de procédure civile autorise le magistrat à apprécier la moralité de la dette, la situation du débiteur, et lui permet, selon que dans sa conscience il le juge convenable, de prononcer ou de ne pas prononcer la contrainte par corps.

Mais, en matière de commerce, ainsi que l'a fait remarquer M. Valette, la contrainte par corps résulte de la nature de la créance, c'est à la nature de la créance que ce moyen de coercition est attaché. Or, je le demande, si la nature de la créance est changée en quoi que ce soit, par cela que le débiteur a des enfants mineurs ou n'en a pas, évidemment la justice doit avoir une balance égale entre deux débiteurs qui sont dans la même situation relativement à la créance, puisque c'est en raison de la nature de la créance, et non en raison de la situation du débiteur, que la contrainte par corps est prononcée. Je comprends que le débiteur puisse être plus ou moins intéressant, selon qu'il a une famille plus ou moins nombreuse, qu'il a des enfants mineurs ou des enfants majeurs.

Une voix. Le créancier aussi peut avoir des enfants mineurs.

LE CITOYEN BAROCHE. On me fait remarquer que le créancier pourrait être plus ou moins intéressant, qu'il peut avoir aussi des enfants mineurs. Cela est vrai, et viendrait à l'appui de ce que je veux dire ; mais je cherche à réduire les observations que j'ai à présenter à l'Assemblée, et je m'attache à ce qui me paraît le plus sérieux, et je résume mon argument à ceci, que la contrainte par corps est attachée à la nature de la créance. Eh bien, la position de famille du débiteur ne change rien à la nature de la créance. Quant aux matières civiles, il n'y a pas besoin de dispositions particulières ; les tribunaux civils peuvent prendre en considération la position du débiteur ; c'est leur droit, la loi le leur permet. Ils peuvent, suivant la position du débiteur, prononcer ou non la contrainte par corps. Ainsi donc, en matière civile, la disposition est inutile, et, en matière de commerce, elle est au contraire un principe.

J'en demande le rejet.

LE CITOYEN CHARAMAULE. Voici, messieurs, les considérations qui ont déterminé cette disposition du projet. Ce sont des considérations d'humanité.

On s'est demandé si, lorsqu'un père de famille, ayant souscrit une lettre de change, et contraignable par corps, subit cette condamnation, il n'y a pas lieu de prendre en considération la situation de sa famille, et on s'est demandé quelle influence pourrait avoir sur la famille l'arrestation immédiate du père, et peut-être aussi, car le cas a été prévu, si la contrainte par corps pourrait être prononcée à la fois contre le mari et contre la femme; c'est à l'occasion de cette même question qu'a été soulevée celle-ci :

On s'est demandé : Lorsque la contrainte par corps est prononcée contre un père de famille ayant des enfants en bas âge, faudra-t-il soudainement leur enlever leur protecteur naturel et les laisser sans défense exposés à tous les dangers ? N'y a-t-il pas ici des motifs très-légitimes, des motifs d'humanité qui veulent que les tribunaux puissent prendre en considération la situation de la famille du débiteur, et qui les autorisent, lorsqu'ils aperçoivent des dangers, à surseoir pendant une année à l'exécution de la contrainte par corps? De quoi s'agirait-il? De donner aux tribunaux le droit de prononcer dans leur sagesse si la situation de la famille du débiteur n'autorise pas à surseoir pendant un an à l'exécution de la contrainte par corps. Eh bien! qu'oppose-t-on à cela? On argumente judaïquement, et l'on dit : Mais la contrainte par corps s'attache à la nature de la créance.

Messieurs, est-ce que, dans tous les cas, la contrainte par corps ne s'attache pas à la nature de la créance? Et cependant est-ce que, dans tous les cas, vous n'avez pas fait prévaloir des raisons d'humanité? Par exemple, quand le débiteur a atteint sa soixante-dixième année, est-ce que la nature de la créance est changée? Pas le moins du monde; elle est toujours

une créance commerciale, et cependant, par des con
sidérations d'humanité, quand le débiteur a atteint sa
soixante-dixième année, vous désarmez la loi de sa
rigueur. Pourquoi? Pour protéger le débiteur lui-
même. Et vous ne voudriez pas protéger des enfants
en bas âge!

Messieurs, nous avons aperçu d'autres dangers; et,
s'il était permis de les signaler, nous pourrions indiquer ici des combinaisons machiavéliques. Quelquefois un créancier peut être armé de titres emportant la
contrainte par corps; il peut y avoir, au sein d'une
famille, des personnes dont l'âge et le sexe demandent une protection toute spéciale, et si, par hasard,
il lui vient à la pensée de leur enlever la protection du
père, croyez-vous que la sagesse et la prudence des
tribunaux doivent rester désarmés? est-ce que vous
allez leur enlever le moyen de déjouer de si machiavéliques combinaisons?

Voilà ce qui nous a portés à vous demander s'il n'y
a pas de légitimes motifs pour autoriser les tribunaux,
prenant en considération la situation de la famille, à
surseoir pendant une année; parce que, pendant cette
année, les membres de la famille aviseront, un conseil de famille pourra être formé, un autre protecteur
pourra être donné à ces jeunes personnes, qui per-
draient la protection de leur père.

Voilà le but de la disposition que vous propose le
comité, voilà quelle a été sa pensée; j'espère que l'Assemblée n'hésitera pas à l'adopter. (Très-bien! — Aux
voix!)

Le citoyen Baroche. Les considérations d'équité...

Le citoyen Charamaule. D'humanité.

Le citoyen Baroche. Les considérations d'humanité que M. Charamaule invoquait tout à l'heure étaient celles qu'on présentait à l'appui de l'amendement proposé par M. Wolowski, et de l'amendement présenté par M. J. Favre. On vous disait, lorsqu'on vous proposait de permettre aux magistrats, dans le cas où la contrainte par corps devait être prononcée, de ne pas la prononcer, on vous disait que c'était par des motifs d'humanité qu'on voulait laisser aux magistrats la faculté de prendre en considération la situation des débiteurs, et de ne pas prononcer la contrainte par corps, c'est-à-dire de faire, pour ce cas, exception au principe général de la loi.

Vous avez rejeté cet amendement, et je crois que vous avez bien fait.

Maintenant voilà que la proposition du comité forcerait le magistrat à entrer dans les considérations de situation de famille, dans les considérations d'âge, de sexe même des enfants du débiteur, car tout à l'heure M. Charamaule insistait sur certaines combinaisons machiavéliques qui pouvaient se rencontrer à l'occasion du sexe même des enfants du débiteur.

Si vous entrez dans cette voie fausse, vous ne pourrez pas vous arrêter à la disposition de l'article en discussion; car il faudra aussi, si par exemple le débiteur, sans avoir des enfants, a une femme, dont il est le seul soutien, demander, par la même considération d'équité, que dans ce cas les tribunaux puissent surseoir à l'exécution de la contrainte par corps, et puis encore s'il est le soutien de son père ou de sa mère.

Vous comprenez que, si on entre dans cette voie, il y a une foule de considérations qui peuvent se présenter ; et puis, en définitive, à quoi mènera ce sursis d'un an? Je doute, en vérité, que le comité soit bien passionné pour la disposition qu'il propose. A quoi cela mènera-t-il? M. Charamaule a pensé que, pendant le sursis qui serait accordé au débiteur, on aurait le temps de nommer un tuteur aux enfants.

Eh, mon Dieu! j'en appelle à M. Charamaule lui-même, est-ce qu'un père est destitué de la tutelle de ses enfants parce qu'il a eu le malheur de contracter une dette qu'il ne peut pas payer? Vous accorderez le sursis que vous voudrez ; mais, au bout de trois mois, au bout de six mois, au bout d'une année, les enfants mineurs seront dans la même situation ; seulement ils auront une année de plus. Voilà l'avantage qu'on aura obtenu en prononçant ce sursis d'une année ; ce sera toujours leur père qui sera leur tuteur.

Je crois qu'on s'égare quand on veut entrer dans des considérations semblables, et qu'il faut surtout que les règles que l'Assemblée a cherché, avec raison, à adoucir autant que possible, qu'il faut que les règles générales de la contrainte par corps soient absolues. Il ne faut pas qu'on s'abandonne à l'équité des magistrats. Je ne me défie aucunement de l'équité des magistrats ; mais on disait autrefois : « Défiez-vous de l'équité du parlement. » L'arbitraire est une mauvaise chose ; il ne faut pas que les magistrats puissent en abuser ; il faut que la règle soit générale et absolue pour tous. (Marques d'approbation. — Aux voix! aux voix!)

LE CITOYEN CHARAMAULE. C'est une erreur de notre honorable collègue de parler d'équité. Aucune considération d'équité n'intervient ici ; il ne s'agit ni d'équité, ni de justice, ni de droit rigoureux ; il s'agit simplement de considérations d'humanité, encore une fois. Je le répète, pourquoi arrêtez-vous la contrainte par corps au profit du débiteur lui-même quand il touche à sa soixante-dixième année? Il ne s'agit pas là d'équité, il s'agit d'humanité. Vous admettez donc que les considérations d'humanité ne doivent pas être écartées de l'exécution de la contrainte par corps.

Eh bien, dans ce cas, pourquoi ne voudriez-vous pas vous arrêter devant cette considération d'humanité, quand il s'agit d'enfants en bas âge? Vous dites que la mesure serait insuffisante, inefficace, qu'il aurait fallu l'étendre davantage; sans doute, c'est un malheur. Mais, parce qu'on ne pourra pas toujours couvrir les enfants d'une protection suffisante, est-ce une raison de les abandonner?

Quand je parle d'un tuteur à donner, ce n'est point d'un tuteur dans le sens légal, et je suis étonné que l'honorable M. Baroche se soit mépris sur mon intention; il s'agit ici de venir en aide à cette famille, il s'agit de lui donner un tuteur pour pourvoir aux besoins de ces enfants en bas âge, voilà de quel tuteur j'ai voulu parler et non du tuteur légal.

Le citoyen Tassel. Je propose par sous-amendement un sursis de trois mois.

Le citoyen président. M. Tassel a la parole.

Le citoyen Tassel. La discussion que vous venez d'entendre prouve bien qu'on doit admettre dans l'intérêt des enfants un sursis. C'est une question d'humanité à laquelle nous ne serons pas sourds, mais il ne faut pas non plus que, sous prétexte d'humanité, on vienne attaquer le texte de la loi.

Il s'agit d'avoir un protecteur pour les enfants; il

s'agit de ne pas leur enlever inopinément leur père et leur mère ; eh bien, dans les trois mois, on aura pu leur trouver ce protecteur, on aura pu les mettre à l'abri de la détresse.

Je crois donc que ce délai de trois mois est suffisant, et je le propose.

LE CITOYEN PRÉSIDENT. Je vais d'abord mettre aux voix le paragraphe, en supprimant le temps.

« Les tribunaux pourront, dans l'intérêt des enfants mineurs du débiteur, et par le jugement de condamnation, surseoir à l'exécution de la contrainte par corps. »

Nous voterons ensuite sur le délai de trois mois ou d'un an, proposé, l'un par M. Tassel, l'autre par le comité.

Je mets aux voix le second paragraphe de l'article 11, proposé par le comité.

(Ce paragraphe est adopté après une première épreuve.

La proposition du comité portant le sursis à une année, est adoptée après une première épreuve déclarée douteuse.)

LE CITOYEN PRÉSIDENT. « Art. 12. Dans tous les cas où la durée de la contrainte par corps n'est pas déterminée par la présente loi, elle sera fixée par le jugement de condamnation dans les limites de six mois à cinq ans.

« Néanmoins les lois spéciales qui assignent à la contrainte une durée moindre continueront d'être observées. »

Après l'article 12, M. Crémieux propose comme amendement une disposition ainsi conçue :

« En toute matière, les sommes reçues en exécution du jugement de condamnation seront imputées de plein droit sur les causes de la contrainte ; elles diminueront la dette en s'appliquant : 1° aux frais liquidés ; 2° aux intérêts courus jusqu'au jour du payement ; 3° au capital.

» La durée de l'emprisonnement diminuera successivement, à mesure des payements faits par à-compte.

» Le débiteur dont la dette sera réduite à moins de 500 fr. sera mis immédiatement en liberté. »

Cet amendement est-il appuyé ? (Non ! non !)

Alors nous n'avons pas à nous en occuper.

(L'article 12 est adopté.)

LE CITOYEN PRÉSIDENT. Maintenant nous arrivons à la disposition présentée par M. de Saint-Priest : « A Paris, le prix de la journée d'un détenu est fixé à 1 fr. 25 c. Dans les départements, le prix actuel sera augmenté d'un cinquième. »

LE CITOYEN DE SAINT-PRIEST. L'amendement que j'ai l'honneur de vous soumettre rentre dans l'esprit de la loi que vous faites, car il a pour but d'adoucir la rigueur de la contrainte par corps. Mon amendement est accepté par M. le ministre du commerce, qui pense qu'en effet la journée actuelle est un peu faible, et qu'il y aurait lieu de l'augmenter un peu.

Aux termes de la loi de 1832, la journée du détenu, à Paris, est de 1 fr. ; dans les provinces, elle est inférieure.

Si cette somme de 1 fr. était appliquée à la nourriture et à l'entretien des détenus, je ne viendrais pas vous en demander l'augmentation ; mais il n'en est

pas ainsi; on prélève sur cette somme une somme
journalière d'environ 6 ou 7 sous, en sorte que la
journée du détenu se trouve réduite à 12 ou 14 sous.
Or, je vous le demande, est-ce là une somme suffisante? 13 ou 14 sous, c'est ce qui reste au détenu
pour sa nourriture; il y a ici une question d'humanité.
Oh! je sais bien qu'il y a des débiteurs de mauvaise
foi, de mauvais payeurs, mais il y a aussi des débiteurs de bonne foi, des débiteurs malheureux ; ce sont
les expressions du Code civil.

Une dernière considération, s'il vous plaît. Vous
allez rétablir la contrainte par corps, qui avait été
supprimée. Eh bien, c'est le cas, je le crois, et vous
le penserez avec moi, de la rétablir avec un adoucissement pour la position des détenus ; je répète que
M. le ministre du commerce accepte l'amendement.

LE CITOYEN TOURRET, *ministre du commerce.* Je
n'accepte rien du tout.

LE CITOYEN DE SAINT-PRIEST. Croyez-vous que
pour 5 sous, un débiteur qui pourra se libérer voudra
rester en prison, et que vous priverez de la garantie
de la prison le créancier, parce que vous aurez augmenté la somme de 5 sous?

Voici ce qui arrivera : il arrivera que celui qui pourra
payer sortira, et que celui qui sera obligé de rester en
prison aura une position au moins un peu adoucie.

LE CITOYEN RAPPORTEUR. Le comité repousse l'a-
mendement.

LE CITOYEN PRÉSIDENT. Je mets aux voix l'amendement de M. de Saint-Priest, dont j'ai déjà donné
lecture. Il est combattu par le comité.

(L'amendement n'est pas adopté.)

LE CITOYEN PRÉSIDENT.

TITRE VI. — *Dispositions transitoires.*

« Art. 13. Les débiteurs mis en liberté par suite du décret du 9 mars 1848, et à l'égard desquels la contrainte par corps est maintenue, pourront être écroués de nouveau, à la requête de leurs créanciers, huit jours après une simple mise en demeure, mais ils profiteront des dispositions de la présente loi. »

LE CITOYEN TASSEL. Messieurs, je vous avoue que je ne comprends pas cet article. Comment! après avoir ouvert la porte des prisons, vous voulez y replacer les prisonniers! Je ne comprends pas une pareille rétroactivité. Un décret solennel du gouvernement provisoire avait aboli la contrainte par corps... (Réclamations.)

LE CITOYEN ROUHER. Il en a seulement suspendu l'exercice.

LE CITOYEN TASSEL. Le gouvernement provisoire avait suspendu, et il paraît que c'est sur ce mot que la commission base toute sa discussion, la contrainte par corps, et avait fait ouvrir et relâcher les prisonniers.

Eh bien, maintenant, on veut replacer dans les prisons ceux qui en sont sortis! Je dis qu'il y a là la rétroactivité la plus odieuse. Bien certainement, la liberté est un bien; lorsqu'on l'a donnée, on ne peut plus la reprendre. Ici il arriverait que des hommes rentrés dans la vie civile, et qui avaient repris leurs travaux, seraient rejetés dans les prisons. Encore une fois, songez qu'on ne peut pas ramener aux carrières ceux qui ont été amnistiés... (Interruption.)

15

L'amnistie est un fait acquis ; je ne sais si je suis ici d'accord avec le comité relativement au fond du droit. Bien certainement voici la conséquence ; ce serait de rejeter dans les prisons ceux qui en sont sortis. Ce n'est pas autre chose, et toutes les subtilités du monde ne la changeront en rien.

Je demande donc le rejet de l'article parce qu'il est rétroactif, immoral et attentatoire au droit que nous avons conquis le 24 février.

LE CITOYEN PRÉSIDENT. Je mets aux voix l'article 13.

(L'article 13 est adopté.)

« Art. 14. Les dettes antérieures ou postérieures au décret du 9 mars qui, d'après la législation en vigueur avant cette époque, entraînaient la contrainte par corps, continueront à produire cet effet dans les cas où elle demeure autorisée par la présente loi, et les jugements qui l'auront prononcée recevront leur exécution, sous les restrictions prononcées par les articles précédents.

» Si la contrainte par corps n'a pas été prononcée par les jugements rendus postérieurement au décret du 9 mars, elle pourra être demandée au tribunal compétent. »

LE CITOYEN BRIVES. Je demande la suppression du deuxième paragraphe.

LE CITOYEN RAPPORTEUR. La commission consent à la suppression du second paragraphe.

LE CITOYEN PRÉSIDENT. Je mets d'abord aux voix le premier paragraphe de l'article 14.

(Le premier paragraphe de l'article 14 est adopté.)

LE CITOYEN PRÉSIDENT. On demande la suppression du second paragraphe, qui est consentie par la commission.

Le citoyen rapporteur. Cela a été arrêté dans la dernière séance du comité.

Le citoyen président. Je mets alors aux voix l'article 15 ainsi conçu :

« Dans les trois mois qui suivront la promulgation de la présente loi, un arrêté du pouvoir exécutif, rendu dans la forme des règlements d'administration publique, modifiera le tarif des frais en matière de contrainte par corps. »

(L'article, mis aux voix, est adopté.)

(L'ensemble du projet est mis aux voix et adopté.)

COMMENTAIRE

SUR LA

CONTRAINTE PAR CORPS.

————◦⋈◦————

Art. 1ᵉʳ. Le décret du 9 mars 1848, qui suspend l'exercice de la contrainte par corps, cesse d'avoir son effet.

La législation antérieure sur la contrainte par corps est remise en vigueur sous les modifications suivantes.

Sommaire.

1. Loi de la Convention qui ordonne l'élargissement des prisonniers pour dette.
2. Exceptions.
3. Décret du 9 mars 1848 qui suspend l'exercice de la contrainte par corps.
4. Limitations apportées à ce décret.
5. La contrainte par corps est nécessaire.
6. On aurait dû abolir la contrainte conventionnelle.
7. Principales réductions apportées à la durée de l'emprisonnement pour dette.

COMMENTAIRE.

1. A une séance de la Convention du mois de mars 1793, Danton fit la motion d'abolir la contrainte par corps, comme *contraire à la saine morale, aux droits de l'homme et aux vrais principes de la liberté.* Cette proposition fut adoptée en ces termes : « La Conven-

» tion nationale décrète que les prisonniers pour dette
» seront élargis, que la contrainte par corps est abolie,
» et charge son comité de législation de lui faire in-
» cessamment un rapport sur les exceptions. »

2. Ainsi l'abolition n'était que partielle ; la Convention elle-même reconnaissait la nécessité d'exécuter
un débiteur sur sa personne, puisqu'elle déclarait
qu'il y aurait des exceptions, c'est-à-dire que dans
certains cas, il pourrait être incarcéré. Il ne faudrait
pas croire pour cela qu'auparavant l'emprisonnement
pour dette était de droit commun ; non, l'ordonnance
de Louis XIV de 1667, l'avait renfermé dans un cer-
cle d'exceptions dont la Convention n'a fait que restreindre la circonférence. Elle a maintenu ou rétabli
la contrainte par corps contre : 1° les comptables des
deniers de la république ; 2° les fournisseurs, à raison
des avances du trésor public ; ses autres débiteurs di-
rects (L. 30 mars 1793) ; 4° les détenus pour condamnations pécunières en matière de petit et de grand
criminel. (L. 30 mars 1793 et 5 octobre suivant) ;
5° les contrevenants en matière de douanes pour droit,
confiscation, amendes et restitution (titre 6, art. 4, L.
du 30 germinal an II). La loi du 7 vendémiaire an IV
sur l'exercice et la police extérieure des cultes, disposa,
article 30, que la condamnation à l'amende empor-
terait de plein droit contrainte par corps. Voilà donc
quatre lois de la Convention rendues en moins de trois
ans, qui consacrent ce moyen rigoureux d'exécution.
Sous le Directoire, sous le Consulat, sous l'Empire,
la législation a successivement introduit de nouveaux
cas d'emprisonnement pour dette.

3. La loi de la Convention, rendue sur la motion

de Danton, porte la date du 9 mars 1793 ; à cinquante-cinq ans de là, par une coïncidence singulière, jour pour jour, le 9 mars 1848, le gouvernement provisoire, sur ces motifs que la contrainte par corps était incompatible avec notre nouveau droit public, qu'elle était repoussée par la raison et l'humanité, et qu'elle constituait une violation de la dignité humaine, décréta que « dans tous les cas où la loi autorisait la contrainte par corps comme moyen, pour le créancier, d'obtenir le payement d'une dette pécuniaire, cette mesure cesserait d'être appliquée jusqu'à ce que l'Assemblée nationale eût définitivement statué sur la contrainte par corps. »

4. Mais, chose remarquable, on a vu se reproduire en 1848 un fait semblable à ce qui s'était passé sous la Convention. A peine eut-on ordonné l'élargissement des débiteurs, que l'on comprit tout de suite qu'il y avait certaines dettes pour lesquelles la contrainte par corps était indispensable. Moins de quinze jours ne s'étaient pas écoulés depuis le décret du 9 mars 1848, que, le 23 du même mois, le ministre de la justice, dans une circulaire adressée aux procureurs généraux, disait déjà : « Les stellionataires sont débiteurs frauduleux ; les débiteurs d'amendes pour délits, les débiteurs de dépens, en matière pénale, sont de mauvaise foi ; le décret sur la contrainte par corps ne les concerne pas. »

Puis deux mois après, le 19 mai, la commission du pouvoir exécutif, considérant que si la prohibition de la contrainte par corps « pouvait être considérée comme générale et absolue, » il en résulterait, notamment en ce qui concerne le département des finances, que la perception de l'impôt et la conservation des forêts nationales seraient gravement compromises, attendu que les délinquants forestiers et ceux qui contreviennent aux lois sur les douanes et les contributions indirectes étant, pour la plupart, complétement insolvables, l'administration, faute de la seule sanction pénale qui lui reste le plus souvent, se trouverait dans l'impossibilité d'empêcher la dévastation des forêts et de réprimer la fraude et la contrebande : sur la proposition du ministre des finances, arrêta que le décret du 9 mars 1848 n'était pas applicable au recouvrement des amendes et réparations prononcées au profit de l'État en matière criminelle, correctionnelle ou de simple police. Cette circulaire du ministre de la justice, cet arrêté de la commission exécutive émanés des mêmes personnes qui avaient rendu le décret du 9 mars, ne contiennent-ils pas une rétractation de ces motifs qui avaient entraîné le gouvernement provisoire : que la contrainte par corps est repoussée par la raison et l'humanité ; qu'elle constitue une violation de la dignité humaine, et qu'elle est incompatible avec le gouvernement républicain ? Une institution qui remonte à l'antiquité la plus reculée, qui est admise par le Code de toutes les nations civilisées, que la Convention nationale a conservée et qui est en vigueur dans les républiques de la Suisse et des États-Unis, ne peut pas encourir ces reproches.

5. Ces tentatives pour abolir la contrainte par corps faites en vain à un demi-siècle de distance et dans des temps où l'effervescence révolutionnaire aplanissait la voie à toutes les réformes, semblent contenir l'aveu arraché aux adversaires de ce moyen rigoureux d'exé-

cution de l'impossibilité d'en désarmer les créanciers.

Les partisans de la suppression de l'emprisonnement pour dette opposent que la liberté n'étant pas dans le commerce ne peut pas faire l'objet d'un contrat. Cet argument ne s'attaque qu'à la contrainte par corps conventionnelle ou en matière commerciale : il n'est d'aucune force en matière criminelle; il n'est d'aucune valeur lorsque le débiteur, en l'absence de toute stipulation, et par le fait d'un dol ou d'une fraude insigne, s'est placé en dehors du droit commun, et a obligé la loi à autoriser contre lui des rigueurs qui le mettent dans la nécessité de réparer le préjudice causé par sa notable mauvaise foi. Mais à considérer l'objection au point de vue restreint des matières commerciales, on répond que le législateur qui puise dans l'intérêt social le droit de priver de la liberté les infracteurs du Code pénal peut bien aussi tirer de l'intérêt du commerce qui est un des éléments de la société, le droit de conférer au créancier la faculté d'incarcérer son débiteur, parce qu'alors, suivant l'expression de Montesquieu, « la loi fait plus » de cas de l'aisance publique que de la liberté d'un » citoyen. » (*Esprit des lois*, liv. 20, chap. 15.)

6. Reste la contrainte par corps conventionnelle, et nous n'aurons pas de peine à avouer qu'à nos yeux rien ne la justifie et que nous regrettons qu'elle n'ait été effacée qu'en partie de nos Codes. C'est surtout dans ce cas qu'il est vrai de dire que la liberté n'étant pas dans le commerce, on ne peut pas permettre aux citoyens d'en disposer.

7. L'Assemblée constituante, après avoir rapporté le décret du gouvernement provisoire qui suspendait l'exercice de la contrainte par corps, a rétabli la

législation antérieure, mais sous des modifications assez importantes.

Les plus considérables portent sur les périodes de l'emprisonnement. La nouvelle loi consacre le principe absolu et sans exception, que la durée de l'incarcération est essentiellement temporaire. Jamais il ne sera permis de penser, comme précédemment, qu'elle puisse être illimitée. En aucun cas, elle ne pourra excéder cinq années; c'était le délai invariable fixé par la loi du 15 germinal an VI. C'était la moitié du terme le plus long posé par la loi du 17 avril 1832. D'autres réductions ont été opérées dans des proportions encore plus fortes. Le *maximum* de l'emprisonnement d'un débiteur de condamnations inférieures à 300 fr., prononcées au profit d'un particulier en matière criminelle, correctionnelle ou de police, se trouve abaissé de cinq années à six mois.

TITRE Ier. — *Dispositions relatives à la contrainte par corps en matière civile.*

Art. 2. A l'avenir, la contrainte par corps ne pourra être stipulée dans un acte de bail pour le payement des fermages des biens ruraux.

Sommaire.

12. Mais si le fermier était en retard de payer ses fermages, ce serait un motif pour lui refuser tout délai.

COMMENTAIRE.

8. Les articles 2 et 3 de la loi du 13 décembre sont exclusivement consacrés aux matières civiles. L'article 2 abroge la première disposition de l'article 2062 du Code civil qui prescrivait au juge de prononcer la contrainte par corps contre les fermiers pour le payement des fermages des biens ruraux, si elle avait été stipulée formellement dans l'acte de bail. La sous-commission du comité de législation qui a préparé le projet de loi ne s'était pas bornée à proposer la suppression de ce cas de contrainte, où la faculté de soumettre l'une des parties à cette voie d'exécution est laissée à la volonté des contractants ; elle avait posé en principe l'abolition de la contrainte par corps conventionnelle, pensant que c'est à la loi seule à reconnaître les cas où il y a lieu de prononcer l'emprisonnement pour dette, et qu'elle ne doit pas permettre aux citoyens de trafiquer de leur liberté. Mais bien que la disposition proposée ne supprimât qu'un très-petit nombre de causes de contrainte, la formule a paru trop radicale au comité qui a réduit la réforme à sa plus étroite limite.

9. Le motif qui avait déterminé le législateur du Code civil à autoriser la stipulation de la contrainte par corps dans un acte de bail, c'est que *les fermages des biens ruraux sont destinés à la nourriture du propriétaire et sont représentatifs des fruits que le fermier recueille* et dont il ne peut disposer sans acquitter le fermage qu'en commettant une infidélité. (Discours de M. Bigot-Preameneu au corps législatif, le 12 plu-

viôse an XII, titre de la Contrainte par corps.) Il n'est aucune de ces raisons qui ne puisse s'appliquer au principal locataire d'une maison, au locataire d'un bâtiment servant d'auberge ou d'hôtel garni. Les loyers d'une maison sont comme les fermages des biens ruraux destinés à la nourriture du propriétaire, et représentent les produits que le principal locataire, l'hôtelier, l'aubergiste retirent des lieux loués. S'ils sont exposés à des non-valeurs, le fermier court le risque de voir ses récoltes enlevées par cas fortuits, tels que grêle, feu du ciel, gelées, coulure, inondation, ou ravage de la guerre, sans pouvoir obtenir de remise du prix de ses fermages quand il a été chargé de toutes ces éventualités par une stipulation expresse (C. civ., art. 1772 et 1773). Si l'infidélité du débiteur était une cause suffisante de contrainte par corps, il faudrait en multiplier les cas dans nos lois. On a donc bien fait de supprimer au moins celle qui était autorisée par la première disposition de l'article 2062 du Code civil. Mais on a dû conserver la deuxième disposition de cet article qui rend passible de la contrainte par corps les fermiers et les colons partiaires, faute par eux de représenter à la fin du bail le cheptel de bétail, les semences et les instruments aratoires qui leur ont été confiés, à moins qu'ils ne justifient que le déficit de ces objets ne procède point de leur fait. En l'absence de cette justification, il y a plus qu'une simple infidélité, il y a une véritable soustraction. Et il était juste d'établir une distinction entre ces derniers et les fermiers en retard de payer leurs fermages.

10. M. Renouard, lors de la discussion de la loi à la séance du 13 décembre, proposa d'ajouter à notre article 2 une disposition additionnelle portant : « Néan-moins, la contrainte par corps *sera prononcée* par les tribunaux pour les fermages ruraux lorsque le fermier aura enlevé, sans le consentement du propriétaire, des meubles, effets, fruits et bestiaux garnissant la ferme. » C'était aggraver la position de tous les fermiers, c'était créer un nouveau cas de contrainte par corps et la plus rigoureuse de toutes les contraintes par corps, celle qui résulte de la loi et que le juge ne peut pas se dispenser de prononcer. Le fermier qui aurait enlevé ses propres bestiaux aurait été traité plus sévèrement que s'il eût distrait ceux que le propriétaire lui avait confiés, puisque dans ce cas le juge n'est pas obligé d'appliquer la contrainte ; c'eût été le renversement de toutes les idées de justice. M. Labor-dère, pour faire disparaître cette iniquité choquante, sous-amenda l'article additionnel en proposant de substituer les expressions facultatives *pourra être pro-noncée* aux termes impératifs : *sera prononcée.* Mais cette disposition n'en a pas moins été rejetée. Ce n'était pas le moment d'ajouter un nouveau cas d'emprison-nement pour dettes à ceux que la législation antérieure avait déjà consacrés. Quand l'Assemblée venait de faire disparaître une inégalité qui existait dans les moyens de recouvrement entre les loyers et les fermages, elle ne pouvait pas en établir une nouvelle. D'ailleurs, le Code civil a suffisamment pourvu aux intérêts de tous les propriétaires en leur accordant pour les loyers et fermages des immeubles un privilége, soit sur les fruits de la récolte de l'année, soit sur le prix de tout ce qui garnit la maison ou la ferme, et de tout ce qui sert à son exploitation. Ajoutons que la conservation de ce privilége a été garanti en outre par le droit conféré au propriétaire de saisir les meubles qui garnissaient sa maison ou sa ferme lorsqu'ils ont été déplacés sans son consentement. (Art. 2102 du Code civil.)

11. Notre article, en prohibant expressément d'insérer à l'avenir toute clause de contrainte par corps dans un acte de bail, a-t-il entendu que les baux déjà contractés et dans lesquels les fermiers s'étaient obligés par corps au payement de leurs fermages recevraient leur exécution ?

Le doute vient de ce que l'article 2, en interdisant *à l'avenir*, semble ne pas toucher au passé et laisser produire leur effet aux conventions antérieures. Telle n'est pourtant pas la pensée qui a inspiré la rédaction de cette disposition. La sous-commission, dans son premier projet, avait proposé de dire : « Art. 4. L'interdiction prononcée par l'article 2063 du Code civil de stipuler la contrainte par corps dans un acte est étendue même au contrat de bail. » Cette tournure de phrase a été rejetée comme embarrassée et ne faisant pas connaître de suite la faculté accordée par l'article 2062 du Code civil et qu'il s'agissait de retirer. On a préféré répéter les termes mêmes de cet article, et les mots *à l'avenir* sont venus se placer naturellement pour bien marquer la dérogation. Ces expressions ne doivent donc exercer aucune influence sur la solution que nous cherchons; ce point écarté, c'est par les principes généraux du droit qu'il faut résoudre la question. L'emprisonnement du débiteur est un moyen énergique d'exécution que la loi met à la disposition du créancier; il dépend d'elle de le lui retirer si elle décide que, par un motif quelconque, ce moyen doive être supprimé. Jamais on n'a contesté avec raison au législateur, s'il croit devoir abolir la contrainte par corps, le pouvoir de mettre à l'instant même tous les détenus pour dette en liberté et d'interdire aux créanciers d'opérer à l'avenir aucune incarcération. Or, ce que le législateur peut faire par mesure générale, il le peut également pour une certaine catégorie de débiteurs. C'est ainsi que la loi de 1832 a ordonné l'élargissement des prisonniers pour dettes qu'elle affranchissait de la contrainte personnelle. Eh bien, ce que le législateur avait fait en 1832, il l'a renouvelé en 1848. L'article 14 de la loi du 13 décembre dispose que les dettes antérieures au décret du 9 mars qui, d'après la législation en vigueur avant cette époque, entraînaient la contrainte par corps, continueront à produire cet effet dans les cas où elle est autorisée par la présente loi, d'où il suit que dans les cas où elle n'est pas autorisée, elle ne pourra pas être opérée, et c'est précisément ce qui se rencontre dans l'espèce.

12. Le bailleur qui aurait ainsi stipulé la contrainte par corps et qui, par l'effet de la loi, se trouve privé de cette garantie, pourrait-il demander la résolution du bail ?

Nous n'avons pas de texte précis pour résoudre cette question, mais nous pouvons raisonner par analogie. Supposons qu'au lieu d'un contrat de bail il s'agisse d'un contrat de prêt; ainsi, par exemple, un propriétaire a tiré de Paris, sur son locataire à Marseille, une lettre de change pour le payement de son loyer et a escompté cette traite chez un banquier. Avant l'échéance intervient une loi qui supprime la contrainte par corps contre les signataires de lettres de change qui ne sont pas négociants. Le banquier ne pourra pas prétendre priver du bénéfice du terme ni le tireur ni le tiré ; l'article 1188 du Code civil s'y oppose, parce que, bien que les sûretés soient diminuées, ce n'est par le fait d'aucun des deux débiteurs. Il doit en être de même à l'égard du propriétaire et du fermier, parce que les sûretés qui ont été données par le contrat de bail n'ont pas été diminuées par le fait du preneur.

13. Mais s'il était en retard de payer ses fermages et que le bailleur demandât la résolution, le juge ne pourrait user de la faculté que lui donne l'article 1244 du Code civil d'accorder au défendeur un délai selon les circonstances, ou plutôt la circonstance que le propriétaire serait privé d'une garantie qu'il s'était fait donner, serait une raison déterminante pour refuser tout délai.

Art. 3. Les greffiers, les commissaires-priseurs et les gardes du commerce seront, comme les notaires, les avoués et les huissiers, soumis à la contrainte par corps, dans les cas prévus par le § 7 de l'article 2060 du Code civil.

Sommaire.

14. Les agents de change et les courtiers de commerce étant négociants, sont en cette qualité contraignables par corps pour la restitution des titres à eux confiés et des deniers par eux reçus pour leurs clients par suite de leurs fonctions.
15. Suite.
16. Mais c'est devant la juridiction consulaire que la demande contre les agents de change et les courtiers de commerce devra être formée.
17. Et la durée de la contrainte par corps sera déterminée suivant l'importance de la somme par l'article 4 de la loi du 13 décembre 1848.
18. L'article 3 comble, à l'égard des greffiers, des commissaires-priseurs

et des gardes du commerce, une lacune de la législation sur la contrainte par corps.

19. Les greffiers sont responsables par corps, en vertu de l'article 2060 3° et 4° du Code civil, des sommes qui leur ont été consignées en cette qualité en vertu d'une prescription de la loi ou d'un mandement de justice.

20. La contrainte par corps peut-elle être prononcée contre un officier public pour la représentation d'objets mobiliers qui lui ont été remis afin de les vendre aux enchères dans un lieu choisi par lui?

21. L'article 3 n'est applicable qu'aux faits postérieurs à la promulgation de la loi du 13 décembre 1848.

COMMENTAIRE.

14. L'article 3 soumet à la contrainte par corps les greffiers, les commissaires-priseurs et les gardes du commerce pour la restitution des titres à eux confiés et des deniers par eux reçus pour leurs clients par suite de leurs fonctions.

Le premier et le deuxième projet de la sous-commission du comité de législation, *V.* pages 18 et 113, comprenaient en outre les agents de change et les courtiers de commerce. Cette rédaction fut modifiée à la deuxième lecture dans le sein du comité, et on retrancha ces officiers ministériels, sur l'observation d'un membre qu'il était inutile de parler d'eux parce qu'ils étaient soumis à la contrainte par corps en qualité de commerçants. En effet, il ne paraît pas contestable que la nature de leurs fonctions soit essentiellement commerciale.

L'arrêté du 29 germinal an IX, article 16, attribue aux tribunaux consulaires la connaissance des contestations entre agents de change, relativement à leurs fonctions. Or ces tribunaux ne jugent pas en matière civile.

L'article 632 du Code de commerce répute acte

16

de commerce toute opération de courtage, et l'article 1er du même Code déclare commerçants ceux qui exercent des actes de commerce et en font leur profession habituelle; l'article 89 de ce Code porte qu'en cas de faillite, tout agent de change ou courtier est poursuivi comme banqueroutier frauduleux; et l'article 437 définit la faillite l'état du commerçant qui cesse ses payements. De plus, la loi du 15 germinal an VI, titre II, intitulé : *De la contrainte par corps en matière de commerce*, portait (article 1er) : « A dater de la publication de la présente loi, la contrainte par corps aura lieu, dans toute l'étendue de la République française : 1° contre les banquiers, *agents de change, courtiers*, facteurs ou commissionnaires dont la profession est de faire vendre ou acheter des marchandises moyennant rétribution, pour la restitution de ces marchandises ou du prix qu'ils en toucheront. »

Il est vrai que cette disposition n'a pas été reproduite dans la loi du 17 avril 1832 et qu'elle a même été abrogée par l'article 46 de cette loi, mais ç'a n'a pas été pour affranchir les agents de change ni les courtiers de la contrainte par corps.

15. « Dans l'état actuel de la législation, « disait M. Portalis dans son rapport du projet de cette loi à la chambre des pairs, le 22 décembre 1831, » la loi du 15 germinal an VI énumère les actes commerciaux à l'occasion desquels la contrainte par corps doit être prononcée. Le Code de commerce, qui se tait sur la contrainte par corps, contient une énumération plus nombreuse des actes de commerce. Cette énumération trace les limites de la compétence des tribunaux de commerce. Dans cette situation, les jurisconsultes et

les tribunaux se sont divisés. Selon les uns, comme la contrainte par corps ne peut être prononcée qu'en vertu d'une loi formelle, il n'y a lieu à l'appliquer que dans les cas prévus par la loi du 15 germinal an VI. C'est la doctrine constante de la cour de cassation. Elle a pensé que la cause de la liberté était toujours favorable ; qu'une loi qui permettait de priver un citoyen de la sienne était de droit étroit ; qu'il ne suffit pas d'être justiciable des tribunaux de commerce pour être contraignable par corps, qu'il faut encore se trouver dans une des hypothèses nommément prévues par la loi qui autorise cette contrainte. Selon les autres, la contrainte par corps est inhérente de plein droit aux matières commerciales. Dans leur opinion, la force du crédit est dans la garantie rigoureuse que ce mode d'exécution assure aux engagements commerciaux ; car la loi qui l'institue stipule surtout en faveur de celui qui emprunte, lorsqu'elle semble accorder à celui qui prête une protection toute spéciale, puisqu'il n'y aura ni prêts ni avances possibles, si les débiteurs pouvaient impunément se refuser au remboursement. La loi proposée décide la question ; elle déclare contraignable par corps toute personne condamnée pour dette commerciale. Cette solution se présentait naturellement, puisqu'on abroge la loi du 15 germinal an VI, et que le Code de commerce reste seul avec sa nomenclature plus complète.» M. Parant, dans le rapport fait à la chambre des députés le 16 février 1832, s'exprime dans le même sens. Ainsi l'esprit de la loi du 17 avril n'a pas été de restreindre la contrainte par corps dans des limites plus étroites que celles de la loi du 15 germinal, mais d'étendre ce mode d'exécution à toutes les dettes commerciales. Or nous avons suffisamment démontré qu'il faut ranger dans cette catégorie celles qui sont réclamées aux agents de change et aux courtiers à raison de leurs fonctions, puisque la législation les place dans la classe des commerçants.

Il n'y a donc pas de doute que la contrainte par corps ne doive être prononcée contre les agents de change et les courtiers pour la restitution des titres à eux confiés et des deniers reçus par suite de leurs fonctions; mais comme ils seront actionnés en qualité de commerçants, il suit de là deux conséquences :

16. 1° C'est la juridiction consulaire qui sera compétente pour statuer sur la demande;

17. 2° Tandis que la durée de la contrainte par corps prononcée contre les notaires, les avoués, les huissiers, les greffiers, les commissaires-priseurs et les gardes du commerce pour la restitution des titres à eux confiés et des deniers par eux reçus pour leurs clients par suite de leurs fonctions, sera déterminée par le jugement de condamnation dans les limites de six mois à cinq ans, les agents de change et les courtiers condamnés dans les mêmes circonstances seront soumis à une incarcération dont la durée, aux termes de l'article 4 de la présente loi, est graduée selon l'importance de la somme, depuis trois mois jusqu'à trois ans.

18. L'article 3 de la loi du 13 décembre 1848 comble une lacune qui se trouve dans le § 7 de l'article 2060 du Code civil. Que ce Code n'ait pas soumis les gardes du commerce à la contrainte par corps pour la restitution des titres à eux confiés et des deniers par eux perçus pour leurs clients par suite de leurs fonctions, cette omission se comprend, puisque l'institution de ces officiers publics n'a eu lieu que postérieurement; mais le silence du § 7 de l'article 2060 ne peut s'expliquer que par un oubli à l'égard des greffiers et des commissaires-priseurs qui, à l'époque de la promulgation de cette disposition, étaient déjà investis du droit de procéder aux prisées et aux ventes publiques de meubles, et avaient à répondre des titres et des deniers qui leur avaient été remis à cette occasion. La nécessité d'employer dans les mêmes circonstances le ministère soit des huissiers, soit des notaires et d'assurer leur fidélité, ou de fournir aux parties les moyens d'exécution les plus énergiques pour obtenir la réparation d'un préjudice causé en violation d'une confiance imposée par la loi, avaient justifié l'établissement de la contrainte par corps contre ces derniers. Les mêmes motifs militaient contre les greffiers et les commissaires-priseurs, et c'est avec raison que la loi du 13 décembre, en les assimilant les uns aux autres, a fait cesser une anomalie choquante, et a tranché selon les règles de l'équité une question où l'esprit de la loi était en lutte avec la rigueur du droit et qui divisait les esprits, la question de savoir si on pouvait appliquer par analogie le § 7 de l'article 2060 aux autres officiers publics que ceux qu'il énumérait et qui se seraient trouvés dans les mêmes cas. Maintenant le doute n'est plus possible. Le greffier et le commissaire-priseur chargés de procéder à une prisée ou à une vente de meubles, le garde du commerce chargé de l'arrestation d'un débiteur, et à qui, à raison de ces fonctions, on aura confié des titres ou qui auront reçu des deniers pour leurs clients, seront condamnés par corps à en faire la restitution.

19. Lorsque des deniers sont déposés entre les mains des greffiers par les parties, soit en vertu des dispositions de la loi, soit par mandement de justice, ce cas ne rentre pas dans les prévisions de notre article, qui règle les rapports de ces fonctionnaires avec leurs clients, titre qu'on ne peut pas donner aux justiciables comparaissant devant un greffier en tant que membre du tribunal, et non pas comme officier public ayant qualité pour procéder à une prisée ou à une vente; mais alors si l'article 3 n'est pas applicable, les parties lésées pourront invoquer les §§ 3 et 4 de l'article 2060 du Code civil qui prononcent la contrainte par corps pour la répétition de deniers consignés entre les mains de personnes publiques établies à cet effet, et pour la représentation de choses déposées aux séquestres, commissaires et autres gardiens.

20. La contrainte par corps qui doit être prononcée contre l'officier public chargé d'une vente pour la restitution des titres et des deniers qu'il aurait reçus à cette occasion, pourrait-elle l'être également pour la représentation des objets mobiliers qui lui auront été remis afin de les vendre aux enchères?

Souvent dans les villes les commissaires-priseurs ont des salles où sont transportés les meubles destinés à être adjugés publiquement. Si la vente est faite ensuite, il est indubitable que la restitution du prix de ces objets pourra être exigée par la voie de la contrainte par corps; mais si le commissaire-priseur ne procède pas à la vente et refuse de restituer ces objets, c'est alors que la question que nous venons de poser se présentera. Nous n'hésitons pas à la résoudre négativement, et nous nous fondons pour la décider ainsi sur le texte et sur l'esprit de la loi. Sur le texte, car le § 7 de l'article 2060 ne parle que de titres confiés et de deniers reçus, et dans l'espèce il s'agit d'objets mobiliers proprement dits; sur l'esprit de la loi, car le législateur, en soumettant les officiers publics dans ce cas à la contrainte par corps, a voulu, ainsi que nous l'avons expliqué n° 18, assurer le respect de la confiance commandée par la loi. Mais si la loi oblige à employer le ministère de certains fonctionnaires pour les ventes aux enchères, elle ne prescrit pas d'opérer, dans des locaux qui leur appartiennent, le dépôt des meubles à vendre : ce dépôt étant purement volontaire et facultatif, si la confiance du client est trompée, ce n'est pas la faute de la loi, et il ne peut invoquer d'autres dispositions que celles de la section III, chap. 2, t. XI, livre III du Code civil sur les obligations du dépositaire, dispositions qui ne prononcent pas la contrainte par corps.

21. A la différence de l'article 2, qui règle le passé en affranchissant pour l'avenir de la contrainte les fermiers qui s'y sont soumis, l'article 3 ne peut être appliqué qu'à des condamnations qui interviendront sur des faits postérieurs à la promulgation de la loi du 13 décembre. Si le principe de la non-rétroactivité n'empêche pas d'adoucir les voies d'exécution contre le débiteur, ce principe s'oppose à ce que ces voies soient aggravées.

TITRE II. — *Dispositions relatives à la contrainte par corps en matière commerciale.*

Art. 4. L'emprisonnement pour dette commerciale cessera de plein droit après trois mois, lorsque le montant de la condamnation en principal ne s'élèvera pas à 500 fr. ; après six mois, lorsqu'il ne s'élèvera pas à 1,000 fr. ; après neuf mois, lorsqu'il ne s'élèvera pas à 1,500 fr. ; après un an, lorsqu'il ne s'élèvera pas à 2,000 fr.

L'augmentation se fera ainsi successivement de trois mois en trois mois pour chaque somme en sus qui ne dépassera pas 500 fr., sans pouvoir excéder trois années pour les sommes de 6,000 fr. et au-dessus.

Sommaire.

22. La loi du 13 décembre ne déroge pas aux dispositions des articles 1, 2, 3, 4 et 6 du titre Ier de la loi du 17 avril 1832.
23. Personnes contre lesquelles la contrainte par corps ne peut pas être prononcée ni exercée en matière commerciale.
24. Dans quels cas les signatures des non-négociants apposées sur des lettres de change ou des billets à ordre emportent la contrainte par corps.
25. L'amendement de M. Brillier, qui proposait de n'appliquer la contrainte par corps en matière commerciale qu'aux commerçants, a été rejeté.
26. L'amendement par lequel M. Jules Favre proposait de laisser aux tribunaux de commerce la fixation de la durée de l'emprisonnement a été également rejeté.
27. La loi du 13 décembre n'a abrogé qu'un article du titre Ier de la loi du 17 avril : c'est le cinquième.
28. Le minimum de la durée de la contrainte par corps en matière commerciale est réduit d'un an à trois mois, et le maximum de cinq années à trois ans. L'échelle de gradation est réglée par trimestre.
29. L'emprisonnement pour dette commerciale cesse après trois mois, lorsque le montant de la condamnation en principal ne s'élève pas à 500 fr. L'augmentation de la durée se fait ensuite d'autant de trimestres qu'il y a de sommes en sus qui ne dépassent pas 500 fr., jusqu'à trois ans pour les sommes de 5,500 fr. et au-dessus.
30. La durée de la contrainte se calcule de quantième à quantième, sans tenir compte de l'inégalité des mois du calendrier.
31. Comment doit se faire la consignation pour les aliments lorsque la période à courir pour atteindre la limite de la durée de l'emprisonnement est de moins de trente jours ?
32. Réponse à un reproche de rédaction adressé à l'article 4 de la loi du 13 décembre.
33. Les expressions : *le montant de la condamnation principale*, de l'ar-

ticle 4, sont reproduites de l'article 5 de la loi du 17 avril 1832, et doivent être entendues dans le même sens que celles : *une somme principale*, qu'emploie l'article 1er de cette dernière loi.

34. Il conviendrait pourtant d'ajouter au principal d'une lettre de change ou d'un billet à ordre les frais de protêt, rechange et autres frais légitimes.

35. Mais il ne faut pas y joindre les intérêts du principal de la lettre de change ou du billet à ordre courus depuis le jour du protêt jusqu'à celui de la demande ou du jugement.

36. Explication de ces expressions du deuxième paragraphe de l'article 4 : *chaque somme en sus qui ne dépassera pas 500 fr.*

COMMENTAIRE.

22. La nouvelle loi ne déroge pas aux dispositions des articles 1, 2, 3, 4 et 6 du titre Ier de la loi du 17 avril, qui est comme celui-ci consacré aux matières commerciales. Ainsi la contrainte par corps ne peut pas encore aujourd'hui, dans ces matières, être prononcée pour une somme inférieure à 200 fr., mais elle doit l'être contre toute personne condamnée pour dette commerciale au payement d'une somme principale de 200 fr. et au-dessous. (Art. 1er, loi 17 avril.)

23. Toutefois, ne sont pas soumis à la contrainte par corps en matière de commerce :

1° Les femmes et les filles non légalement réputées marchandes publiques ;

2° Les mineurs non commerçants, ou qui ne sont point réputés majeurs pour fait de leur commerce ;

3° Les veuves et les héritiers des justiciables des tribunaux de commerce assignés devant ces tribunaux en reprise d'instance ou par action nouvelle à raison de leur qualité (art. 2, L. 17 avril) ;

4° Les débiteurs qui ont commencé leur soixante-dixième année, lors même que la dette aurait été contractée antérieurement (art. 4, L. 17 avril); par conséquent à quelque époque que la contrainte ait été prononcée, elle ne peut pas être exercée contre le débiteur qui a atteint cet âge; et s'il y parvient pendant son incarcération, il doit immédiatement être mis en liberté. (Art. 6, L. 17 avril.)

24. Enfin, les condamnations prononcées par les tribunaux de commerce contre des individus non négociants pour signatures apposées, soit à des lettres de change réputées simples promesses aux termes de l'article 112 du Code de commerce, soit à des billets à ordre, n'emportent point la contrainte par corps, à moins que ces signatures et engagements n'aient eu pour cause des opérations de commerce, trafic, change, banque ou courtage (Art. 3, L. 17 avril).

25. Lors de la discussion du projet de loi à l'Assemblée constituante, M. Brillier développa un amendement par lequel il proposait de n'appliquer la contrainte par corps en matière de commerce qu'aux commerçants, et d'abroger les articles 1, 2 et 3 de la loi du 17 avril. Cet amendement a été rejeté après avoir été combattu principalement en ce qu'il avait pour effet de diminuer la valeur des lettres de change, ce puissant instrument de circulation, qui n'auraient plus eu le même crédit si les tireurs, accepteurs et endosseurs n'avaient offert la garantie de leur personne que quand ils auraient été commerçants, *V.* p. 160.

26. Un autre amendement de M. Jules Favre, qui avait pour objet de laisser à l'arbitraire des tribunaux de commerce la fixation de la durée de la contrainte par corps et d'en réduire le *maximum* à deux ans, a également été rejeté. Et c'est avec raison, car si en matière civile, où cette contrainte n'est prononcée que par exception, on peut laisser au juge le soin d'en déterminer la durée dans certaines limites toutefois, suivant la gravité du fait pour lequel elle est prononcée et les ressources présumées du débiteur, il n'en est pas de même en matière de commerce où elle est de droit commun. Les juges, obligés de prononcer un grand nombre de jugements en quelques heures, n'auraient pas le temps de rechercher ni d'apprécier les circonstances qui pourraient militer en faveur du débiteur ; d'ailleurs il faut que le commerçant, lorsqu'il traite, sache précisément l'étendue de l'engagement stipulé et qu'il ne puisse pas craindre de le voir varier sous l'impression d'une plaidoirie habile. Enfin l'amendement de M. Jules Favre avait le tort de ne pas fixer une limite au-dessous de laquelle le juge n'aurait pas pu faire descendre la durée de l'emprisonnement et le rendre illusoire en le réduisant à un seul jour, *V.* p. 183.

27. La loi du 13 décembre n'a abrogé qu'un article du titre Ier de la loi du 17 avril : c'est le cinquième, qui se trouve actuellement remplacé par l'article 4 de la nouvelle loi.

28. Ce dernier emprunte en partie les termes de celui qu'il abroge ; mais le minimum de la durée de la contrainte par corps en matière commerciale se trouve réduit d'un an à trois mois, et le maximum de cinq ans à trois ans. L'échelle de gradation, au lieu d'être réglée par année, ne l'est plus que par trimestre ; en sorte que deux condamnations qui ne diffèrent entre elles que d'une somme insignifiante ne présenteront plus ce contraste d'une différence d'une année entière dans la durée de la contrainte. N'était-il pas choquant en effet, sous l'empire de la loi du 17 avril, que le débiteur condamné à 500 fr. fût sou-

mis à une incarcération de deux ans, tandis que le
créancier n'aurait pu le détenir qu'une année pour
une somme de 499 fr. ? Notre article, qui prescrit de
faire cesser l'emprisonnement après trois mois dans
le dernier cas, ne le prolonge que jusqu'à six mois
dans le premier. La sous-commission que le comité
de législation avait chargée de préparer le projet de
loi avait proposé de graduer la contrainte à raison
de 200 fr. par mois, ce qui aurait diminué l'inégalité
de la durée pour des condamnations à peu près semblables. Le moyen de la faire disparaître aurait été de
mesurer l'augmentation par petites sommes et par
jour.

29. Nous venons de voir que le terme le moins
long de la durée de l'emprisonnement en matière de
commerce est de trois mois. On a pensé que cette
épreuve était suffisante quand le montant de la condamnation principale est inférieur à 500 fr. ; et en
effet, le débiteur qui pendant ce temps se laisse priver
de la liberté et enlever à ses affaires doit être présumé
insolvable. La règle à suivre pour les condamnations
supérieures à celle dont nous venons de parler est
simple et d'une application facile ; mais il ne faut pas
perdre de vue que l'article 4 a pris pour point de départ de la première somme le même chiffre que l'article 5 de la loi du 17 avril, c'est-à-dire que la condamnation ne doit pas atteindre 500 fr. La ligne de
démarcation est donc tracée au-dessous : A partir
de là, chaque somme de 500 fr. entraîne l'addition
d'une nouvelle période de trois mois, par conséquent
autant il y a de fois 500 fr., autant, il convient d'ajouter de trimestres d'emprisonnement aux trois pre-

miers mois. Ainsi le débiteur condamné à un principal de 500 fr. peut être retenu six mois ; il peut l'être neuf mois pour 1,000 fr., un an pour 1500 fr., quinze mois pour 2,000, etc. Cela résulte des termes mêmes de l'article 4, qui dispose que l'emprisonnement cesse après trois mois lorsque le montant de la condamnation principale ne s'élève pas à 500 fr., après six mois lorsqu'il ne s'élève pas à 1,000 fr., après neuf mois lorsqu'il ne s'élève pas à 1,500 fr., etc. ; donc s'il s'élève à 500 fr., à 1,000 fr., à 1,500 fr., la durée de l'emprisonnement est pour la première somme de six mois, pour la deuxième de neuf mois, pour la troisième d'un an. Il résulte de cette explication que depuis trois mois jusqu'à trois ans la durée de l'emprisonnement doit se calculer de la manière suivante :

Au-dessous d'une condamnation principale de 500 fr., trois mois ; au-dessous de 1,000 fr., six mois ; au-dessous de 1,500 fr., neuf mois ; au-dessous de 2,000 fr., un an ; au-dessous de 2,500 fr., quinze mois ; au-dessous de 3,000 fr., dix-huit mois ; au-dessous de 3,500 fr., vingt et un mois ; au-dessous de 4,000 fr., deux ans ; au-dessous de 4,500 fr., deux ans et trois mois ; au-dessous de 5,000 fr., deux ans et six mois ; au dessous de 5,500 fr., deux ans et neuf mois.

Les condamnations de 5,500 fr. et au-dessus ne peuvent pas entraîner un emprisonnement supérieur à trois années ; c'est donc improprement que l'article 4, *in fine*, dispose que l'emprisonnement *ne peut excéder trois années pour les sommes de 6,000 fr. et au-dessus;* il eût été plus exact de dire pour les sommes de 5,500 fr. et au-dessus.

30. La loi ayant fixé à trois mois chaque période de l'emprisonnement, il faut prendre les mois avec leurs inégalités tels qu'ils se trouvent dans le calendrier. Ainsi un emprisonnement opéré le 15 février pour une somme inférieure à 500 fr. cessera de plein droit le 15 mai, après quatre-vingt-neuf jours, tandis que du 15 juin au 15 septembre il aurait duré quatre-vingt-douze jours.

31. Le plus ordinairement les périodes trimestrielles ne concorderont pas avec les périodes alimentaires de trente jours (art. 29, L. 17 avril 1832). Comment alors la consignation devra-t-elle se faire pour la dernière fraction de la durée de l'emprisonnement?

Bien que l'article 28 de la loi du 17 avril 1832 exige que la somme destinée à pourvoir aux aliments des détenus pour dettes soit consignée d'avance et pour trente jours au moins, cette prescription ne peut recevoir d'application que quand le débiteur doit rester incarcéré pendant tout ce laps de temps. Ce que le législateur a voulu par l'article 28, c'est qu'une période de trente jours d'incarcération ne commençât pas sans que la nourriture du prisonnier fût assurée. Mais si la détention ne doit plus durer que quelques jours après l'expiration de la consignation alimentaire, pourquoi le créancier serait-il tenu de déposer une somme supérieure à celle qui est nécessaire au débiteur pour assurer ses aliments pendant le temps qui lui reste à passer sous les verroux? Il faudrait donc qu'après l'élargissement le créancier retirât le surplus de la consignation? Ainsi, dans l'espèce que nous avons supposée n° 30, d'un débiteur incarcéré le 15 juin pour une somme inférieure à 500 fr., on ne pourrait pas exiger qu'à l'expiration de la troisième période de trente jours, quand il n'en reste plus que deux pour compléter la durée de l'emprisonnement, le créancier fût astreint de consigner des aliments pour trente jours entiers.

32. Nous avons entendu critiquer la rédaction du deuxième paragraphe de l'article 4 pour défaut d'harmonie avec celle du premier, qui s'est servi d'une locution exclusive : *lorsque le montant de la condamnation principale ne s'élèvera pas à 500 fr.* ; tandis que le deuxième paragraphe s'est exprimé inclusivement : *pour chaque somme en sus qui ne dépassera pas 500 fr.* Ce reproche n'est pas fondé, car le point de départ étant pris au-dessous de 500 fr., comme nous l'avons dit n° 29, chaque somme à laquelle sont attachés ensuite trois mois d'emprisonnement doit être complète avant qu'une nouvelle période trimestrielle puisse s'ouvrir. Après avoir détaillé successivement la durée de l'emprisonnement pour chaque somme au-dessus de 500 fr., de 1,000 fr., de 1,500 fr. et de 2,000 fr., afin de ne pas répéter le même calcul jusqu'à 5,500 fr. et jusqu'à trois ans, il fallait poser, ainsi qu'elle l'a été, la règle de trois mois pour chaque somme entière de 500 fr. En effet, ajoutez 500 fr. à 1,999 fr. 99 c., extrême limite pour que l'emprisonnement cesse après un an, vous avez 2,499 fr. 99 c., condamnation qui permet au créancier de retenir son débiteur incarcéré pendant quinze mois. C'est donc avec raison qu'il a été dit : *L'augmentation se fera ainsi successivement de trois mois en trois mois pour chaque somme en sus* (1,999 fr. 99 c.) *qui ne dépassera pas 500 fr.*

33. Que faut-il entendre par le montant de la condamnation en principal qui détermine la durée de la contrainte par corps?

Ces expressions, reproduites de l'article 5 de la loi du 17 avril 1832, ont le même sens que celles-ci : *une somme principale*, qu'emploie l'article 1er de cette loi en fixant la somme pour laquelle la contrainte par corps est prononcée à raison d'une dette commerciale. Ce sont les mêmes éléments qui confèrent la contrainte et servent à en déterminer la durée. Quand le débiteur s'oblige commercialement, il faut qu'il sache s'il se soumet à la contrainte par corps et pour combien de temps; il ne peut donc pas dépendre du créancier de grossir la dette en y ajoutant des accessoires, par exemple des intérêts et des frais antérieurs à la demande, soit pour atteindre la somme nécessaire à la prononciation de la contrainte, soit pour augmenter sa durée.

34. Toutefois il nous paraîtrait juste que cette règle reçût exception en ce qui concerne les frais de protêt, de rechange et autres frais légitimes des lettres de change et billets à ordre. La raison qui nous ferait admettre cette exception, c'est que ces frais, dont les intérêts sont dus à compter du jour de la demande en justice (art. 185 et 187 du Code de commerce), étant nécessaires et ayant été occasionnés par la faute du débiteur, qui a eu le tort grave de ne pas payer à son échéance un effet de commerce, si on ne les considérait pas comme faisant partie du principal de la condamnation, le recouvrement ne pourrait pas s'en opérer par la contrainte corporelle, et le créancier serait exposé à les perdre. En effet, l'article 23 de la loi du 17 avril 1832 n'oblige le débiteur à consigner, en fait

de frais, pour obtenir son élargissement, que ceux de l'instance, ceux de l'expédition et de la signification du jugement et de l'arrêt s'il y a lieu, ceux enfin de l'exécution relative à la contrainte par corps seulement. Cependant nous ne pouvons nous dissimuler que les termes des articles 1er de la loi du 17 avril 1832 et 4 de celle du 13 décembre 1848, sont assez précis pour qu'une interprétation contraire à celle que nous venons de proposer ne soit pas admissible.

35. Du reste, nous ne doutons pas que les intérêts de la lettre de change ou du billet à ordre, qui courent du jour du protêt (Code de comm., art. 184), ne doivent rester en dehors de la somme qui sert à fixer le montant pour lequel la contrainte peut être prononcée, ainsi que la durée de l'emprisonnement. Il ne faut pas que le créancier, en différant l'exercice de son action, puisse aggraver la position de son débiteur.

36. Tout ce que nous avons dit ci-dessus touchant l'article 4, explique suffisamment que par ces mots du deuxième paragraphe, *pour chaque somme en sus qui ne dépassera pas* 500 *fr.*, on doit entendre *chaque partie* de somme qui ne dépassera pas 500 fr., ou plutôt *chaque partie* du montant de la condamnation en principal. La corrélation qui existe entre les deux paragraphes de l'article 4, ne permet pas de supposer que la différence des expressions puisse impliquer l'idée d'une différence dans les éléments de la dette qui servent à déterminer la durée de l'emprisonnement, selon qu'il s'agit de moins ou de plus de 2,000 fr.

Art. 5. Pour toute condamnation en principal

17

au-dessous de 500 fr., même en matière de lettre de change et de billet à ordre, le jugement pourra suspendre l'exercice de la contrainte par corps, pendant trois mois au plus, à compter de l'échéance de la dette.

Sommaire.

COMMENTAIRE.

37. L'article 5 consacre et régularise un usage adopté par plusieurs tribunaux de commerce, et l'étend même aux condamnations qui ont pour cause des lettres de change ou des billets à ordre. Permettre aux tribunaux de surseoir à l'exercice de la contrainte par corps, ce n'est pas déroger à l'article 157 du Code de commerce, qui interdit aux juges d'accorder aucun délai pour le payement d'une lettre de change. Le sursis à l'exercice de la contrainte n'empêchera pas le créancier de poursuivre son débiteur par les autres voies d'exécution, de faire saisir son mobilier ou ses immeubles.

38. Le principe de notre article se trouve dans l'article 127 du Code de procédure civile, qui permet aux juges de surseoir à l'exécution de la contrainte par corps pendant le temps qu'ils fixeront, lorsqu'elle a été prononcée pour dommages et intérêts en matière civile, ou pour reliquat de comptes de tutelle, curatelle, d'administration de corps et communautés, établissements publics ou de toute administration confiée par justice, ou pour toute restitution à faire par suite des dits comptes. A la différence de cet article, qui ne limite ni la durée du sursis ni la somme pour laquelle il peut être accordé, l'article 5 de la loi du 13 décembre n'autorise à surseoir à l'exercice de la contrainte par corps que pour les condamnations en principal au-dessous de 500 fr. et pendant trois mois au plus, non pas à compter du jugement mais seulement de l'échéance de la dette. Ainsi, à l'avenir, les tribunaux de commerce ne pourront pas suspendre l'exercice de la contrainte pour une plus forte somme ni pour un plus long délai.

39. L'article 5 ne prend en considération, comme l'article 4, que le principal de la condamnation, et ne s'applique qu'au cas où la durée de la contrainte est de trois mois.

40. De même que le sursis autorisé par l'article 127 du Code de procédure civile, celui que permet l'article 5 ne peut être accordé que par le jugement de condamnation ; mais l'article 5 n'exige pas, comme l'article 127, que les motifs de la suspension de la contrainte soient énoncés. Nonobstant cette différence de rédaction, le sursis devra être motivé. L'article 122 du Code de procédure, qui prescrit aux tribunaux d'énoncer les motifs des délais qu'ils accordent pour l'exécution de leurs jugements, contient une règle générale à laquelle il ne peut être dérogé que par une exception formelle. Du reste le sursis est une simple faculté laissée aux juges, dont ils feront bien de n'user qu'avec circonspection et quand il y aura présomption qu'il facilitera au débiteur les moyens de se libérer.

41. La suspension de l'exercice de la contrainte ne pouvant être accordée que par le jugement de condamnation, il est évident que l'article 5 ne peut s'appliquer aux jugements rendus avant la loi du 13 décembre, mais seulement à ceux qui sont intervenus depuis ou qui seront prononcés à l'avenir.

42. Lorsqu'il y aura plusieurs défendeurs solidairement obligés, les juges pourront-ils accorder un sursis aux uns et en refuser aux autres? Oui, puisque la suspension ou l'exercice de la contrainte dépend de l'appréciation des circonstances dans lesquelles se trouve le débiteur et de ses moyens de libération. Mais il faudrait qu'il y eût des raisons bien puissantes pour qu'un sursis fût accordé, dans la même affaire, au souscripteur d'un effet de commerce et refusé à l'endosseur, qui ne doit pas être placé dans une position pire, et qu'il serait odieux de voir traîner en prison quand il lui serait interdit d'employer le même moyen de rigueur envers le débiteur principal.

43. Outre le sursis permis par l'article 5 de la loi du 13 décembre, les tribunaux, aux termes de l'article 1244 du Code civil, ont la faculté d'accorder des délais modérés pour le payement, toutes les fois qu'il ne s'agit pas d'une lettre de change ou d'un billet à ordre (Code de comm., art. 157 et 187). Il est évident que si ces délais étaient plus longs que celui de l'article 5, l'exercice de la contrainte par corps serait suspendu tant qu'ils ne seraient pas expirés.

44. La suspension de l'exercice de la contrainte par corps autorisée par l'article 5 est-elle soumise à la règle de l'article 124 du Code de procédure civile, qui prive le débiteur du délai accordé si ses biens sont vendus à la requête d'autres créanciers ; s'il est en état de faillite, de contumace ; s'il est constitué prisonnier ; si enfin, par son fait, il a diminué les sûretés qu'il avait données par le contrat à son créancier ?

Il ne faut pas confondre le sursis dont parle l'article 5, et qui est simplement un obstacle momentané à l'exercice de la contrainte par corps, avec les délais accordés au débiteur pour le payement et qui arrêtent toutes les voies d'exécution. Il est évident que dans tous les cas énumérés par l'article 124 il y aurait péril pour le créancier si la dette ne devenait pas immédiatement exigible, mais le sursis à l'emprisonnement du débiteur n'empêche pas les autres poursuites, ni ne s'oppose pas à ce que le créancier se présente pour être payé sur le prix des biens vendus à la requête d'autres créanciers. Que si le débiteur est en état de faillite, c'est au tribunal de commerce qu'il appartient d'ordonner le dépôt de sa personne dans la maison d'arrêt pour dettes ; s'il est en état de contumace, à quoi servirait-il au créancier de pouvoir exercer la contrainte par corps contre lui, lorsque l'autorité judiciaire, avec tous les moyens, toute la force publique dont elle dispose, ne parvient pas à se saisir de sa personne? Il est vrai que si le débiteur est prisonnier, le créancier aura intérêt à faire une recommandation, qui lui épargnera les difficultés et les frais d'une arrestation. Mais, d'une part, il n'est pas admissible que le sursis ait été accordé au moment où le débiteur était déjà incarcéré pour un fait qui devait entraîner une détention prolongée; et de l'autre, en se plaçant dans la supposition d'un emprisonnement survenu depuis le jugement, ou la cause sera grave et alors le délai sera expiré avant que le débiteur ait obtenu sa mise en liberté, et par conséquent le créancier n'aura pas d'intérêt à agir plus tôt, ou la détention sera de peu de durée, et alors il n'y aura pas motif suffisant pour que le débiteur soit privé du sursis.

45. Mais s'il avait diminué par son fait les sûretés qu'il avait données par le contrat à son créancier, la question changerait de face, et dans le cas où ce serait en considération de ces sûretés que le jugement aurait accordé le sursis, il est évident que le débiteur ne pourrait plus l'invoquer.

46. M. Wolowski avait proposé de laisser au juge le droit de réduire la durée de la contrainte fixée par la loi, et même d'en affranchir entièrement le débiteur. C'était rendre la contrainte facultative, c'était lui faire perdre son efficacité comme instrument de crédit, comme garantie en matière de commerce. Cet amendement a été rejeté.

Art. 6. A l'avenir, les dispositions des articles 24 et 25 de la loi du 17 avril 1832 seront applicables aux matières commerciales.

COMMENTAIRE.

47. Les articles 24 et 25 de la loi du 17 mai 1832, qui sont par l'article 6 rendus communs aux matières commerciales, portent :

Art. 24. « Le débiteur, si la contrainte par corps » n'a pas été prononcée pour dette commerciale, » obtiendra son élargissement en payant ou consi- » gnant le tiers du principal de la dette et de ses » accessoires, et en donnant pour le surplus une cau- » tion acceptée par le créancier, ou reçue par le tri- » bunal civil dans le ressort duquel le débiteur sera » détenu. »

Art. 25. « La caution sera tenue de s'obliger, soli- » dairement avec le débiteur, à payer, dans un délai » qui ne pourra excéder une année, les deux tiers qui » resteront dus. »

Ainsi l'article 6 fait cesser l'exception au droit com- mun qui existait à cet égard pour les dettes commer- ciales. Elle ne se trouvait pas dans le projet de la loi du 17 avril, présenté par le gouvernement à la chambre des pairs et adopté par elle, et avait été introduite par la chambre des députés, sur ce motif que les dettes commerciales n'étant susceptibles ni de retard ni de payements partiels, il ne fallait pas autoriser le débiteur, en acquittant le tiers de la dette, à différer pendant un an le payement du surplus et exposer ainsi le créancier à manquer lui-même à ses engagements. Mais lorsque le débiteur est écroué, la créance est depuis lors en souffrance, et le délai accordé pour en acquitter les deux tiers, à charge d'en payer le tiers comptant et de fournir caution pour ce qui reste dû, ne peut pas aggraver la position du créancier. — En plaçant à cet égard les dettes commerciales sur la même ligne que les dettes civiles, la loi du 13 décembre est revenue aux principes de la loi du 15 germinal an VI, titre III, article 18, 3°.

48. Les mots *à l'avenir*, employés au commencement de cet article, ne signifient pas qu'il ne peut s'appliquer qu'à des créances ou à des condamnations futures, et ils ont le même sens que les mêmes mots placés en tête de l'article 2 (*V.* n° 11). On s'en est servi pour mieux faire sentir la dérogation. Dans le premier et le deuxième projet de la sous-commission, cet article était conçu en ces termes : « L'article 24 » de la loi du 17 avril 1832 sera aussi applicable aux » dettes commerciales. » Cette disposition fut ainsi modifiée lors de la première discussion dans le comité de législation : « Le bénéfice des articles 24 et 25 de » la loi du 17 avril 1832 pourra être invoqué, même » en matière commerciale. »

Si l'une ou l'autre de ces dispositions ainsi conçues avait prévalu, il n'y aurait pas de doute sur l'application de l'article aux condamnations antérieures à la loi du 13 décembre. Eh bien! le changement de rédaction n'a pas été autre chose qu'une affaire de style, on a préféré les termes qui ont passé dans la loi, voilà tout.

En un mot, on n'a pas voulu faire autre chose que retrancher de l'article 24 de la loi du 17 avril ces mots : *Si la contrainte par corps n'a pas été prononcée pour dette commerciale.*

49. L'article 6 de la loi du 13 décembre déclare bien les articles 24 et 25 de la loi du 17 avril communs aux dettes commerciales, mais ne parle pas de l'article 26, qui porte : « A l'expiration du délai » prescrit par l'article précédent (le délai d'un an), le » créancier, s'il n'est pas intégralement payé, pourra » exercer de nouveau la contrainte par corps contre le » débiteur principal, sans préjudice de ses droits contre » la caution. » Il ne faudrait pas induire de ce silence que l'article 26 ne serait pas applicable en cas de dettes commerciales ; car quel serait alors le droit du créancier, si la dette n'était pas intégralement payée à l'expiration de l'année? On ne pourrait pas raisonnablement prétendre que le débiteur serait affranchi de la contrainte par corps, ce serait le mettre dans une condition plus favorable que s'il s'agissait d'une dette civile. Or la loi a voulu seulement le faire profiter des mêmes avantages. Ainsi que nous l'avons dit, n° 49, le but de l'article 6 de la loi du 13 décembre a été d'effacer ces mots de l'article 24 de la loi du 17 avril : *Si la contrainte par corps n'a pas été prononcée pour dette commerciale.* Aussi la rédaction primitive du projet ne parlait que de cet article ; les suivants, qui en sont la conséquence, devaient nécessairement recevoir aussi leur application. Lors de la discussion dans le comité de législation, on a proposé d'ajouter le renvoi à l'article 25. Il eût été mieux, puisqu'on faisait une addition, de joindre également le renvoi à l'article 26.

Mais cette omission ne peut pas avoir pour effet, en l'absence d'une disposition formelle, d'enlever au créancier le droit de faire emprisonner son débiteur.

TITRE III. — *Dispositions communes aux dettes civiles et aux dettes commerciales.*

Art. 7. Le débiteur contre lequel la contrainte par corps aura été prononcée par jugement des tribunaux civils ou de commerce, conservera le droit d'interjeter appel du chef de la contrainte, dans les trois jours qui suivront l'emprisonnement ou la recommandation, lors même qu'il aurait acquiescé au jugement et que les délais ordinaires de l'appel seraient expirés. Le débiteur restera en état.

Sommaire.

50. Motifs de l'article 7.
51. L'appel n'entraîne pas la mise en liberté du débiteur.
52. On peut interjeter appel du chef de la contrainte par corps des jugements passés en force de chose jugée avant la loi du 13 décembre.
53. Suite.
54. Le débiteur peut appeler de ce chef après l'expiration du délai de trois mois et avant d'être emprisonné.
55. Suite.
56. Dans ce cas l'appel n'est pas suspensif.
57. Suite.
58. Peut-on appeler d'un jugement passé en force de chose jugée avant la loi du 13 décembre, lorsqu'un premier appel avait déjà été déclaré non recevable comme tardif?
59. L'appel du chef de la contrainte peut frapper les jugements rendus en toute espèce de matière civile ou commerciale, lors même que la condamnation a été prononcée contre un étranger.
60. Mais l'article 7 ne s'applique pas aux jugements rendus en matière correctionnelle ou de police.

COMMENTAIRE.

50. L'article 5 concerne les matières civiles et les matières commerciales et a pour but principal de prévenir une fraude assez fréquente dans ces dernières, et au moyen de laquelle un débiteur non légalement contraignable par corps s'y laissait irrévocablement condamner par ignorance de la loi. C'est une opinion assez répandue parmi les débiteurs peu expérimentés, que toute signature sur un effet de commerce entraîne la contrainte par corps. Cela n'est pas vrai, à l'égard des individus non négociants, lorsqu'il s'agit de signatures apposées sur des lettres de change réputées simples promesses aux termes de l'article 112 du Code de commerce ou de billets à ordre, à moins que ces signatures et engagements n'aient eu pour cause des opérations de commerce, trafic, change, banque ou courtage (L. 17 avril 1832, article 3). Mais enfin, toute fausse qu'elle soit, cette opinion existe ; et certains créanciers ont profité de l'ignorance de leurs débiteurs pour surprendre contre eux des condamnations par corps. Voici le procédé qu'ils employaient : ils les faisaient assigner devant le tribunal de commerce en leur attribuant faussement la qualité de négociants. Ceux-ci, sachant qu'ils devaient, se laissaient condamner par défaut ; après la signification du jugement, sous promesse d'accorder du temps, on obtenait un acquiescement ou mieux une opposition au jugement par défaut ; il intervenait un jugement de débouté, encore par défaut ; on laissait passer les délais de l'appel sans tourmenter le débiteur. C'était seulement alors qu'on procédait à son incarcération, et le malheureux se trouvait bien et dûment privé de sa liberté et apprenait assez souvent, en entrant dans la prison, qu'il aurait pu l'éviter. Pour mettre fin à ces odieuses manœuvres, il fallait permettre l'appel jusqu'au moment où le débiteur serait présumé avoir su qu'il pouvait se faire décharger de la contrainte, et ce moment est ordinairement voisin de l'écrou, parce qu'alors seulement le débiteur songe à consulter sur sa position quand les conseils officieux ne viennent pas spontanément le trouver. La loi du 17 avril 1832, article 20, avait déjà, en faveur de la liberté, dérogé à la règle qui interdit l'appel des jugements rendus en dernier ressort ; la même faveur a fait fléchir le principe de l'autorité de la chose jugée, mais seulement à l'égard du débiteur et du chef de la contrainte ; et afin qu'elle ne pût pas être continuellement remise en question, la prorogation du délai n'a pas été étendue au delà des trois jours qui suivent l'emprisonnement, c'est-à-dire l'écrou, car la loi n'a pas dit l'arrestation du débiteur qui peut avoir lieu un jour ou deux avant l'incarcération lorsque le débiteur est arrêté loin de la prison pour dette.

51. Notre article résout une question que fait naître l'article 20 de la loi du 17 avril : c'est de savoir si le débiteur conserve le droit d'appeler du chef de la contrainte par corps après avoir acquiescé au jugement. Ce droit lui est actuellement reconnu d'une manière expresse. Mais de même que l'appel au cas de l'art. 20 de la loi du 17 avril n'est pas suspensif, celui qu'interjettera le débiteur en vertu de notre article ne le fera pas mettre provisoirement en liberté : « Le débiteur, dit la loi, restera en état. » Il a au moins à se reprocher d'avoir autant tardé à user de son droit, et il ne fallait pas, par l'appât d'une relaxation, offrir aux débiteurs justement condamnés le moyen d'échapper à leurs créanciers et de les obliger à faire les frais d'une nouvelle arrestation.

52. Le nouveau droit créé par l'article 7 est-il limité aux jugements postérieurs à la promulgation de la loi, ou s'étend-il par un effet rétroactif à ceux qui ont été rendus antérieurement, et leur fait-il perdre l'autorité de la chose jugée qu'ils avaient acquise ?

Nous avons déjà dit, n° 11, que le législateur pourrait, sans violer le principe de la non-rétroactivité de la loi, abolir entièrement la contrainte par corps, ou seulement supprimer certains cas et qu'alors les créanciers qui avaient stipulé sous l'ancienne loi se trouveraient privés d'un moyen d'exécution qui leur était pourtant acquis. Il est évident, par suite, que le législateur qui aurait pu interdire d'une manière absolue aux créanciers d'emprisonner leurs débiteurs, pouvait à plus forte raison se contenter de remettre le droit en question et le livrer de nouveau à l'appréciation des tribunaux. Mais le législateur a-t-il usé de son pouvoir dans le cas qui nous occupe? Nous n'hésitons pas à répondre affirmativement avec l'article 14 de la loi du 13 décembre 1848, aux termes duquel les jugements antérieurs qui prononcent la contrainte par corps ne reçoivent leur exécution que sous les restrictions prononcées par les articles précédents. Or, au nombre de ces restrictions se trouve celle qui permet au débiteur d'interjeter appel du chef de la contrainte dans les trois jours qui suivent l'emprisonnement ou la recommandation, lors même qu'il aurait acquiescé au jugement et que les délais ordinaires de l'appel seraient expirés.

53. La question s'est présentée devant la cour d'appel de Paris et a été résolue en ce sens par deux arrêts de la 4ᵉ chambre des 25 et 26 janvier 1849 :

«Considérant, dit le premier de ces arrêts, que si la loi,

dans ses dispositions transitoires, ne dit pas d'une manière expresse que l'article 7 sera applicable aux jugements rendus avant sa promulgation, on peut inférer cette volonté de la disposition de l'article 14, portant que ces jugements ne seront exécutoires que sous les restrictions prononcées par les articles précédents, au nombre desquels se trouve l'article 7; — Que cette interprétation est dans l'esprit libéral de la loi, dont le but a été d'adoucir la position du débiteur soumis à la contrainte par corps, de restreindre cette voie d'exécution et de soumettre son application à un examen spécial par les tribunaux. » Ces deux arrêts sont rapportés dans le *Journal de procédure*, article 4270.

54. Lorsque l'appel n'a pas été signifié dans les délais ordinaires, peut-il être interjeté avant que le débiteur ait été incarcéré ?

L'article 7, qui permet au débiteur d'appeler du chef de la contrainte dans les trois jours qui suivront l'emprisonnement ou la recommandation, lors même qu'il aurait acquiescé au jugement et que les délais ordinaires de l'appel seraient expirés, ne s'explique pas sur le temps intermédiaire entre l'expiration du délai de trois mois accordé par l'article 443 du Code de procédure civile et l'incarcération.

La troisième chambre de la cour de Riom, sous la présidence de M. Grelliche, conseiller, et sur les conclusions de M. Marsal, avocat général, plaidants, MM. Chirol et Louis de Labrosse : par arrêt du 19 juin 1849, rendu dans une espèce où le jugement avait acquis l'autorité de la chose jugée avant la loi du 13 décembre, a décidé en ces termes l'affirmative.

« En ce qui concerne la fin de non-recevoir que la

partie de Delabrosse fait résulter de ce que la partie de Chirol n'est pas en état ;

» Attendu que les articles 7 et 14 du décret du 13 décembre 1848 sont généraux et ne permettent pas de refuser, par une distinction contraire à la saine entente de la loi, le bénéfice du décret à des débiteurs qu'évidemment le législateur a placés sur la même ligne de sa protection ;

» Attendu que si l'article 7 ci-dessus cité proroge la faculté d'appeler de la disposition d'un jugement qui a prononcé la contrainte par corps, jusqu'aux trois jours qui suivent l'emprisonnement du condamné, s'il lui permet de faire réviser cette partie de ce jugement même passé en force de chose jugée, il était naturel que cette faveur ne fût accordée que toutes choses demeurant en état et le condamné arrêté gardant prison jusqu'à décision, mais qu'on ne peut en induire que pour user de cette faculté il soit nécessaire de se constituer et d'exécuter la condamnation par le mode dont la rigueur a motivé le décret susdaté ;

» Par ces motifs, sans s'arrêter à la fin de non-recevoir d'appel proposée par la partie de Labrosse, etc. »

55. L'arrêt précité du 25 janvier 1849 de la cour de Paris (V. n° 53) a jugé la question dans le même sens, par ces motifs « qu'il serait aussi contraire à l'esprit de la loi d'exiger que le débiteur, pour user du droit dont il s'agit, fût incarcéré ; — que cette condition rigoureuse ne résulte pas de l'article 7 de la loi ; que sans doute cet article s'occupe spécialement du débiteur détenu, mais il n'exclut pas celui qui n'est pas dans cette position ; que ce dernier mérite la fa-

veur de la loi autant que le premier, et qu'il n'existe aucun motif pour l'en priver;—que l'exercice de ce droit, par le débiteur resté en liberté, ne porte d'ailleurs aucun préjudice au créancier, puisque l'appel sur la contrainte par corps ne s'en prend pas à l'exécution du jugement. » Nous adoptons la solution donnée par ces arrêts; mais le dernier motif de l'arrêt de la cour de Paris rend nécessaire d'y ajouter des observations.

56. L'article 20 de la loi du 17 avril 1832 avait déjà permis d'interjeter appel du chef de la contrainte dans les affaires jugées en dernier ressort. La loi de 1848 va plus loin, elle recule pour ce chef les délais ordinaires de l'appel et elle s'applique aussi bien aux jugements en dernier qu'aux jugements en premier ressort. La pensée d'accorder au débiteur le droit de déférer au juge supérieur le chef relatif à la contrainte dans l'intervalle des délais ordinaires de l'appel à l'incarcération apparaît clairement dans la première rédaction adoptée d'abord par le comité de législation. « La disposition du jugement des tribunaux civils ou de » commerce relative à la contrainte par corps, disait » l'article 7 du projet, ne deviendra définitive à l'égard » du débiteur que par son incarcération. Il pourra » même interjeter appel de ce chef dans les trois » jours qui suivront l'emprisonnement.

La rédaction qui a passé dans la loi a été préférée par le comité lors de la deuxième discussion du projet; mais ce qui prouve que ce n'a pas été dans l'intention d'ôter ce droit au débiteur après l'expiration des trois mois pour le lui rendre dans les trois jours de l'emprisonnement, c'est que notre article 7 porte qu'il *conservera* le droit d'interjeter appel dans les trois jours ; or on ne conserve que ce qu'on a déjà. Cela posé, il faut examiner maintenant quelle sera la condition du débiteur quand il aura usé de la faculté qui lui est ici accordée.

57. L'arrêt dit que l'appel sur le chef de la contrainte ne suspend pas l'exécution du jugement. Cette proposition paraît contraire, au premier abord, à la dernière disposition de l'article 7 qui porte : *le débiteur restera en état.* Cependant nous ne pensons pas qu'il faille prendre ces expressions trop à la lettre et croire qu'elles signifient que si le débiteur est en liberté, il y restera ; non, le sens est plus large : la loi entend que la position du débiteur ne sera ni changée ni modifiée, qu'il sera après dans la situation où il se trouvait auparavant. Il s'agit donc de voir quelle était cette situation. Avant l'appel, le débiteur pouvait être incarcéré ; c'est dans cet état qu'il restera. Ce qui doit confirmer dans cette opinion, c'est que, à la différence du cas où l'appel interjeté dans les trois mois frappe un jugement en premier ressort, lorsqu'il est formé contre un jugement rendu en dernier ressort, aux termes de l'article 20 de la loi du 17 avril, il n'est pas suspensif. Cet article n'est pas abrogé ; la loi du 13 décembre en a au contraire étendu l'application. Or il impliquerait contradiction que le débiteur qui aurait appelé dans les trois mois d'un jugement en dernier ressort pût être emprisonné, et qu'il ne le pût pas lorsqu'il aurait laissé expirer ce délai sans attaquer le jugement. L'article 7 de la loi du 13 décembre s'interprète par l'article 20 de la loi du 17 avril, dont il est le développement.

18

58. L'appel peut-il être interjeté lors même que le débiteur aurait déjà été déclaré non recevable dans un premier appel signifié tardivement?

Cette question se présentait dans l'espèce jugée le 26 janvier 1849 (V. le nᵒ 53), et elle a été résolue affirmativement, par cette raison que l'arrêt qui avait rejeté l'appel en se fondant sur ce que les délais ordinaires étaient expirés n'avait rien décidé sur le fond, c'est-à-dire sur la condamnation par corps que la nouvelle loi autorisait le débiteur à soumettre de nouveau à l'examen de la cour. Cette solution est conforme aux principes, puisque l'article 7 de la loi du 13 décembre relève le débiteur, ainsi que nous l'avons expliqué nᵒˢ 52 et 53, de la déchéance qu'il avait encourue.

59. L'article 7 de la loi du 13 décembre a la même portée que l'article 20 de la loi du 17 avril 1832 et s'applique aux mêmes cas, c'est-à-dire qu'il comprend toutes les espèces de dettes en matière civile ordinaire et en matière de deniers et effets publics, et même les dettes des étrangers envers les Français. Les expressions de l'article 7 : le débiteur contre lequel la contrainte par corps aura été prononcée *par jugement des tribunaux civils et de commerce*, etc., sont aussi générales que la rubrique en tête de cet article : *Dispositions communes aux dettes civiles et aux dettes commerciales.* Or toutes les dettes dont nous venons de parler ont l'un ou l'autre caractère, et les jugements contre lesquels il s'agit de se pourvoir ont été rendus soit par les tribunaux civils, soit par les tribunaux de commerce. Bien que la fraude que l'article 7 a pour but d'empêcher se pratique principalement devant la juridiction consulaire, il faut prévoir l'erreur des juges civils qui ont pu se tromper sur la nature de la dette ou sur la qualité du débiteur, et la faveur de la liberté mérite bien de faire fléchir le principe de l'autorité de la chose jugée.

60. Mais l'article 7 ne regarde pas les jugements rendus en matière correctionnelle et de police ; c'eût été entrer dans un autre ordre d'idées que l'article 20 de la loi du 17 avril, et telle n'a pas été l'intention du législateur.

Titre IV. — *Dispositions relatives à la contrainte par corps en matières criminelle, correctionnelle et de police.*

Art. 8. La durée de la contrainte par corps, dans les cas prévus par l'article 35 de la loi du 17 avril 1832, ne pourra excéder trois mois.

Lorsque les condamnations auront été prononcées au profit d'une partie civile et qu'elles seront inférieures à 300 fr., si le débiteur fait les justifications prescrites par l'article 39 de la même loi, la durée de l'emprisonnement sera la même que pour les condamnations prononcées au profit de l'État.

Lorsque le débiteur de l'État ou de la partie civile ne fera pas les justifications exigées par les articles ci-dessus indiqués de la loi du 17 avril 1832 et par le § 2 de l'article 420 du Code d'instruction criminelle, la durée de l'emprisonnement sera du double.

Sommaire.

61. La durée de l'emprisonnement, fixée à quatre mois par l'article 35 de la loi du 17 avril, a été réduite à trois mois lorsque l'amende et les autres condamnations pécuniaires excèdent 100 fr. et sont inférieures à 300 fr.

COMMENTAIRE.

64. Les deux premiers paragraphes de l'article 8 modifient les articles 35 et 39 de la loi du 17 avril 1832 et prévoient un cas qui avait été omis par cette loi, celui où la dette envers l'État est inférieure à 300 fr. et où le débiteur ne fait pas les justifications d'insolvabilité prescrites par l'article 35 de la loi du 17 avril et par l'article 420 du Code d'instruction criminelle. Parlons d'abord du changement apporté à l'article 35, qui dispose que « les condamnés, en justifiant de leur insolvabilité suivant le mode prescrit par l'article 420 du Code d'instruction criminelle, sont mis en liberté après avoir subi quinze jours de contrainte lorsque l'amende et les autres condamnations pécuniaires n'excèdent pas 15 fr., un mois lorsqu'elles s'élèvent de 15 fr. à 50 fr., deux mois lorsque l'amende et les autres condamnations s'élèvent de 50 fr. à 100 fr., et quatre mois lorsqu'elles excèdent 100 fr. » La seule modification apportée à ces dispositions par notre article, c'est qu'aux termes du premier paragraphe la durée de la contrainte par corps, dans les cas ci-dessus prévus, ne pourra excéder trois mois, c'est-à-dire que si l'amende et les autres condamnations pécuniaires sont supérieures à 100 fr., la durée de l'emprisonnement se trouve réduite d'un mois.

62. Ce terme a été pris pour mettre de l'harmonie entre les différents délais fixés par la nouvelle loi. Trois mois sont le mininum de la durée de la contrainte en matière commerciale lorsque le montant de la condamnation principale ne s'élève pas à 500 fr., et c'est de trois mois en trois mois que se gradue ensuite l'échelle de la durée pour les sommes au-dessus (article 4). Trois mois sont aussi le minimum de la durée de la contrainte quand l'amende et les autres condamnations pécuniaires s'élèvent à 300 fr. et que le débiteur a commencé sa soixante-dixième année (article 9). Trois mois sont la moitié du maximum de la contrainte quand le débiteur ne justifie pas de son insolvabilité (article 8, § 3), et que la dette, comme nous l'établirons ci-après, est inférieure à 300 fr. C'est aussi la moitié du minimum quand la dette s'élève à cette somme (article 12).

63. Le deuxième paragraphe de notre article rectifie un vice de rédaction de l'article 39 de la loi du 17 avril 1832. M. Troplong avait fait remarquer, dans son Traité de la contrainte par corps, nᵒˢ 672 et 673, que ce dernier article s'occupant du cas où la condamnation prononcée *n'excède pas* 300 fr. et le suivant prévoyant qu'elle *s'élève* à 300 fr., les termes de ces deux dispositions s'appliquaient à la condamnation d'une somme exacte de 300 fr., puisqu'elle n'excède pas ce chiffre et qu'elle s'y élève. Ce savant jurisconsulte avait proposé de décider que l'article 39 ne régissait que les sommes inférieures à 300 fr. C'est cette interprétation qui a été adoptée par notre paragraphe. Il faut donc lire maintenant l'article 39 comme s'il était ainsi conçu : « Lorsque la condamnation prononcée sera inférieure à 300 fr., la mise en liberté des condamnés arrêtés ou détenus à la requête et dans l'intérêt des particuliers ne pourra avoir lieu, en vertu des articles 34, 35 et 36, qu'autant que la validité des cautions ou l'insolvabilité des condamnés auront été, en cas de contestation, jugées contradictoirement avec le créancier. »

64. Nous n'avons pas transcrit le dernier paragraphe de l'article 39, qui prescrivait de déterminer par le jugement de condamnation la durée de la contrainte dans les limites de six mois à cinq ans, pour le cas où le débiteur ne justifierait pas de son insolvabilité, parce que cette disposition se trouve abrogée par le § 3 de notre article, qui fixe lui-même dans ce cas la durée de la contrainte par corps, soit qu'elle ait été prononcée au profit de l'État ou d'une partie civile. Cette durée est du double de ce qu'elle aurait été si les justifications eussent été faites, c'est-à-dire que les condamnés seront mis en liberté après trente jours lorsque l'amende et les autres condamnations pécuniaires n'excéderont pas 15 fr., après deux mois lorsqu'elles s'élèveront de 15 à 50 fr., après quatre mois lorsqu'elles s'élèveront de 50 à 100 fr., après six mois lorsqu'elles excéderont 100 fr.; nous ajoutons et qu'elles seront inférieures à 300 fr., car le § 1er de l'article 40 de la loi du 17 avril 1832, qui est toujours en vigueur, règle les condamnations qui s'élèvent à 300 fr. Seulement la durée de la contrainte n'est pas régie par l'article 7 de la loi du 17 avril, mais par l'article 12 de la nouvelle loi.

65. On voit que le dernier paragraphe de l'article 8 a considérablement réduit la durée de la contrainte par corps à l'égard des condamnés envers les parties civiles, lorsqu'ils ne justifient pas de leur insolvabilité, puisqu'elle ne peut pas excéder six mois, tandis que sous la loi de 1832 c'était là le maximum et qu'elle pouvait s'étendre jusqu'à cinq ans. Il a paru que pour les sommes excédant 100 fr. et inférieures à 300 fr., six mois d'emprisonnement étaient une garantie suffisante donnée au créancier. C'est encore le double de la contrainte pour une somme de 200 à 500 fr. en matière de commerce. De ce que le débiteur n'aura pas justifié de son insolvabilité, il ne s'ensuivra pas qu'il serait en état de payer; car comment croire que pour une somme de 100 à 300 fr. on consente à rester six mois en prison, surtout lorsqu'à l'expiration de ce délai on ne sera pas libéré, mais affranchi seulement de la contrainte par corps?

66. Nous avons dit que la loi du 17 avril 1832 n'avait pas prévu le cas où le débiteur envers l'État d'une somme inférieure à 300 fr. ne justifiait pas de son insolvabilité. M. Troplong, *loco citato*, nos 54, 670 et 671, avait conclu de ce silence du législateur qu'alors la durée de la contrainte était illimitée. Cette con-

séquence était d'autant plus rigoureuse que le débiteur était plus durement traité que si la somme eût été supérieure, puisque pour les condamnations de 300 fr. et au-dessus la durée de la contrainte devait être déterminée par le jugement de condamnation dans la limite d'un an à dix ans. Cette anomalie n'existe plus. A l'égard des débiteurs de l'État comme à l'égard des parties civiles la durée de l'emprisonnement, à défaut de justification d'insolvabilité, est du double de ce qu'elle eût été si l'impossibilité de payer eût été établie.

67. Notre article règle la durée de la contrainte par corps pour les condamnations inférieures à 300 fr., prononcées en matière criminelle, correctionnelle et de police, soit au profit de l'État, soit au profit d'une partie civile. A l'égard des condamnations qui s'élèveront à 300 fr., elles rentreront sous l'application de l'article 12 portant que, dans tous les cas où la durée de la contrainte par corps n'est pas déterminée par la présente loi, elle sera fixée par le jugement de condamnation dans la limite de six mois à cinq ans. Nous avons vu que pour les condamnations inférieures à 300 fr., il fallait distinguer si l'insolvabilité était ou non prouvée.

68. La même distinction doit-elle être faite pour les sommes qui s'élèvent à 300 fr.?

M. Troplong, *loco citato*, n°° 675 et 676, enseignait, sous la loi du 17 avril, que quel que fût le montant de la condamnation lorsque le créancier était l'État, le débiteur, en justifiant de son insolvabilité, pouvait se faire mettre en liberté dans les termes de l'article 35, c'est-à-dire après quatre mois au plus tard. Cette doc-

trine était contraire à un arrêt de la chambre criminelle de la cour de cassation, du 14 mai 1836 (Dalloz,
Recueil périodique, t. XL, 1ʳᵉ partie, p. 347), et
nous estimons aujourd'hui que la question devrait, à
plus forte raison, être résolue dans le sens de cet arrêt,
parce que l'esprit de la nouvelle loi a été de supprimer
toute distinction en cette matière entre les créances de
l'État et celles des parties civiles. En effet, ces créances
sont entièrement assimilées, soit par l'article 8, soit
par l'article 12; et lorsqu'elles sont de 300 fr. et au-
dessus, il n'y a pas de différence entre le débiteur insolvable et celui qui ne l'est pas; l'un ou l'autre doit
subir la contrainte pendant le temps prescrit par le
jugement de condamnation. C'est ce qui résulte pour
nous tant de l'article 40 de la loi du 17 avril 1840,
que de l'article 12 de la loi du 13 décembre 1848.

69. Ainsi les diverses dispositions de cette dernière
loi s'enchaînent et correspondent entre elles; lorsque
l'amende et les autres condamnations pécuniaires
excèdent 100 fr. et sont inférieures à 300 fr., si le
débiteur justifie de son insolvabilité, la durée de la
contrainte est fixée à trois mois; s'il ne fait pas cette
justification, la durée est du double, c'est-à-dire de
six mois. Ce maximum devient le minimum de la limite
tracée aux tribunaux pour déterminer la durée de la
contrainte qui peut s'étendre jusqu'à cinq années quand
l'amende et les autres condamnations pécuniaires s'é-
lèvent à 300 fr. et au-dessus, sans distinction, quelles
que soient les sommes, entre les créances de l'État et
celles des parties civiles.

70. Les dispositions de l'article 8 sont applicables
aux condamnations antérieures à la loi du 13 dé-

cembre, puisqu'aux termes de l'article 14 elles ne peuvent recevoir leur exécution que sous les restrictions prononcées par les articles précédents.

71. M. Regnard avait proposé sur l'article 8 un amendement pour que la détention prononcée en exécution de l'article 35 de la loi du 17 août 1832 ne pût être ordonné pour un temps qui excéderait le double de la durée de la peine de l'emprisonnement auquel le débiteur de l'amende aurait été condamné par le jugement. C'était supprimer la contrainte par corps dans les cas où la peine d'emprisonnement n'était pas encourue; c'était la rendre illusoire quand l'emprisonnement n'était que de quelques jours; c'était mettre souvent le juge dans la nécessité d'augmenter la peine de l'emprisonnement afin de fournir au créancier les moyens de recouvrer le montant des condamnations; et lorsque la peine de l'emprisonnement aurait été de cinq ans, c'était permettre au juge d'autoriser la contrainte par corps pendant dix ans. Les articles 8 et 12 ont conservé une plus juste mesure et mieux gradué la durée de la contrainte, qui ne peut pas dépasser cinq années.

Cet amendement, dont le comité avait proposé le rejet, n'a pas été appuyé.

72. M. Renouard proposa, par un autre amendement, que, dans les cas prévus par l'article 35 de la même loi, le débiteur incarcéré qui ferait les justifications exigées, serait mis en liberté en vertu d'une ordonnance du président du tribunal, rendue sur simple requête non signifiée, et à laquelle seraient annexés les extraits et certificats réguliers constatant l'insolvabilité. L'ordonnance et les pièces à

l'appui seraient restées annexées à l'acte d'écrou.

Cet amendement avait le double inconvénient de compliquer les formalités pour la mise en liberté du débiteur lorsqu'il établit son insolvabilité, et de faire prononcer son élargissement en l'absence du ministère public, intéressé à contrôler, dans l'intérêt de l'État, la régularité des certificats. Les choses se passent mieux que ne le proposait M. Renouard; le débiteur qui justifie de son insolvabilité présente ses pièces au procureur de la République, et celui-ci ordonne la mise en liberté si elles sont régulières.

L'amendement a été rejeté.

Art. 9. Si le débiteur a commencé sa soixante-dixième année avant le jugement, la contrainte par corps sera déterminée dans la limite de trois mois à trois ans.

S'il a atteint sa soixante-dixième année avant d'être écroué ou pendant son emprisonnement, la durée de la contrainte sera, de plein droit, réduite à la moitié du temps qui restera à courir.

La contrainte par corps en matière criminelle, correctionnelle et de simple police, ne sera exercée, dans l'intérêt de l'État ou des particuliers, contre des individus âgés de moins de seize ans accomplis à l'époque du fait qui a motivé la poursuite, qu'autant qu'elle aura été formellement prononcée par le jugement de condamnation.

Sommaire.

13. Lorsque l'amende et les autres condamnations pécuniaires s'élèvent à 300 fr. et au-dessus, et que le débiteur a commencé sa soixante-dixième année avant le jugement, la durée de la contrainte doit être fixée par le juge dans les limites de trois mois à trois ans.

74. Si le débiteur atteint sa soixante-dixième année avant d'être écroué ou pendant son emprisonnement, quelle que soit la somme, la durée de la contrainte se trouve de plein droit réduite à la moitié du temps à courir aux termes du jugement ou de l'article 8, au moment où il parvient à cet âge.

75. Suite.

76. Quelle sera la position des septuagénaires condamnés avant la loi du 13 décembre? Distinctions : 1° condamnations de 300 fr.; durée de plus de trois ans, aux termes de l'article 40, § 2, de la loi du 17 avril.

77. 2° Condamnations de 300 fr. au moins, durée fixée aux termes du § 1er du même article.

78. 3° Condamnations inférieures à 300 fr.

79. Septuagénaires qui ont subi une partie de la durée de la contrainte avant la loi du 13 décembre. Renvoi aux nos 110 et suiv.

80. La règle que les arrêts et jugements en matière criminelle, correctionnelle et de police, emportent de plein droit la contrainte par corps pour les condamnations qu'ils prononcent, reçoit exception en faveur des individus âgés de moins de seize ans accomplis à l'époque du fait qui a motivé les poursuites.

81. Le troisième paragraphe de l'article 9 ne s'applique pas aux condamnations prononcées avant la promulgation de la loi du 13 décembre.

82. Ce paragraphe a été ajouté à l'article 9 sur la proposition de M. Salmon.

COMMENTAIRE.

73. Nous avons vu, nos 67 et suivants, que lorsque l'amende et les autres condamnations pécuniaires s'élèvent à 300 fr. et au-dessus, la durée de la contrainte est déterminée, aux termes de l'article 12, par le juge, dans les limites de six mois à cinq ans. Mais si le condamné a commencé sa soixante-dixième année, la durée de la contrainte sera moindre : elle sera fixée dans les limites de trois mois à trois ans. En matière civile, sauf le cas de stellionat, et en matière de commerce, le débiteur qui a commencé sa soixante-dixième année n'est plus contraignable par corps; mais si un pareil privilége pouvait être invoqué en matière criminelle, correctionnelle et de police, les condamnations prononcées pour réparation de crimes,

délits ou contraventions, seraient souvent irrécouvrables, et les septuagénaires pourraient impunément se livrer à des déprédations et causer du préjudice en violation de la loi pénale quand ils n'auraient aucun bien saisissable. Toutefois, si la vieillesse ne doit pas procurer dans ce cas le bénéfice d'affranchir le débiteur de la contrainte par corps, c'est une raison pour en modérer la durée, comme l'a fait la disposition dont nous nous occupons, qui a adopté à cet égard le principe déjà introduit dans cette matière par l'article 40 de la loi du 17 avril 1832.

74. Mais cette loi n'avait établi cette faveur que pour les septuagénaires débiteurs de 300 fr. au moins, et ne s'était pas occupée de ceux qui avaient été condamnés à une somme inférieure (*V.* M. Troplong, Contrainte par corps, n° 679), d'où il résultait que les septuagénaires étaient exposés à subir un emprisonnement plus long quand la dette était moindre, parce qu'alors le juge ne pouvait pas réduire la durée de la contrainte. La nouvelle loi a réparé cette omission, le § 2 de l'article 9 est conçu en termes généraux et de manière à pouvoir s'appliquer à toutes les condamnations sans distinction de somme. La pensée qui l'a dicté n'est pas douteuse. La lacune de la loi du 17 avril avait été signalée par la sous-commission (*V.* rapport du 16 août, p. 30, n°13), et elle avait proposé (art. 9 de son premier et de son deuxième projet, p. 19, 20 et 115) des dispositions qui n'admettaient pas d'exceptions au principe de la réduction de la durée de la contrainte par corps lorsqu'elle était exercée contre un septuagénaire. Ce principe ne fut pas contesté, et on en trouve encore le développe-

ment dans une nouvelle rédaction du § 2 de l'article 9 que proposa la sous-commission au comité de législation, et qui avait été nécessitée par des changements apportés au projet. Cette nouvelle rédaction était ainsi conçue :

« S'il a atteint sa soixante-dixième année avant d'être écroué ou pendant son emprisonnement, la durée de la contrainte sera de plein droit réduite à la moitié du temps à courir, *aux termes du jugement ou de l'article précédent.* »

On voit que ce sont les expressions mêmes du deuxième paragraphe de l'article 9, sauf la suppression des mots soulignés, qui ont paru inutiles parce que leur retranchement laissait à la disposition un caractère de généralité qui la rendait applicable à tous les cas.

75. Le § 2 de l'article 9 comble une autre lacune de la loi du 17 avril, qui avait bien prévu que le débiteur atteindrait sa soixante-dixième année avant le jugement ou pendant la durée de la contrainte, mais qui ne s'expliquait pas sur la situation qui lui serait faite lorsqu'il serait parvenu à cet âge après la condamnation et avant l'emprisonnement. Le principe de la réduction accordée en considération de la vieillesse reçoit encore ici son application ; le § 2 décide formellement que si le débiteur atteint sa soixante-dixième année avant d'être écroué, la durée de la contrainte sera de plein droit réduite à la moitié du temps qui restera à courir.

76. Maintenant se présente la question de savoir quel sera le sort des septuagénaires condamnés avant la loi du 13 décembre 1848 et qui n'ont point été détenus antérieurement.

Il faut distinguer : 1° les condamnations de 300 fr. au moins, et pour lesquelles le jugement a fixé une contrainte de plus de trois ans, aux termes du § 2 de l'article 40 de la loi du 17 avril 1832. Le débiteur a déjà obtenu le bénéfice de réduction accordée à son âge; mais comme la contrainte ne peut plus être exercée contre lui que sous les restrictions prononcées par notre article (V. art. 14), il ne pourra pas être détenu plus de trois ans sous l'empire de la loi nouvelle.

77. 2° Les condamnations de 300 fr. et au-dessus, lorsque les débiteurs ne sont parvenus que depuis à l'âge de soixante-dix ans. Nous avons vu que ces cas n'étaient pas prévus par la loi du 17 avril 1832, par conséquent l'âge des débiteurs n'a pas influé sur la durée de la contrainte. Pour les faire jouir du bénéfice du § 2 de l'article 9, il faut réduire le délai fixé de moitié et de manière que jamais la durée de l'emprisonnement ne puisse excéder trois années. Ainsi le débiteur devenu septuagénaire contre lequel la contrainte par corps aura été prononcée pour six ans ou plus, ne pourra être détenu que trois ans. Si elle a été prononcée pour cinq ans, la durée sera réduite à deux ans et demi; elle le serait à deux si la fixation eût été de quatre ans, et ainsi de suite.

78. 3° Les condamnations inférieures à 300 fr., quelle qu'ait été à leur égard la durée de la contrainte sous l'empire de la loi du 17 avril 1832. Il ne faut considérer que celle qui est fixée par la loi du 13 décembre, car c'est la seule que l'on pourrait appliquer si le débiteur n'était pas septuagénaire, comme nous l'avons dit n° 70. Eh bien! le septuagénaire, aux

termes du deuxième paragraphe de l'article 9, ne restera incarcéré que la moitié du temps pendant lequel un autre débiteur aurait été détenu, et il n'en peut être autrement à moins de rendre sa condition pire. En effet, supposez un débiteur qui, aux termes de l'article 39 de la loi du 17 avril 1832, aura été condamné à une somme de 200 fr., pour laquelle la durée de la contrainte par corps aura été fixée à cinq ans, si la réduction portait à cause de l'âge sur ces cinq ans seulement, le septuagénaire devrait rester deux ans et demi sous les verroux; il jouirait bien du bénéfice du § 2 de l'article 9, mais il ne profiterait pas de l'article 8, acquis au débiteur moins âgé, qui ne pourrait pas être retenu en prison plus de trois mois s'il justifiait de son insolvabilité, et plus de six mois s'il ne faisait pas cette justification. Pour le septuagénaire dont il s'agit, la durée de la contrainte par corps sera donc doublement réduite, tant en vertu de l'article 8 que de l'article 9.

79. Mais quelle sera la condition des débiteurs qui auront subi une partie de la durée de la contrainte avant la loi du 13 décembre, et qui invoqueront les avantages accordés à leur âge par l'article 9? Nous traiterons ce point sous l'article 13, nᵒˢ 110 et suivants.

80. La contrainte par corps, en matière criminelle, correctionnelle et de police, est attachée de plein droit au recouvrement des amendes et autres condamnations pécuniaires; il n'est pas besoin qu'elle soit prononcée par les arrêts et jugements (Code pénal, art. 52, 467 et 469, C. F. art. 211, loi sur la pêche fluviale, art. 77). Le troisième paragraphe de l'article 9

introduit une exception à ce principe en faveur des individus âgés de moins de seize ans accomplis à l'époque du fait qui a motivé la poursuite. Depuis la promulgation de la loi du 13 décembre, les sentences rendues contre les condamnés ne sont exécutoires par la voie de la contrainte par corps, qu'autant qu'elle aura été formellement prononcée par le jugement ou l'arrêt de condamnation ; elle ne pourrait pas l'être postérieurement. Le législateur a voulu que les juges appréciassent si la jeunesse du condamné n'est pas un obstacle à l'exercice de cette voie rigoureuse d'exécution, et ce n'est que quand ils auront reconnu qu'elle peut être employée, et qu'ils l'auront formellement prononcée en même temps que la condamnation, que le débiteur pourra être incarcéré. Ils devront apprécier, d'après les circonstances de la cause, les dispositions plus ou moins perverses du condamné, le développement de ses facultés intellectuelles, la nature de l'infraction qui lui est reprochée et ses moyens de libération, s'il doit être soumis à l'emprisonnement pour dettes. Il est certain que plus il restera de temps à courir pour que le débiteur parvienne à cet âge, moins il y aura de raisons pour le soumettre à la contrainte par corps ; au contraire, si le fait qui donne lieu à la condamnation a été commis au moment où il allait atteindre seize ans, plus il s'éloignera de cet âge de seize ans, c'est-à-dire plus il se sera écoulé de temps entre cette époque et la condamnation, moins il y aura de raisons pour l'affranchir de cette voie d'exécution. Ainsi, par exemple, si le fait qui donnerait lieu à la condamnation était un délit ou crime qui remontât à plusieurs années, et que le débiteur eût beaucoup plus de seize ans, si même il était majeur, il y aurait plus de motifs pour le soumettre à l'emprisonnement que s'il avait moins de seize ans. Du reste, la présomption de la loi est que le débiteur qui n'avait pas cet âge à l'époque où le fait qui a motivé la condamnation a été commis n'est pas contraignable par corps, et il faut que les juges reconnaissent qu'il y a des motifs pour faire cesser cette présomption.

81. Le § 3, en exigeant que la contrainte soit prononcée par le jugement même de condamnation, ne peut évidemment s'appliquer aux sentences rendues avant la loi du 13 décembre. Celles-là continueront à être régies par la législation antérieure, c'est-à-dire qu'elles emportent de droit l'exercice de cette voie d'exécution, sauf réduction de la durée, s'il y a lieu. De ce que le législateur a soumis la contrainte par corps, contre les individus âgés de moins de seize ans accomplis à l'époque du fait qui a motivé les poursuites, à une condition nouvelle, il ne s'ensuit pas qu'il ait voulu enlever cette voie d'exécution aux créanciers qui l'avaient déjà acquise. Si son intention eût été d'exiger une condition qu'il n'était plus temps de remplir, il aurait dû l'exprimer d'une manière formelle.

82. Le § 3 n'existait pas dans le projet présenté à l'Assemblée par le comité de législation ; il a été ajouté de son consentement lors de la discussion sur la proposition de M. Salmon.

TITRE V. — *Dispositions générales.*

Art. 10. La contrainte par corps ne peut être prononcée ni exécutée au profit de l'oncle ou de la tante, du grand-oncle ou de la grande-tante, du neveu ou de la nièce, du petit-neveu ou de la petite-nièce, ni des alliés au même degré.

Sommaire.

83. Motifs de l'article 10.
84. La prohibition portée par l'article 10 subsiste après que l'époux qui produisait l'affinité est décédé sans enfants et que son conjoint s'est remarié.
85. Le débiteur devenu l'allié du créancier à l'un des degrés énoncés en l'article 10, depuis son incarcération, doit être mis en liberté.
86. Le parent ou l'allié qui cède son titre de créance ne transmet pas plus de droits qu'il n'en avait lui-même, à moins que le titre ne fût négociable.
87. L'article 10 s'applique aux condamnations antérieures à la loi du 13 décembre.

COMMENTAIRE.

83. Dans un temps où l'on craignait que la famille ne fût attaquée dans son principe, la loi a voulu resserrer les liens du sang et rappeler les devoirs qu'ils imposent en étendant aux oncles et tantes, grands-oncles et grandes-tantes, neveux et nièces, petits-neveux et petites-nièces et aux alliés aux mêmes degrés, les causes d'interdiction de la contrainte par corps fondées sur les sentiments d'affection naturelle que l'article 19 de la loi du 17 avril 1832 avait bornées au mari, à la femme, aux ascendants et aux descendants, aux frères et sœurs et aux alliés au même degré. La proximité des liens du sang ou de l'affinité qui est un empêchement au mariage, doit être aussi un empêchement à l'exercice de la contrainte par corps.

84. M. Troplong (*Contrainte par corps*, n° 539) pense que la prohibition portée par l'article 19 de la loi du 17 avril continue de subsister lors même que l'époux qui produisait l'affinité serait décédé sans enfants et que le survivant aurait convolé à un second mariage, parce que toutes les fois qu'il s'agit de bienséance et de bonnes mœurs l'affinité n'est pas effacée par ces événements. Nous adoptons entièrement cette opinion, et nous en étendons l'application aux cas prévus par notre article.

85. Nous nous rangeons aussi à l'avis de M. Troplong, *loco citato*, n° 541, que les débiteurs qui depuis l'incarcération sont devenus les alliés du créancier au degré désigné dans l'article 19 de la loi du 17 avril, peuvent l'invoquer pour obtenir leur élargissement. Par conséquent, si l'alliance dont s'occupe l'article 10 de la loi du 13 décembre était survenue pendant l'emprisonnement du débiteur, il serait fondé à s'en prévaloir pour réclamer sa mise en liberté.

86. Cet éminent jurisconsulte enseigne encore, *loco citato*, n°ˢ 542, 501, 502 et 503, que le parent ou l'allié à qui cette qualité interdit d'exercer la contrainte par corps ne pourrait, en cédant sa créance, transmettre au cessionnaire plus de droits qu'il n'en aurait lui-même, à moins que le titre ne fût négociable par sa nature comme une lettre de change, un billet à ordre, parce qu'alors le souscripteur est censé s'être engagé solidairement et directement envers tous les porteurs successifs. Merlin (Questions de droit, v° Étranger, § 4, n°ˢ 3 et 4) professe, par les mêmes raisons, que le Français cessionnaire d'une créance souscrite par un étranger au profit d'un autre, ne pourrait exercer la contrainte par corps qu'autant que le titre serait négociable, et c'est ce qui a été jugé par de nombreux arrêts (Douai, 7 mai 1828; Dal. périodique, 29, 2. 123; Cass. rej., 25 septembre

1829 ; Dal. périodique, 29. 1. 364 ; Palais, 1830, t. III, p. 92 ; Paris, 29 novembre 1831 ; Dal. pér., 32. 2. 54 ; Palais, 1832, t. 1, p. 5 ; Caen, 12 janvier 1832 ; Dal. pér., 32. 1. 55). Quelques arrêts ont pourtant décidé que le porteur d'une lettre de change ou d'un billet à ordre n'avait pas plus de droit que celui au profit duquel cet effet avait été souscrit. Merlin rapporte en ce sens, *loco citato*, un arrêt de Bruxelles, du 23 mars 1826. Il y a aussi un arrêt de Douai, du 27 février 1828 (Palais, t. II de 1828, p. 553), et un d'Aix, du 25 août 1828 (D., 29. 2. 123).

87. L'article 10 de la loi du 13 décembre s'applique aussi bien aux jugements à intervenir qu'aux jugements rendus avant cette loi, puisqu'il interdit de prononcer et d'exécuter la contrainte par corps au profit des parents et des alliés dont il fait l'énumération. La loi ayant reconnu que la morale publique devait interdire l'exercice de cette voie de rigueur entre ces personnes, ne pouvait pas, sans scandale, permettre que les jugements prononcés reçussent leur exécution.

Art. 11. En aucune matière, la contrainte par corps ne pourra être exercée simultanément contre le mari et la femme, même pour des dettes différentes.

Les tribunaux pourront, dans l'intérêt des enfants mineurs du débiteur et par le jugement de condamnation, surseoir, pendant une année au plus, à l'exécution de la contrainte par corps.

Sommaire.

88. L'exercice de la contrainte par corps est suspendu contre l'un des époux pendant que l'autre y est soumis, même pour une dette différente.

89. La contrainte par corps peut néanmoins atteindre l'époux dont le conjoint est emprisonné pour dette, lorsqu'elle a lieu pour l'accomplissement d'un fait dont l'exécution dépend du libre arbitre.

90. La suspension prescrite par le § 1er est de plein droit.

91. Réserve que les tribunaux doivent apporter dans la faculté d'accorder le sursis autorisé par le § 2.

92. A la différence du § 1er, qui peut être invoqué par un débiteur dont la condamnation est antérieure à la loi du 13 décembre, le deuxième paragraphe ne doit recevoir d'application que dans les jugements postérieurs à cette loi.

93. Le sursis ne suspend pas les poursuites sur les biens. Renvoi au n° 44.

94. Le jugement doit être motivé. Renvoi au n° 40.

95. Le débiteur sera-t-il privé du sursis dans le cas prévu par l'article 124 du Code de procédure civile? Renvoi aux n°s 14 et 45.

96. Le sursis d'un an court du jour de la prononciation du jugement.

97. Si pendant le sursis le débiteur était arrêté pour une autre dette, le temps de l'incarcération servirait-il, aux termes de l'article 27 de la loi du 17 avril 1832, pour l'affranchir en tout ou en partie de la contrainte par corps envers le créancier dont le droit était paralysé?

98. Les tribunaux peuvent-ils accorder un sursis à l'emprisonnement du débiteur hors des cas prévus par les articles 5 et 11 de la loi du 13 décembre?

COMMENTAIRE.

88. La loi du 17 avril 1832, article 24, interdit d'exercer simultanément la contrainte par corps pour la même dette contre le mari et contre la femme. Des considérations d'humanité, l'intérêt des enfants du débiteur, celui de la société conjugale, ont dicté le premier paragraphe de l'article 11 de la loi du 13 décembre, qui défend également d'une manière absolue d'emprisonner en même temps les deux époux, encore qu'il s'agisse de dette différente. Pour être conséquent, la loi aurait dû étendre l'application du principe au cas où l'un des époux est déjà incarcéré à raison d'un crime ou d'un délit; car enfin la présence de l'autre n'est pas moins nécessaire alors aux enfants ou à la communauté que quand l'arrestation a été opérée à la

requête d'un créancier. Mais on n'a pas osé pousser la logique si loin ; on s'est contenté de suspendre l'exercice de la contrainte par corps contre l'un des conjoints pendant que l'autre y est soumis. Il résulte de là que si l'époux qui est en liberté a été condamné comme souscripteur d'un effet de commerce, il ne pourra pas être appréhendé au corps tant que son conjoint sera incarcéré, tandis que les endosseurs de cet effet de commerce seront exposés à être emprisonnés. La disposition qui présente ces inconvénients n'existait pas dans les projets de la sous-commission ; elle a été introduite, malgré une vive opposition, lors de la première discussion dans le sein du comité, et a été adoptée sans observation par l'Assemblée.

89. Quand il s'agit de dettes proprement dites, c'est-à-dire de celles qui s'acquittent ordinairement en argent, on peut comprendre jusqu'à un certain point que le législateur ne veuille pas que les époux subissent en même temps la contrainte par corps, parce qu'il peut arriver que les créanciers se fassent illusion sur les ressources de leurs débiteurs et que ceux-ci soient réellement dans l'impossibilité de payer, ce qui rend inutile leur emprisonnement. Mais le principe posé dans le premier paragraphe de l'article 11 ne devra-t-il pas recevoir exception lorsqu'il s'agira d'accomplir un fait dont l'exécution dépend de la seule volonté du contraignable ? Si par son obstination il rend l'incarcération nécessaire pour vaincre sa résistance, la loi doit-elle avoir plus de sollicitude des intérêts de sa famille, de ses enfants qu'il n'en a lui-même ? Ainsi, par exemple, de ce que l'un des époux sera emprisonné pour dette, s'ensuivra-t-il que la

contrainte par corps ne pourra pas être exercée contre l'autre :

Ni, en cas de réintégrande, pour le délaissement ordonné par justice d'un fonds dont le propriétaire a été dépouillé par voies de fait (Code civil, article 2060, 2°);

Ni pour son refus d'obéir à un jugement rendu au pétitoire et passé en force de chose jugée qui le condamne à désemparer un fonds (Code civil, article 2061);

Ni pour refus de déposer comme témoin soit dans les enquêtes devant les tribunaux civils ou de commerce (Code de procédure, articles 264, 432, 413), soit dans les affaires criminelles, correctionnelles ou de police (Code d'instruction criminelle, articles 80, 157, 171, 189, 304, 355);

Ni pour le refus d'opérer le dépôt d'un rapport d'expert (Code de procédure, article 320) ;

Ni pour la dépossession d'un immeuble adjugé judiciairement aux cas des articles 712, 743, 964, 972, 838, 988, 997 du Code de procédure civile ;

Ni pour refus soit de délivrer expédition ou copie d'un acte dont le conjoint est dépositaire public (Code de procédure, article 839), soit de produire des pièces de comparaison en matière de vérification d'écriture (Code de procédure, article 201), de faux incident civil (Code de procédure, article 221) ou de faux principal (Code d'intruction, articles 454 et 456), soit de déposer au greffe l'expédition ou copie authentique d'un arrêt en cas de destruction ou d'enlèvement des pièces d'un affaire criminelle (Code d'instruction, article 522)?

Si dans tous ces cas l'exécution de la contrainte par corps était arrêtée, il s'ensuivrait donc qu'en vertu du premier paragraphe de l'article 11 le cours de la justice pourrait être interrompu? Nous ne saurions admettre une telle interprétation, et nous pensons que l'application de la disposition qui nous occupe doit être restreinte aux cas où il s'agit d'acquittement de dettes qui ne consistent pas en un acte qui dépend du libre arbitre. Les expressions *même pour des dettes différentes*, employées par opposition aux termes de l'article 21 de la loi du 17 avril 1832, qui interdisait d'exercer la contrainte par corps contre le mari et la femme simultanément pour la *même dette*, indiquent assez que le législateur n'a eu en vue que de faire disparaître la distinction qui existait entre ce qu'on appelle des dettes dans le sens propre du mot.

90. La suspension de l'exercice de la contrainte par corps, aux termes du § 1er de l'article 11, réduite à ces limites, est de plein droit et existe en faveur de l'un des époux par le seul fait de l'emprisonnement de l'autre pour dette.

91. Le § 2 de l'article 11 consacre une autre suspension, mais qui est seulement facultative; il permet aux tribunaux, dans l'intérêt des enfants mineurs du débiteur et par le jugement de condamnation, de surseoir pendant une année au plus à l'exécution de la contrainte par corps. Cette deuxième disposition a été admise sur la proposition de M. Charamaule à la deuxième lecture dans le comité, à une faible majorité, et a donné lieu à une assez longue discussion. Elle a également été combattue dans l'Assemblée et n'a été adoptée qu'après une épreuve douteuse. Elle laisse un grand arbitraire aux tribunaux, et ils devront en user avec modération. Quand l'époux du débiteur existera et sera en état de veiller aux enfants mineurs, le sursis devra être refusé; quand il s'agira d'un effet de commerce, on devra l'accorder plus difficilement aux souscripteurs qu'aux endosseurs; et il faudra être plus exigeant à l'égard du premier endosseur qu'à l'égard du dernier. L'intérêt des enfants mineurs devra être bien clairement démontré pour déterminer les juges.

92. La loi n'accordant la faculté de prononcer le sursis, qui n'excédera jamais une année et pourra être moindre, que par le jugement de condamnation, il s'ensuit que le deuxième paragraphe de l'article 11 ne peut s'appliquer qu'aux demandes sur lesquelles les tribunaux statuent postérieurement à la loi du 13 décembre, au lieu que le premier paragraphe du même article peut être invoqué par un débiteur condamné antérieurement, puisque la règle portant sur l'exécution, la frappe au moment où elle s'accomplit.

93. Le sursis ne suspend pas, du reste, les poursuites sur les biens des débiteurs, ainsi que nous avons dit n° 44.

94. Le jugement qui l'accorde doit être motivé par les motifs déduits au n° 40.

95. Nous avons traité, n°s 44 et 45, la question de savoir si le débiteur serait privé du sursis accordé en vertu de l'article 5 dans les cas prévus par l'article 124 du Code de procédure civile. La même question se présente à l'occasion de l'article 11; et les mêmes raisons existent pour qu'elle reçoive la même solution.

96. De quelle époque courra l'année du sursis? Du

jour de la prononciation du jugement. Les tribunaux ne pourraient pas fixer une époque postérieure sans accorder un délai plus long que celui qui est permis par l'article 11.

97. L'article 27 de la loi du 17 avril 1832 porte que le débiteur qui aura obtenu son élargissement de plein droit après l'expiration des délais fixés par les articles 5, 7, 13 et 17 de cette loi (remplacés aujourd'hui par les articles 4 et 12 de celle du 13 décembre, V. n°s 27 et 99), ne pourra plus être détenu ou arrêté pour dettes contractées antérieurement à son arrestation et échues au moment de son élargissement, à moins que ces dettes n'entraînent par leur nature et leur quotité une contrainte plus longue que celle qu'il aura subie, et qui, dans ce dernier cas, lui sera toujours comptée pour la durée de sa nouvelle incarcération.

Cet article, rapproché du deuxième paragraphe de l'article 11, fait naître la question suivante :

Si pendant le sursis le débiteur est arrêté pour une autre dette et obtient son élargissement après l'expiration des délais fixés par les articles 4 et 12 de la loi du 13 décembre, le temps de l'incarcération, aux termes de l'article 27 de la loi du 17 avril, sera-t-il imputé sur la durée de l'emprisonnement que le débiteur devait subir à la requête du créancier dont le droit a été paralysé ?

L'article 27 de la loi du 17 avril s'applique aux dettes échues au moment de l'élargissement, et par conséquent à la dette pour laquelle le créancier a obtenu un jugement qui a sursis à la contrainte par corps contre le débiteur ; car le sursis ne touche en rien à l'exigibilité et n'empêche pas, comme nous l'avons déjà dit nᵒˢ 44 et 93, la poursuite sur les autres biens. Vainement on objecterait que le créancier n'ayant pu agir par la voie de la contrainte, il n'est pas juste de l'en priver. En quoi la suspension de l'exercice de son droit lui aura-t-elle nui, s'il ne pouvait pas retenir le débiteur incarcéré plus long- temps que le créancier à la requête duquel il était détenu? Il est vrai que si sa créance entraîne un em- prisonnement plus long, il sera privé du bénéfice de la recommandation; mais cette considération n'est pas suffisante pour s'écarter des termes de l'article 27, et pour faire tourner contre le débiteur l'avantage qu'a voulu lui procurer le deuxième paragraphe de l'art. 11.

98. Les tribunaux pourraient-ils ordonner de sur- seoir à l'emprisonnement du débiteur hors des cas prévus par les articles 5 et 11 ?

Le savant M. Troplong, sur l'article 2067, nᵒˢ 328 et 329, enseignait, contrairement à l'opinion de Carré, qu'il n'y a que dans les cas où des dispositions spé- ciales ont dérogé à l'article 127 du Code de procé- dure, par exemple le cas des lettres de change, qu'il est interdit aux juges de surseoir à l'exercice de la con- trainte par corps. Nous regrettons que ce grave ju- risconsulte n'ait pas développé son opinion; car l'ar- ticle 127 du Code de procédure ne nous paraît pas contenir une règle générale, mais une exception. « Pourront les juges, dit-il, *dans les cas énoncés en l'article précédent*, ordonner qu'il sera sursis à l'exé- cution de la contrainte par corps pendant le temps qu'ils fixeront, etc. » L'application de cet article doit donc être restreinte aux cas énoncés en l'article 126.

et si on a pu l'étendre à tous les cas de contrainte facultative, par cette raison que les juges pouvant refuser de l'accorder, ont par conséquent le droit de régler les conditions de son exercice, ce motif n'existe pas quand la contrainte par corps est impérative, parce qu'alors si le juge accordait un sursis dont la durée n'est pas limitée, il pourrait, en le prolongeant outre mesure, éluder l'application de la loi. Nous savons bien que s'il ne peut pas, en vertu de l'article 127, empêcher momentanément l'arrestation du débiteur, il arrivera au même résultat en s'armant du droit que lui confère l'article 1244 du Code civil, d'accorder des délais pour le payement et de surseoir à l'exécution des poursuites. Mais cet article lui prescrit en même temps d'user avec une grande réserve du pouvoir qu'il lui confie, et de n'accorder que des délais modérés; tandis que l'article 127 ne faisant pas les mêmes recommandations, laisse une plus grande latitude dans l'appréciation du sursis. Nous pensons donc que c'est seulement dans les cas de contrainte par corps facultative et dans ceux qui sont prévus par les articles 5 et 11 de la loi du 13 décembre 1848, que les poursuites contre la personne du débiteur peuvent être suspendues, à moins que des délais modérés pour les payements n'aient été accordés, aux termes de l'article 124 du Code civil.

Art. 12. Dans tous les cas où la durée de la contrainte par corps n'est pas déterminée par la présente loi, elle sera fixée par le jugement de condamnation dans les limites de six mois à cinq ans.

Néanmoins, les lois spéciales qui assignent à la

contrainte une duré moindre continueront d'être observées.

COMMENTAIRE.

99. La loi du 13 décembre ne contient de dispositions spéciales sur la durée de la contrainte par corps qu'en matière de commerce (art. 4) et en matière criminelle, correctionnelle et de police, pour les condamnations inférieures à 300 fr. (art. 8) et pour toutes celles, à quelque somme qu'elles puissent monter, qui atteignent des septuagénaires (art. 9). En dehors de ces trois cas, on se trouve sous l'application de notre article. Le jugement de condamnation doit fixer la durée de l'emprisonnement dans les limites de six mois à cinq ans. La nouvelle loi a fait disparaître la différence que la législation précédente avait établie à cet égard entre les cas de contrainte par corps légale, de contrainte par corps facultative et de contrainte par corps contre les étrangers. Actuellement la durée de l'emprisonnement doit être déterminée conformément au premier paragraphe de l'article 12, 1° en matière civile ordinaire, 2° en matière de deniers publics, 3° en matière criminelle, correctionnelle et de police, lorsque l'amende et les autres condamnations pécuniaires s'élèvent à 300 fr. et ne sont pas prononcées contre un septuagénaire, sans distinguer si le débiteur justifie ou non de sa solvabilité, 4° en matière de contrainte par corps contre les étrangers. Ainsi se trouvent abrogés l'article 7, le § 2 de l'article 13 et l'article 17 de la loi du 17 avril 1832 et les renvois par les articles 27 et 40 même loi à ces mêmes articles 7, 13 et 17.

100. L'étranger condamné commercialement restera-t-il incarcéré pendant le temps fixé par l'article 4 de la loi du 13 décembre, ou faudra-t-il que le jugement de condamnation détermine la durée de la contrainte par corps dans la limite de six mois à cinq ans, aux termes de notre article?

L'article 4 de la loi du 13 décembre, qui gradue la durée de la contrainte par somme de 500 fr. et par trois mois jusqu'à un *maximum* de trois ans, remplace l'article 5 de la loi du 17 avril 1832 dont il a adopté les formules, ce qui indique l'intention de lui donner la même portée. Or l'article 5 de cette dernière loi ne s'appliquait pas aux condamnations prononcées pour dettes commerciales contre les étrangers; la durée de l'emprisonnement, dans ce cas, était réglée plus rigoureusement par l'art. 17 de la même loi, qui la fixait également pour les dettes civiles ordinaires contractées par ces débiteurs; par conséquent, l'art. 4 de la loi du 13 déc. n'a pas eu en vu les dettes commerciales des étrangers, et il faut décider qu'à leur égard le jugement devra déterminer la durée de la contrainte entre six mois et cinq ans. Cette solution laisse subsister la distinction que la loi du 17 avril avait établie entre les dettes commerciales d'un Français et celles d'un étranger. Ce dernier doit être traité plus rigoureusement parce que sa qualité rend la loi plus exigeante en raison des difficultés que le créancier rencontrera pour le faire payer. Prétendre que la durée de l'emprisonnement d'un étranger sera graduée pour une dette commerciale, suivant son importance, de trois mois à trois ans (art. 4), et pour une dette civile, suivant l'appréciation du juge, de six mois à cinq ans (art. 12), c'est aller contre l'esprit de la loi, qui n'a pas voulu assimiler les étrangers aux nationaux, ni traiter les étrangers plus rigoureusement pour dettes civiles, qui ordinairement n'entraînent pas la contrainte par corps, que pour des dettes commerciales qui l'autorisent toujours même contre des Français. Ce serait, en un mot, détruire toute l'économie de la loi, faire plus quand elle veut faire moins, protéger moins quand elle veut protéger davantage.

101. Le § 2 de l'article 12 contient une exception au principe d'abrogation du § 1er; il maintient les lois spéciales qui assignent une durée moindre à la contrainte par corps. L'esprit de la loi du 13 décembre a été de tempérer les rigueurs de la contrainte par corps; il eût été contraire à la pensée qui a dicté ces réformes d'abolir les lois particulières qui avaient été plus loin dans cette voie d'adoucissement ; aussi les articles 213 du Code forestier, et 79 de la loi sur la pêche fluviale devront-ils encore recevoir leur application. En conséquence les condamnés pour délit de pêche ou pour délit forestier qui justifieront de leur insolvabilité, suivant le mode prescrit par l'article 420 du Code d'instruction criminelle, seront mis en liberté après avoir subi quinze jours de prison lorsque l'amende et les autres condamnations pécuniaires n'excéderont pas 15 fr. — La détention cessera au bout d'un mois, lorsque ces condamnations s'élèveront ensemble de 15 fr. à 50 fr. — Elle ne durera que deux mois quelle que soit la quotité desdites condamnations. — Les deux articles dont nous avons tiré ces dispositions ajoutent :

« En cas de récidive, la durée de la détention sera double de ce qu'elle aurait été sans cette circonstance. »

102. Ce dernier paragraphe continuera-t-il à recevoir son application ?

Le doute vient de ce qu'aux termes de l'article 8 de la loi du 13 décembre, la durée de la contrainte en matière correctionnelle ordinaire ne peut pas excéder trois mois lorsque le condamné fait les justifications prescrites par l'article 420 du Code d'instruction criminelle. Mais il ne faut pas perdre de vue que les deux premiers paragraphes de l'article 8 (nous parlerons du troisième n° 105), se réfèrent aux articles 35 et 39 de la loi du 17 avril 1832 qu'ils modifient, il est vrai, sans toutefois étendre leurs dispositions à d'autres cas que ceux qui étaient régis par ces deux articles. Or les articles 35 et 39 de la loi du 17 avril ne s'appliquaient pas aux condamnations prononcées en matière forestière ni en matière de pêche fluviale. C'étaient les articles 213 et 79 que nous avons précédemment cités et dont les articles 217 du Code forestier et 82 de la loi sur la pêche fluviale, ont étendu l'application aux condamnations prononcées au profit des particuliers. Cela posé, le condamné pour délit forestier et pour délit de pêche fluviale, ne peut pas plus invoquer aujourd'hui l'article 8 de la loi du 13 décembre que l'on n'aurait pu invoquer contre lui auparavant les articles 35 et 39 de la loi du 17 avril 1832 pour le retenir incarcéré pendant plus de deux mois, lorsque les condamnations prononcées contre lui excédaient 100 fr. Si donc l'article 8 n'est pas applicable dans l'espèce qui nous occupe, nous retombons sous l'empire de l'article 12; et comme la durée de quatre mois, maximum du dernier paragraphe des articles 213 et 79, est inférieure au minimum du § 1er de notre article 12, il faut dire que ces paragraphes des articles 213 et 79 sont encore en vigueur. Voilà pour les cas où le débiteur justifie de son insolvabilité, quel que soit le montant des condamnations.

103. Mais qu'arrivera-t-il s'il ne produit pas cette justification ?

Le Code forestier et la loi sur la pêche fluviale ne font pas la double distinction établie par la loi du 17 avril 1832, entre les condamnations inférieures à 300 fr., et celles qui s'élevaient à cette somme, entre les condamnations inférieures à 300 fr. au profit de l'État, et celles qui avaient été prononcées au profit des particuliers. Les articles 212 et 217 du Code forestier, 78 et 82 de la loi sur la pêche fluviale disposent en règle générale, que les individus contre lesquels la contrainte par corps aura été prononcée pour raison des amendes et autres condamnations et réparations pécuniaires, subiront l'effet de cette contrainte jusqu'à ce qu'ils aient payé le montant desdites condamnations ou fourni une caution.

104. C'était une question controversée sous la loi du 17 avril, que de savoir si son article 46 avait maintenu les dispositions que nous venons de rappeler. M. Meaume (t. I, n° 1450) soutenait l'affirmative et invoquait en sa faveur plusieurs arrêts ; M. Troplong avec un arrêt de la cour de Metz du 3 août 1836 tenait la négative (n° 674). Pour bien faire comprendre la difficulté que nous avons à résoudre, il importe de préciser d'abord les points sur lesquels il ne peut plus y avoir de débats. Suivant M. Troplong, lorsque les condamnations prononcées soit au profit de l'État, soit au profit d'un particulier, s'élevaient à 300 fr., en matière forestière ou de pêche fluviale comme dans les autres matières correctionnelles, le jugement devait fixer la durée de la contrainte dans les limites de un an à dix ans. La durée était de six mois à cinq ans pour les condamnations inférieures à cette somme obtenues par des particuliers. On voit que dans ces hypothèses et dans celle d'un emprisonnement illimité, l'art. 12 de la loi du 13 décembre doit recevoir son application, puisqu'aucune de ces opinions n'admet une durée moindre de six mois à cinq ans.

105. Mais voici comment la question devient délicate. M. Troplong estimait que, par une anomalie de la loi (n°ˢ 670 et 671), les condamnations infé-

rieures à 300 fr. au profit de l'État en matière criminelle correctionnelle et de police duraient indéfiniment,
à moins que le débiteur ne payât ou qu'il ne donnât
caution, ou qu'il ne prouvât son insolvabilité; sur ce
point donc la loi de 1832 n'avait pas dérogé au Code
forestier ni à la loi sur la pêche fluviale dont les articles 212 du premier et 78 de la seconde conti-
nuaient à régir les condamnations inférieures à 300 fr.
prononcées au profit de l'État. Elles ne peuvent donc
pas tomber sous le coup du paragraphe 3 de l'article 8 de la loi du 13 décembre qui n'a modifié que
la loi du 17 avril; par conséquent c'est le cas d'appliquer notre article 12. Ainsi en matière forestière
ou de pêche pluviale, quel que soit le montant des
condamnations, et sans distinguer celles qui sont
prononcées au profit de l'État ou des parties civiles,
la durée de la contrainte doit être déterminée dans les
limites de six mois à cinq ans pour le cas où le débiteur ne justifierait pas de son insolvabilité.

106. Si le débiteur de condamnations prononcées
en matière forestière ou en matière de pêche fluviale
est septuagénaire, pourra-t-il invoquer les dispositions
de l'article 9 de la loi du 13 décembre?

Nous avons vu n° 74 que l'article 40 de la loi du
17 avril, qui prenait aussi en considération la vieillesse
pour diminuer la durée de la contrainte par corps res-
traignait l'effet de ce privilége aux condamnés à des
sommes de 300 fr. au moins. Si les débiteurs de sommes inférieures ne pouvaient pas le réclamer dans les
cas des articles 35 et 39, à plus forte raison devait-il
en être de même des débiteurs de condamnations
prononcées en matière forestière ou en matière de

pêche fluviale; mais l'article 9 de la loi du 13 décembre n'a pas un sens aussi limité que celui de l'article 40 de la loi du 17 avril : la suppression même qui a été faite (V. n° 74) des mots aux *termes du jugement ou de l'article précédent* qui se trouvait dans le projet, afin de donner un sens plus général à la disposition, permet de l'appliquer au cas qui nous occupe.

107. M. de Saint-Priest avait proposé, par une disposition additionnelle au titre V, de fixer à Paris le prix de la journée du détenu à 1 fr. 25 cent., et d'augmenter dans les départements le prix actuel d'un cinquième. Cet amendement repoussé par le comité n'a pas été adopté.

TITRE VI. — Dispositions transitoires.

Art. 13. Les débiteurs mis en liberté par suite du décret du 9 mars 1848, et à l'égard desquels la contrainte par corps est maintenue, pourront être écroués de nouveau, à la requête de leurs créanciers, huit jours après une simple mise en demeure, mais ils profiteront des dispositions de la présente loi.

Sommaire.

108. Il n'y a que les débiteurs contre lesquels la contrainte par corps est maintenue qui puissent être réincarcérés pour la durée seulement fixée par la loi du 13 décembre.

109. Il faut déduire le temps passé en prison avant le 9 mars de la nouvelle fixation.

110. Si la durée de la contrainte contre le septuagénaire, aux termes de l'article 40, § 2 de la loi du 17 avril, a été fixée à moins de trois ans, il devra compléter ce qui restera à courir; si elle a été fixée à plus de trois ans, elle se trouvera réduite à ce terme.

111. Le débiteur qui a atteint sa soixante-dixième année après le jugement et avant d'avoir été écroué ne pourra, en comptant le temps passé sous les verroux antérieurement au décret du 9 mars, être

détenu plus de la moitié du temps fixé par ce jugement, si la condamnation excède 300 fr., sans que la durée de la contrainte puisse dépasser en tout trois ans.

112. Si la condamnation est inférieure à 300 fr., la durée de la contrainte sera de la moitié de celle qui est fixée par l'article 8 de la loi du 13 décembre, lorsque le septuagénaire justifiera de son insolvabilité; en cas contraire, la durée sera la même que pour un débiteur moins âgé qui ferait cette justification.

113. Le débiteur qui aura atteint sa soixante-dixième année pendant son emprisonnement ou depuis son élargissement, restera incarcéré la moitié du temps qui lui reste à courir, d'après la loi du 13 décembre, le jour où il sera parvenu à cet âge, et de manière que cette deuxième période n'excède pas trois années.

114. L'arrestation nouvelle du débiteur devra être constatée par un nouveau procès-verbal d'emprisonnement, et son incarcération par un nouvel acte d'écrou.

115. La mise en demeure n'est pas nécessaire si le commandement, signifié avant le décret du 9 mars, n'a pas été suivi de l'arrestation du débiteur.

COMMENTAIRE.

108. Nous voici arrivés aux dispositions qui règlent la situation respective des créanciers et des débiteurs contraignables par corps, dans le passage de la législation qui a précédé le 13 décembre 1848 à la loi nouvelle. Le décret rendu par le gouvernement provisoire, le 9 mars 1848, avait ouvert la porte des prisons aux détenus pour dettes, sans abolir toutefois la contrainte par corps; il s'était contenté d'en suspendre seulement l'exercice jusqu'à ce que l'Assemblée nationale eût décidé si cette voie d'exécution serait maintenue dans nos Codes. L'article 1er de la loi du 13 décembre ayant posé en principe que ce décret cessait d'avoir son effet, la conséquence de cette disposition, c'est que la suspension était levée et que les créanciers reprenaient leurs droits. On a prétendu que cette conséquence était inique, en ce qu'elle rétablissait des liens qui avaient été brisés pour toujours. Tel n'était pas le sens qu'on pouvait raisonnablement donner au décret du 9 mars, dont le caractère était essentiellement provisoire. Ce qui aurait été injuste envers les créanciers, c'eût été que le législateur reconnaissant la nécessité de la contrainte par corps, ne leur eût pas restitué un droit dont ils avaient été dépouillés à tort. Ce qui eût été injuste envers les débiteurs, c'eût été de modifier la législation sur cette matière et de ne les pas faire profiter des améliorations reconnues nécessaires. La loi du 13 décembre ne mérite aucun de ces reproches. Si l'article 13 permet d'appréhender de nouveau les débiteurs mis en liberté par suite du décret du 9 mars, ce n'est qu'autant que la contrainte est maintenue à leur égard. Ainsi un fermier qui s'y était soumis pour le payement de ses fermages, aux termes de l'article 2062 du Code civil, et qui a été relaxé en exécution du décret du gouvernement provisoire, ne pourra pas être réintégré en prison, parce que ce cas de contrainte est actuellement aboli (art. 1er). Bien plus, les dettes qui continuent à entraîner cette voie d'exécution n'y astreignent l'obligé qu'autant qu'il n'aurait pas subi avant son élargissement la durée de détention fixée par la nouvelle loi, et le temps passé antérieurement sous les verroux lui compte pour déterminer l'époque de sa sortie.

109. La contrainte étant l'épreuve de la solvabilité du débiteur, dès que le législateur a cru devoir la réduire, il a reconnu qu'elle était trop longue. Or ce serait conserver ce qui a été jugé exorbitant, maintenir ce qui est abrogé, que de ne pas retrancher les jours déjà écoulés, pendant l'écrou, du temps reconnu suffisant pour que le créancier s'assure que son débi-

teur n'a pas des ressources cachées. Tel est le véritable sens de l'article 13. C'est ainsi que cette disposition a été comprise par le comité de législation, et
qu'elle a été expliquée à l'Assemblée constituante le
23 octobre 1848, dans l'exposé des motifs du projet.
« L'article 13, y est-il dit, règle la situation des débiteurs mis en liberté en vertu du décret du 9 mars dernier. Ce décret, il ne faut pas l'oublier, n'a pas aboli,
mais a seulement suspendu l'exercice de la contrainte
par corps jusqu'à ce que l'Assemblée nationale eût
statué sur son maintien. La conséquence de la levée
de la suspension, c'est que les créanciers rentrent dans
leurs droits, tels qu'ils sont limités par le décret dont
nous avons l'honneur de vous proposer l'adoption. Il
suit de là qu'ils ne pourront exercer la contrainte par
corps que contre ceux de leurs débiteurs qui s'y trouveront encore soumis, et pendant la durée déterminée
par le projet, en sorte que s'ils ont accompli le temps
pendant lequel ils pourraient être détenus sous la nouvelle législation, leurs créanciers ne pourront pas les
faire incarcérer, et que le temps passé en prison avant
le 9 mars sera déduit sur la durée, telle que nous
vous proposons de la fixer. »

110. Nous avons renvoyé, n° 79, à examiner ici les
questions qui se rattachent aux septuagénaires. A leur
égard, la combinaison de l'article 13 avec les articles 8 et 9 paraît offrir quelques difficultés. Nous avons
déjà proposé des solutions (*V.* n°s 76 et suiv.) pour
celles qui peuvent se présenter quand la contrainte n'a
pas été exercée avant la loi du 13 décembre. Il s'agit
maintenant des septuagénaires mis en liberté par suite
du décret du gouvernement provisoire. Il faut encore

ici faire des distinctions. Nous avons dit, n° 76, que le septuagénaire condamné par application du deuxième paragraphe de l'article 40 de la loi du 1er avril 1832, dans les limites de six mois à cinq ans, ne pouvait pas rester incarcéré plus de trois ans, aux termes de l'article 9 de la présente loi. Suivant la doctrine que nous avons exposée, n°s 108 et 109, s'il avait accompli les trois ans avant le décret du 9 mars 1848, il ne pourrait plus être incarcéré ; s'il ne les avait pas complétés, il ne pourrait être détenu que le temps nécessaire pour les achever. On devrait décider de même, suivant les différentes hypothèses que nous venons de poser, si la durée de la contrainte avait été fixée pour moins de trois ans. Le septuagénaire ne pourrait, dans aucun cas, être retenu un temps plus long que celui qui a été déterminé par le jugement.

111. Supposons maintenant que le débiteur ait atteint sa soixante et dixième année depuis le jugement et avant d'avoir été écroué, aux termes du § 2 de l'article 9, la durée de la contrainte se trouvant réduite de plein droit à la moitié du temps à courir, il faudra calculer cette moitié comme nous avons fait n° 77, et de manière qu'elle ne puisse jamais le soumettre à une contrainte de plus de trois ans s'il s'agit de 300 fr. au moins ; et alors, comme nous l'avons expliqué dans le numéro précédent, le temps de l'incarcération antérieur au décret du 9 mars sera compris dans la supputation.

112. On procédera de même pour les sommes inférieures à 300 fr. ; la durée de la contrainte sera, dans ce cas, réglée par les articles 8 et 9, et ne pourra pas dépasser trois mois lorsque le débiteur ne justifiera pas de son insolvabilité, et un mois et demi s'il en fait la justification, *V.* n° 78.

113. Quand le débiteur aura atteint sa soixante et dixième année pendant son emprisonnement ou depuis son élargissement, il faudra examiner le temps qui lui resterait à courir d'après la loi nouvelle. Le jour où il sera parvenu à cet âge, la durée de la contrainte sera réduite à la moitié de ce temps. Ainsi, par exemple, le débiteur pouvait rester incarcéré pendant cinq années; il avait été détenu un an quand il a atteint sa soixante-dixième année; les quatre ans restant, s'il s'agissait d'une somme de plus de 300 fr., se trouvant réduits à deux ans aux termes du deuxième paragraphe de l'article 9, il ne pourrait pas subir un plus long emprisonnement depuis qu'il est devenu septuagénaire. Si la durée de la contrainte avait été fixée à dix ans, et qu'il en eût subi un avant sa soixante-dixième année, il ne pourrait pas être détenu depuis cette époque plus de trois ans, aux termes de l'article 9, § 1er. Si la somme était inférieure à 300 fr., il faudrait qu'il eût été écroué moins de trois mois ou de six mois, suivant les distinctions précédemment établies, pour pouvoir être appréhendé de nouveau, et il ne le serait au plus que pour la moitié de ce qui resterait à courir des trois mois ou des six mois depuis qu'il a atteint sa soixante-dixième année. Ainsi, par exemple, le débiteur d'une somme supérieure à 100 fr. et inférieure à 300, qui serait resté emprisonné un mois avant sa soixante-dixième année, ne pourrait pas être retenu plus d'un mois s'il justifiait de son insolvabilité, et plus de deux mois et demi dans le cas contraire.

114. Pour réincarcérer le débiteur, il suffit d'un

simple acte de mise en demeure annonçant l'intention d'user du bénéfice de l'article 13, et signifié huit jours auparavant. La loi a voulu éviter les frais d'un nouveau commandement ; c'est par économie aussi qu'elle n'exige pas que l'huissier instrumentaire soit commis. Le débiteur est suffisamment prévenu par la loi nouvelle de se mettre en mesure de satisfaire son créancier ou de se tenir sur ses gardes. Les huit jours doivent être francs. Il faudra dresser un nouvel écrou ; l'article 13 le prescrit formellement. « Les débiteurs, » dit-il, mis en liberté par suite du décret du 9 mars » 1848, et à l'égard desquels la contrainte par corps » est maintenue, *pourront être écroués de nouveau*, etc. » Bien que cet article ne parle pas du procès-verbal d'emprisonnement, il ne nous paraît pas douteux qu'il ne doive en être dressé un. Comment constater autrement l'arrestation ?

115. Lorsque le débiteur n'a point été incarcéré, a-t-on pu, en continuant les poursuites antérieures au décret du 9 mars 1848, l'appréhender au corps sans lui signifier la mise en demeure prescrite par l'article 13 ?

Cette question s'est présentée devant la cour d'appel de Paris, le 20 janvier 1849, et a été résolue affirmativement par le motif que l'article 13 n'a exigé de signifier l'acte de mise en demeure qu'aux débiteurs élargis en exécution du décret du 9 mars. Arrêt de la cour de Paris, 4e chambre, M. Delahaye Pr., aff. Cailloué, rapporté *Journal de procédure*, art. 4269. Nul n'étant censé ignorer la loi, le rapport du décret du 9 mars par la loi du 13 décembre suffisait pour qu'immédiatement après sa promulgation les débiteurs relaxés fussent réincarcérés : c'était du droit strict. Mais s'il eût été bien rigoureux d'opérer ainsi un nouvel emprisonnement sans avertissement préalable, il n'était pas juste d'imposer au créancier les frais et les formalités, exigées à peine de nullité, d'un nouveau commandement. Et comme on aurait pu prétendre que dans le silence de la loi, ce commandement était nécessaire à l'égard d'un débiteur mis régulièrement en liberté en vertu d'un acte législatif, c'est pour éviter ces inconvénients, c'est pour couper court à cette difficulté que l'article 13 a prescrit une simple sommation. On voit que les mêmes raisons n'existaient pas pour que cette formalité fût remplie quand le débiteur n'avait point encore été placé sous la main de justice.

Art. 14. Les dettes antérieures ou postérieures au décret du 9 mars qui, d'après la législation en vigueur avant cette époque, entraînaient la contrainte par corps, continueront à produire cet effet dans les cas où elle demeure autorisée par la présente loi, et les jugements qui l'auront prononcée recevront leur exécution, sous les restrictions prononcées par les articles précédents.

Sommaire.

116. On ne peut revenir contre les jugements rendus dans l'intervalle du 9 mars à la loi du 13 décembre, et qui n'ont pas prononcé la contrainte par corps dans les cas où elle était autorisée.

117. La durée de la contrainte pour la condamnation prononcée dans cet intervalle sera réglée conformément à l'article 4 en matière de commerce, et à l'article 8 en matière criminelle, correctionnelle et de police, si la dette est inférieure à 300 fr.

118. *Quid* du septuagénaire? Renvoi aux nᵒˢ 76, 77 et 78.

119. Les autres débiteurs condamnés sous l'empire de la loi du 17 avril,

et qui, soit d'après cette loi, soit aux termes du jugement, devaient rester incarcérés moins de cinq ans, ne profitent pas des
réductions de la loi du 13 décembre. Il n'y aura que les débiteurs
dont la contrainte devait excéder ce terme.

120. Suite.

COMMENTAIRE.

116. De ce que le décret du 9 mars 1848 n'avait
fait que suspendre l'exercice de la contrainte par
corps sans l'abolir, et de ce que cette suspension était
levée par l'article 1er de la loi du 13 décembre, il
suivait nécessairement que les droits des créanciers,
un moment paralysés, reprenaient leur force.

De là découlaient les conséquences que nous avons
exposées sous l'article précédent à l'égard des débiteurs mis en liberté par suite du décret du 9 mars ;
mais il résultait aussi des conséquences analogues relativement aux dettes contractées avant et même après
cette époque. Pour les dettes antérieures pas de difficulté. Le décret n'avait pas effacé de nos Codes
la contrainte par corps, il avait seulement décidé
qu'elle cesserait provisoirement d'être employée. La
question n'était pas aussi nette en ce qui concernait
les dettes postérieures : on pouvait dire que les engagements ne s'étaient pas formés dans la prévision de
l'emprisonnement en cas d'inexécution, qu'ainsi c'était
aggraver la condition des débiteurs et avantager les
créanciers en dehors de toute stipulation. Ces raisons
auraient pu prévaloir si la législation sur cette matière eût été complétement abrogée ; mais elle ne cessait pas de subsister, seulement les moyens de la faire
exécuter manquaient momentanément. Elle régissait
donc toujours les obligations des parties. Quant aux
jugements rendus soit avant le décret du gouverne-

ment provisoire, soit pendant la période de suspension
de la contrainte par corps, ils se trouvaient soumis
aux mêmes principes; il y avait pourtant une distinction à faire entre les jugements rendus à cette époque
et qui avaient continué à appliquer la loi et ceux qui
avaient refusé de prononcer l'emprisonnement, dans
la pensée que le décret l'interdisait. Le comité de
législation avait proposé une disposition qui aurait
autorisé les tribunaux à revenir sur le chef des jugements rendus dans l'intervalle, et à réparer les erreurs
de droit sur ce point; mais la rigueur des principes
ne permettait pas cette dérogation à l'autorité de la
chose jugée, et la disposition qui la consacrait a été
retranchée du consentement du comité lors de la discussion du projet de loi dans le sein de l'Assemblée.
Ainsi il n'est pas possible de rien ajouter à ces jugements ce qui n'infirme pas la force de ceux qui ont
été rendus soit contre des étrangers, soit en matière
criminelle, correctionnelle et de police, et qui emportent par eux-mêmes la contrainte par corps, sans
qu'il soit besoin de la prononcer.

117. L'application de l'article 14 aux dettes pour
lesquelles il n'est pas intervenu de condamnation
avant la loi du 13 décembre, ne paraît pas présenter
de difficulté. On se conformera à ses dispositions en
ce qui concerne la contrainte par corps; il en est de
même pour les cas où la loi fixe la durée de l'emprisonnement et où il y a eu jugement; on se conformera
pour le temps de la détention, en matière de commerce, à l'article 4, en matière criminelle, correctionnelle et de police, à l'article 8 si les sommes sont
inférieures à 300 fr.

118. Que faut-il décider à l'égard des septuagénaires?

Nous avons traité les questions qui les concernent, n⁰ˢ 62, 76, 77 et 78.

119. Mais lorsque la durée de la contrainte n'est pas fixée spécialement par la loi nouvelle, qu'elle n'atteint pas un septuagénaire, et qu'elle a été déterminée soit par une disposition de la loi ancienne autre que les Codes forestier ou de la pêche fluviale, soit par le juge, l'emprisonnement ne pouvant être exécuté que sous les restrictions qui y ont été apportées, que devra-t-on décider?

Plusieurs hypothèses se présentent : 1° un étranger a été condamné au payement d'une dette ordinaire ou d'une dette commerciale ; aux termes de l'article 17 de la loi du 17 avril 1832, la contrainte par corps cessait de plein droit après deux ans lorsque le montant de la condamnation principale ne s'élevait pas à 500 fr.;

Après quatre ans lorsqu'il ne s'élevait pas à 1,000 fr.;

Après six ans lorsqu'il ne s'élevait pas à 3,000 fr.;

Après huit ans lorsqu'il ne s'élevait pas à 5,000 fr.;

Après dix ans lorsqu'il était de 5,000 fr. et au-dessus ;

2° Un débiteur a été condamné par corps dans un cas où la contrainte est facultative ; aux termes de l'article 7, § 2 de la loi du 17 avril, la durée de l'emprisonnement a dû être fixée à un an au moins et à cinq ans au plus, soit le minimum ;

3° Dans un des cas où la durée de la contrainte par corps pouvait être déterminée de un an à dix ans, elle a été fixée à neuf ans.

Nous pensons, à l'égard des débiteurs dont l'emprisonnement ne doit pas durer plus de cinq ans, que la nouvelle loi n'a pas changé leur position et qu'ils devront rester incarcérés le temps fixé par la loi ancienne ou par la condamnation. Notre article 14 dispose que la contrainte doit être exécutée sous les restrictions prononcées par les articles précédents. Or il n'y a pas lieu ici à restrictions, la durée de la contrainte ne dépasse pas les limites de l'article 12. On objectera peut-être que cette décision n'est pas conforme au texte de la dernière disposition de l'article 14, lorsque la contrainte résulte de la condamnation elle-même, indépendamment de toute énonciation expresse. En effet, cet article parle seulement de jugements qui ont prononcé la contrainte, ce qui semblerait exclure les jugements auxquels elle est attachée de plein droit. Mais il ne faut pas perdre de vue que si la fin de l'article 14 ne pouvait s'appliquer au cas qui nous occupe, on invoquerait avec avantage la première disposition relative aux dettes qui entraînaient la contrainte par corps et *qui continueront à produire cet effet*. Dira-t-on que les débiteurs seront alors privés de l'avantage que leur aurait offert l'article 12, de voir la durée de leur emprisonnement baisser à six mois? Sans doute; mais, outre qu'ils auraient aussi couru le risque de la voir élevée à cinq ans, nous demanderons en vertu de quel nouveau texte il serait possible de la réduire? Nous avouons que nous n'en connaissons pas, ou plutôt il y en a un qui s'y oppose, c'est l'article 12, qui ne permet de fixer la durée de la contrainte que par le jugement de condamnation.

L'article 14 ne recevra donc son application que

quand la durée de la contrainte excédera cinq ans, et cette durée, quelle qu'elle soit, sera toujours réduite uniformément à ce laps de temps, car nous ne voyons pas que l'article 12 ait prononcé d'autre restriction.

120. Pour peu que l'on réfléchisse à la manière dont la question se présentera devant les tribunaux, on verra qu'elle ne doit pas recevoir d'autre solution. Les jugements antérieurs à la loi du 13 décembre qui prononcent ou emportent la contrainte par corps peuvent recevoir leur exécution si elle a été maintenue, et, nous le supposons ; le débiteur une fois régulièrement incarcéré y restera et ne pourra obtenir sa liberté, en se fondant sur l'expiration de la durée de la contrainte que lorsqu'il rapportera la preuve ou que le jugement de condamnation ou que la loi n'a pas permis de le retenir plus longtemps sous les verroux. Ainsi, lorsque le jugement ou la loi ancienne aura fixé moins de cinq ans, tant qu'il n'aura pas satisfait à leurs prescriptions on les lui opposera avec avantage ; lorsque la durée dépassera cinq ans, tant qu'ils ne seront pas accomplis, on lui objectera, avec non moins de raison, que la seule restriction apportée au temps de son emprisonnement a été de le réduire à cinq années. Enfin le juge ne pourrait pas, dans aucun de ces cas, déterminer sans arbitraire la durée de la contrainte puisqu'elle ne doit être fixée que par le jugement de condamnation.

Art. 15. Dans les trois mois qui suivront la promulgation de la présente loi, un arrêté du pouvoir exécutif, rendu dans la forme des règlements

21

d'administration publique, modifiera le tarif des frais en matière de contrainte par corps.

121. L'arrêté prescrit par cet article n'a été rendu que le 24 mars 1849. Nous en donnerons le commentaire après avoir traité deux questions qui n'ont pu trouver place sous aucun des articles de la loi du 13 décembre 1848, et après avoir résumé les modifications apportées par cette loi à la législation antérieure sur la contrainte par corps.

APPENDICE.

122. Un représentant du peuple peut-il être arrêté pour dette sans une autorisation de l'Assemblée nationale ? Le projet de la sous-commission du comité de législation proposait d'affranchir de la contrainte par corps le Président et le vice-Président de la république, ainsi que les ministres, de ne permettre d'emprisonner pour dette un représentant du peuple qu'après l'autorisation de l'Assemblée nationale et de suspendre l'exercice de la contrainte par corps à l'égard de l'électeur pendant le temps qui lui était nécessaire pour prendre part aux opérations du scrutin. Ces dispositions furent adoptées en ces termes par le comité lors de la première discussion qui eut lieu dans son sein :

« Art. 13. La contrainte par corps ne pourra pas » être exercée contre les membres du pouvoir exé-

» cutif : elle ne le sera contre un représentant du
» peuple qu'après l'autorisation de l'Assemblée na-
» tionale.

    » Art. 14. L'exercice de la contrainte par corps est
» suspendu contre l'électeur depuis le troisième jour
» qui précède l'ouverture du scrutin auquel il doit
» prendre part, jusqu'à la fin du troisième jour qui
» suit la proclamation du résultat des opérations élec-
» torales. »

    L'intérêt particulier de certains créanciers qui a fait
établir en leur faveur la contrainte par corps doit s'effacer devant le grand intérêt public qui ne permet
pas que l'élu de la nation, celui que la constitution
appelle à le remplacer, le ministre qu'il a choisi pour le
seconder dans le gouvernement de l'État puissent,
dans aucun cas, être enlevés à leurs fonctions suprê-
mes par une volonté individuelle ; il ne faut pas non
plus que cette volonté ait la force soit d'interdire à un
représentant du peuple d'accomplir son mandat sans
que l'Assemblée nationale ait préalablement jugé l'opportunité de l'arrestation, soit d'enlever à un électeur,
qui n'est point encore incarcéré, sa part de souverai-
neté.

    Ces hautes considérations ne furent pas méconnues
à la seconde lecture du projet dans le comité, mais
on prétendit que les articles 13 et 14 du projet conte-
naient des dispositions politiques et qu'elles ne devaient pas trouver place dans une loi qui réglait les
intérêts privés des citoyens. Ces raisons prévalurent
auprès de la majorité et les deux articles furent rejetés.

    La constitution de 1848 qui défend (article 37) de

poursuivre ou d'arrêter un représentant du peuple en matière criminelle, sans que l'Assemblée, ait permis la poursuite, ne contient pas, comme les chartes de 1814 (articles 34 et 51) et de 1830 (articles 29 et 43), de dispositions qui protégent les législateurs contre l'exercice de la contrainte par corps. Dans le silence de la législation, les représentants du peuple restent sous l'empire du droit commun et peuvent être arrêtés pour dettes sans l'observation d'aucune autre formalité que celles qui sont exigées pour les simples citoyens; on est revenu sur ce point à la législation antérieure à la restauration. Un décret de la première Constituante du 7 juillet 1790 avait décidé qu'un créancier pouvait exercer contre un député tous les droits et toutes les contraintes que lui assurait la loi. Aucune disposition contraire n'a protégé les membres de nos assemblées législatives jusqu'à la fin de l'Empire.

123. Les Colonies sont-elles soumises au régime de la contrainte par corps?

Le décret du 9 mars 1848 qui ordonnait la mise en liberté des détenus pour dettes a été promulgué et exécuté aux Colonies. Pendant la discussion dans le comité de législation du projet qui est devenu la loi du 13 décembre, M. le ministre de la marine écrivit au rapporteur pour lui demander l'addition d'un article qui aurait rendu la loi applicable dans nos possessions d'outre-mer : « Les décrets du gouvernement provisoire abolitifs de la contrainte par corps, disait-il, ayant été promulgués dans ces établissements, vous comprenez combien il importe que l'acte qui doit les remplacer y reçoive son application aussi promptement que possible. C'est ce qui n'arriverait certainement pas si mon département devait attendre, pour s'occuper de cet objet par la présentation d'un projet de loi spécial, le vote de celui qui est préparé. Je viens donc vous renouveler la proposition d'insertion sommaire que j'avais adressée à M. Crémieux. L'un des représentants de la Martinique, M. Pory Papy, ancien avoué, serait parfaitement en mesure de donner à la commission les explications préalables qu'elle désirerait à ce sujet. »

M. Pory Papy, auquel le comité s'adressa, est un adversaire de la contrainte par corps; il déclara que son rétablissement n'était pas nécessaire dans les colonies où elle ne servait pas aux négociants et ne favorisait que les usuriers. Cette opinion exprimée par un juge que le ministre lui-même avait présenté comme très-compétent, l'absence d'autres renseignements sur l'opportunité de la mesure décidèrent le comité à ne pas en prendre la responsabilité, et il informa le ministre des raisons qui ne lui permettaient pas d'accueillir sa demande. Pour toute réponse, le ministre fit remettre au comité une note ainsi conçue :

« La contrainte par corps, en matière commerciale, n'était prononcée à la Martinique qu'avec beaucoup de ménagements, après maints avertissements donnés aux débiteurs, et après épuisement de tous les moyens possibles de conciliation et de transaction. Mais c'était cependant une arme comminatoire dont la privation aurait pour effet d'apporter de la perturbation, notamment dans le commerce de détail qui fait vivre beaucoup de personnes de couleur ; et l'absence de ce moyen de coaction serait même fâcheux pour celles-ci, puisqu'elle les mettrait dans la position de ne plus obtenir de crédit, et de ne pouvoir traiter qu'au comptant. En disant personnes de couleur, on ne parle évidemment que des anciens affranchis; car la population noire, appelée en masse à la liberté, est tout à fait et sera sans doute longtemps encore désintéressée dans la question. En définitive, on ne voit aucune raison sérieuse pour tenir les colonies en dehors du régime mitigé de la contrainte par corps, tel qu'il doit résulter de la nouvelle loi. — 13 décembre 1848. »

Ces observations confirmèrent le comité dans la pensée où il était que tant qu'une disposition spéciale de loi ne serait pas rendue, on ne cesserait pas dans les colonies d'être soumis au décret du 9 mars, et que la contrainte par corps n'y serait pas exercée; il persista donc dans sa résolution de ne pas proposer d'article additionnel qui rendrait la loi applicable dans les établissements français situés hors d'Europe, et il prévint seulement le ministre qu'il ne s'opposerait pas aux amendements que le gouvernement croirait devoir faire présenter pour qu'elle y fût déclarée exécutoire. Toutefois il paraît qu'on y considère maintenant le décret du gouvernement provisoire comme aboli et qu'on y exécute la contrainte par corps, non pas avec les modifications libérales de la loi du 13 décembre, mais avec toutes les rigueurs de la loi du 17 avril 1832. En sorte que le comité induit en erreur par les explications qui lui ont été données, et dans la crainte que la loi du 13 décembre ne fût encore trop sévère pour les colonies, les aurait laissées sous l'empire d'une législation plus dure.

Sur quoi s'appuie un pareil système? on dit : depuis la loi du 24 avril 1833, la matière de la contrainte par corps ne peut être régie aux colonies que d'après une disposition particulière adoptée par le pouvoir législatif. Le décret du 9 mars ne contenait pas d'article spécial à cet égard ; s'il y a été exécuté, c'est en vertu de la maxime *favores ampliandi;* mais aujourd'hui qu'il est aboli et que la loi du 13 décembre n'y est pas applicable, on retombe sous le régime de la loi du 17 avril 1832. A cela on peut répondre que si le gouvernement provisoire, investi d'une dictature qui lui conférait tout à la fois la puissance exécutive et la puissance législative, a fait promulguer le décret du 9 mars dans les pays français des autres parties du monde, ainsi que l'énonce le ministre dans le passage de sa lettre rapportée plus haut, la promulgation émanée d'un tel pouvoir est un acte qui équivaut à une disposition expresse, puisqu'il n'a pu être fait que dans l'intention d'étendre à ces contrées lointaines une loi de la métropole et que cette intention suffit quand elle part du pouvoir qui décrète la loi et la rend exécutoire parce qu'il agit toujours dans sa double qualité.

124. Quelles sont les dispositions de la loi du 17 avril 1832 qui se trouvent abrogées ou modifiées par la loi du 13 décembre 1848 ?

(Art. 5, 7, 13, § 2, 17, 40, § 1 et 27, loi 1832.) Nous avons déjà fait connaître plusieurs des changements apportés à la loi du 17 avril par celle du 13 décembre. Nous avons parlé, n° 27, de l'abrogation de l'article 5 de la loi de 1832 sur la durée de la contrainte par corps en matière de commerce, par l'article 4 de la loi de 1848. L'article 12 de celle-ci qui porte : « dans tous les cas où la durée de la contrainte par corps n'est pas déterminée par la présente loi, elle sera fixée par le jugement de condamnation dans la limite de six mois à cinq ans, » abroge les art. 7, 13 § 2, 17, et la dernière disposition du premier paragraphe de l'article 40 de la loi de 1832 qui réglaient le temps de l'emprisonnement du débiteur en matière civile ordinaire, en matière de deniers et effets publics, au cas d'incarcération d'un étranger, et en matière criminelle, correctionnelle et de police lorsque le montant de l'amende et des autres condamnations pécuniaires s'élevaient à 300 fr. Par suite de ces diverses abrogations l'article 27 de la loi du 17 avril ne s'applique plus aux cas où le débiteur a obtenu son élargissement de plein droit après l'expiration des délais fixés par les articles 5, 7, 13 et 17 de la loi de 1832, mais après l'expiration de ceux qui sont déterminés par les articles 4 et 12 de la loi de 1848.

125. (Articles 35, 39, 40, loi 1832). En matière criminelle, correctionnelle et de police, la durée de la contrainte par corps fixée à quatre mois par la dernière disposition de l'article 35 de la loi du 17 avril a été réduite à trois mois par le premier paragraphe de l'article 8 de celle du 13 décembre. Le § 2 du même article 8 a restreint l'application de l'article 39 de la loi de 1832 aux condamnations inférieures à 300 fr., et le § 3 a fait descendre à six mois le maximum de la durée de la contrainte par corps qui était fixé par cet article 39 à cinq ans lorsque le débiteur ne justifiait pas de son insolvabilité et que la condamnation avait été prononcée au profit d'un particulier, et qui n'avait pas de limite lorsque la condamnation avait été prononcée au profit de l'État, suivant l'interprétation enseignée par M. Troplong, nos 54 et 670.

Le § 1er de l'article 9 de la loi nouvelle a borné à trois mois le minimum et à trois ans le maximum de la durée de la contrainte par corps du septuagénaire qui étaient fixés par l'article 40, § 2 de la loi précédente entre six mois et cinq ans. Le § 3 de ce dernier article ne prévoyait que le cas où le débiteur atteignait sa soixante-dixième année pendant la durée de la contrainte par corps. Le § 2 de la loi de l'Assemblée constituante s'applique aussi au cas où il parvient à cet âge après le jugement et avant d'avoir été écroué. Enfin ce bénéfice, qui n'était accordé auparavant à la vieillesse que lorsque les condamnations s'élevaient à trois cents francs profite maintenant aux septuagénaires débiteurs de moindres sommes.

126. (Articles 24, 25 et 26, loi 1832). L'article 6 de la loi du 13 décembre a fait disparaître l'exception que l'article 24 de la loi du 17 avril avait établie, dans le cas de dette commerciale, à la faculté accordée au débiteur incarcéré d'obtenir son élargissement en payant ou consignant le tiers du principal de la dette et de ses accessoires, et en donnant pour le surplus une caution acceptée par le créancier, ou reçue par le tribunal civil dans le ressort duquel le débiteur sera détenu par suite de l'abrogation de cette exception : l'article 24 et les deux articles suivants sont applicables en matière de commerce, ainsi que nous l'avons établi n° 49.

127. (Articles 19, 20 et 21, loi 1832). L'interdiction d'exercer la contrainte par corps contre certaines personnes portée par l'article 19 de la loi du 17 avril, à cause de la proximité de la parenté ou de l'alliance, a été étendue par l'article 10 de la loi du 13 décembre aux oncles, tantes, grands oncles, grandes tantes, neveux, nièces, petits neveux et petites nièces et aux alliés aux mêmes degrés.

La faveur de la liberté qui avait fait autoriser, par l'article 20 de la loi de 1832, l'appel du chef de la contrainte des jugements rendus en dernier ressort, a dicté l'article 7 de la loi de 1848 qui proroge au profit du débiteur le délai de l'appel du même chef des jugements rendus en premier et dernier ressort jusqu'au troisième jour qui suit l'emprisonnement ou la recommandation.

La prohibition d'exécuter simultanément la contrainte par corps contre le mari et la femme n'est plus, comme sous la loi du 17 avril (article 21), restreinte à la même dette, elle comprend aussi les dettes différentes (article 11, loi 13 décembre).

128. Quelles sont les autres dispositions législatives abrogées ou modifiées par la loi du 13 décembre 1848?

Nous avons expliqué, nos 8 et suiv. que la première disposition de l'article 2062 du Code civil se trouvait abrogée par l'article 2 de la loi du 13 décembre. Nous avons dit, n° 18, que l'article suivant avait étendu les dispositions de l'article 2060—7° du même Code aux greffiers, commissaires-priseurs et gardes du commerce.

L'article 443 du Code de procédure civile qui fixe à trois mois le délai de l'appel s'est trouvé modifié par l'article 7 de la loi du 13 décembre qui proroge ce délai du chef de la contrainte, mais seulement en faveur du débiteur jusqu'au troisième jour inclusivement qui suit son emprisonnement. Enfin, on a vu, nos 103, 104 et 105, comment les articles 212 et 217 du Code forestier, 78 et 82 de la loi sur la pêche fluviale se trouvaient modifiés par la loi nouvelle.

COMMENTAIRE

DE L'ARRÊTÉ DU 24 MARS 1849

QUI MODIFIE LE TARIF DES FRAIS EN MATIÈRE
DE CONTRAINTE PAR CORPS.

Art. 1er. § 1. Il est alloué à tous huissiers :

§ 2. 1° (Code de procédure, art. 780.) Pour l'original de la signification du jugement qui prononce la contrainte par corps, avec commandement. . . . . 2 fr. »

Pour la copie, le quart. . . . . . . » 50

Pour le droit de copie du jugement. . 2 »

§ 3. Sans qu'il puisse être passé d'autres droits en taxe, dans le cas où la signification et le commandement seraient faits par actes séparés.

§ 4. 2° (Code de procédure, art. 796.) Pour l'original de la signification du jugement qui déclare un emprisonnement nul. . . . . . . 2 fr. »

Pour la copie à laisser au geôlier ou au garien, le quart. . . . . » 50

Sommaire.

135. Si d'autres copies étaient signifiées avec celle du jugement, il ne serait dû aucun autre droit que celui de 2 fr.

136. L'article 1er a voulu attribuer aux huissiers, à l'exclusion des avoués, le droit de copie du jugement qui doit être signifié avec le commandement.

137. *Quid* en cas de contrainte en matière civile ?

138. Explication du troisième paragraphe de l'article 1er.

139. L'article 1er ne fait pas de distinction entre les huissiers suivant leur résidence.

140. Le § 4 ne parle pas de droit pour la copie à signifier au créancier. Cependant ce droit sera dû, ainsi que celui de l'original, quand la signification au créancier devra être faite par acte séparé.

141. Il n'est rien dû à l'huissier pour la copie du jugement qui déclare un emprisonnement nul, ni pour faire viser l'original de la signification par le ministère public, si le geôlier refuse de recevoir la copie.

142. Mais le droit de copie du jugement est dû à l'avoué, s'il a certifié les écritures.

143. Les droits de transport sont dus en sus des allocations de l'article 1er.

COMMENTAIRE.

129. Le premier tarif, du 16 février 1807, a classé les actes d'huissier en trois catégories, suivant l'importance de la résidence de ces officiers ministériels. Les droits alloués pour leurs actes sont plus forts à Paris que dans les villes où il n'y a qu'un tribunal de première instance, et dans celles-ci que dans les autres villes et cantons ruraux. Le troisième tarif, du 16 février, accorde la même rétribution qu'à Paris aux huissiers de Lyon, de Rouen et de Bordeaux, et crée une quatrième catégorie d'actes pour les huissiers des autres chefs-lieux des cours d'appel ou des villes dont la population excède 30,000 âmes. Ces distinctions sont fondées sur la présomption que les dépenses sont plus fortes dans les villes plus considérables.

130. L'ordonnance du 18 septembre 1833, contenant le tarif des frais et dépens en matière d'expropriation pour cause d'utilité publique, à consacré un principe opposé, l'uniformité des droits sans aucun égard aux résidences des huissiers. On justifie ce système en disant que l'importance des villes est trop variable pour servir de base à une évaluation, et que dans les grands centres de population le surcroît des dépenses est compensé par la multiplicité des actes.

131. L'ordonnance du 10 octobre 1841, qui règle le tarif des frais en matière de ventes judiciaires de biens immeubles, est revenue aux catégories, qu'il a réduites à trois, en supprimant la dernière.

132. Entre ces deux systèmes, l'arrêté du 24 mars a préféré le droit unique, à l'exception pourtant de l'allocation pour l'emprisonnement, qui sera plus fort à Paris seulement que dans les autres localités.

133. Le travail, les soins, la responsabilité étant les mêmes, la rétribution doit être semblable, outre que le droit fixe a le double avantage de simplifier la taxe et de mettre le tarif plus à la portée deslumières des justiciables.

134. L'article 1er de l'arrêté du 24 mars remplace les articles 54 et 58 du premier décret du 16 février 1807. Il n'établit pas comme eux des droits différents pour les huissiers à Paris, dans les villes où il y a tribunal de première instance et dans les autres villes et cantons ruraux. Le droit est uniforme, quels que soient l'huissier et le lieu de la signification de l'exploit. Nous remarquons que pour l'original du commandement, l'émolument des huissiers de Paris, qui était de 3 fr., a été baissé d'un franc; que celui des huissiers des villes où il y a tribunal de première instance a été maintenu, et que celui des huissiers, dans les autres villes et cantons ruraux, qui n'était que de 1 fr. 25 c., se trouve élevé de 75 cent. Les mêmes différences existent proportionnellement pour la copie de l'exploit.

Pour le droit de copie du jugement signifié aux termes de l'article 780 du Code de procédure avec le commandement, il est alloué aux huissiers un émolument uniforme de 2 fr., quel que soit le nombre des rôles. On a voulu prévenir par là l'abus des évaluations.

Dans le cas où la signification et le commandement seraient faits par actes séparés, il ne sera dû qu'un seul droit.

135. Si avec le commandement il était signifié d'autres copies que celle du jugement, par exemple des copies des certificats prescrits par l'article 548 du Code de procédure, ou en cas de caution judiciaire, copie de l'acte de soumission, serait-il dû, à raison de ces écritures, un émolument à l'huissier?

Aucune disposition de l'article 1er ne s'y oppose, puisqu'il ne fixe que l'allocation pour la copie du jugement, et que l'interdiction portée par le § 3 de passer d'autres droits en taxe ne s'applique qu'à la signification du jugement et du commandement par acte séparé. Cependant on peut objecter que l'article 6 de l'arrêté du 24 mars dispose que, « outre les fixations établies » par les quatre premiers articles, seront alloués les » simples déboursés de timbre et d'enregistrement, » justifiés par pièces régulières. »

. Sans doute cet article ne dit pas, « ne sont alloués que les simples déboursés; » mais nous croyons que l'intention du législateur a été, en employant les expressions les *simples déboursés*, de n'allouer rien autre chose; c'est un abonnement qui pourrait bien être suffisant en matière de commerce, mais qui le sera rarement en matière civile.

136. Il nous paraît bien que l'article 1ᵉʳ, §2, de l'arrêté a voulu décider dans le sens de la jurisprudence de la cour de cassation en faveur des huissiers et contre les avoués, la question du droit de copie du jugement de prise de corps signifiée avec le commandement.

137. Mais lorsque le jugement aura été rendu en matière civile et qu'il n'aura pas encore été signifié, l'avoué pourra-t-il prétendre à l'émolument des écritures? Et en cas d'affirmative, cet émolument sera-t-il le même que celui des huissiers?

La cour suprême, par son arrêt de cassation du 22 mai 1838, rendu dans l'affaire Thevenin-Mauger, et rapporté, *Journal du Palais*, t. II de 1838, p. 246, tout en décidant qu'aux huissiers appartenait exclusivement l'émolument de la copie signifiée en tête du commandement tendant à contrainte par corps, a reconnu pourtant en principe que le droit aux copies de pièces d'une instance ne cessait pour l'avoué qu'après la signification du jugement. C'est aussi ce qui résulte d'un arrêt de la chambre des requêtes du 22 mai 1834, rendu dans l'affaire Dieu-Didelot, et rapporté par le *Journal de Procédure*, sous l'article 4. Ainsi notre article ne pourrait pas avoir pour effet d'ôter à l'avoué le droit de certifier la copie du jugement s'il n'avait pas encore été signifié. Il a été jugé en ce sens par le tribunal civil de Versailles, le 29 mars 1844, que le droit de copie du jugement signifié en même temps que le commandement tendant à expropriation forcée, appartenait à l'avoué, quoique l'article 3 de l'ordonnance du 10 octobre 1841 contienne en faveur des huissiers une disposition semblable à notre article 1.er (V. Journal de Procédure, article 3063).

Le droit de l'avoué, reconnu dans ce cas, ce n'est pas par le tarif du 24 mars 1849, dont l'article 1er ne s'applique qu'aux huissiers, que l'émolument peut être réglé, on reste dans le droit commun. Les écritures seront taxées suivant les termes de l'article 72 du premier décret du 16 février 1807. Il est évident que l'allocation de 2 fr. serait beaucoup trop faible dans la plupart des cas pour rétribuer la copie, faite par l'avoué, d'un jugement condamnant à la contrainte par corps en matière civile. Pour le prouver, il n'y a qu'à citer les jugements d'adjudication d'immeubles qui emportent prise de corps soit contre le folenchérisseur pour la différence du prix, soit contre la partie saisie ou le détenteur pour le délaissement de l'immeuble.

138. Le § 3 de notre article interdit de passer d'autres droits en taxe, dans le cas où la signification et le commandement seraient faits par actes séparés. Ainsi on ne pourra pas faire une double signification du jugement, l'une pour faire courir le délai de l'appel ou du pourvoi en cassation, et l'autre pour satisfaire aux prescriptions de l'article 780 du Code de procédure civile, qui exige que l'exploit contienne à la fois la signification du jugement et le commandement. Cependant il y aura des cas où on ne pourra pas refuser le coût du commandement signifié par acte séparé, outre la signification du jugement à avoué s'il y a lieu, c'est lorsque la contrainte aura été prononcée par défaut et que le jugement devra, avant son exécution, être signifié à la partie, aux termes des

articles 155 et 435 du Code de procédure civile. C'est encore, lorsqu'en vertu des articles 5 et 11 de la loi du 13 décembre 1848, et 127 du Code de procédure civile, il aura été sursis à l'exécution de la contrainte par corps, ces sursis n'empêchant pas l'exécution sur les biens du débiteur, ainsi que nous l'avons établi nᵒˢ 37 et 44, il y aura nécessité de faire des significations séparées. Enfin le coût de la signification du jugement avant le commandement sera dû lors même qu'elle n'aurait eu d'autre but que de faire courir le délai de l'appel ou du pourvoi en cassation si, aux termes de l'article 1244 du Code civil, il avait été accordé des délais au débiteur pour se libérer. Dans tous ces cas, refuser de passer en taxe d'autres droits que ceux du deuxième paragraphe de l'article 1ᵉʳ, ce serait retrancher le coût d'actes nécessités par les circonstances de la cause.

139. L'original de l'exploit de signification du jugement qui déclare un emprisonnement nul, était taxé par l'article 58 du premier décret du 16 février 1807, à Paris 4 fr., ailleurs 3 fr. L'article 1ᵉʳ, § 4, fixe l'émolument de l'original de cet acte à 2 fr. pour tous les huissiers sans distinction.

140. De même que l'article 58 du tarif de 1807, le quatrième paragraphe de l'article 1ᵉʳ n'accorde d'allocation que pour la copie à laisser au geôlier ou au gardien, et ne parle pas de celle qui doit être signifiée au créancier. Sous le décret impérial on passait le même droit pour cette copie, parce que la signification est prescrite par l'article 147 du Code de procédure. Mais le décret ne contenait pas de disposition semblable à celle de l'article 6, qui prohibe tout autre émolument que les simples déboursés, et qui pourra toujours être opposé à l'huissier qui aura baillé les deux copies. Cependant, lorsqu'il aura fallu les signifier par acte séparé, nous ne voyons pas comment il serait possible de refuser à l'officier instrumentaire le droit, pour l'original à Paris, de 2 fr., et dans le ressort de 1 fr. 50 c., accordé par l'article 29, § 2 du tarif de 1807, pour la signification d'un jugement à domicile. On ne peut pas exiger de l'huissier qu'il prête son ministère gratuitement.

141. De la prohibition de l'article 6 et du quatrième paragraphe de l'article 1ᵉʳ résultent deux autres conséquences ; la première, c'est que si le geôlier ou gardien refusait de recevoir la copie, le droit de visa accordé par l'article 66 du tarif ne serait pas dû à l'huissier ; la deuxième conséquence, c'est que l'article 1ᵉʳ, gardant le silence sur le droit de copie du jugement qui déclare un emprisonnement nul, il ne sera rien dû pour ces écritures à l'huissier. (*V.* n° 135).

142. Mais leur émolument ne pourra pas être contesté à l'avoué quand il les aura certifiées, parce que, comme nous l'avons déjà dit et comme nous aurons l'occasion de l'expliquer n°ˢ 173 et 174, l'arrêté du 24 mars 1849 a laissé en dehors les droits des avoués.

143. Il n'y a pas de doute qu'en sus des droits alloués par l'article 1ᵉʳ le juge ne doive passer en taxe les frais de transport s'il en est dû : l'article 7 de l'arrêté ne peut pas laisser d'incertitude à cet égard.

Art. 2. § 1. Il est alloué aux gardes du commerce ou aux huissiers :

§ 2. 1° (Code de procédure, art. 783 et 789.

Pour le procès-verbal d'emprisonnement d'un débiteur, y compris l'assistance de deux recors et l'écrou :

A Paris.   . . . .   40 fr. »

Ailleurs.   . . . .   30 ·   »

§ 3. Pour la copie du procès-verbal d'emprisonnement et de l'écrou, le tout ensemble.   2 fr. »

§ 4. Il ne pourra être passé en taxe aucun procès-verbal de perquisition pour lequel les gardes du commerce ou huissiers n'auront point de recours, même contre leur partie ; les sommes ci-dessus leur étant allouées en considération de toutes les démarches qu'ils pourraient faire autres que celles expressément rémunérées par le présent tarif.

§ 5. 2° (Code de procédure, art. 781.) Pour la vacation tendant à obtenir l'ordonnance du juge de paix, à l'effet, par ce dernier, de se transporter dans le lieu où se trouve le débiteur condamné par corps, et à requérir son transport. . .   2 fr. »

§ 6. 3° (Code de procédure, art. 786.) Pour vacation en référé, si le débiteur arrêté le requiert. . . . .   5 fr. »

§ 7. 4° (Code de procédure, art. 792 et 793.) Pour un acte de recommandation d'un débiteur emprisonné sans assistance de recors. . .   3 fr. »

Pour chaque copie à donner au débiteur et au geôlier, le quart. . . . .   »   75

Sommaire.

144. L'article 2 est commun aux huissiers et aux gardes du commerce.

145. Le § 2 distingue entre les droits à Paris et ailleurs.

146. Réduction des droits comparés à ceux du tarif de 1807.

147. C'est la résidence du garde du commerce ou de l'huissier, et non pas

le lieu de l'arrestation, qu'il faut considérer pour fixer le droit qui est dû.

148. Le droit de 40 fr. ou de 30 fr. n'est dû que quand l'emprisonnement est opéré.

149. Il n'est rien dû si le débiteur s'échappe.

150. Il faut, à l'allocation du deuxième paragraphe, ajouter les droits de transport, s'il y a lieu.

151. Droit de copie du procès-verbal d'emprisonnement et de l'écrou.

152. Interdiction de dresser des procès-verbaux de perquisition.

153. Vacation pour requérir le juge de paix, — ou en référé.

154. Acte de recommandation.

COMMENTAIRE.

144. L'article 1er est spécial aux huissiers; l'article 2 s'applique en outre aux gardes du commerce.

145. Le § 2 est le seul qui distingue les émoluments dus à Paris de ceux qui sont alloués ailleurs. Toutes les autres dispositions de l'arrêté consacrent l'uniformité des droits, en quelque lieu que les actes auxquels ils se rapportent se soient opérés.

146. Le deuxième paragraphe remplace les deux premiers paragraphes de l'article 53 du tarif et le premier paragraphe de l'article 20 du décret du 14 mars 1808. Le droit à Paris est réduit de 60 fr. à 40, dans les villes où il y a tribunal de première instance de 40 fr. à 30 fr., et dans les autres villes et cantons ruraux il est maintenu à 30 fr.

147. Sous l'ancien tarif, on a soulevé la question de savoir si pour taxer les émoluments de l'officier instrumentaire il fallait considérer sa résidence ou le lieu de l'arrestation; on pourrait encore se demander aujourd'hui si l'émolument dû à un garde du commerce ou à un huissier (1) de Paris pour une arrestation faite

(1) Si les gardes du commerce ont exclusivement le droit d'opérer les arrestations en vertu des jugements des tribunaux consulaires, c'est aux huissiers qu'appartient aussi exclusivement, dans le département de la

à Saint-Denis est de 40 fr. ou de 30 fr. Nous pensons que l'arrêté attribuant le droit, non pas pour le
fait de l'arrestation, mais pour le procès-verbal d'emprisonnement, c'est le lieu de l'incarcération qui fixe
l'émolument.

148. Sous le tarif de 1807, la question s'est présentée de savoir à quel moment le droit alloué à
l'officier instrumentaire lui était acquis? Le tribunal
de première instance de la Seine, par jugement du
29 mai 1839, avait décidé que si le débiteur formait
opposition au jugement par défaut, ou payait le garde
du commerce au moment de l'arrestation, il n'était
dû que 20 fr. alloués par l'article 20 du décret du 14
mars 1808, dans le cas où l'arrestation n'avait pas pu
s'effectuer. Mais la Cour suprême, par arrêt du 19
juillet 1841, rendu sous la présidence de M. Portalis,
au rapport de M. Piet, a cassé ce jugement en ces
termes : « Vu l'article 53 du décret du 16 février
» 1807 et l'article 20 du décret du 14 mars 1808, at-
» tendu que l'arrestation d'un débiteur est opérée par
» le garde du commerce de Paris, lorsqu'en exécution
» du titre, il a mis sous la main de la justice et qu'il
» tient sous la sienne la personne de ce débiteur, ainsi
» privé légalement de sa liberté ; — que dans cet état
» sa fonction étant remplie, le garde du commerce
» ne peut en perdre le salaire que dans le cas où par
» sa faute l'arrestation deviendrait inefficace ; — mais
» si la personne arrêtée n'obtient sa liberté que par le
» payement des sommes dues et par des moyens légi-

Seine, l'exécution des jugements rendus par les tribunaux civils qui prononcent la contrainte par corps. *V.* M. Troplong, n° 24.

» times, auxquels il est même du devoir du garde du
» commerce de se prêter pour prévenir l'incarcéra-
» tion, le fait de la capture n'en demeure pas moins
» constant, et ne peut être considéré, au préjudice du
» garde du commerce, comme une simple tentative à
» raison de laquelle le salaire ne doive pas être alloué;
» qu'en condamnant dans l'espèce le demandeur à
» restituer la partie du salaire excédant 20 fr., qui
» avait été payée audit garde, et en réduisant le salaire
» à ladite somme de 20 fr. par chaque arrestation, le
» tribunal a fait une fausse application des lois ci-dessus
» et violé l'article 20 § 1er du décret du 14 mars 1808.
» Casse. » C'est pour violation du premier paragraphe
de l'article 20 du décret que le jugement du tribunal
de la Seine a été cassé ; en effet, cette disposition n'allouait pas le droit pour le procès-verbal d'emprisonnement, comme l'article 53 du tarif de 1807 et
l'article 2, § 2 de l'arrêté du 24 mars, mais pour l'arrestation. On peut donc douter que la Cour suprême
vît aujourd'hui une violation de cette disposition dans
un jugement qui aurait refusé l'allocation parce que
le débiteur n'aurait pas été incarcéré. Cette opinion
paraîtra sans doute d'autant plus rigoureuse que l'arrêté du 24 mars 1849 n'accorde pas, comme le § 2 de
l'article 20 du décret du 14 mars 1808, un droit pour
la tentative d'arrestation non suivie d'effet, en sorte
qu'il ne serait rien dû dans ces cas, soit à l'huissier, soit au garde du commerce. Mais il ne faut pas
oublier qu'il est de principe en matière de taxe
que le coût d'un acte n'est dû que quand il est para-
chevé.

149. Du reste on comprend qu'à plus forte raison

aucun émolument ne serait dû à l'officier instrumentaire qui aurait laissé échapper le débiteur après l'avoir
appréhendé.

150. La question de savoir s'il est dû des frais de
transport pour procéder à l'arrestation s'était présentée sous le tarif de 1807, et avait été résolue di-
versement par les auteurs ; aujourd'hui elle est tranchée
en faveur des huissiers et des gardes du commerce par
l'article 7 de l'arrêté.

151. L'allocation de 2 fr. pour la copie du procès-
verbal d'emprisonnement et de l'écrou remplace le
droit de 3 fr. à Paris et de 2 fr. 25 dans les autres
villes et cantons ruraux qu'accordait aux huissiers le
tarif de 1807. Le décret du 14 mars 1808 n'attribuait
pas d'émolument semblable aux gardes du commerce.
C'est une rétribution nouvelle qui leur est accordée par
l'arrêté.

152. Le § 4 reproduit la dernière disposition de
l'article 53 du tarif de 1807, qui ne s'appliquait qu'aux
huissiers et qui devient commune aux gardes du commerce. Il est interdit aux uns et aux autres de dresser
des procès-verbaux de perquisition et d'exercer à cet
effet aucun recours même contre leur partie. Les
sommes ci-dessus leur étant allouées en considérations de toutes les démarches qu'ils pourraient faire
autres que celles qui sont expressément rémunérées
par le présent tarif.

153. Les §§ 5 et 6 remplacent les articles 52 et 54
du tarif de 1807, et rétribuent la vacation pour obtenir l'ordonnance du juge de paix, à l'effet par ce
dernier de se transporter dans le lieu où se trouve le
débiteur condamné par corps, et requérir son trans-

port et la vacation en referé, si le débiteur arrêté le requiert. Il est accordé uniformément pour la première 2 fr. au lieu de 2 fr. 50 c. à Paris, et pour la deuxième 5 fr. au lieu de 8 fr. à Paris, et de 6 fr. dans les autres villes et cantons ruraux.

Le décret de 1808 n'attribuait pas d'émolument pour ces vacations aux gardes du commerce. C'est encore un droit nouveau que leur alloue l'arrêté du 24 mars.

154. L'article 20 du décret du 14 mars 1808 accordait aux gardes du commerce, pour l'acte si facile de la recommandation du débiteur incarcéré, un salaire égal à l'acte si épineux de la capture, 60 fr. C'était exorbitant, si l'on considère surtout que le tarif de 1807 n'allouait aux huissiers que 4 fr. à Paris et 3 fr. ailleurs; l'arrêté du 24 mars 1849, article 2, § 7, fait disparaître cette disproportion, et réduit l'émolument, à l'égard des uns et des autres, au droit uniforme de 3 fr. pour l'original et de 75 cent. pour chaque copie à donner au débiteur et au geôlier. L'arrêté du 24 mars 1849 a mieux proportionné, que le décret du 14 mars 1808, le salaire dû pour la recommandation, à l'importance de cet acte. Cette réduction doit amener une diminution sensible dans les frais d'incarcération des débiteurs à Paris; car une fois sous les verroux, ils n'ont qu'un procès-verbal d'emprisonnement à payer, tandis qu'il peut y avoir autant de droits de recommandation qu'ils ont de créanciers armés de la contrainte par corps.

Art. 3. § 1. Il est alloué aux gardes du commerce :

§ 2. (Décret du 14 mars 1808, art. 21.) Pour le dépôt des pièces par le créancier. . . **3 fr.** »

§ 3. Pour le visa apposé sur chaque pièce produite ou signifiée par le créancier ou le débiteur. . . . . » 25

§ 4. Pour le certificat mentionné en l'article 11 du décret du 14 mars 1808, droit de recherche compris. . . . . 2 »

Sommaire.

155. L'article 3, spécial aux gardes du commerce, reproduit sans modification les droits qui leur étaient alloués par l'article 21 du décret du 14 mars 1808.— Droit pour le dépôt des pièces par le créancier.
156. Droit de visa des pièces.
157. Droit pour le certificat mentionné à l'article 11 du décret du 14 mars 1808.
158. L'arrêté du 24 mars n'a pas supprimé la bourse commune dans laquelle entraient en entier les droits fixés par l'article 23 de l'arrêté du 24 mars.
159. On doit continuer à y mettre le tiers des droits de capture et de recommandation.
160. Mais il en est autrement des nouvelles allocations accordées par le tarif de 1849.
161. Suite.

COMMENTAIRE.

155. L'article 3, qui est la reproduction sans modification des droits de l'article 21 du décret du 14 mars 1808, règle des salaires attribués spécialement aux gardes du commerce, et nécessités par leur organisation particulière. Le décret précité qui les institue leur prescrit d'avoir au centre de Paris un bureau (article 6) auquel est attaché un vérificateur (article 3); avant de procéder à la contrainte par corps, les titres et pièces du créancier doivent être remises au vérificateur, qui en donne récépissé (article 9). Le § 2 de notre article accorde pour le dépôt au garde du commerce un salaire de 3 fr.

156. Tout débiteur dans le cas d'être arrêté peut notifier au bureau des gardes du commerce les oppositions ou appels, ou tous autres actes par lesquels il entend s'opposer à la contrainte prononcée contre lui, un visa est apposé par le vérificateur sur l'original des significations (décret du 14 mars 1808 , article 10), et tout visa apposé sur chaque pièce produite ou signifiée par le créancier ou le débiteur donne droit, aux termes du § 3 de notre article, à un salaire de 25 c.

157. Après s'être assuré qu'il n'est survenu aucun empêchement à l'exécution de la contrainte, le vérificateur délivre un certificat qui le constate, l'annexe aux pièces, et remet le tout ensemble au garde du commerce chargé de la prise de corps (décret du 14 mars 1808, article 11). Le § 4 de notre article alloue par ce certificat 2 fr.

158. Nous venons de dire que l'article 3 de l'arrêté accordait aux gardes du commerce les mêmes salaires que l'article 21 du décret du 14 mars 1808. L'article **23** de ce décret, qui prescrit de les mettre en bourse commune pour subvenir aux frais de bureau de toute nature, continuera-t-il à recevoir son application ?

Nous le pensons, d'abord parce que l'article 23 du décret n'étant ni remplacé ni abrogé continue d'être en vigueur, ensuite parce qu'il y a nécessité d'alimenter la bourse commune afin de pourvoir aux dépenses qui lui sont imposées, et parmi lesquelles se trouve le traitement annuel du vérificateur, fixé à 3,000 fr. (article 24 du décret du 14 mars). Enfin, parce que après les prélèvements dont nous venons de parler, le surplus de ce fonds, qui est partagé tous les trois mois par portions égales entre le vérificateur et chacun des gardes du commerce, peut être frappé d'opposition pour fait de charge, et sert par conséquent de garantie aux tiers.

159. Par les raisons que nous venons de déduire, nous déciderons également que le tiers des salaires de 40 fr. attribués par le § 2 de l'article 2 pour les emprisonnements, et le tiers des 3 fr. et des 75 c. qui sont fixés par le § 7 du même article pour les recommandations et qui remplacent les droits du paragraphe premier de l'article 20 du décret du 14 mars 1808, doivent, aux termes de l'article 22 de ce décret, être pareillement mis en bourse commune.

160. Quant aux nouvelles allocations accordées aux gardes du commerce par le même article 2, § 3, pour la copie du procès-verbal d'emprisonnement et de l'écrou; § 5, pour la vacation tendant à obtenir l'ordonnance du juge de paix à l'effet par ce dernier de se transporter dans le lieu où se trouve le débiteur condamné par corps et à requérir son transport; § 6, pour la vacation en référé, si le débiteur arrêté le requiert; aucun de ces droits n'ayant été établi par le décret du 14 mars, on ne doit pas les placer rétroactivement sous l'empire de ses dispositions qui prescrivent la bourse commune, si l'on considère surtout qu'on ne pourrait pas, sans arbitraire, trancher la question de savoir si c'est la totalité de ces droits, aux termes de l'article 23, ou seulement le tiers, aux termes de l'article 22, qui doit former le fonds commun.

161. Nous dirons la même chose des frais de voyage dont ne s'occupait pas le décret de 1808, et que l'article 7 de l'arrêté du 24 mars alloue aux gardes du commerce.

Art. 4. Il est alloué aux huissiers, pour la ré-daction du pouvoir spécial exigé par l'article 556 du Code de procédure civile. . . . . . 1 fr. »

Sommaire.

162. Le droit de 1 fr. pour la rédaction du pouvoir est nouveau.
163. Il n'est pas dû aux gardes du commerce.
164. Le droit de 1 fr. est dû pour la rédaction du pouvoir remis à l'huissier à l'effet d'opérer une recommandation. Il n'est pas même néces-saire qu'il en ait fait usage soit pour emprisonner, soit pour re-commander.

COMMENTAIRE.

162. Dans les exécutions ordinaires, la remise de l'acte ou du jugement vaut pouvoir à l'huissier; mais pour les emprisonnements qui entraînent des frais considérables et qui sont des voies de rigueur, qu'on ne doit employer que du consentement exprès et formel du créancier, il est besoin d'avoir un pouvoir spécial. Il est alloué aux huissiers pour sa rédaction 1 fr.

Ce droit est nouveau. Un pouvoir spécial est égale-ment nécessaire aux huissiers pour procéder aux saisies immobilières, et cependant sa rédaction ne procure aucun émolument.

163. L'article 4 est particulier aux huissiers et ne pourrait être invoqué par les gardes du commerce dans le cas où il serait reconnu qu'ils doivent être munis d'un semblable pouvoir, lorsqu'ils procèdent à l'arres-tation d'un débiteur.

Le tribunal civil de première instance de la Seine a jugé, le 13 juin 1826 (V. *Journal du Palais*, t. 20,

p. 658), et le 4 avril 1845 (V. *le Droit* du 8), que la remise des pièces valait pouvoir aux gardes du commerce. En effet, on n'a pas pu les leur remettre dans un autre but. C'est encore l'opinion de MM. Dalloz (v° *Contrainte par corps*, n° 822, note) et Pigeau (t. II, part. 5, titre III, 10° règle). Mais MM. Coin-Delille (50, n° 19), Carré (*Lois de la procédure*, n° 1920) et Bioche (*Dictionnaire de procédure*, v^s *Gardes du commerce*, n° 36, et *Contrainte par corps*, n° 233), sont d'un avis contraire. Nous pensons, avec ce dernier, que dans le doute il est prudent de faire donner le pouvoir par le créancier. Les partisans de la première opinion peuvent aujourd'hui tirer du silence de l'article 4 un argument à l'appui de leur système. Ils sont fondés à prétendre que l'arrêté du 24 mars n'accorde pas de salaire aux gardes du commerce pour la rédaction d'un pouvoir, parce que la loi ne leur impose pas l'obligation d'en avoir un.

164. Le pouvoir étant nécessaire à l'huissier non-seulement pour opérer l'emprisonnement, mais encore pour une simple recommandation, ainsi que l'a décidé la cour de Lyon par un arrêt du 4 septembre 1810 (V. *Journal du Palais*), et que le prescrivent MM. Pigeau (t. II, p. 478) et Coin-Delille (p. 59), le droit est dû pour un pouvoir donné dans ces deux cas. Du reste, l'allocation de 1 fr. ayant pour objet de rétribuer la rédaction du pouvoir, il suffit qu'il soit rédigé ; il n'est pas nécessaire que l'huissier en ait fait usage, pour que le droit soit passé en taxe.

Art. 5. Il ne sera alloué aucun droit au gardien ou geôlier, à raison de la transcription sur son registre du jugement prononçant la contrainte par corps.

COMMENTAIRE.

165. Cet article supprime l'allocation de 25 cent. par rôle à Paris et de 20 cent. ailleurs, accordée par l'article 56 du tarif de 1807 au gardien et geôlier que l'article 790 du Code de procédure civile oblige de transcrire sur son registre le jugement prononçant la contrainte par corps. Cette transcription est gratuite maintenant comme elle l'était déjà en matière criminelle. Les gardiens des prisons étant des agents salariés par l'État ne doivent prétendre à aucun salaire pour l'accomplissement d'un acte que la loi leur impose. Mais si on venait leur demander une copie ou un extrait d'un jugement transcrit, nous croyons que dans ce cas exceptionnel il leur serait dû une allocation.

Art. 6. Outre les fixations établies par les quatre premiers articles, seront alloués les simples déboursés de timbre et d'enregistrement justifiés par pièces régulières.

COMMENTAIRE.

166. Les droits réglés par les quatre premiers articles de l'arrêté du 24 mars sont dus en sus des déboursés de timbre et d'enregistrement dont l'huissier et le garde du commerce doit faire la justification. Ces allocations sont les seules qui puissent passer en taxe. Mais l'article 6 et le § 4 de l'article 2 s'opposent-ils à ce que les huissiers et les gardes du commerce reçoivent une rémunération supérieure pour stimuler leur zèle ou les récompenser de celui qu'ils auront apporté dans la découverte et l'arrestation d'un débiteur cherchant à se soustraire aux recherches de son créancier ?

Nous ne le pensons pas ; l'article 6 et le § 4 de l'article 2 ne s'occupent que des émoluments susceptibles d'être soumis à la taxe, et laissent en dehors toutes les gratifications volontaires que l'intérêt des créanciers leurdira de s'imposer.

Art. 7. § 1. Il ne sera rien alloué aux huissiers et aux gardes du commerce, pour leur transport jusqu'à un demi-myriamètre.

§ 2. Il leur sera alloué au delà d'un demi-myriamètre, pour frais de voyage qui ne pourra excéder une journée de cinq myriamètres, savoir : au delà d'un demi-myriamètre, et jusqu'à un myriamètre, pour aller et retour. . . 4 fr. »

§ 3. Au delà d'un myriamètre, il sera alloué par chaque demi-myriamètre, sans distinction. 2   »

Sommaire.

COMMENTAIRE.

167. Les dispositions de l'article 7 sont empruntées aux trois premiers paragraphes de l'article 66 du premier tarif de 1807 qu'elles reproduisent presque littéralement ; mais en les copiant on n'a pas remarqué que ces mots qui les terminent : *sans distinction*, se rapportent dans le texte primitif à cette disposition du deuxième paragraphe qu'on ne retrouve pas dans l'article 7 :

A Paris. . . . . 4 fr. »
Dans les villes et cantons ruraux. . . 4   »

Ainsi les expressions *sans distinction* dans le décret signifient sans distinction entre Paris et les villes et cantons ruraux ; et dans l'arrêté ce membre de phrase est inutile puisque le § 2 en allouant 4 fr. ne distingue pas.

168. L'article 7 met fin à une question soulevée sous le tarif de 1807, c'était de savoir si les huissiers avaient droit à des frais de voyage lorsqu'ils procédaient à des arrestations de débiteurs. L'arrêté leur accorde l'allocation ordinaire pour leurs transports et il établit la même rétribution au profit des gardes du commerce qui, aux termes du décret du 14 mars 1808, ne pouvaient prétendre à aucun salaire en cas de déplacement, quelle que fût la distance.

169. Il n'est rien dû jusqu'à un demi-myriamètre, mais aussitôt que les cinq kilomètres sont dépassés et jusqu'à un myriamètre il est dû 4 fr. pour l'aller et le retour, sans que la distance parcourue puisse excéder cinq myriamètres par journée ni procurer un émolument supérieur à 20 fr. Les attributions des gardes du commerce étant limitées au département de la Seine, jamais leurs frais de transport n'atteindront le *maximum*.

170. Nous venons de dire qu'aussitôt que les cinq kilomètres sont dépassés le myriamètre est dû ; au delà d'un myriamètre il est alloué par chaque demi-myriamètre 2 fr. Quelle distance faudra-t-il pour que l'allocation de 6 fr. soit acquise ? Suffira-t-il qu'il y ait plus d'un myriamètre ou que le parcours soit de quinze kilomètres complets ? Il nous semble que de même que au delà de cinq kilomètres le droit de transport est dû pour un myriamètre, de même aussi au delà d'un myriamètre le droit est dû pour quinze kilomètres ; nous croyons que le point de départ doit avoir de l'analogie dans les deux cas pour conserver la proportion, autrement il y aurait la même allocation de 4 fr. pour un peu plus de cinq kilomètres et un peu moins de quinze, c'est-à-dire qu'un voyage de plus de sept lieues, allée et retour, ne procurerait qu'une modique rétribution de 4 fr. Dès l'instant que l'allocation a paru nécessaire il faut qu'elle soit suffisante.

171. Les frais de voyage seront dus en cas de transport au delà de cinq kilomètres, soit pour signifier le jugement de prise de corps avec commandement, soit pour appréhender le débiteur et le conduire en prison et quand il y aura lieu de requérir le juge de paix à l'effet de se transporter dans le lieu où se trouvera le débiteur, il faudra tenir compte de la distance parcourue par l'officier instrumentaire, pour se rendre auprès de ce magistrat. Il nous paraît difficile que la signification au geôlier ou gardien du jugement qui déclarera un emprisonnement nul et la vacation en référé devant le président du tribunal civil au moment de la capture puissent donner lieu à un droit de transport, car la prison sera dans la même ville que le siége du juge du référé ou de la validité de l'emprisonnement.

172. Mais nous croyons que les frais de voyage pourront être dûs pour un acte de recommandation lorsque l'huissier chargé de la poursuite et muni des titres demeurera à plus de cinq kilomètres du lieu de l'incarcération. Nous disons l'huissier chargé de la poursuite et muni des titres, car il ne faudrait pas que, dans une intention vexatoire d'augmenter les frais ou pour l'avantage personnel de l'officier ministériel, le créancier fît venir exprès l'huissier d'un endroit éloigné. Ces cas réservés, le transport sera dû à moins qu'on ne veuille forcer la confiance du créancier et l'obliger de remettre ses titres à un huissier inconnu ou dont il pourrait craindre des abus.

Art. 8. Sont et demeurent abrogés les articles 51, 52, 53, 54, 55, 56, 57 et 58 du premier décret du 16 février 1807, les deux premiers paragraphes de l'article 20 et l'article 21 du décret du 14 mars 1808, concernant les gardes du commerce.

Sommaire.

178. Droits du juge de paix en cas de transport à plus de 5 kilomètres.
179. Droit pour le simple acte de mise en demeure prescrit par l'article 13 de la loi du 13 décembre 1848.
180. Droits en matière criminelle, correctionnelle et de police.

COMMENTAIRE.

173. L'article 8 abroge toutes les dispositions du premier tarif de 1807 et du décret du 14 mars 1808, qu'il a remplacés. Il a conservé le troisième paragraphe de l'article 20 de ce décret qui fixe le droit de garde au domicile du failli. On a considéré ce fait comme étranger à la matière de la contrainte par corps et ne devant pas rentrer, à ce point de vue, dans les modifications que l'Assemblée constituante avait donné mission d'opérer au pouvoir exécutif. Il s'en faut de beaucoup que l'arrêté du 24 mars 1849 ait embrassé tous les actes que peut occasionner l'exécution de la contrainte par corps. Le nouveau tarif n'est complet qu'à l'égard des gardes du commerce, il ne s'occupe que d'une partie des actes du ministère des huissiers, et ne contient pas une seule disposition relative aux avoués. Et comme il n'est pas possible de conclure de là que toutes les dispositions du premier tarif de 1807 concernant les allocations en matière de contrainte par corps, sont virtuellement abrogées, et qu'il ne doit pas être accordé d'autres droits que ceux qui sont réglés par l'arrêté du 24 mars 1849, nous en tirerons une conséquence tout opposée, et nous dirons que les émoluments des actes que l'arrêté a passé sous silence doivent continuer à être accordés en taxe, à moins d'une loi contraire.

174. Il ne sera pas difficile de prouver l'exactitude de cette proposition en ce qui concerne les actes des avoués. D'abord l'article 8 n'abroge aucun des articles du tarif de 1807 qui leur alloue des droits, et l'article 6 de l'arrêté du 24 mars portant, « outre les fixations » établies par les quatre premiers articles, seront al- » loués les simples déboursés de timbre et d'enregis- » trement justifiés par pièces régulières, » ne peut pas leur être opposé; car leur nom ne se trouve écrit ni dans les articles qui précèdent, ni dans ceux qui suivent. Et dans l'impossibilité de supposer que l'arrêté ait voulu supprimer tacitement les droits ci-après, nous dirons qu'il est dû :

1° (Art. 76, § 13 T.) Pour la requête afin de faire commettre un huissier à l'effet de signifier le jugement portant contrainte par corps :

A Paris. . . . . 2 fr. »
Dans le ressort. 1   50

2° (Art. 77, § 4 T.) Pour la requête à l'effet d'obtenir un sauf-conduit au contraignable par corps assigné comme témoin :

A Paris. . . . . 3 fr. »
Dans le ressort. 2   25

3° (Art. 78, § 3 T.) Pour la requête à l'effet d'assigner le notaire ou autre dépositaire qui refusera de délivrer expédition ou copie d'un acte aux parties intéressées en nom direct, héritiers ou ayant cause, afin d'y être condamné par corps :

A Paris. . . . . 7 fr. 50
Dans le ressort. 5   50

4° (Art. 77, § 5 T.) Pour la requête à l'effet de demander la nullité de l'emprisonnement du débiteur :

A Paris. . . . . 3 fr. »
Dans le ressort. 2   25

5° (77, § 6 T.) Pour chaque requête présentée à l'effet de demander la mise en liberté du débiteur dans tous les cas prévus par l'article 800 du Code de procédure :

A Paris. . . . . 3 fr. »

Dans le ressort. 2   25

6° (77, § 7 T.) Pour la requête afin d'assigner le geôlier qui refuse la consignation de la dette :

A Paris. . . . . 3 fr. »

Dans le ressort. 2   25

non compris les émoluments attachés aux instances introduites à la suite de ces requêtes, et sans parler des requêtes qui peuvent être présentées pour assigner à bref délai aux cas des articles 793, § 2, Code de procédure civile, et 24, loi du 17 avril, ou pour assigner en référé, aux termes de l'article 15, § 3 de cette dernière loi.

175. Quant à la requête pour demander la mise en liberté faute de consignation d'aliments (77, § 8 T.), elle n'a pas besoin maintenant, aux termes de l'article 30 de la loi du 17 avril 1832, d'être présentée par le ministère d'un avoué. Le droit ne devrait donc plus passer en taxe. Nous pensons aussi que si avant l'arrêté du 24 mars on pouvait, par analogie, accorder à Paris 3 fr., et dans le ressort 2 fr. 25 pour la requête, à fin d'arrestation provisoire d'un étranger, parce que cet acte, autorisé par décret du 10 septembre 1807, n'avait pas dû être prévu par le tarif de 1807, après le nouveau tarif du 24 mars 1849 qui garde le même silence, il n'est pas permis de suppléer à son omission.

176. La question de savoir si les huissiers peuvent prétendre, en matière de contrainte par corps, à d'autres droits que ceux qui sont énumérés dans l'arrêté du 24 mars, peut paraître présenter plus de difficultés, à cause de l'article 6 qui ne permet d'allouer, en outre, que les simples déboursés; mais il faut nécessairement restreindre cette disposition aux actes dont l'arrêté a fixé les droits (1), et ne pas l'étendre à ceux qu'il a négligés. Ainsi, nous ne doutons pas que l'allocation de 2 fr. à Paris et de 1 fr. 50 c. dans le ressort, ne doive continuer à passer en taxe pour : 1° la demande tendant à la nullité de l'emprisonnement; 2° celle à fin de mise en liberté du débiteur dans tous les cas prévus par l'article 800 du Code de procédure civile; 3° l'ajournement au recommandant à l'effet de le faire contribuer au payement des aliments par portions égales; 4° l'assignation au geôlier qui refuse la consignation de la dette; 5° l'assignation au créancier pour recevoir la caution offerte au cas de l'article 24 de la loi du 17 avril; 6° et la signification du jugement rendu sur les demandes dont il vient d'être parlé 2°, 3°, 4° et 5°, sans parler des nombreuses demandes tendant à obtenir la contrainte par corps. Si on refuse toute rémunération pour ces actes, si on ne passe que les simples déboursés de timbre et d'enregistrement, on ne trouvera pas d'huissier instrumentaire; et nous n'admettons pas qu'on puisse par commission du juge obliger aucun de ces officiers à prêter son ministère aux parties sans rétributions.

177. Nous avons déjà indiqué, n° 175, au sujet des

---

(1) Cette opinion se concilie très-bien avec celle que nous avons soutenue n° 141, où nous avons refusé à l'huissier un droit de copie pour les écritures du jugement qui prononce la nullité de l'emprisonnement, parce que l'émolument de cet acte est réglé par l'arrêté; ici, au contraire, il s'agit d'actes dont l'arrêté ne s'est pas occupé.

avoués, un cas d'abrogation de dispositions du tarif en matière de contrainte par corps. Le droit de 6 fr. à Paris et de 5 fr. dans le ressort alloués aux huissiers par l'article 65, § 1er, du décret du 16 février 1807, pour un procès-verbal d'extraction de la prison du débiteur failli, à l'effet de faire la réitération de sa cession de biens, se trouve abrogé par l'article 541 de la loi du 28 mars 1838, qui prive les commerçants du bénéfice de la cession de biens. Nonobstant cette abrogation, nous croyons que ce droit, que M. Chauveau (Commentaire du tarif, t. II, p. 283, n° 65) proposait d'accorder par analogie pour le cas d'extraction de la prison du débiteur qui avait obtenu sa translation ailleurs, pourrait encore être alloué à l'huissier dans cette circonstance.

178. Une troisième abrogation a été faite au tarif de 1807 en matière d'emprisonnement pour dette, c'est par l'article 1er de la loi du 21 juin 1845, qui a supprimé les droits et vacations accordés aux juges de paix, ce qui comprend l'allocation de 10 fr. à Paris, de 7 fr. 50 dans les résidences des tribunaux de première instance, et de 5 fr. dans les autres villes et cantons ruraux, attribuée à ces magistrats par l'article 6, § 2, du premier décret du 16 février, pour leur présence à l'arrestation du débiteur dans le domicile où il se trouve. Mais si ce droit n'existe plus, il est dû au juge de paix une indemnité de 5 fr. lorsque cette opération exige son transport à plus de 5 kilomètres; à plus d'un myriamètre, l'indemnité est de 6 fr. (loi du 21 juin 1845, art. 1er, § 2, et ordonnance du 6 décembre 1845, art. 1er.)

179. L'arrêté du 24 mars ne s'est pas occupé du

simple acte de mise en demeure qui, aux termes de l'article 13 de la loi du 13 décembre, doit être signifié au débiteur mis en liberté par suite du décret du gouvernement provisoire, avant de procéder à sa réintégration dans la prison pour dette. Cet exploit doit rentrer dans les prévisions de l'article 29, § 75, du premier tarif de 1807, et donner droit à un émolument, pour l'original, de 2 fr. à Paris, et dans le ressort, de 1 fr. 50 ; pour la copie, du quart.

180. Les droits de signification d'actes et de capture en matières criminelle, correctionnelle et de police dus aux huissiers, gendarmes, gardes champêtres ou forestiers, ou agents de la force publique, continuent à être réglés par le tarif du 18 juin 1811, le décret du 7 avril 1813 et les ordonnances des 25 février 1832 et 19 janvier 1846.

CODE

CONTRAIGNABLES PAR CORPS.

———◆⟨◈⟩◆———

AVERTISSEMENT.

Sous le titre de *Code des contraignables par corps*, nous rassemblons et nous classons les différentes dispositions sur la contrainte par corps éparses dans nos codes et dans nos lois, et qu'il faut rechercher dans un grand nombre de volumes. En accolant ces textes les uns aux autres, les nécessités de la rédaction auraient exigé quelquefois de les traduire pour les coordonner; mais nous ne pouvions pas nous flatter, quelque soin que nous eussions apporté à ce travail, d'arriver à une fidélité parfaite, et nous avons préféré mettre à la suite les uns des autres des textes qui se corrigent et se rectifient entre eux, plutôt que de les fondre en un seul, parce que ce n'aurait plus été l'expression même de la pensée du législateur. Seulement nous avons placé en note la rédaction que nous proposerions de substituer aux dispositions

existantes, si nous avions mission de mettre
en harmonie les diverses lois sur cette matière.
On trouvera aussi en note les articles et les paragraphes abrogés par la loi de 1848. Nous y
ajoutons des textes encore en vigueur, mais qui
expliquent ou complètent ceux qui composent le
Code des contraignables par corps. Nous avons
réuni dans un supplément plusieurs documents
qui servent d'annexe à cette partie de la législation. Nous n'avons donné aucun des textes du Code
de commerce relatifs au dépôt du failli dans la
prison pour dettes, parce que cette mesure ne
peut pas être confondue avec la contrainte par
corps, ainsi que l'a démontré M. le premier président Troplong, nᵒˢ 56 et 57, et comme l'a pensé
l'arrêté du 24 mars 1849. (*V.* nᵛ 173.)

CODE

DES

CONTRAIGNABLES PAR CORPS.

———◦———

Titre Ier. — *De la contrainte par corps en matière de commerce.*

I. (Loi 17 avril 1832, art. 1er.) La contrainte par corps sera prononcée, sauf les exceptions et les modifications ci-après, contre toute personne condamnée pour dette commerciale au payement d'une somme principale de 200 fr. et au-dessus.

II. (Code de commerce, art. 209.) Les adjudicataires des navires de tout tonnage, seront tenus de payer le prix de leur adjudication, dans le délai de vingt-quatre heures, ou de le consigner, sans frais, au greffe du tribunal de commerce, à peine d'y être contraints par corps.

A défaut de payement ou de consignation, le bâtiment sera remis en vente, et adjugé trois jours après une nouvelle publication et affiche unique, à la folle enchère des adjudicataires, qui seront également contraints par corps pour le payement du déficit, des dommages, des intérêts et des frais.

III. (Loi 17 avril 1832, art. 2.) Ne sont point

soumis à la contrainte par corps en matière de commerce :

1° Les femmes et les filles non légalement réputées marchandes publiques ;

2° Les mineurs non commerçants, ou qui ne sont point réputés majeurs pour fait de leur commerce ;

3° Les veuves et héritiers des justiciables des tribunaux de commerce assignés devant ces tribunaux en reprise d'instance, ou par action nouvelle, en raison de leur qualité.

IV. (Loi 17 avril 1832, art. 3.) Les condamnations prononcées par les tribunaux de commerce contre des individus non négociants, pour signatures apposées, soit à des lettres de change réputées simples promesses, aux termes de l'article 112 du Code de commerce, soit à des billets à ordre, n'emportent point la contrainte par corps, à moins que ces signatures et engagements n'aient eu pour cause des opérations de commerce, trafic, change, banque ou courtage.

V. (Loi 17 avril 1832, art. 4.) La contrainte par corps, en matière de commerce, ne pourra être prononcée contre les débiteurs qui auront commencé leur soixante et dixième année.

VI. (Loi 13 décembre 1848, art. 4.) L'emprisonnement pour dette commerciale cessera de plein droit après trois mois, lorsque le montant de la condamnation en principal ne s'élèvera pas à 500 fr.; après six mois, lorsqu'il ne s'élèvera pas à 1,000 fr.; après neuf mois, lorsqu'il ne s'élèvera pas à 1,500 fr.; après un an, lorsqu'il ne s'élèvera pas à 2,000 fr.

L'augmentation se fera ainsi successivement de trois mois en trois mois pour chaque somme en sus qui ne dépassera pas 500 fr., sans pouvoir excéder trois années pour les sommes de 6,000 fr. et au-dessus (1).

VII. (Loi 17 avril 1832, art. 6.) Il (l'emprisonnement pour dette commerciale) cessera de plein droit le jour où le débiteur aura commencé sa soixante et dixième année.

VIII. (Loi du 13 décembre 1848, art. 5.) Pour toute condamnation en principal au-dessous de 500 fr., même en matière de lettre de change et de billet à ordre, le jugement pourra suspendre l'exercice de la contrainte par corps, pendant trois mois au plus, à compter de l'échéance de la dette.

TITRE II. — *De la contrainte par corps en matière civile.*

SECTION 1re — Contrainte par corps en matière civile ordinaire.

IX. (Code civil, art. 2059.) La contrainte par corps a lieu, en matière civile, pour stellionat.

Il y a stellionat :

Lorsqu'on vend ou qu'on hypothèque un immeuble dont on sait n'être pas propriétaire ;

Lorsqu'on présente comme libres des biens hypothéqués, ou que l'on déclare des hypothèques moindres que celles dont ces biens sont chargés (2).

---

(1) L'article 4 de la loi du 13 décembre 1848 remplace l'article 5 de la loi du 17 avril 1832, ainsi conçu : L'emprisonnement pour dette commerciale cessera de plein droit après un an lorsque le montant de la condamnation principale ne s'élèvera pas à 500 fr.; — après deux ans, lorsqu'il ne s'élèvera pas à 1,000 fr.; — après trois ans, lorsqu'il ne s'élèvera pas à 3,000 fr.; — après quatre ans, lorsqu'il ne s'élèvera pas à 5,000 fr.: — après cinq ans, lorsqu'il sera de 5,000 fr. et au-dessus.

(2) (Code civil, art. 2136.) Sont *toutefois* (a), les maris et les tuteurs, tenus de rendre publiques les hypothèques dont leurs biens sont grevés, et à cet effet de requérir eux-mêmes, sans aucun délai, inscription aux bu-

(a) Le mot *toutefois* se rapporte à l'article 2135, étranger à la contrainte par corps.

X. (Code civil, art. 2060.) La contrainte par corps a lieu pareillement :

1° Pour dépôt nécessaire ;

2° En cas de réintégrande, pour le délaissement, ordonné par justice, d'un fonds dont le propriétaire a été dépouillé par voies de fait ; pour la restitution des fruits qui ont été perçus pendant l'indue possession, et pour le payement des dommages et intérêts adjugés au propriétaire ;

3° Pour répétition de deniers consignés aux personnes publiques établies à cet effet ;

4° Pour la répétition des choses déposées aux séquestres, commissaires et autres gardiens ;

5° Contre les cautions judiciaires et contre les cautions des contraignables par corps, lorsqu'elles se sont soumises à cette contrainte (1).

---

reaux à ce établis, sur les immeubles à eux appartenant et sur ceux qui pourront leur appartenir par la suite. Les maris et les tuteurs qui, ayant manqué de requérir et de faire faire les inscriptions ordonnées par le présent article, auraient consenti ou laissé prendre des priviléges ou des hypothèques sur leurs immeubles sans déclarer expressément que lesdits immeubles étaient affectés à l'hypothèque légale des femmes et des mineurs, seront réputés stellionataires, et comme tels contraignables par corps.

(1) (Code civil, art. 2040.) Toutes les fois qu'une personne est obligée, par la loi ou par une condamnation, à fournir une caution, la caution offerte doit remplir les conditions prescrites par les articles 2018 et 2019.

Lorsqu'il s'agit d'un cautionnement judiciaire, la caution doit, en outre, être susceptible de contrainte par corps.

Des réceptions de cautions. (Code de procédure civile, 1re partie, liv. V, tit. Ier. Art. 517.) Le jugement qui ordonnera de fournir caution fixera le délai dans lequel elle sera présentée, et celui dans lequel elle sera acceptée ou contestée.

(Art. 518.) La caution sera présentée par exploit signifié à la partie, si elle n'a point d'avoué, et par acte d'avoué, si elle en a constitué, avec copie de l'acte de dépôt qui sera fait au greffe, des titres qui constatent la solvabilité de la caution, sauf le cas où la loi n'exige pas que la solvabilité soit établie par titres.

(Art. 519.) La partie pourra prendre au greffe communication des titres ; si elle accepte la caution, elle le déclarera par un simple acte : dans

6° Contre tous officiers publics, pour la représentation de leurs minutes, quand elle est ordonnée;

XI. 7° (Code c., art. 2060.) Contre les notaires, les avoués et les huissiers, pour la restitution des titres à eux confiés et des deniers par eux reçus pour leurs clients par suite de leurs fonctions.

(Article 3, loi du 13 décembre 1848.) Les greffiers, les commissaires-priseurs et les gardes du commerce seront, comme les notaires, les avoués et les huissiers, soumis à la contrainte par corps, dans les cas prévus par le § 7 de l'article 2060 du Code civil (1).

XII. *De la communication des pièces* (2). (Code de

ce cas, ou si la partie ne conteste pas dans le délai, la caution fera au greffe sa soumission, qui sera exécutoire sans jugement, même pour la contrainte par corps, s'il y a lieu à contrainte.

(Art. 520.) Si la partie conteste la caution dans le délai fixé par le jugement, l'audience sera poursuivie sur un simple acte.

(Art. 521.) Les réceptions de caution seront jugées sommairement, sans requête ni écritures ; le jugement sera exécuté nonobstant appel.

(Art. 522.) Si la caution est admise, elle fera sa soumission, conformément à l'article 519 ci-dessus.

(Code civil, art. 2017.) Les engagements des cautions passent à leurs héritiers à l'exception de la contrainte par corps, si l'engagement était tel que la caution y fût obligée.

(1) L'article 2060, 7°, du Code civil doit être entendu maintenant comme s'il était ainsi conçu :

7° Contre les notaires, les avoués, les huissiers, les greffiers, les commissaires-priseurs et les gardes du commerce, pour la restitution des titres à eux confiés et des deniers par eux reçus pour leurs clients par suite de leurs fonctions.

(2) (Code de procédure, art. 188.) Les parties pourront respectivement demander, par un simple acte, communication des pièces employées contre elles, dans les trois jours où lesdites pièces auront été signifiées ou employées.

(Art. 189.) La communication sera faite entre avoués, sur récépissé, ou par dépôt au greffe : les pièces ne pourront être déplacées, si ce n'est qu'il y en ait minute, ou que la partie y consente.

(Art. 190.) Le délai de la communication sera fixé, ou par le récépissé de l'avoué, ou par le jugement qui l'aura ordonnée : s'il n'était pas fixé, il sera de trois jours.

24

proc. civ., 1ʳᵉ partie, liv. II, tit. IX, § 5, art. 191.)
Si, après l'expiration du délai (*fixé par son réci-
pissé ou par le jugement*), l'avoué n'a pas rétabli les
pièces, il sera, sur simple requête, et même sur simple mémoire de la partie, rendu ordonnance portant
qu'il sera contraint à ladite remise, incontinent et
par corps; même à payer 3 fr. de dommages-intérêts à l'autre partie par chaque jour de retard,
du jour de la signification de ladite ordonnance,
outre les frais desdites requête et ordonnance, qu'il
ne pourra répéter contre son constituant.

XIII. *Des enquêtes.* (Code de proc. civ., 1ʳᵉ partie,
liv. II, tit. XII, art. 263.).....Les témoins défaillants
seront réassignés à leurs frais.

(Art. 264.) Si les témoins réassignés sont encore
défaillants, ils seront condamnés, et par corps, à une
amende de 100 fr.; le juge-commissaire pourra même
décerner contre eux un mandat d'amener.

(Art. 413.) Seront observées en la confection des
enquêtes sommaires, les dispositions du titre XII, *des
Enquêtes*, relatives aux formalités ci-après :

La copie aux témoins, du dispositif du jugement par
lequel ils sont appelés;

Copie à la partie, des noms des témoins;

L'amende et les peines contre les témoins défaillants.....

Procédure devant les tribunaux de commerce. (Code
de proc. civ., 1ʳᵉ partie, liv. II, tit. XXV, art. 432.)
Si le tribunal ordonne la preuve par témoins, il y
sera procédé dans les formes ci-dessus prescrites pour
les enquêtes sommaires.

XIV. *Des saisies-exécutions.* (Code de proc. civ.,

1re partie, liv. V, tit. VIII, art. 603.) Le gardien ne peut se servir des choses saisies, les louer ou prêter, à peine de privation des frais de garde, et de dommages-intérêts, au payement desquels il sera contraignable par corps.

(Art. 604.) Si les objets saisis ont produit quelques profits ou revenus, il est tenu d'en compter, même par corps.

XV. *De la saisie immobilière.* (Code de procédure, 1re partie, liv. V, tit. XII, art. 683). Le saisi ne pourra faire aucune coupe de bois ni dégradation, à peine de dommages-intérêts auxquels il sera contraint par corps, sans préjudice, s'il y a lieu, des peines portées dans les articles 400 et 434 du Code pénal.

En cas de surenchère. (Art. 710.) Au jour indiqué il sera ouvert de nouvelles enchères, auxquelles toute personne pourra concourir ; s'il ne se présente pas d'enchérisseurs, le surenchérisseur sera déclaré adjudicataire : en cas de folle enchère, il sera tenu par corps de la différence entre son prix et celui de la vente.

(Art. 712.) Le jugement d'adjudication ne sera autre que la copie du cahier des charges rédigé ainsi qu'il est dit en l'article 690 ; il sera revêtu de l'intitulé des jugements et du mandement qui le termine, avec injonction à la partie saisie de délaisser la possession aussitôt après la signification du jugement, sous peine d'y être contrainte même par corps.

(Art. 740.) Le fol enchérisseur est tenu par corps, de la différence entre son prix et celui de la revente sur folle enchère.....

(Les dispositions des articles 710, 712 et 740 du Code de procédure civile, sont déclarées communes :

Aux adjudications sur conversion , par l'article 743 (1) ;

Aux ventes des biens immeubles appartenant à des mineurs, par les articles 964 et 965 (2) ;

Aux licitations, par les articles 972 et 973 (3) ;

Aux ventes des immeubles dotaux , par l'article 997 (4) ;

Les dispositions des articles 712 et 740 du Code de procédure civile sont déclarées communes :

. (1) *Des incidents de la saisie immobilière.* (Code de procédure, 1re partie, liv. V, tit. XIII , art. 743.) Les immeubles appartenant à des majeurs maîtres de disposer de leurs droits ne pourront, à peine de nullité, être mis aux enchères en justice lorsqu'il ne s'agira que de ventes volontaires.—Néanmoins, lorsqu'un immeuble aura été saisi réellement, et lorsque la saisie aura été transcrite , il sera libre aux intéressés, s'ils sont tous majeurs et maîtres de leurs droits, de demander que l'adjudication soit faite aux enchères devant notaire ou en justice, sans autres formalités et conditions que celles prescrites aux articles 958, 959, 960, 961, 962, 964 et 965, pour la vente des immeubles appartenant à des mineurs, etc.

(2) *De la vente des biens immeubles appartenant à des mineurs.* (Code de procédure, 2e partie, liv. II, tit. VI , art. 964.) Sont déclarés communs au présent titre les articles 701, 705, 706, 707, 711, 712, 713, etc.

(Art. 965.) Dans les huit jours qui suivront l'adjudication, toute personne pourra faire une surenchère du sixième en se conformant aux formalités et délais réglés par les articles 708, 709 et 710 ci-dessus, etc.

(3) *Des licitations.* (Code de procédure, 2e partie, liv. II, tit. VII, art. 972.) On se conformera, pour la vente, aux formalités prescrites dans le titre de la vente des biens immeubles appartenant à des mineurs, en ajoutant dans le cahier des charges, etc.

(Art. 973.) .....Dans les huit jours de l'adjudication, toute personne pourra surenchérir d'un sixième du prix principal en se conformant aux conditions et aux formalités prescrites par les articles 708, 709 et 710. Cette surenchère produira le même effet que dans les ventes de biens de mineurs.

(4) *De la vente des immeubles dotaux.* (Code de procédure, 2e partie, liv. II, tit. IX, art. 997.) .....Lorsqu'il y aura lieu de vendre des immeubles dotaux dans les cas prévus par l'article 1558 du Code civil, la vente sera préalablement autorisée sur requête, par jugement rendu en audience publique.—Seront, au surplus, applicables les articles 955, 956 et suivants du titre de la vente des immeubles appartenant à des mineurs.

Aux surenchères sur aliénation volontaire, par l'article 838 (1);

Aux adjudications de biens dépendant d'une succession bénéficiaire, par l'article 988) (2).

XVI. (Code de procédure, art. 839.) Le notaire ou autre dépositaire qui refusera de délivrer expédition ou copie d'un acte aux parties intéressées en nom direct, héritiers ou ayants droit, y sera condamné, et par corps, sur assignation à bref délai, donnée en vertu de permission du président du tribunal de première instance, sans préliminaire de conciliation.

(Code de procédure, art. 840.) L'affaire sera jugée sommairement, et le jugement exécuté, nonobstant opposition ou appel.

XVII. (Code de procédure, art. 126.) La contrainte par corps ne sera prononcée que dans les cas prévus par la loi : il est néanmoins laissé à la prudence des juges de la prononcer :

1° Pour dommages et intérêts en matière civile, au-dessus de la somme de 300 fr. (3).

---

(1) *De la surenchère sur aliénation volontaire.* (Code de procédure, 2ᵉ partie, liv. I, tit. IV, art. 838.) .....Sont applicables au cas de surenchère les articles 701, 702, 705, 706, 707, 711, 712, 713, 717, 731, 732, 733 du présent Code, ainsi que les articles 734 et suivants relatifs à la folle enchère, etc.

(2) *Du bénéfice d'inventaire.* (Code de procédure, 2ᵉ partie, liv. II, tit. VIII, art. 988.) Il sera procédé à la vente, dans chacun des cas ci-dessus prévus, suivant les formalités prescrites au titre de la vente des biens immeubles appartenant à des mineurs. — Sont déclarés communs au présent titre, les articles 701, 702, 705, 706, 707, 711, 712, 713, 733, 734, 735, 736, 737, 738, 739, 740, 741, 742, les deux derniers paragraphes de l'article 964 et l'article 965 du présent Code, etc.

(3) Cette disposition, spéciale au cas particulier dont il s'agit, exige, pour que la contrainte par corps soit prononcée, que les dommages-intérêts excèdent 300 fr. L'article 2065 du Code civil contient une règle générale qui permet de prononcer la contrainte par corps en matière civile, pourvu que la somme ne soit pas moindre de 300 fr.

2° Pour reliquats de compte de tutelle, curatelle, d'administration de corps et communauté, établissements publics ou de toute administration confiée par justice, et pour toutes restitutions à faire par suite desdits comptes.

(Code de procédure, art. 127.) Pourront les juges, dans les cas énoncés en l'article précédent, ordonner qu'il sera sursis à l'exécution de la contrainte par corps, pendant le temps qu'ils fixeront; après lequel, elle sera exercée sans nouveau jugement. Ce sursis ne pourra être accordé que par le jugement qui statuera sur la contestation, et qui énoncera les motifs de délai.

XVIII. (Code civil, art. 2061.) Ceux qui, par un jugement rendu au pétitoire, et passé en force de chose jugée, ont été condamnés à désemparer un fonds et qui refusent d'obéir, peuvent, par un second jugement, être contraints par corps, quinzaine après la signification du second jugement à personne ou domicile.

Si le fonds ou l'héritage est éloigné de plus de 5 myriamètres du domicile de la partie condamnée, il sera ajouté au délai de quinzaine, un jour par 5 myriamètres.

XIX. (Code civil, art. 2062.) La contrainte par corps ne peut être ordonnée contre les fermiers pour le payement des fermages des biens ruraux, si elle n'a été stipulée formellement dans l'acte de bail. Néanmoins, les fermiers et les colons partiaires peuvent être contraints par corps, faute par eux de représenter à la fin du bail le cheptel du bétail, les semences et les instruments aratoires qui leur ont été confiés, à moins qu'ils ne justifient que le déficit de ces objets ne procède point de leur fait.

(Loi 13 décembre 1848, art. 2). A l'avenir, la contrainte par corps ne pourra être stipulée dans un acte de bail pour le payement des fermages des biens ruraux (1).

XX. *De la vérification des écritures.* (Code de procédure civile, 1ʳᵉ partie, liv. II, t. X, art. 201.) Si les pièces de comparaison sont entre les mains de dépositaires publics ou autres, le juge-commissaire ordonnera qu'aux jour et heure par lui indiqués, les détenteurs desdites pièces les apporteront au lieu où se fera la vérification ; à peine contre les dépositaires publics d'être contraints par corps, et les autres par les voies ordinaires, sauf même à prononcer contre ces derniers la contrainte par corps, s'il y échet.

(Art. 213.) S'il est prouvé que la pièce est écrite ou signée par celui qui l'a déniée, il sera condamné à 150 fr. d'amende envers le domaine, outre les dépens, dommages et intérêts de la partie, et pourra être condamné par corps même pour le principal.

XXI. *Du faux incident civil.* (Code de procédure, 1ʳᵉ partie, liv. II, tit. XI, art. 221.) En cas qu'il y ait minute de la pièce arguée de faux, il sera ordonné, s'il y a lieu, par le juge-commissaire, sur la requête du demandeur, que le défendeur sera tenu, dans le

---

(1) De la combinaison de ces deux articles il résulte que le premier doit être entendu maintenant comme s'il était ainsi conçu (Code civil, art. 2062, modifié par la loi du 13 décembre 1848, art. 2) : « Les fermiers et les colons partiaires peuvent être contraints par corps, faute par eux de représenter à la fin du bail le cheptel de bétail, les semences et les instruments aratoires qui leur ont été confiés, à moins qu'ils ne justifient que le déficit de ces objets ne procède point de leur fait. »

temps qui lui sera prescrit, de faire apporter ladite minute au greffe, et que les dépositaires d'icelle y seront contraints, les fonctionnaires publics par corps, et ceux qui ne le sont pas, par voie de saisie, amende, et même par corps, s'il y échet.

XXII. *Des redditions de compte.* (Code de procédure civile, 1re partie, liv. V, tit. IV, art. 534.) Le rendant présentera et affirmera son compte en personne ou par procureur spécial, dans le délai fixé, et au jour indiqué par le juge-commissaire, les oyants présents, ou appelés à personne ou domicile, s'ils n'ont avoué, et par acte d'avoué, s'ils en ont constitué.

Le délai passé, le rendant y sera contraint par saisie et vente de ses biens jusqu'à concurrence d'une somme que le tribunal arbitrera; il pourra même y être contraint par corps, si le tribunal l'estime convenable.

XXIII. *Des rapports d'experts.* (Code de procédure civile, 1re partie, liv. II, tit. XIV, art. 320.) En cas de retard ou de refus de la part des experts de déposer leur rapport, ils pourront être assignés à trois jours, sans préliminaire de conciliation, par-devant le tribunal qui les aura commis, pour se voir condamner, même par corps s'il y échet, à faire ledit dépôt; il y sera statué sommairement et sans instruction (1).

XXIV. (Code civil, art. 2063). Hors les cas déterminés par les articles précédents ou qui pourraient l'être à l'avenir par une loi formelle, il est défendu à tous juges de prononcer la contrainte par corps; à tous notaires et greffiers de recevoir des actes dans lesquels elle serait stipulée, et à tous Français de con-

---

(1) Cet article ne s'applique qu'aux experts commis en justice.

sentir de pareils actes, encore qu'ils eussent été passés en pays étrangers; le tout à peine de nullité, dépens, dommages et intérêts.

XXV. (Code civil, art. 2064.) Dans les cas même ci-dessus énoncés, la contrainte par corps ne peut être prononcée contre les mineurs.

XXVI. (Code civil, art. 2065.) Elle ne peut être prononcée pour une somme moindre de 300 fr. (1).

XXVII. (Code civil, art. 2066.) Elle ne peut être prononcée contre les septuagénaires, les femmes et les filles que dans les cas de stellionat.

Il suffit que la soixante-dixième année soit commencée pour jouir de la faveur accordée au septuagénaire.

La contrainte par corps pour cause de stellionat pendant le mariage, n'a lieu contre les femmes mariées que lorsqu'elles sont séparées de biens, ou lorsqu'elles ont des biens dont elles se sont réservé la libre administration, et à raison des engagements qui concernent ces biens.

Les femmes qui étant en communauté se seraient obligées conjointement ou solidairement avec leur mari, ne pourront être réputées stellionataires, à raison de ces contrats.

XXVIII. (Code civil, art. 2067.) La contrainte par corps, dans les cas même où elle est autorisée par la loi, ne peut être appliquée qu'en vertu d'un jugement.

---

(1) Il est évident que cet article ne peut s'appliquer que quand la contrainte par corps est attachée à une condamnation en argent, et non pas dans les cas où il s'agit de contraindre une partie à faire une chose, par exemple un officier public à représenter ses minutes ou à restituer des titres qui lui ont été confiés. (Code civil, art. 2060, 6° et 7°.) *V.* XVII, note sous l'article 126, Code de procédure civile.

XXIX. (Code civil, art. 2068.) L'appel ne suspend pas la contrainte par corps prononcée par un jugement provisoirement exécutoire en donnant caution.

XXX. (Code civil, art. 2069.) L'exercice de la contrainte par corps n'empêche ni ne suspend les poursuites et les exécutions sur les biens.

XXXI. (Code civil, art. 2070.) Il n'est point dérogé aux lois particulières qui autorisent la contrainte par corps dans les matières de commerce, ni aux lois de police correctionnelle, ni à celles qui concernent l'administration des deniers publics.

SECTION II.— De la contrainte par corps en matière de deniers et effets mobiliers publics.

XXXII. (Loi 17 avril 1832, art. 8.) Sont soumis à la contrainte par corps, pour raison du reliquat de leurs comptes, déficit ou débet constatés à leur charge et dont ils ont été déclarés responsables : 1° les comptables de deniers publics ou d'effets mobiliers publics et leurs cautions; 2° leurs agents ou préposés qui ont personnellement géré ou fait la recette; 3° toutes personnes qui ont perçu des deniers publics dont elles n'ont point effectué le versement ou l'emploi, ou qui, ayant reçu des effets mobiliers appartenant à l'État, ne les représentent pas ou ne justifient pas de l'emploi qui leur avait été prescrit.

XXXIII. (Loi 17 avril 1832, art. 9.) Sont compris dans les dispositions de l'article précédent : les comptables chargés de la perception des deniers ou de la garde et de l'emploi des effets mobiliers appartenant aux communes, aux hospices et aux établissements publics, ainsi que leurs cautions, et leurs agents et préposés ayant personnellement géré ou fait la recette (1).

XXXIV. (Loi 17 avril 1832, art. 10.) Sont également soumis à la contrainte par corps :

1° Tous entrepreneurs, fournisseurs, soumissionnaires et traitants, qui ont passé des marchés ou traités intéressant l'État, les communes, les établissements de bienfaisance et autres établissements publics, et qui sont déclarés débiteurs par suite de leurs entreprises ; 2° leurs cautions, ainsi que leurs agents et préposés qui ont personnellement géré l'entreprise, et toutes personnes déclarées responsables des mêmes services (2).

---

(1) (Arrêté du 16 thermidor an VIII, art. 33.) Aussitôt que le receveur particulier aura été informé d'un divertissement de deniers, il fera faire à l'instant toutes les saisies et actes conservatoires.

Il pourra, en outre, décerner une contrainte par corps contre le percepteur, laquelle ne pourra néanmoins être mise à exécution qu'avec le *visa* du juge de paix.

(2) (Loi 12 vendémiaire, an VIII, art. 1er.) Tout entrepreneur, fournisseur, soumissionnaire et agent quelconque, comptable depuis la mise en activité de la Constitution de l'an III, est tenu de remettre aux divers ministres, dans le mois de la publication de la présente loi, le compte général et définitif, appuyé de pièces justificatives, du service dont il a été chargé jusqu'au dernier jour complémentaire an VI, et dans quatre mois celui du service de l'an VII, sous peine de déchéance, et d'être en outre poursuivi par l'agent du trésor public en réintégration des à-comptes qui lui ont été accordés pour lesdits services.

(Art. 2.) Chaque compte sera accompagné d'un double inventaire des pièces justificatives y jointes ; le ministre certifiera la remise du tout au bas d'un de ces inventaires, qui sera rendu au comptable, pour être par lui déposé, dans les vingt-quatre heures, à la trésorerie nationale, où il en sera donné décharge.

(Art. 3.) Après l'expiration des délais mentionnés aux précédents articles, les peines de déchéance et de restitution des à comptes perçus seront encourues de droit et de fait, sans que le comptable puisse produire des suppléments de comptes ni d'autres pièces justificatives ; en conséquence, la trésorerie nationale remettra à l'agent du trésor public, le tableau des entrepreneurs, fournisseurs et autres en retard de remettre leurs comptes définitifs, ainsi que l'état des sommes qui leur auraient été payées par forme d'à-compte ; lesdits fournisseurs, entrepreneurs et autres compta-

XXXV. (Loi 17 mars 1832, art. 11.) Seront encore soumis à la contrainte par corps, tous rede-

---

bles, seront poursuivis par la saisie de leurs biens meubles et immeubles, et contraignables par corps en cas d'insuffisance de leur fortune patente.

(Loi 15 frimaire an VIII, art. 1er.) Les commissaires de la trésorerie nationale chargés par les lois d'arrêter provisoirement les comptes des receveurs et payeurs généraux des départements, ainsi que des différentes régies nationales, sont autorisés à prendre, pour les recouvrements des débets desdits comptables, tous arrêtés nécessaires, lesquels seront exécutoires par provision, par les mêmes voies que ceux des commissaires de la comptabilité intermédiaires pour les comptes soumis à leur examen.

(Arrêté 18 ventôse an VIII, art. 1er.) Le ministre des finances, comme spécialement chargé de l'administration du trésor public, est autorisé à prendre tous arrêtés nécessaires et exécutoires par provision contre les comptables, entrepreneurs, fournisseurs, soumissionnaires et agents quelconques en débet, dans les cas et aux termes prévus par les lois des 12 vendémiaire et 13 frimaire derniers; le tout ainsi que les ci-devant commissaires de la trésorerie nationale y étaient autorisés par lesdites lois.

Extrait des registres des délibérations des consuls de la République. — Du 9 ventôse.

Avis donné par le conseil d'État, le 8 ventôse, sur une question relative à l'exercice des contraintes par corps résultant d'arrêtés exécutoires de la comptabilité nationale.

Les consuls ont renvoyé aux sections réunies de législation et des finances, un rapport du ministre du trésor public, qui demande que le conseil d'État donne son avis sur la question de savoir si, pour l'exécution de la contrainte par corps qui résulte des arrêtés exécutoires de la comptabilité nationale, de la comptabilité intermédiaire et du ministre du trésor public, il est nécessaire de donner préalablement copie des marchés, des comptes et des pièces qui forment les éléments des comptes, ou s'il suffit de notifier ces arrêtés.

Une contrainte par corps a été décernée par le ministre du trésor public, et exécutée contre *Dumont-Bonnevault*, l'un des violateurs du dépôt des trois millions de florins déposés à *Castel*, notaire.

Dumont s'est pourvu en nullité de cette contrainte devant la première section du tribunal de première instance du département de la Seine.

Il s'est fondé sur les dispositions de l'article 3 du titre III de la loi du 15 germinal an VI, ainsi conçu :

« Nulle contrainte par corps ne pourra être exercée contre aucun individu, qu'elle n'ait été précédée de la notification au contraignable, visée par le juge de paix du canton où s'exerce la contrainte : 1° du titre qui a servi de base à la condamnation, *s'il en existe un;* 2° des jugements prononcés contre le contraignable, s'il en est intervenu plusieurs contre lui pour le fait de la contrainte. »

Dumont a prétendu que, d'après cette loi, la contrainte par corps ne

vables, débiteurs et cautions de droits de douanes,
d'octrois et autres contributions indirectes, qui ont

pouvait être exercée contre lui, sans qu'on lui eût préalablement notifié les pièces qui ont servi de base à cette contrainte.

L'avis unanime des deux sections de législation et des finances, est que cette application de l'article cité de la loi du 15 germinal an VI, n'est ni juste ni praticable.

Cette loi, en exigeant la notification préalable du titre qui a servi de base à la contrainte par coprs, ajoute *s'il en existe un*.

Ainsi elle a prévu qu'il pouvait y avoir lieu à la contrainte par corps sans qu'il existât de titre qui lui servît de base.

Telles sont les contraintes décernées pour des faits d'administration et de comptabilité publique.

Ni les marchés, ni les quittances comptables, ni le compte même, ne forment pas des titres.

Il n'y a d'autre base à la contrainte, que le règlement du compte qui fixe le résultat de sa balance; ce règlement est consigné dans les arrêtés de la comptabilité nationale, de la comptabilité intermédiaire ou du ministre du trésor public.

Ces arrêtés sont donc la seule pièce dont il soit nécessaire de donner copie.

Lorsque la loi a exigé, pour l'exercice de la contrainte par corps, la notification préalable, non-seulement des jugements qui la prononçaient, mais encore du titre, elle a considéré que les jugements seuls ne prouvaient pas l'existence de la dette, qui pouvait avoir été acquittée sur la remise du titre.

Cette précaution, très-sage dans le cours des affaires entre particuliers, est absolument étrangère aux poursuites qui ont pour objet le recouvrement des deniers publics.

L'application que *Dumont* a voulu faire de la loi, n'est donc pas juste. Si un pareil système prévalait, la loi serait impraticable.

Comment, en effet, serait-il possible de notifier les marchés, la correspondance, les quittances comptables, les comptes, les débats, en un mot toutes les pièces qui sont les éléments de l'arrêté définitif du compte?

Dans l'hypothèse même où on pourrait, à chaque contrainte, notifier tout ce qui aurait été relatif au règlement de compte, cette notification n'aurait aucun objet : les tribunaux se rendraient coupables d'excès de pouvoir, s'ils prenaient connaissance des liquidations qui concernent le trésor public; ce sont des actes purement administratifs. Celui qui se croirait fondé à réclamer contre l'arrêté qui le constitue débiteur, ne peut s'adresser qu'à l'autorité administrative : s'il ne le fait pas, ou s'il a épuisé tous ses moyens de défense dans les différents degrés de cette hiérarchie, les juges devant lesquels le débiteur voudrait réclamer, doivent considérer l'arrêté de compte, servant de base à la contrainte par corps, comme ayant obtenu un crédit et qui n'ont pas acquitté à échéance le montant de leurs soumissions ou obligations.

XXXVI. (Loi 17 avril 1832, art. 12.) La contrainte par corps pourra être prononcée, en vertu des quatre articles précédents, contre les femmes et les filles.

---

la force de la chose jugée, sans que l'on puisse soumettre ni cet arrêté ni les pièces à leur examen.

D'une part, ces arrêtés ont l'autorité de la chose jugée ; et de l'autre, il est déclaré par plusieurs lois qu'ils seront exécutoires provisoirement par saisie des biens, et même par la voie de la contrainte par corps.

Il y en a une disposition formelle dans l'article 3 de la loi du 12 vendémiaire an VIII, pour les arrêtés de la comptabilité nationale. Cette disposition a été étendue, par la loi du 13 frimaire suivant, aux commissaires de la trésorerie nationale. Ceux-ci ont été remplacés par le ministre du trésor public, qui a les mêmes attributions, et qui est spécialement autorisé, par l'arrêté du gouvernement du 18 ventôse an VIII, à prendre contre tous comptables, fournisseurs, etc., des arrêtés pareillement exécutoires.

Ces principes et ces règles sont d'une telle évidence, qu'il ne semble pas à craindre que les tribunaux s'en écartent.

Il paraît que le ministre du trésor public a conçu à cet égard quelque inquiétude, par l'avis qui lui a été donné que le commissaire du gouvernement près le tribunal de première instance de la Seine a soutenu les moyens présentés par *Dumont*.

Mais on a vérifié quel avait été le résultat de cette affaire ; et on joint au dossier le jugement rendu le 16 pluviôse an X, par lequel, sans égard aux conclusions du commissaire, *Dumont* a été débouté de sa demande en liberté et condamné aux dépens.

Les motifs exprimés dans ce jugement, sont que la contrainte par corps pour raison de deniers publics, est autorisée par les anciennes lois et par celle du 15 germinal an VI, et que la contrainte décernée par le ministre du trésor public contre *Dumont*, est autorisée par les lois des 12 vendémiaire et 13 frimaire an VIII.

L'erreur du commissaire ayant ainsi été sur-le-champ réparée, et ne pouvant avoir de suite, il vaut mieux ne pas mettre en question des règles indubitables et qu'on ne voit pas avoir été enfreintes.

Les sections réunies de législation et des finances, sont, par ces motifs, unanimement d'avis qu'il n'y a pas, quant à présent, lieu à statuer sur la demande du ministre du trésor public.

> Pour extrait conforme : *le secrétaire général du conseil d'État*, signé J.-G. LOCRÉ. Approuvé, *le premier consul*, signé BONAPARTE. Par le premier consul, *le secrétaire d'État*, signé Hugues B. MARET. *Le ministre de la justice*, signé ABRIAL.

Elle ne pourra l'être contre les septuagénaires.

XXXVII. (Loi 17 avril 1832, art. 13.) Dans les cas énoncés dans la présente section, la contrainte par corps n'aura jamais lieu que pour une somme principale excédant 300 fr. (1).

TITRE III. — *Dispositions relatives à la contrainte par corps contre les étrangers.*

XXXVIII. (Loi 17 avril 1832, art. 14.) Tout jugement qui interviendra au profit d'un Français contre un étranger non domicilié en France, emportera la contrainte par corps, à moins que la somme principale de la condamnation ne soit inférieure à 150 fr., sans distinction entre les dettes civiles et les dettes commerciales.

XXXIX. (Loi 17 avril 1832, art. 15.) Avant le jugement de condamnation, mais après l'échéance ou l'exigibilité de la dette, le président du tribunal de première instance dans l'arrondissement duquel se trouvera l'étranger non domicilié, pourra, s'il y a de suffisants motifs, ordonner son arrestation provisoire, sur la requête du créancier français.

Dans ce cas, le créancier sera tenu de se pourvoir en condamnation dans la huitaine de l'arrestation du débiteur, faute de quoi celui-ci pourra demander son élargissement.

La mise en liberté sera prononcée par ordonnance de référé, sur une assignation donnée au créancier par l'huissier que le président aura commis dans l'or-

---

(1) Le dernier paragraphe de l'article 13, ainsi conçu : « Sa durée sera fixée dans les limites de l'article 7 de la présente loi, § 1er, » est abrogé par l'article 12 de la loi du 13 décembre 1848. *V.* page 328, n° 124.

donnance même qui autorisait l'arrestation, et, à défaut de cet huissier, par tel autre qui sera commis spécialement.

XL. (Loi 17 avril 1832, art. 16.) L'arrestation provisoire n'aura pas lieu ou cessera, si l'étranger justifie qu'il possède sur le territoire français un établissement de commerce ou des immeubles, le tout d'une valeur suffisante pour assurer le payement de la dette, ou s'il fournit pour caution une personne domiciliée en France et reconnue solvable.

XLI. (Loi 17 avril 1832, art. 18.) Le débiteur étranger, condamné pour dette commerciale, jouira du bénéfice des articles 4 et 6 de la présente loi (*V.* pages 366 et 367, V et VII). En conséquence, la contrainte par corps ne sera point prononcée contre lui, ou elle cessera dès qu'il aura commencé sa soixante et dixième année.

Il en sera de même à l'égard de l'étranger condamné pour dette civile, le cas de stellionat excepté.

La contrainte par corps ne sera pas prononcée contre les étrangères pour dettes civiles, sauf aussi le cas de stellionat, conformément au premier paragraphe de l'article 2066 du Code civil, qui leur est déclaré applicable. *V.* XXVII.

TITRE IV. — *Dispositions communes aux trois titres précédents.*

XLII. (Loi 17 avril 1832, art. 20.) Dans les affaires où les tribunaux civils ou de commerce statuent en dernier ressort, la disposition de leur jugement relative à la contrainte par corps sera sujette à l'appel : cet appel ne sera pas suspensif.

XLIII. (Loi 13 décembre 1848, art. 7.) Le débiteur, contre lequel la contrainte par corps aura été prononcée par jugement des tribunaux civils ou de commerce, conservera le droit d'interjeter appel du chef de la contrainte, dans les trois jours qui suivront l'emprisonnement ou la recommandation, lors même qu'il aurait acquiescé au jugement et que les délais ordinaires de l'appel seraient expirés. Le débiteur restera en état.

XLIV. (Loi 17 avril 1832, art. 24.) Le débiteur, si la contrainte par corps n'a pas été prononcée pour dette commerciale, obtiendra son élargissement en payant ou consignant le tiers du principal de la dette et de ses accessoires, et en donnant pour le surplus une caution acceptée par le créancier, ou reçue par le tribunal civil dans le ressort duquel le débiteur sera détenu.

(Loi 13 décembre 1848, art. 6.) A l'avenir, les dispositions des articles 24 et 25 de la loi du 17 avril 1832, seront applicables aux matières commerciales (1).

XLV. (Loi 17 avril 1832, art. 25.) La caution sera tenue de s'obliger, solidairement avec le débiteur, à payer, dans un délai qui ne pourra excéder une année, les deux tiers qui resteront dus.

---

(1) L'article 6 de la loi du 13 décembre a eu pour effet d'abroger l'exception résultant de ces expressions de l'article 24 de la loi du 17 avril : *Si la contrainte par corps n'a pas été prononcée pour dettes commerciales.* L'article 24 doit donc être entendu comme si cette phrase ne s'y trouvait pas, et par conséquent comme s'il était ainsi conçu :

(Loi 17 avril 1832, art. 24, modifié par la loi du 13 décembre 1848, art. 6.) «Le débiteur obtiendra son élargissement en payant ou consignant le tiers du principal de la dette et de ses accessoires, et en donnant pour le surplus une caution acceptée par le créancier, ou reçue par le tribunal civil dans le ressort duquel le débiteur sera détenu. »

25

XLVI. (Loi 17 avril 1832, art. 26.) A l'expiration du délai prescrit par l'article précédent, le créancier, s'il n'est pas intégralement payé, pourra exercer de nouveau la contrainte par corps contre le débiteur principal sans préjudice de ses droits contre la caution.

XLVII. (Loi 17 avril 1832, art. 27.) Le débiteur qui aura obtenu son élargissement de plein droit après l'expiration des délais fixés par les articles 5, 7, 13 et 17 de la présente loi (1), ne pourra plus être détenu ou arrêté pour dettes contractées antérieurement à son arrestation et échues au moment de son élargissement, à moins que ces dettes n'entraînent par leur nature et leur quotité une contrainte plus longue que celle qu'il aura subie, et qui, dans ce dernier cas, lui sera toujours comptée pour la durée de la nouvelle incarcération.

XLVIII. (Loi 17 avril 1832, art. 28.) Un mois après la promulgation de la présente loi, la somme destinée à pourvoir aux aliments des détenus pour dettes devra être consignée d'avance, et pour trente jours au moins.

Les consignations pour plus de trente jours ne vaudront qu'autant qu'elles seront d'une seconde ou de plusieurs périodes de trente jours.

XLIX. (Loi 17 avril 1832, art. 29.) A compter du même délai d'un mois, la somme destinée aux aliments sera de 30 fr. à Paris, et de 25 fr. dans les autres villes, pour chaque période de trente jours.

L. (Loi 17 avril 1832, art. 30.) En cas d'élar-

(1) Les art. 5, 7, 13, §§ 2 et 17 de la loi du 17 avril 1832, sont remplacés par les articles 4 et 12 de la loi du 13 décembre 1848. *V.* p 328, n° 124.

gissement faute de consignation d'aliments, il suffira que la requête présentée au président du tribunal civil soit signée par le débiteur détenu et par le gardien de la maison d'arrêt pour dettes, ou même certifiée véritable par le gardien, si le détenu ne sait pas signer.

Cette requête sera présentée en *duplicata* : l'ordonnance du président, aussi rendue par *duplicata*, sera exécutée sur l'une des minutes qui restera entre les mains du gardien ; l'autre minute sera déposée au greffe du tribunal, et enregistrée *gratis*.

LI. (Loi 17 avril 1832, art. 31.) Le débiteur élargi faute de consignation d'aliments ne pourra plus être incarcéré pour la même dette.

LII. (Loi 17 avril 1832, art. 32.) Les dispositions du présent titre et celles du Code de procédure civile sur l'emprisonnement auxquelles il n'est pas dérogé par la présente loi, sont applicables à l'exercice de toutes contraintes par corps, soit pour dettes commerciales, soit pour dettes civiles, même pour celles qui sont énoncées à la deuxième section du titre II ci-dessus (*V.* pag. 378 et suiv.), et enfin à la contrainte par corps qui est exercée contre les étrangers.

Néanmoins, pour les cas d'arrestation provisoire, le créancier ne sera pas tenu de se conformer à l'article 780 du Code de procédure civile, qui prescrit une signification et un commandement préalable.

TITRE V. — *Formalités de l'emprisonnement.*

LIII. (C. proc., art. 556.) La remise de l'acte ou du jugement à l'huissier vaudra pouvoir pour toutes exécutions autres que la saisie immobilière et l'emprisonnement, pour lesquels il sera besoin d'un pouvoir spécial.

LIV. (Code de procédure , art. 780.) Aucune contrainte par corps ne pourra être mise à exécution qu'un jour après la signification avec commandement du jugement qui l'a prononcée. Cette signification sera faite par un huissier commis par ledit jugement, ou par le président du tribunal de première instance du lieu où se trouve le débiteur. La signification contiendra aussi élection de domicile dans la commune où siége le tribunal qui a rendu ce jugement, si le créancier n'y demeure pas.

LV. (Code de procédure, art. 781). Le débiteur ne pourra être arrêté : 1° avant le lever et après le coucher du soleil ; 2° les jours de fête légale ; 3° dans les édifices consacrés au culte et pendant les exercices religieux seulement ; 4° dans le lieu et pendant la tenue des séances des autorités constituées ; 5° dans une maison quelconque, même dans son domicile, à moins qu'il n'eût été ainsi ordonné par le juge de paix du lieu, lequel juge de paix devra, dans ce cas, se transporter dans la maison avec l'officier ministériel.

LVI. (Code de procédure, art. 782.) Le débiteur ne pourra non plus être arrêté lorsque, appelé comme témoin devant un directeur du jury (1) ou devant un tribunal de première instance ou une cour d'appel ou d'assises, il sera porteur d'un sauf-conduit. Le sauf-conduit pourra être accordé par le directeur du jury, par le président du tribunal ou de la cour où les témoins devront être entendus. Les conclusions du ministère public seront nécessaires. Le sauf-conduit réglera la durée de son effet, à peine de nullité. En vertu

---

(1) Aujourd'hui le juge d'instruction. Art. 71, Code d'inst. crimin.

du sauf-conduit, le débiteur ne pourra être arrêté ni le jour fixé pour sa comparution, ni pendant le temps nécessaire pour aller et pour revenir.

LVII. (Code de commerce, art. 231.) Le capitaine et les gens de l'équipage qui sont à bord, ou qui, sur les chaloupes, se rendent à bord pour faire voile, ne peuvent être arrêtés pour dettes civiles, si ce n'est à raison de celles qu'ils auront contractées pour le voyage; et même, dans ce dernier cas, ils ne peuvent être arrêtés, s'ils donnent caution.

LVIII. (Code de procédure, art. 783.) Le procès-verbal d'emprisonnement contiendra, outre les formalités ordinaires des exploits : 1° itératif commandement; 2° élection de domicile dans la commune où le débiteur sera détenu, si le créancier n'y demeure pas : l'huissier sera assisté de deux recors.

LIX. (Code de procédure, art. 784.) S'il s'est écoulé une année entière depuis le commandement, il sera fait un nouveau commandement par un huissier commis à cet effet.

LX. (Code de procédure, art. 785.) En cas de rébellion, l'huissier pourra établir garnison aux portes pour empêcher l'évasion, et requérir la force armée; et le débiteur sera poursuivi conformément aux dispositions du Code d'instruction criminelle.

LXI. (Code de procédure, art. 786.) Si le débiteur requiert qu'il en soit référé, il sera conduit sur-le-champ devant le président du tribunal de première instance du lieu où l'arrestation aura été faite, lequel statuera en état de référé : si l'arrestation est faite hors des heures de l'audience, le débiteur sera conduit chez le président.

LXII. (Code de procédure, art. 787.) L'ordonnance sur référé sera consignée sur le procès-verbal de l'huissier, et sera exécutée sur-le-champ.

LXIII. (Code de procédure, art. 788.) Si le débiteur ne requiert pas qu'il en soit référé, ou si, en cas de référé, le président ordonne qu'il soit passé outre, le débiteur sera conduit dans la prison du lieu ; et s'il n'y en a pas, dans celle du lieu le plus voisin : l'huissier et tous autres qui conduiraient, recevraient ou retiendraient le débiteur dans un lieu de détention non légalement désigné comme tel, seront poursuivis comme coupables du crime de détention arbitraire.

LXIV. (Code de procédure, art. 789.) L'écrou du débiteur énoncera : 1° le jugement ; 2° les noms et domicile du créancier ; 3° l'élection de domicile, s'il ne demeure pas dans la commune ; 4° les noms, demeure et profession du débiteur ; 5° la consignation d'un mois d'aliments au moins ; 6° enfin, mention de la copie qui sera laissée au débiteur, parlant à sa personne, tant du procès-verbal d'emprisonnement que de l'écrou. Il sera signé de l'huissier.

LXV. (Code de procédure, art. 790.) Le gardien ou geôlier transcrira sur son registre le jugement qui autorise l'arrestation : faute par l'huissier de représenter ce jugement, le geôlier refusera de recevoir le débiteur et de l'écrouer.

LXVI. (Code de procédure, art. 791.) Le créancier sera tenu de consigner les aliments d'avance. Les aliments ne pourront être retirés, lorsqu'il y aura recommandation, si ce n'est du consentement du recommandant.

LXVII. (Code de procédure, art. 792.) Le débiteur

pourra être recommandé par ceux qui auraient le droit d'exercer contre lui la contrainte par corps. Celui qui est arrêté comme prévenu d'un délit, peut aussi être recommandé; et il sera retenu par l'effet de la recommandation, encore que son élargissement ait été prononcé et qu'il ait été acquitté du délit.

LXVIII. (Code de procédure, art. 793.) Seront observées, pour les recommandations, les formalités ci-dessus prescrites pour l'emprisonnement : néanmoins l'huissier ne sera pas assisté de recors; et le recommandant sera dispensé de consigner les aliments, s'ils ont été consignés.

Le créancier qui a fait emprisonner, pourra se pourvoir contre le recommandant devant le tribunal du lieu où le débiteur est détenu, à l'effet de le faire contribuer au payement des aliments par portion égale.

LXIX. (Code de procédure, art. 794.) A défaut d'observation des formalités ci-dessus prescrites, le débiteur pourra demander la nullité de l'emprisonnement, et la demande sera portée au tribunal du lieu où il est détenu : si la demande en nullité est fondée sur des moyens du fond, elle sera portée devant le tribunal de l'exécution du jugement.

LXX. (Code de procédure, art. 795.) Dans tous les cas, la demande pourra être formée à bref délai, en vertu de permission de juge, et l'assignation donnée par huissier commis au domicile élu par l'écrou : la cause sera jugée sommairement, sur les conclusions du ministère public.

LXXI. (Code de procédure, art. 796.) La nullité de l'emprisonnement, pour quelque cause qu'elle soit

prononcée, n'emporte point la nullité des recommandations.

LXXII. (Code de procédure, art. 797.) Le débiteur
dont l'emprisonnement est déclaré nul, ne peut être
arrêté pour la même dette qu'un jour au moins après
sa sortie.

LXXIII. (Code de procédure, art. 798.) Le débiteur
sera mis en liberté, en consignant entre les mains du
geôlier de la prison les causes de son emprisonnement
et les frais de la capture.

LXXIV. (Code de procédure, art. 799.) Si l'emprisonnement est déclaré nul, le créancier pourra être
condamné en des dommages-intérêts envers le débiteur.

LXXV. (Code de procédure, art. 800.) Le débiteur légalement incarcéré obtiendra son élargissement :

1° Par le consentement du créancier qui l'a fait incarcérer, et des recommandants, s'il y en a ;

2° Par le payement ou la consignation des sommes
dues tant au créancier qui a fait emprisonner qu'au recommandant, des intérêts échus, des frais liquidés, de
ceux d'emprisonnment, et de la restitution des aliments
consignés ;

3° Par le bénéfice de cession ;

4° A défaut par les créanciers d'avoir consigné d'a-
vance les aliments ;

5° Et enfin, si le débiteur a commencé sa soixante-
dixième année, et si, dans ce dernier cas, il n'est pas
stellionataire.

LXXVI. (Code de procédure, art. 801.) Le consentement à la sortie du débiteur pourra être donné,

soit devant notaire, soit sur le registre d'écrou.

LXXVII. (Loi 17 avril 1832, art. 23.) Les frais liquidés que le débiteur doit consigner ou payer pour empêcher l'exercice de la contrainte par corps, ou pour obtenir son élargissement, conformément aux articles 798 et 800, § 2, du Code de procédure, ne seront jamais que les frais de l'instance, ceux de l'expédition et de la signification du jugement et de l'arrêt s'il y a lieu, ceux enfin de l'exécution relative à la contrainte par corps seulement.

LXXVIII. (Code de procédure, art. 802). La consignation de la dette sera faite entre les mains du geôlier, sans qu'il soit besoin de la faire ordonner. Si le geôlier refuse, il sera assigné à bref délai devant le tribunal du lieu en vertu de permission ; l'assignation sera donnée par huissier commis.

LXXIX. (Code de procédure, art. 803.) L'élargissement faute de consignation d'aliments sera ordonné sur le certificat de non-consignation délivré par le geôlier et annexé à la requête présentée au président du tribunal sans sommation préalable (1).

LXXX. (Code de procédure, art. 805.) Les demandes en élargissement seront portées au tribunal dans le ressort duquel le débiteur est détenu. Elles seront formées à bref délai au domicile élu par l'écrou en vertu de permission du juge sur requête présentée à cet effet ; elles seront communiquées au ministère

---

(1) Le dernier paragraphe de l'article 803 du Code de procédure, ainsi conçu : « Si cependant le créancier en retard de consigner les aliments fait la consignation avant que le débiteur ait formé sa demande en élargissement, cette demande ne sera plus recevable, » a été abrogé par l'article 30 de la loi du 17 avril 1832. *V.* page 386, **L.**

public et jugées sans instruction à la première audience, préférablement à toutes autres causes, sans remise ni tour de rôle.

TITRE VI. — *Des gardes du commerce.*

LXXXI. (Code de commerce, art. 625.) Il sera établi, pour la ville de Paris seulement, des gardes du commerce pour l'exécution des jugements emportant la contrainte par corps : la forme de leur organisation et leurs attributions seront déterminées par un règlement particulier.

LXXXII. (Décret 14 mars 1808, art. 1er.) Le nombre des gardes du commerce qui doivent être établis dans le département de la Seine, pour l'exécution de la contrainte par corps, en conformité de l'article 625 du Code de commerce, est fixé à dix.

Les fonctions des gardes du commerce sont à vie.

Ils sont nommés par l'empereur.

LXXXIII. (Décret 14 mars 1808, art. 2.) Le tribunal de première instance et le tribunal de commerce présenteront chacun une liste de candidats en nombre égal à celui des gardes à nommer.

LXXXIV. (Décret 14 mars 1808, art. 3.) Le grand-juge ministre de la justice nommera un vérificateur, qui sera attaché au bureau des gardes du commerce.

LXXXV. (Décret 14 mars 1808, art. 4.) Avant d'entrer en fonctions le vérificateur et les gardes du commerce prêteront serment entre les mains du président du tribunal de première instance.

LXXXVI. (Décret 14 mars 1808, art. 5.) Le

vérificateur et les gardes du commerce seront tenus de fournir chacun un cautionnement de 6,000 fr., lequel sera versé à la caisse d'amortissement.

LXXXVII. (Décret 14 mars 1808, art. 6.) Le bureau des gardes du commerce sera établi dans le centre de la ville de Paris.

Il sera ouvert tous les jours depuis neuf heures du matin jusqu'à trois et depuis six heures du soir jusqu'à neuf.

Les gardes du commerce seront tenus de s'y trouver alternativement, et aux jours nommés, pour le service réglé entre eux.

LXXXVIII. (Décret 14 mars, art. 7.) Les gardes du commerce sont chargés exclusivement de l'exécution des contraintes par corps, et ne pourront en aucun cas être suppléés par les huissiers, recors et autres personnes quelconques. Ils pourront être commis par le tribunal de commerce à la garde des faillis, conformément à l'article 455, liv. III du Code de commerce.

LXXXIX. (Décret 14 mars, art. 8.) Les gardes du commerce auront une marque distinctive, en forme de baguette, qu'ils seront tenus d'exhiber aux débiteurs condamnés, lors de l'exécution de la contrainte.

(Art. 9.) Avant de procéder à la contrainte par corps, les titres et pièces seront remis au vérificateur, qui en donnera récépissé.

XC. (Décret 14 mars, art. 10.) Tout débiteur dans le cas d'être arrêté pourra notifier au bureau des gardes du commerce les oppositions ou appels, ou tous autres actes par lesquels il entend s'opposer à la contrainte prononcée contre lui ; le vérificateur visera l'original des significations.

XCI. (Décret 14 mars, art. 11.) Le vérificateur ne pourra remettre au garde du commerce les titres et pièces qu'après avoir vérifié qu'il n'est survenu aucun empêchement à l'exécution de la contrainte. Il en donnera un certificat, qui sera annexé aux pièces. En cas de difficulté, il en sera préalablement référé au tribunal qui doit en connaître.

XCII. (Décret 14 mars, art. 12.) Il sera tenu, par le vérificateur, deux registres cotés et parafés par le président du trbunal de première instance. Le premier contiendra, jour par jour et sans aucun blanc, la mention des titres et pièces remis pour les créances, des noms, qualités et demeures des poursuivants et débiteurs, et de la signification faite de l'arrêt, sentence ou jugement. Le deuxième servira à inscrire les oppositions ou significations faites par le débiteur, lesquelles oppositions ou significations ne pourront être faites qu'au bureau des gardes du commerce.

XCIII. (Décret 14 mars, art. 13.) Dans le cas où la notification faite par le débiteur, d'aucun acte pouvant arrêter l'exercice de la contrainte, sera faite postérieurement à la remise des titres et pièces au garde du commerce, le vérificateur sera tenu d'en donner avis sur-le-champ au garde saisi des pièces, qui donnera reçu de cet avis, et sera obligé de surseoir à l'arrestation, jusqu'à ce qu'il en ait été autrement ordonné.

XCIV. (Décret 14 mars, art. 14.) Si, lors de l'exercice de la contrainte, le débiteur offre de payer les

causes de la contrainte, le garde du commerce chargé
de faire l'arrestation recevra la somme offerte; mais,
dans ce cas, il sera tenu de la remettre, dans les
vingt-quatre heures, au créancier qui l'aura chargé,
et à défaut par le créancier, de la recevoir, quel
que soit son motif, le garde déposera, dans les vingt-
quatre heures suivantes, la somme reçue, à la caisse
d'amortissement.

XCV. (Décret 14 mars, art. 15.) Dans le cas où,
en exécution du § 5 de l'article 781 du Code de procédure civile, le juge de paix du canton ne pourrait pas,
ou refuserait d'ordonner l'arrestation dans la maison
tierce où se trouverait le débiteur, et de se transporter
avec le garde pour procéder à l'arrestation, le garde
chargé de l'exécution requerra le juge de paix d'un
autre canton. Le garde du commerce n'aura pas besoin
de l'autorisation et assistance du juge de paix pour
arrêter le débiteur dans son propre domicile, si l'entrée
ne lui en est pas refusée.

XCVI. (Décret 14 mars, art. 16.) En cas de rébellion, prévu par l'article 785, le garde chargé de
l'arrestation en constatera la nature et les circonstances;
il pourra établir garnison aux portes et partout où le
débiteur pourrait trouver la facilité de s'évader; il
pourra requérir la force armée, qui ne pourra lui être
refusée, et en sa présence, et avec son secours, procéder à l'arrestation.

XCVII. (Décret 14 mars 1808, art. 17.) Si le débiteur arrêté allègue avoir déposé ou fait signifier au
bureau des gardes des pièces qu'il prétendrait suffi-
santes pour suspendre l'arrestation, et qu'il ne justifie
pas du récépissé du vérificateur pour la remise desdites

pièces ou de l'original desdites significations, visé par le même vérificateur, il sera passé outre à l'arrestation, sauf néanmoins le cas prévu dans l'article 786 du Code judiciaire. *V.* LXI.

XCVIII. (Décret 14 mars 1808, art. 18.) En exécution de l'article 789, la consignation d'un mois d'aliments sera faite par le garde du commerce, qui cependant ne sera jamais tenu d'en faire l'avance, et pourra surseoir à l'arrestation tant qu'il ne lui aura pas été remis de deniers suffisants pour effectuer ladite consignation.

XCIX. (Décret 14 mars, art. 19.) En exécution de l'article 793, seront observées pour les recommandations les mêmes formalités que pour les arrestations ordonnées par les articles 783, 784, 789 du Code de procédure civile. Néanmoins, le garde n'aura pas besoin de témoins; et, au lieu du procès-verbal d'arrestation, il donnera copie du procès-verbal de recommandation. Le garde du commerce chargé de l'arrestation sera responsable de la nullité de son arrestation, provenant du vice de formes commis par lui. En conséquence, il tiendra compte aux créanciers des frais relatifs à l'arrestation annulée. Le vérificateur sera responsable du dommage et intérêt accordé au débiteur par suite d'erreur ou de fausse énonciation dans les certificats émanés de lui.

C. (Décret 14 mars 1808, art. 27.) Si une partie a des plaintes à former pour lésion de ses intérêts contre un garde du commerce dans l'exercice de ses fonctions, elle pourra porter sa réclamation au bureau, qui vérifiera les faits et fera réparer le dommage, s'il trouve la plainte fondée. Si la plainte a pour objet une prévarication du garde, le bureau dressera procès-verbal de l'accusation et des dires du plaignant et du garde accusé, lequel procès-verbal il sera tenu de remettre dans les vingt-quatre heures au procureur impérial près le tribunal civil du département, pour, par lui, être pris tel parti qu'il avisera; sans préjudice des diligences réservées à la partie lésée. Sur les conclusions du procureur impérial, le tribunal pourra interdire pendant un an le garde accusé. Quel que soit le jugement, le procureur impérial en donnera avis au grand-juge, ministre de la justice.

TITRE VII.—*Dispositions relatives à la contrainte par corps en matières criminelle, correctionnelle et de police.*

CI. *Des condamnations qui peuvent être prononcées pour crime ou délit.* (Code pénal, liv. I. chap. 3, art. 52.) L'exécution des condamnations à l'amende, aux restitutions. aux dommages-intérêts et aux frais, pourra être poursuivie par la voie de la contrainte par corps.

CII. *Contraventions de police et peines.* (Code pénal, liv. IV, chap. 1ᵉʳ, art. 467.) La contrainte par corps a lieu pour le payement de l'amende (1) (art. 469). Les restitutions, indemnités et frais entraîneront la contrainte par corps (2).

---

(1) Il y a un deuxième paragraphe à l'article 467, ainsi conçu : « Néan- » moins le condamné ne pourra être, pour cet objet, détenu plus de quinze » jours, s'il justifie de son insolvabilité. »

Ce paragraphe se trouve abrogé par la loi de 1832, art. 35, qui fixe d'autres délais suivant l'importance de la somme. *V.* ci-après, p. 405, CXIV.

(2) Cet article ajoute : « Et le condamné gardera prison jusqu'à parfait » payement. Néanmoins, si ces condamnations sont prononcées au profit de

CIII. *En matière d'instruction criminelle.* (Code
d'instruction, art. 80.) Toute personne citée pour être
entendue en témoignage, sera tenue de comparaître
et de satisfaire à la citation : sinon, elle pourra y être
contrainte par le juge d'instruction, qui, à cet effet,
sur les conclusions du procureur du roi, sans autre
formalité ni délai, et sans appel, prononcera une
amende qui n'excédera pas 100 fr., et pourra ordonner que la personne citée sera contrainte par corps à
venir donner son témoignage.

CIV. (Code d'instruction criminelle, art. 157.) Les
témoins qui ne satisferont pas à la citation (*devant le
tribunal du juge de paix, comme juge de simple police*),
pourront y être contraints par le tribunal, qui, à cet
effet et sur la réquisition du ministère public, prononcera, dans la même audience, sur le premier défaut,
l'amende, et en cas de second défaut, la contrainte
par corps.

(Les dispositions de l'article 157 du Code d'instruction criminelle sont déclarées communes, par l'article
171, à la juridiction des maires, comme juges de police (1); par l'article 189, aux tribunaux en matière
correctionnelle) (2).

» l'État, les condamnés pourront jouir de la faculté accordée par l'ar-
» ticle 467, dans le cas d'insolvabilité prévue par cet article. » Ces dispositions sont abrogées par les art. 35, 39 et 40 de la loi du 17 avril 1832 et par
les art. 8 et 12 de celle du 13 décembre 1848. *V*. CXIV et suiv., et les notes.

(1) (Code d'instruction criminelle, art. 171.) Le maire donnera son audience dans la maison commune; il entendra publiquement les parties et
les témoins.

Seront, au surplus, observées les dispositions des articles 149, 150, 151,
153, 154, 155, 156, 157, 158, 159 et 160, concernant l'instruction et les jugements au tribunal du juge de paix. *V*. CIV.

(2) (Code d'instruction criminelle, art. 189.) La preuve des délits cor-

CV. *En matière de liberté provisoire.* (Code d'instruction criminelle, art. 120.) La caution admise fera sa soumission, soit au greffe du tribunal, soit devant notaires, de payer entre les mains du receveur de l'enregistrement le montant du cautionnement, en cas que le prévenu soit constitué en défaut de se représenter.

Cette soumission entraînera la contrainte par corps contre la caution : une expédition en forme exécutoire en sera remise à la partie civile, avant que le prévenu ne soit mis en liberté provisoire.

CVI. *Affaires qui doivent être soumises au jury.* (Code d'instruction criminelle, liv. II, tit. II, art. 304.) Les témoins qui n'auront pas comparu sur la citation du président ou du juge commis par lui, et qui n'auront pas justifié qu'ils en étaient légitimement empêchés, ou qui refuseront de faire leurs dépositions, seront jugés par la cour d'assises, et punis conformément à l'article 80. *V.* ClII.

(Art. 354). Lorsqu'un témoin qui aura été cité ne comparaîtra pas, la cour pourra, sur la réquisitio ndu procureur général, et avant que les débats soient ouverts par la déposition du premier témoin inscrit sur la liste, renvoyer l'affaire à la prochaine session.

(Art. 355). Si, à raison de la non-comparution du témoin (*dans les causes soumises au jury*), l'affaire est renvoyée à la session suivante, tous les frais de citation, actes, voyages de témoins et autres ayant pour

---

rectionnels se fera de la manière prescrite aux articles 154, 155 et 156 ci-dessus, concernant les contraventions de police. Les dispositions des articles 157, 158, 159, 160 et 161 sont communes aux tribunaux en matière correctionnelle. (*V.* 175, s.) *V.* CIV.

objet de faire juger l'affaire, seront à la charge de ce témoin, et il y sera contraint même par corps, sur la réquisition du procureur général, par l'arrêt qui renverra les débats à la session suivante; le même arrêt ordonnera de plus que ce témoin sera amené par la force publique devant la cour pour y être entendu; et néanmoins dans tous les cas le témoin qui ne comparaîtra pas ou qui refusera, soit de prêter serment, soit de faire sa déposition, sera condamné à la peine portée en l'article 80. *V. CIII.*

(Art. 356.) La voie de l'opposition sera ouverte contre ces condamnations dans les dix jours de la signification qui en aura été faite au témoin condamné ou à son domicile, outre un jour par cinq myriamètres, et l'opposition sera reçue s'il prouve qu'il a été légitimement empêché, ou que l'amende contre lui prononcée doit être modérée.

CVII. *En matière de faux.* (Code d'instruction criminelle, liv. II, tit. IV, chap. 1, art. 452.) Tout dépositaire public ou particulier de pièces arguées de faux est tenu, sous peine d'y être contraint par corps, de les remettre sur l'ordonnance donnée par l'officier du ministère public ou par le juge d'instruction. Cette ordonnance et l'acte de dépôt lui serviront de décharge envers tous ceux qui auront intérêt à la pièce.

(Art. 454.) Tous dépositaires pourront être contraints, même par corps, à fournir les pièces de comparaison qui sont en leur possession; l'ordonnance par écrit et l'acte de dépôt leur serviront de décharge envers ceux qui pourraient avoir intérêt à ces pièces.

(Art. 456.) Les écritures privées peuvent aussi être produites pour pièces de comparaison, et être admises à ce titre si les parties intéressées les reconnaissent. Néamoins les particuliers qui, même de leur aveu, en sont possesseurs, ne peuvent être immédiatement contraints à les remettre ; mais si, après avoir été cités devant le tribunal pour faire cette remise ou déduire les motifs de leur refus, ils succombent, l'arrêt ou le jugement pourra ordonner qu'ils y seront contraints par corps.

CVIII. *En cas de destruction ou d'enlèvement des pièces ou du jugement d'une affaire,* (Code d'instruction criminelle, liv. II, tit. IV, chap. 7, art. 522.) S'il existe une expédition ou copie authentique de l'arrêt, elle sera considérée comme minute, et en conséquence remise dans le dépôt destiné à la conservation des arrêts.

A cet effet, tout officier public ou tout individu dépositaire d'une expédition ou d'une copie authentique de l'arrêt, est tenu, sous peine d'y être contraint par corps, de la remettre au greffe de la cour qui l'a rendu, sur l'ordre qui en sera donné par le président de cette cour.

Cet ordre lui servira de décharge envers ceux qui auront intérêt à la pièce.

Le dépositaire de l'expédition ou copie authentique de la minute détruite, enlevée ou égarée, aura la liberté, en la remettant dans le dépôt public, de s'en faire délivrer une expédition sans frais.

CIX. (Loi 13 décembre 1848, art. 9, 3e alinéa.) La contrainte par corps en matière criminelle, correctionnelle et de simple police, ne sera exercée dans l'intérêt de l'État ou des particuliers, contre des individus âgés de moins de seize ans accomplis à l'époque du fait qui a motivé la poursuite, qu'autant qu'elle aura été formellement prononcée par le jugement de condamnation.

CX. (Décret 18 juin 1811, tarif criminel, article 174.) Le recouvrement des frais de justice avancés par l'administration de l'enregistrement, conformément aux dispositions du présent décret, et qui ne sont point à la charge de l'État, ainsi que les restitutions ordonnées par notre chancelier, en exécution des deux articles précédents (art. 172 et 173 du tarif de 1811), seront poursuivis par toutes voies de droit, et même par celle de la contrainte par corps, à la diligence des préposés de ladite administration, en vertu des exécutoires mentionnés aux articles ci-dessus.

CXI. (Décret 18 juin 1811, tarif criminel, art, 175.) Pour l'exécution de la contrainte par corps dans les cas ci-dessus prévus, il suffira de donner copie au débiteur, en tête du commandement à lui signifié : 1° du rôle ou des articles du rôle sur lesquels sera intervenue l'ordonnance de recouvrement ; 2° de l'ordonnance de notre chancelier, portant restitution de la somme à recouvrer en ce qui concernera le débiteur contraint.

CXII. (Loi 17 avril 1832, art. 33.) Les arrêts, jugements et exécutoires portant condamnation, au profit de l'État, à des amendes, restitutions, dommages-intérêts et frais en matière criminelle, correctionnelle ou de police, ne pourront être exécutés par la voie de la contrainte par corps que cinq jours après le commandement qui sera fait aux condamnés, à la requête du receveur de l'enregistrement et des domaines.

Dans le cas où le jugement de condamnation n'aurait pas été précédemment signifié au débiteur, le commandement portera en tête un extrait de ce jugement, lequel contiendra le nom des parties et le dispositif.

Sur le vu du commandement et sur la demande du receveur de l'enregistrement et des domaines, le procureur du roi adressera les réquisitions nécessaires aux agents de la force publique et autres fonctionnaires chargés de l'exécution des mandements de justice.

Si le débiteur est détenu, la recommandation pourra être ordonnée immédiatement après la notification du commandement.

CXIII. (Loi 17 avril 1832, art. 34.) Les individus contre lesquels la contrainte par corps aura été mise à exécution aux termes de l'article précédent, subiront l'effet de cette contrainte jusqu'à ce qu'ils aient payé le montant des condamnations, ou fourni une caution admise par le receveur des domaines, ou, en cas de contestation de sa part, déclarée bonne et valable par le tribunal civil de l'arrondissement.

La caution devra s'exécuter dans le mois, à peine de poursuites.

CXIV. (Loi 17 avril 1832, art. 35.) Néanmoins les condamnés qui justifieront de leur insolvabilité suivant le mode prescrit par l'art. 420 du Code d'instruction criminelle (1), seront mis en liberté après

---

(1) (Code d'instruction criminelle, art. 420.) Sont dispensés de l'amende : 1° les condamnés en matière criminelle ; 2° les agents publics pour affaires qui concernent directement l'administration et les domaines ou revenus de l'État.

A l'égard de toutes autres personnes, l'amende sera encourue par celles

avoir subi quinze jours de contrainte, lorsque l'amende et les autres condamnations pécuniaires n'excéderont pas 15 fr. ; un mois, lorsqu'elles s'élèveront de 15 à 50 fr. ; deux mois, lorsque l'amende et les autres condamnations s'élèveront de 50 à 100 fr., et quatre mois, lorsqu'elles excéderont 100 fr.

(Loi du 13 décembre 1848, art. 8, § 1.) La durée de la contrainte par corps, dans les cas prévus par l'art. 35 de la loi du 17 avril 1832, ne pourra excéder trois mois (1).

CXV. (Loi 17 avril 1832, art. 36.) Lorsque la contrainte par corps aura cessé en vertu de l'article précédent (2), elle pourra être reprise, mais une seule fois, et quant aux restitutions, dommages et intérêts et frais seulement, s'il est jugé contradictoirement avec le débiteur qu'il lui est survenu des moyens de solvabilité.

CXVI. (Loi 17 avril 1832, art. 37.) Dans tous les cas, la contrainte par corps exercée en vertu de

---

qui succomberont dans leur recours. Seront néanmoins dispensées de la consigner celles qui joindront à leur demande en cassation : 1° un extrait du rôle des contributions, constatant qu'elles payent moins de 6 fr., ou un certificat du percepteur de leur commune portant qu'elles ne sont point imposées ; 2° un certificat d'indigence à elles délivré par le maire de la commune de leur domicile ou par son adjoint, visé par le sous-préfet et approuvé par le préfet de leur département.

(1) L'article 35 de la loi du 17 avril 1832, modifié par l'article 8, § 1ᵉʳ de la loi du 13 décembre 1848, présente la rédaction suivante : « Néanmoins, les condamnés qui justifieront de leur insolvabilité suivant le mode prescrit par l'article 420 du Code d'instruction criminelle, seront mis en liberté après avoir subi quinze jours de contrainte, lorsque l'amende et les autres condamnations pécuniaires n'excéderont pas 15 fr. ; un mois, lorsqu'elles s'élèveront de 15 à 50 fr.; deux mois, lorsque l'amende et les autres condamnations s'élèveront de 50 à 100 fr., et trois mois lorsqu'elles excéderont 100 fr.

(2) L'article 35 de la loi du 17 avril, modifié par l'article 8, § 1ᵉʳ de la loi du 13 décembre. V. CXIV.

l'art. 33 (1), est indépendante des peines prononcées contre les condamnés.

CXVII. (Loi 17 avril 1832, art. 38.) Les arrêts et jugements contenant des condamnations en faveur des particuliers pour réparations de crimes, délits ou contraventions commis à leur préjudice, seront, à leur diligence, signifiés et exécutés suivant les mêmes formes et voies de contrainte que les jugements portant des condamnations au profit de l'État.

Toutefois les parties poursuivantes seront tenues de pourvoir à la consignation d'aliments, aux termes de la présente loi, lorsque la contrainte aura lieu à leur requête et dans leur intérêt. *V.* XLVIII et suiv.

CXVIII. (Loi 17 avril 1832, art. 39.) Lorsque la condamnation prononcée n'excédera pas 300 fr., la mise en liberté des condamnés, arrêtés ou détenus à la requête ou dans l'intérêt des particuliers, ne pourra avoir lieu, en vertu des art. 34, 35 et 36, qu'autant que la validité des cautions ou l'insolvabilité des condamnés auront été, en cas de contestation, jugées contradictoirement avec le créancier (2).

(Loi 13 décembre 1848, art. 8, § 2.) Lorsque les condamnations auront été prononcées au profit d'une partie civile et qu'elles seront inférieures à 300 fr., si le débiteur fait les justifications prescrites par l'art. 39 de la même loi, la durée de l'emprison-

---

(1) De la loi du 17 avril. *V.* CXII.

(2) L'article 39 de la loi du 17 avril 1832 se termine par le paragraphe suivant : «La durée de la contrainte sera déterminée, par le jugement de condamnation, dans les limites de six mois à cinq ans. »

Ce paragraphe se trouve abrogé par les dispositions de la loi du 13 décembre, que nous avons mises à la suite du premier paragraphe de l'article 39 de la loi du 17 avril. *V.* CXVIII, § 2 et CXIX.

nement sera la même que pour les condamnations prononcées au profit de l'État (1).

CXIX. (Loi 13 décembre 1848, art. 8, § 3.) Lorsque le débiteur de l'État ou de la partie civile ne fera pas les justifications exigées par les articles ci-dessus indiqués de la loi du 17 avril 1832, et par le § 2 de l'article 420 du Code d'instruction criminelle, la durée de l'emprisonnement sera du double.

CXX. (Loi 17 avril 1832, art. 40.) Dans tous les cas et quand bien même l'insolvabilité du débiteur pourrait être constatée, si la condamnation prononcée soit en faveur d'un particulier, soit en faveur de l'État, s'élève à 300 fr., la durée de la contrainte sera déterminée par le jugement de condamnation dans les limites fixées par l'article 7 de la présente loi (2).

CXXI. (Loi 13 décembre 1848, art. 9, §§ 1 et 2.) Si le débiteur a commencé sa soixante-dixième

---

(1) En combinant l'article 39 de la loi du 17 avril avec l'article 8, §§ 2 et 3, de la loi du 13 décembre, on arrive à un article ainsi conçu :

(Loi 17 avril 1832, art. 39, modifié par l'article 8, § 2, de la loi du 13 décembre 1848.) Lorsque la condamnation prononcée sera inférieure à 300 fr., la mise en liberté des condamnés, arrêtés ou détenus à la requête et dans l'intérêt des particuliers ne pourra avoir lieu, en vertu des articles 34, 35 et 36 de la loi du 17 avril, et 8 de la loi du 13 décembre, qu'autant que la validité des cautions ou l'insolvabilité des condamnés auront été, en cas de contestation, jugées contradictoirement avec le créancier.

La durée de l'emprisonnement sera la même que pour les condamnations prononcées au profit de l'État.

(2) En combinant l'article 40, § 1, de la loi du 27 avril avec l'article 12 de la loi du 13 décembre, qui abroge l'article 7 de la loi du 17 avril, on arrive à une rédaction ainsi conçue :

(Art. 40 de la loi du 17 avril 1832, modifié par l'article 12 de la loi du 13 décembre 1848. V. CXLVII.) Dans tous les cas, et quand bien même l'insolvabilité du débiteur pourrait être constatée, si la condamnation prononcée, soit en faveur d'un particulier, soit en faveur de l'État, s'élève à 300 fr., la durée de la contrainte sera déterminée, par le jugement de condamnation, dans les limites de six mois à cinq ans.

année avant le jugement, la contrainte par corps sera déterminée dans la limite de trois mois à trois ans.

S'il a atteint sa soixante-dixième année avant d'être écroué ou pendant son emprisonnement la durée de la contrainte sera, de plein droit, réduite à la moitié du temps qui restera à courir (1).

CXXII. (Décret 4 mars 1808, art. 1er.) Les détenus en prison à la requête de l'agent du trésor public ou de tout autre fonctionnaire public, pour cause de dette envers l'État, recevront la nourriture comme les prisonniers à la requête du ministère public.

(Décret 4 mars 1808, art. 2.) Il ne sera fait aucune consignation particulière pour la nourriture desdits détenus; la dépense en sera comprise, chaque année, au nombre de celles du département de l'intérieur pour le service des prisons (2).

CXXIII. *En matière forestière.* (Code forestier, titre III, section III, art. 24.) Faute par l'adjudicataire de fournir les cautions exigées par le cahier

---

(1) Ces deux paragraphes de l'article 9 de la loi du 13 décembre abrogent les deux suivants de l'article 40 de la loi du 17 avril :

«Néanmoins, si le débiteur a commencé sa soixante-dixième année avant le jugement, les juges pourront réduire le minimum à six mois, et ils ne pourront dépasser un maximum de cinq ans.

» S'il atteint sa soixante-dixième année pendant la durée de la contrainte, sa détention sera de plein droit réduite à la moitié du temps qu'elle avait encore à courir aux termes du jugement. »

N. B. Il est à observer que les dispositions de l'article 40 de la loi du 17 avril ne s'appliquaient qu'aux condamnations de 300 fr. au moins, tandis que l'article 9, § 2 de la nouvelle loi, embrasse même les condamnations inférieures à cette somme. *V.* p. 285, n° 74.

(2) Le décret du 4 mars 1808 n'est plus applicable qu'aux débiteurs envers l'État en matière criminelle, correctionnelle et de police. *V.* p. 434. circulaire du 6 octobre 1832.

des charges, dans le délai prescrit, il sera déclaré déchu de l'adjudication par un arrêté du préfet, et il sera procédé, dans les formes ci-dessus prescrites, à une nouvelle adjudication de la coupe à sa folle enchère.

L'adjudicataire déchu sera tenu, par corps, de la différence entre son prix et celui de la revente, sans pouvoir réclamer l'excédant, s'il y en a.

(Art. 28.) Tout procès-verbal d'adjudication emporte exécution parée et contrainte par corps contre les adjudicataires, leurs associés et cautions, tant pour le payement du prix principal de l'adjudication que pour accessoires et frais.

Les cautions sont en outre contraignables, solidairement et par les mêmes voies, au payement des dommages, restitutions et amendes qu'aurait encourus l'adjudicataire.

(Section IV, art. 46). Les adjudicataires et leurs cautions seront responsables et contraignables par corps au payement des amendes et restitutions encourues pour délits et contraventions commis, soit dans la vente, soit à l'ouïe de la cognée, par les facteurs, garde-ventes, ouvriers, bûcherons, voituriers, et tous autres employés par les adjudicataires.

(Section VI, art. 53). Les formalités prescrites par la section III du présent titre pour les adjudications des coupes de bois, seront observées pour les adjudications de glandée, panage et paisson.

(Titre VI. *Des bois des communes et des établissements publics*, art. 90.) Sont soumis au régime forestier, d'après l'article 1er de la présente loi, les bois taillis ou futaies appartenant aux communes et aux établissements publics, qui auront été reconnus susceptibles d'aménagement ou d'une exploitation régulière, par l'autorité administrative, sur la proposition de l'administration forestière, et d'après l'avis des conseils municipaux ou des administrateurs des établissements publics.

Il sera procédé dans les mêmes formes à tout changement qui pourrait être demandé, soit de l'aménagement, soit du mode d'exploitation.

En conséquence, toutes les dispositions des six premières sections du titre III leur sont applicables, sauf les modifications et exceptions portées au présent titre.

CXXIV. (Code forestier, art. 211, loi sur la pêche fluviale, art. 77.) Les jugements portant condamnations à des amendes, restitutions, dommages-intérêts et frais, sont exécutoires par la voie de la contrainte par corps, et l'exécution pourra en être poursuivie cinq jours après un simple commandement fait aux condamnés.

En conséquence, et sur la demande du receveur de l'enregistrement et des domaines, le procureur du roi adressera les réquisitions nécessaires aux agents de la force publique chargés de l'exécution des mandements de justice.

CXXV. (Code forestier, art. 212, loi sur la pêche fluviale, art. 78.) Les individus contre lesquels la contrainte par corps aura été prononcée pour raison des amendes et autres condamnations et réparations pécuniaires, subiront l'effet de cette contrainte jusqu'à ce qu'ils aient payé le montant desdites condamnations, ou fourni une caution admise par le receveur des domaines, ou, en cas de contestations de sa part, déclarée bonne et valable par le tribunal de l'arrondissement (1).

CXXVI. (Code forestier, art. 213, et loi sur la pêche fluviale, art. 79.) Néanmoins les condamnés qui justifieraient de leur insolvabilité, suivant le mode prescrit par l'article 420 du Code d'instruction criminelle, seront mis en liberté après avoir subi quinze jours de détention, lorsque l'amende et les autres condamnations pécuniaires n'excéderont pas 15 fr.

La détention ne cessera qu'au bout d'un mois, lorsque ces condamnations s'élèveront ensemble de 15 à 50 fr.

Elle ne durera que deux mois, quelle que soit la quotité desdites condamnations.

En cas de récidive, la durée de la détention sera double de ce qu'elle eût été sans cette circonstance.

CXXVII. (Ordonnance pour l'exécution du Code forestier, 1ᵉʳ août 1827, art. 191.) Les condamnés qui, en raison de leur insolvabilité, invoqueront l'application de l'article 213 du Code forestier, présenteront leur requête, accompagnée des pièces justificatives prescrites par l'article 420 du Code d'instruction criminelle, à nos procureurs, qui ordonneront, s'il y a lieu, que les condamnés soient mis en liberté à l'expiration des délais fixés par l'article 213 du Code forestier, et en donneront avis aux receveurs des domaines.

CXXVIII. (Code forestier, art. 214, loi sur la pêche fluviale, art. 80.) Dans tous les cas, la détention

(1) V. pages 306 et suivantes, nᵒˢ 103 et suivants, les modifications apportées à ces articles par la loi du 13 décembre 1848.

employée comme moyen de contrainte est indépendante de la peine d'emprisonnement prononcée contre les condamnés pour tous les cas où la loi l'inflige.

CXXIX. (Code forestier, art. 215.) Les jugements contenant des condamnations en faveur des particuliers, pour réparation des délits ou contraventions commis dans leurs bois, seront, à leur diligence, signifiés et exécutés suivant les mêmes formes et voies de contrainte que les jugements rendus à la requête de l'administration forestière.

Le recouvrement des amendes prononcées par les mêmes jugements sera opéré par les receveurs de l'enregistrement et des domaines.

CXXX. (Code forestier, art. 216.) Toutefois, les propriétaires seront tenus de pourvoir à la consignation d'aliments prescrite par le Code de procédure civile (1), lorsque la détention aura lieu à leur requête et dans leur intérêt.

CXXXI. (Code forestier, art. 217.) La mise en liberté des condamnés ainsi détenus à la requête et dans l'intérêt des particuliers, ne pourra être accordée, en vertu des articles 212 et 213, qu'autant que la validité des cautions ou l'insolvabilité des condamnés aura été, en cas de contestation de la part desdits propriétaires, jugée contradictoirement entre eux. *V.* CXXV et CXXVI.

CXXXII. (Code forestier, art. 206.) Les maris, pères, mères et tuteurs, et en général tous maîtres et commettants, seront civilement responsables des délits et contraventions commis par leurs femmes, en-

---

(1) Et par les articles 28 et 29, loi du 17 avril 1832. *V.* XLVIII et XLIX.

fants mineurs et pupilles, demeurant avec eux et non mariés, ouvriers, voituriers et autres subordonnés ; sauf tout recours de droit.

Cette responsabilité sera réglée conformément au paragraphe dernier de l'article 1384 du Code civil, et s'étendra aux restitutions, dommages-intérêts et frais, sans pouvoir toutefois donner lieu à la contrainte par corps, si ce n'est dans le cas prévu par l'article 46. *V.* CXXIII.

CXXXIII. (Loi sur la pêche fluviale, art 81.) Les jugements contenant des condamnations en faveur des fermiers de la pêche, des porteurs de licences et des particuliers, pour réparation des délits commis *à leur préjudice*, seront, à leur diligence, signifiés et exécutés suivant les mêmes formes et voies de contrainte que les jugements rendus à la requête de l'administration chargée de la surveillance de la pêche.

Le recouvrement des amendes prononcées par les mêmes jugements sera opéré par les receveurs de l'enregistrement et des domaines.

CXXXIV. (Loi sur la pêche fluviale, art. 82.) La mise en liberté des condamnés, détenus par voie de contrainte par corps à la requête et dans l'intérêt des particuliers, ne pourra être accordée, en vertu des articles 78 et 79, qu'autant que la validité des cautions ou la solvabilité des condamnés aura été, en cas de contestations de la part desdits propriétaires, jugée contradictoirement entre eux. *V.* CXXV et CXXVI.

TITRE VIII. — *Dispositions transitoires.*

CXXXV. (Loi 17 avril 1832, art. 42.) Un mois après la promulgation de la présente loi, tous débiteurs actuellement détenus pour dettes civiles ou commerciales obtiendront leur élargissement s'ils ont commencé leur soixante-dixième année, à l'exception toutefois des stellionataires, à l'égard desquels il n'est nullement dérogé au Code civil.

CXXXVI. (Loi 17 avril 1832, art. 43.) Après le même délai d'un mois, les individus actuellement détenus pour dettes civiles emportant contrainte par corps obtiendront leur élargissement, si cette contrainte a duré dix ans dans les cas prévus au premier paragraphe de l'article 7, et si cette contrainte a duré cinq ans, dans les cas prévus au deuxième paragraphe du même article, comme encore si elle a duré dix ans, et s'ils sont détenus comme débiteurs ou rétentionnaires de deniers ou effets mobiliers de l'État, des communes et des établissements publics. V. CXLVII, à la note.

CXXXVII. (Loi 17 avril 1832, art. 44.) Deux mois après la promulgation de la présente loi, les étrangers actuellement détenus pour dettes, et dont l'emprisonnement aura duré dix ans, obtiendront également leur élargissement.

CXXXVIII. (Loi 17 avril 1832, art. 45.) Les individus actuellement détenus pour amendes, restitutions et frais, en matière correctionnelle et de police, seront admis à jouir du bénéfice des articles 35, 39 et 40, savoir : les condamnés à 15 francs et au-dessous, dans la huitaine ; et les autres, dans la quinzaine de la promulgation de la présente loi.

CXXXIX. (Loi 13 décembre 1848, art. 13.) Les débiteurs mis en liberté par suite du décret du 9 mars 1848, et à l'égard desquels la contrainte par corps est maintenue, pourront être écroués de nouveau, à la requête de leurs créanciers, huit jours après une simple mise en demeure, mais ils profiteront des dispositions de la présente loi.

CXL. (Loi 13 décembre 1848, art. 14.) Les dettes antérieures ou postérieures au décret du 9 mars qui, d'après la législation en vigueur avant cette époque, entraînaient la contrainte par corps, continueront à produire cet effet dans les cas où elle demeure autorisée par la présente loi, et les jugements qui l'auront prononcée recevront leur exécution, sous les restrictions prononcées par les articles précédents.

CXLI. (Loi 13 décembre 1848, art. 15.) Dans les trois mois qui suivront la promulgation de la présente loi, un arrêté du pouvoir exécutif, rendu dans la forme des règlements d'administration publique, modifiera le tarif des frais en matière de contrainte par corps.

TITRE IX. — *Dispositions générales.*

CXLII. (Loi 17 avril 1832, art. 19.) La contrainte par corps n'est jamais prononcée contre le débiteur, au profit :

1° De son mari ni de sa femme;

2° De ses ascendants, descendants, frères ou sœurs, ou alliés au même degré.

Les individus mentionnés dans les deux paragraphes ci-dessus, contre lesquels il serait intervenu des jugements de condamnation par corps, ne pourront être arrêtés en vertu desdits jugements; s'ils sont détenus, leur élargissement aura lieu immédiatement après la promulgation de la présente loi (1).

(1) Cet article et l'article 22 ci-après, CXLVI, sont placés dans la loi

CXLIII. (Loi 13 décembre 1848, art. 10.) La contrainte par corps ne peut être prononcée ni exécutée au profit de l'oncle ou de la tante, du grand-oncle ou de la grand'-tante, du neveu ou de la nièce, du petit-neveu ou de la petite-nièce, ni des alliés au même degré.

CXLIV. (Loi 13 décembre 1848, art. 11.) En aucune matière, la contrainte par corps ne pourra être exercée simultanément contre le mari et la femme, même pour des dettes différentes (1).

Les tribunaux pourront, dans l'intérêt des enfants mineurs du débiteur et par le jugement de condamnation, surseoir, pendant une année au plus, à l'exécution de la contrainte par corps.

CXLV. (Code de procédure civile, art. 552.) La contrainte par corps, pour objet susceptible de liquidation, ne pourra être exécutée qu'après que la liquidation aura été faite en argent.

CXLVI. (Loi 17 avril 1832, art. 22.) Tout huissier, garde du commerce ou exécuteur des mandements de justice, qui, lors de l'arrestation d'un débiteur, se refuserait à le conduire en référé devant le président du tribunal de première instance, aux termes de l'article 786 du Code de procédure civile, sera con-

---

du 17 avril 1832, sous la rubrique *Dispositions communes aux trois titres précédents*, c'est-à-dire à la contrainte par corps en matière civile, en matière de deniers publics, en matière de commerce et contre les étrangers ; mais l'article 41 de la même loi porte : « Les articles 19, 21 et 22 de » la présente loi sont applicables à la contrainte par corps exercée par suite » de condamnation criminelle, correctionnelle et de police. »

(1) Cette disposition étant plus étendue, remplace par conséquent l'article 21 de la loi du 17 avril 1832, ainsi conçu : « Dans aucun cas, la con-» trainte par corps ne pourra être exécutée contre le mari et contre la » femme simultanément pour la même dette. » *V.* la note sous le n° CXLII.

daimné à 1,000 fr. d'amende, sans préjudice de dommages-intérêts (1).

CXLVII. (Loi 13 décembre 1848, art. 12.) Dans tous les cas où la durée de la contrainte par corps n'est pas déterminée par la présente loi, elle sera fixée par le jugement de condamnation dans les limites de six mois à cinq ans (2).

Néanmoins, les lois spéciales qui assignent à la contrainte une durée moindre continueront d'être observées. *V.* pages 304 et suiv., n°s 101 et suiv.

CXLVIII. *De la cession de biens.* (Code civil, liv. III, titre III, chap..V, section 1re, § 5, art. 1268.) La cession judiciaire est un bénéfice que la loi accorde au débiteur malheureux et de bonne foi, auquel il est permis, pour avoir la liberté de sa personne, de faire en justice l'abandon de tous ses biens à ses

---

(1) *V.* la note sous le n° CXLII.

(2) L'article 12, loi du 13 décembre 1848, abroge les articles suivants de la loi du 17 avril 1832 :

(Art. 7.) Dans tous les cas où la contrainte par corps a lieu en matière civile ordinaire, la durée en sera fixée par le jugement de condamnation. Elle sera d'un an au moins et de dix ans au plus. — Néanmoins s'il s'agit de fermages de biens ruraux, aux cas prévus par l'art. 2062 du Code civil, ou de l'exécution des condamnations intervenues, dans le cas où la contrainte par corps n'est pas obligée et où la loi attribue seulement aux juges la faculté de la prononcer, la durée de la contrainte par corps ne sera que d'un an au moins, et de cinq ans au plus.

(Art. 17.) La contrainte par corps exercée contre un étranger en vertu de jugement pour dette civile ordinaire ou pour dette commerciale cessera de plein droit après deux ans, lorsque le montant de la condamnation principale ne s'élèvera pas à 500 fr.; — après quatre ans, lorsqu'il ne s'élèvera pas à 1,000 fr.; — après six ans, lorsqu'il ne s'élèvera pas à 3,000 fr.; — après huit ans, lorsqu'il ne s'élèvera pas à 5,000 fr.; — après dix ans, lorsqu'il sera de 5,000 fr. et au-dessus. — S'il s'agit d'une dette civile pour laquelle un Français serait soumis à la contrainte par corps, les dispositions de l'article 7 seront applicables aux étrangers, sans que toutefois le minimum de la contrainte puisse être au-dessous de deux ans.

créanciers, nonobstant toute stipulation contraire (1).

CXLIX. (Code civil, art. 1270.) Les créanciers ne peuvent refuser la cession judiciaire, si ce n'est dans les cas exceptés par la loi.

Elle opère la décharge de la contrainte par corps.

Au surplus, elle ne libère le débiteur que jusqu'à concurrence de la valeur des biens abandonnés; et dans le cas où ils auraient été insuffisants, s'il lui en survient d'autres, il est obligé de les abandonner jusqu'au parfait payement.

CL. (Code procédure, art. 905.) Ne pourront être

_____

(1) (Code de procédure civile, 2ᵉ partie, liv. Iᵉʳ, tit. XII. — *Du bénéfice de cession*.)—(Art. 898.) Les débiteurs qui seront dans le cas de réclamer la cession judiciaire accordée par l'article 1268 du Code civil, seront tenus, à cet effet, de déposer au greffe du tribunal où la demande sera portée, leur bilan, leurs livres, s'ils en ont, et leurs titres actifs.

(Art. 899.) Le débiteur se pourvoira devant le tribunal de son domicile.

(Art. 900.) La demande sera communiquée au ministère public; elle ne suspendra l'effet d'aucune poursuite, sauf aux juges à ordonner, parties appelées, qu'il sera sursis provisoirement.

(Art. 901.) Le débiteur admis au bénéfice de cession sera tenu de réitérer sa cession en personne, et non par procureur, ses créanciers appelés, à l'audience du tribunal de commerce de son domicile, et s'il n'y en a pas, à la maison commune, un jour de séance : la déclaration du débiteur sera constatée, dans ce dernier cas, par procès-verbal de l'huissier, qui sera signé par le maire.

(Art. 902.) Si le débiteur est détenu, le jugement qui l'admettra au bénéfice de cession, ordonnera son extraction, avec les précautions en tel cas requises et accoutumées, à l'effet de faire sa déclaration conformément à l'article précédent.

(Art. 903.) Les nom, prénom, profession et demeure du débiteur, seront insérés dans un tableau public à ce destiné, placé dans l'auditoire du tribunal de commerce de son domicile, ou du tribunal de première instance qui en fait les fonctions, et dans le lieu des séances de la maison commune.

(Art. 904.) Le jugement qui admettra au bénéfice de cession, vaudra pouvoir aux créanciers, à l'effet de faire vendre les biens meubles et immeubles du débiteur; et il sera procédé à cette vente dans les formes prescrites pour les héritiers sous bénéfice d'inventaire.

(Art. 905.) *V.* CL.

(Art. 906.) Il n'est au surplus rien préjugé, par les dispositions du présent titre, à l'égard du commerce, aux usages duquel il n'est, quant à présent, rien innové.

admis au bénéfice de cession, les étrangers, les stellionataires, les banqueroutiers frauduleux, les personnes condamnées pour cause de vol ou d'escroquerie, ni les personnes comptables, tuteurs, administrateurs et dépositaires.

CLI. (Code civil, art. 1945.) Le dépositaire infidèle n'est point admis au bénéfice de cession.

CLII. (Code de commerce, art. 541.) Aucun débiteur commerçant ne sera recevable à demander son admission au bénéfice de cession de biens.

CLIII. (Code civil, art. 1427.) La femme ne peut s'obliger ni engager les biens de la communauté, même pour tirer son mari de prison ou pour l'établissement de ses enfants en cas d'absence du mari, qu'après y avoir été autorisée par justice.

CLIV. (Code civil, art. 1558.) L'immeuble dotal peut. . . . (1) être aliéné avec permission de justice, et aux enchères après trois affiches, pour tirer de prison le mari ou la femme. . . . . . (2).

CLV. (Loi 17 avril 1832, art. 46.) Les lois du 15 germinal an VI, du 4 floréal de la même année, et du 10 septembre 1807, sont abrogées. Sont également abrogées en ce qui concerne la contrainte par corps, toutes dispositions de lois antérieures relatives aux cas où cette contrainte peut être prononcée contre les débiteurs de l'État, des communes et des établissements publics. Néanmoins celle de ces dispositions qui concerne le mode de poursuites à

---

(1) Il y a ici, dans le texte, le mot *encore*, parce que l'article précédent énonce un premier cas d'aliénation de biens dotaux.

(2) Le surplus de l'article ne contient pas de disposition relative à la contrainte par corps.

exercer contre ces mêmes débiteurs , et celle du titre XIII du Code forestier, de la loi sur la pêche fluviale, ainsi que les dispositions relatives au bénéfice de cession, sont maintenues et continueront d'être exécutées.

TITRE X. — *Tarif des frais.*

CLVI. (Arrêté du 24 mars 1849, art. 1er) § 1er. Il est alloué à tous huissiers :

§ 2. 1° (Code de procédure, art. 780.) Pour l'original de la signification du jugement qui prononce la contrainte par corps avec commandement.   2 fr.   »

Pour la copie, le quart. . . . . .   »   50

Pour droit de copie du jugement. . .   2   »

§ 3. Sans qu'il puisse être passé d'autres droits en taxe dans le cas où la signification et le commandement seraient faits par acte séparé (1) ;

---

(1) Outre les droits alloués par l'article 1er de l'arrêté, il doit être passé aux huissiers , ainsi que nous l'avons établi n° 176, par application des articles 27, 28 et 29 du premier tarif de 1807 :

(Code de procédure , art. 794.) Pour l'original de la demande tendant à la nullité de l'emprisonnement. — (Code de procédure, art. 800.) De la demande en élargissement dans les cas prévus par l'article 800 du Code de procédure civile. — (Code de procédure , art. 793.) De l'assignation au recommandant à l'effet de le faire contribuer au payement des aliments par portion égale. — (Code de procédure, art. 802.) De l'assignation au geôlier qui refuse la consignation de la dette. — (Code de procédure , art. 839.) De l'assignation au notaire ou autre dépositaire au cas de refus de délivrer expédition ou copie pour le faire condamner par corps. — (Loi 17 avril 1832 , art. 24.) De l'assignation au créancier pour recevoir la caution offerte. — De la signification du jugement autre que celui qui prononce la nullité de l'emprisonnement. — A Paris (a), 2 fr.; dans le ressort, 1 fr. 50 c. Pour chaque copie, le quart de l'original, indépendamment des copies des

---

(a) Le premier tarif du 16 février 1807 a été rendu commun , par un décret du même jour, aux tribunaux de première instance et aux justices de paix établis à Lyon, Bordeaux et Rouen. Ce même décret a réduit ces frais et dépens, dans les chefs-lieux des autres cours d'appel et dans les villes dont la population excède 30,000 âmes , d'un dixième, et a alloué les mêmes droits dans les autres tribunaux de première instance et dans les autres justices de paix que dans le ressort de la cour d'appel de Paris.

§ 4. 2° (Code de procédure, art. 796.) Pour l'original de la signification du jugement qui déclare un emprisonnement nul. . . . . 2 fr. »

Pour la copie à laisser au geôlier ou au gardien, le quart. . . . . » 50

CLVII. (Arrêté du 24 mars 1849, art. 2), (1).

§ 1er. Il est alloué aux gardes du commerce ou aux huissiers :

§ 2. 1° (Code de procédure, art. 783 et 789.) Pour le procès-verbal d'emprisonnement d'un débiteur, y compris l'assistance de deux recors et l'écrou :

A Paris. . . . . 40 fr. »
Ailleurs. . . . . 30 »

§ 3. Pour la copie du procès-verbal d'emprisonnement et de l'écrou, le tout ensemble. . 2 »

§ 4. Il ne pourra être passé en taxe aucun procès-verbal de perquisition pour lequel les gardes du commerce ou huissiers n'auront point de recours, même contre leur partie, les sommes ci-dessus leur étant allouées en considération de toutes les démarches qu'ils pourraient faire, autres que celles expressément remunérées par le présent tarif;

§ 5. 2° (Code de procédure, art. 781.) Pour la va-

pièces qui n'auront pas été faites par les avoués et qui seront taxées. — (Premier décret du 16 février 1807, art. 28.) Par rôle contenant vingt lignes à la page et dix syllabes à la ligne, ou évalué sur ce pied, à Paris, 25 c.; dans le ressort, 20 c.

N. B. Dans l'énumération qui précède, ne se trouvent pas comprises les demandes qui ne sont point incidentes à un emprisonnement et dont la contrainte par corps peut être l'objet principal ou un des chefs.

(1) L'article 2 de l'arrêté du 24 mars 1849 remplace les deux premiers paragraphes de l'article 20 du décret du 14 mars 1808. De cet article 20 il ne reste plus en vigueur que le § 3, qui alloue aux gardes du commerce, pour le droit de garde au domicile du failli, 5 fr.

cation tendant à obtenir l'ordonnance du juge de paix, à l'effet, par ce dernier, de se transporter dans le lieu où se trouve le débiteur condamné par corps, et à requérir son transport. . . . . . . 2 fr.   »

§ 6. 3° (Code de procédure, art. 786.) Pour vacation en référé, si le débiteur arrêté le requiert. . . . . 5 fr.   »

§ 7. 4° (Code de procédure, art. 792 et 793.) Pour un acte de recommandation d'un débiteur emprisonné sans assistance de recors. . . . . 3 fr.   »

Pour chaque copie à donner au débiteur et au geôlier, le quart. . . . . . . »   75

CLVIII. (Arrêté 24 mars 1841, art. 3.) (1) :

§ 1. Il est alloué aux gardes du commerce (décret du 14 mars 1808, art. 21) :

§ 2. Pour le dépôt des pièces par le créancier. . . . . 3 fr.   »

§ 3. Pour le visa apposé sur chaque pièce produite ou signifiée par le créancier ou le débiteur. . . . . . . »   25

§ 4. Pour le certificat mentionné en l'article 11 du décret du 14 mars 1808, droit de recherche compris. 2   »

CLIX. (Arrêté 24 mars 1848, art. 4.)

Il est alloué aux huissiers, pour rédaction du pouvoir spécial exigé par l'article 556 du Code de procédure civile. . . . . 1 fr.   »

CLX. (Décret 14 mars 1808, art. 22.) Le tiers des

_____

(1) Cet article reproduit textuellement l'article 21 du décret du 14 mars 1808.

droits attribués aux gardes du commerce par l'article 20 (1), sera par chacun d'eux rapporté chaque semaine et mis en bourse commune entre les mains de celui d'entre eux qu'ils jugeront à propos de choisir, pour être ensuite partagé tous les trois mois entre les gardes du commerce seulement.

CLXI. (Décret 14 mars 1808, art. 23.) Les salaires fixés par l'article 21 (2), seront mis en bourse commune pour subvenir aux frais de bureau de toute nature.

CLXII. (Décret 14 mars 1808, art. 24.) Il sera prélevé sur cette bourse commune une somme de 3,000 fr. pour le traitement annuel du vérificateur.

CLXIII. (Décret du 14 mars 1808, art. 25.) Après les prélèvements prescrits par les deux articles ci-dessus, le surplus sera partagé tous les trois mois et par portions égales entre le vérificateur et chacun des gardes du commerce.

CLXIV. (Décret 14 mars 1808, art. 26.) Le fonds de bourses communes établies par les articles 22 et 23 ci-dessus (3), ne sera susceptibles d'opposition que pour fait de charge.

L'opposition ne durera que trois mois après l'époque de la distribution, à moins qu'il n'en soit autrement ordonné par le tribunal.

CLXV. (Arrêté 24 mars 1849, art. 5.) Il ne sera alloué aucun droit au gardien ou geôlier à raison

---

(1) L'article 20 du décret du 14 mars 1808 est remplacé par l'article 2 , §§ 2 et 7 de l'arrêté du 24 mars 1849.

(2) L'article 21 du décret du 14 mars 1808 est remplacé par l'article 3 de l'arrêté du 24 mars 1849. *V*. CLVIII.

(3) *V*. CLX et CLXI.

de la transcription sur son registre du jugement prononçant la contrainte par corps.

CLXVI. (Arrêté 24 mars 1849, art. 6.) Outre les fixations établies par les quatre premiers articles (1), seront alloués les simples déboursés de timbre et d'enregistrement justifiés par pièces régulières (2).

CLXVII. (Arrêté 24 mars 1849, art. 7.) § 1er. Il ne sera rien alloué aux huissiers et aux gardes du commerce, pour leur transport, jusqu'à un demi-myriamètre.

§ 2. Il leur sera alloué, au delà d'un demi-myriamètre pour frais de voyage, qui ne pourra excéder une journée de cinq myriamètres, savoir, au delà d'un demi-myriamètre, et jusqu'à un myriamètre, pour aller et retour. . . . . 4 fr. »

§ 3. Au delà d'un myriamètre, il sera alloué par chaque demi-myriamètre, sans distinction. 2   »

CLXVIII. *Actes d'avoué.* 1° (Code de procédure, art. 780, premier décret 16 février 1807, art. 76, §§ 13, 21 et 22.) Requête pour faire commettre un huissier à l'effet de signifier le jugement portant contrainte par corps; cette requête ne sera pas grossoyée et sera taxée :

A Paris (3). . . . . 2 fr. »
Dans le ressort. 1   50

La vacation pour demander l'ordonnance du prési-

---

(1) *V.* CLVI, CLVII, CLVIII, CLIX.

(2) Il ne faut pas perdre de vue que l'arrêté du 24 mars 1849 ne comprend pas les droits que nous avons énoncés sous le n° CLVI, § 3, à la note, et que nous croyons dus aux huissiers par les raisons déduites, page 359, n° 176.

(3) *V.* la note sous le n° CLVI.

dent et se la faire délivrer est comprise dans la taxe.

2° (Code de procédure, art. 782, premier décret du 16 février 1807, art. 77, § 4.) Requête à l'effet d'obtenir pour le témoin assigné un sauf-conduit qui ne pourra être accordé que sur les conclusions du ministère public et qui réglera sa durée.

(Code de procédure, art. 795, décret 16 février, art. 77, § 5.) A l'effet de demander la nullité de l'emprisonnement du débiteur détenu pour dettes.

(Code de procédure, art. 800, décret 16 février, art. 77, § 6.) Pour demander la liberté d'un débiteur détenu pour dettes, dans tous les cas prévus par l'article 800.

(Code de procédure, art. 802; décret 16 février, art. 77, § 7.) Pour assigner le geôlier qui refuse de recevoir la consignation de la dette.

(Premier décret, 16 février, art. 77, § 16.) Elles seront taxées :

A Paris. . . . . 3 fr.   »
Dans le ressort. 2   25

(§ 17.) Et la vacation pour prendre l'ordonnance est comprise dans la taxe.

3° (Code de procédure, art. 839, premier décret, 16 février, art. 78, § 3.) Requête à fin de permission de se faire délivrer expédition ou copie d'un acte (1).

(Premier décret, 16 février, art. 78, § 19.) Cette requête ne peut être grossoyée, et l'émolument pour

---

(1) C'est au cas de refus du notaire et de tout autre dépositaire de l'acte que la requête est présentée pour qu'il y soit condamné par corps et sur assignation à bref délai. (Code de procédure, art. 839.)

prendre l'ordonnance et communiquer au ministère public est comprise dans la taxe qui sera de :

A Paris. . . . . 7 fr.   50

Dans le ressort. 5   50

4° (Code de procédure, art. 786, loi 17 avril 1832, art. 22, premier décret, 16 février, art. 93.) Vacation en référé contradictoire :

A Paris. . . . . 5 fr.   »

Dans le ressort. 3   75

Et par défaut :

A Paris. . . . . 3 fr.   »

Dans le ressort. 2   25 (1).

N. B. Dans les droits ci-dessus ne sont pas compris les émoluments attachés aux différents actes des instances principales ou incidentes dans lesquelles des questions de contrainte par corps se trouvent mêlées, ni les requêtes pour assigner à bref délai (Code de procédure, art. 793, § 2) le recommandant, à l'effet de le faire contribuer au payement des aliments par portion égale et (loi 17 avril 1832, art. 24) le créancier en réception de la caution.

CLXIX. Il est dû au juge de paix qui assiste à l'arrestation d'un débiteur dans l'intérieur d'une maison (Code de procédure, art. 781, 5°, ordonnance du 6 décembre 1845, art. 1er), en cas de transport à plus de cinq myriamètres du chef-lieu de canton.   5 fr.   »

_____

(1) Si au moment de l'arrestation le débiteur requiert, aux termes de l'article 786 du Code de procédure et 22 de la loi du 17 avril 1832, d'être conduit en référé, il peut se faire assister d'un avoué, auquel il sera dû le premier ou le second droit, selon que le créancier se sera ou non fait représenter par un avoué. L'avoué du créancier qui assiste au référé a également droit à l'émolument taxé par l'article 93 du tarif.

En cas de transport à plus d'un myriamètre. . . . . 6 »

Si l'opération dure plus d'un jour, l'indemnité est
fixée, suivant la distance, à 5 ou 6 fr. par jour.

CLXX. (Décret 7 avril 1813, art. 6.) Le droit à
allouer aux huissiers, gendarmes (1), gardes champêtres ou forestiers, ou agents de police, suivant le
mode et dans les cas prévus par les articles 71, n° 5,
et 77 du règlement (2), demeure fixé de la manière
suivante, savoir :

---

(1) Les allocations faites aux gendarmes par cet article 6, 2°, 3° et 4°, leur
ont été successivement retirées par les ordonnances du 25 février 1832 et
19 janvier 1846.

(2) (Décret 18 juin 1811, art. 71, n° 5.) Les salaires des huissiers, pour
tous les actes de leur ministère résultant du Code d'instruction criminelle
et du Code pénal sont réglés et fixés ainsi qu'il suit : ...... 5° Pour la capture de chaque prévenu, accusé ou condamné, en exécution d'un mandat
d'arrêt, ordonnance de prise de corps, arrêt ou jugement quelconque emportant saisie de la personne, y compris l'exploit de signification, la copie
et le procès-verbal de perquisition, lors même qu'il s'agirait de l'exécution
d'un seul mandat d'arrêt, ordonnance de prise de corps, arrêt ou jugement
qui concerneraient plusieurs individus, et dans les cas prévus par les articles 80, 94, 109, 110, 134, 157, 193, 214, 231, 232, 237, 239, 343, 355, 361,
452, 454, 456, 500 et 522 du Code d'instruction criminelle, et par les articles 46 et 52 du Code pénal, savoir : Paris, 21 fr. — Villes de 40,000 habitants et au-dessus, 18 fr. — Autres villes et communes, 15 fr.

(Art. 77.) Si, malgré les perquisitions faites par l'huissier, le prévenu,
accusé ou condamné n'est point arrêté, une copie en forme du mandat d'arrêt, de l'ordonnance de prise de corps, de l'arrêt ou jugement de condamnation, sera adressée au commissaire général de police; à son défaut, au
commandant de la gendarmerie; et à Paris, au préfet de police. — Le préfet, les commissaires généraux de police et les commandants de la gendarmerie donneront aussitôt à leurs subordonnés l'ordre d'assister les huissiers
dans leurs recherches et de les aider de leurs renseignements. — Enjoi-
gnons aux agents de la force publique et de la police, de prêter aide et
main-forte aux huissiers, toutes et quantes fois ils en seront par eux requis, et sans pouvoir en exiger aucune rétribution, à peine d'être poursuivis et punis suivant l'exigence des cas. — Néanmoins, lorsque des gendarmes ou agents de police, porteurs de mandements de justice, viendront
à découvrir, hors de la présence des huissiers, les prévenus, accusés ou
condamnés, ils les arrêteront, et les conduiront devant le magistrat compétent; et, dans ce cas, le droit de capture leur sera dévolu.

1° Pour capture ou saisie de la personne, en exécution d'un jugement de simple police, sans qu'il puisse être alloué aucun droit de perquisition :

A Paris.   .   .   .   .   5 fr.   »

Dans les villes de 40,000 âmes et au-dessus.   4   »

Dans les autres villes et communes. .   .   3   »

2° Pour capture, en exécution d'un mandat d'arrêt, ou d'un jugement ou arrêt en matière de police correctionnelle emportant peine d'emprisonnement,

A Paris.   .   .   .   .   18 fr.   »

Dans les villes de 40,000 âmes et au-dessus.   15   »

Dans les autres villes et communes.   .   12   »

3° Pour capture, en exécution d'une ordonnance de prise de corps, ou arrêt portant la peine de la reclusion :

A Paris.   .   .   .   .   21 fr.   »

Dans les villes de 40,000 âmes et au-dessus.   18   »

Dans les autres villes et communes.   .   15   »

4° Pour capture, en exécution d'un arrêt de condamnation aux travaux forcés ou à une peine plus forte :

A Paris.   .   .   .   .   30 fr.   »

Dans les villes de 40,000 âmes et au-dessus.   25   »

Dans les autres villes et communes.   .   20   »

CLXXI. (Ordonnance 25 février 1832, art. 1er.) La capture des délinquants insolvables condamnés à des amendes, restitutions, dommages-intérêts et frais, pour délit forestier, ne donne droit aux gendarmes qui l'ont opérée qu'à la taxe fixée par le n° 1er de l'article 6 du décret du 7 avril 1813.

CLXXII. (Ordonnance 19 janvier 1846, art. 1er.) La capture des délinquants insolvables, condamnés à des amendes, restitutions, dommages-intérêts et frais, en matière criminelle, correctionnelle et de police, ne donne droit aux gendarmes qui l'ont opérée qu'à la taxe fixée par le n° 1er de l'article 6 du décret du 7 avril 1813.

CLXXIII. (Arrêté 24 mars 1849, art. 8.) Sont et demeurent abrogés les articles 51, 52, 53, 54, 55, 56, 57 et 58 du premier décret du 16 février 1807, les deux premiers paragraphes de l'article 20, et l'article 21 du décret du 14 mars 1808, concernant les gardes du commerce.

SUPPLÉMENT

AU

CODE DES CONTRAIGNABLES PAR CORPS.

—•◦◦◦•—

EXTRAIT DE L'ORDONNANCE ROYALE DU 3 JUILLET 1846, RELATIVE
AUX CONSIGNATIONS DE DENIERS.

Art. 1er. La caisse des dépôts et consignations, créée par l'article 110 de la loi du 28 avril dernier, recevra seule toutes les consignations judiciaires.

Art. 2. Seront en conséquence versés dans ladite caisse :

3° Les deniers remis par un débiteur à un garde de commerce exerçant une contrainte par corps, pour éviter l'arrestation, conformément à l'article 14 du décret du 14 mars 1808, et ceux qui, dans les mêmes circonstances, seraient remis à un huissier exerçant la contrainte par corps dans les villes et lieux autres que Paris, lorsque le créancier n'aura pas voulu recevoir lesdites sommes dans les vingt-quatre heures accordées auxdits officiers ministériels pour lui en faire la remise ;

4° Les sommes que les débiteurs incarcérés doivent, aux termes de l'article 798 du Code de procédure, déposer ès mains du geôlier de la maison de détention pour être mis en liberté, lorsque le créancier ne les aura pas acceptées dans le délai de vingt-quatre heures.

Art. 3. Défendons à nos cours, tribunaux et administrations quelconques, d'autoriser ou d'ordonner des consignations en autres caisses et dépôts publics ou particuliers, même d'autoriser les débiteurs dépositaires, tiers saisis, à les conserver sous le nom de séquestre ou autrement ; et au cas où de telles consignations auraient lieu, elles seront nulles et non libératoires.

Art. 6. Tout garde de commerce, huissier ou geôlier, qui, ayant reçu des sommes dans les cas prévus par les nos 3 et 4 de l'article 2 ci-dessus, n'en aura pas fait le versement à la caisse des dépôts et consignations dans les délais prescrits par ledit article 2, sera poursuivi comme rétentionnaire de deniers publics.

Seront à cet effet tenus, les gardes de commerce et huissiers, de mentionner au pied de leurs exploits, et avant de les présenter à l'enregistrement, s'ils ont remis au créancier les sommes par eux reçues, et de mentionner également cette remise sur leurs répertoires, et les geôliers feront ladite mention sur leurs registres d'écrous.

Art. 9. Conformément à l'article 10 de la déclaration du 29 février 1648 et celle du 16 juillet 1669, le directeur général de la caisse des consignations pourra décerner ou faire décerner, par les préposés de la caisse, des contraintes contre toute personne qui, tenue, d'après les dispositions ci-dessus, de verser des sommes dans ladite caisse ou dans celle de ses préposés, sera en retard de remplir ces obligations; il sera procédé pour l'exécution desdites contraintes comme pour celles qui sont décernées en matière d'enregistrement, et la procédure sera communiquée à nos procureurs près les tribunaux.

Art. 10. Tout... huissier ou geôlier qui aura contrevenu aux obligations qui lui sont imposées par la présente ordonnance, en conservant des sommes de nature à être versées dans la caisse des consignations, sera dénoncé par nos préfets ou procureurs à celui de nos ministres dans les attributions duquel est sa nomination, pour sa révocation nous être proposée, s'il y a lieu, sans préjudice des peines qui sont ou pourront être prononcées par les lois.

ARRÊTÉ DU MINISTRE DE L'INTÉRIEUR DU 4 NOVEMBRE 1820.

Art. 1er. Les concierges et gardiens des maisons d'arrêt ne peuvent, sous peine de destitution, rien exiger ni recevoir, à titre de consignation d'aliments, en sus de la somme de *vingt francs* (1), qui a été fixée par la loi du 15 germinal an VI pour la subsistance, pendant trente jours, des personnes incarcérées pour dettes.

Art. 2. Les concierges et gardiens remettront aux détenus pour dettes *deux francs* tous les trois jours (2); il leur est défendu de faire, à leur profit, aucune retenue sur le montant de la consignation.

Art. 3. Il est libre aux débiteurs incarcérés de faire apporter (3) leur coucher dans la prison, ou de louer celui que leur fournira le

---

(1) Aujourd'hui 30 fr. à Paris et 25 fr. dans les départements. Art. 28 et 29, loi 17 avril 1832. *V.* XLVIII et suiv.

(2) C'est le dixième, qui est maintenant de 3 fr. à Paris et de 2 fr. 50 c. dans les départements.

(3) *V.* p. 450, art. 73 du règlement du 30 octobre 1841.

concierge. Dans ce cas, le prix de la location du lit sera réglé par un tarif que le préfet arrêtera sur la proposition du maire, et ne pourra excéder 4 fr. 50 c. par mois pour les détenus qui coucheront seuls, et 3 fr. pour ceux qui occuperont un lit à deux (1).

Art. 4. Les débiteurs auront la faculté de recevoir leur nourriture du dehors, ou de traiter de gré à gré avec le concierge, ou de prendre les vivres de la prison, qui leur seront fournis par les entrepreneurs au prix de leurs marchés.

Art. 5. En cas de maladie, les débiteurs détenus seront admis à l'infirmerie de la prison ou à l'hospice. Si les frais de médicaments ou de nourriture excèdent le taux de la consignation, l'excédant sera payé sur les fonds départementaux. Ceux qui occuperont des chambres particulières et qui ne voudront pas entrer à l'infirmerie ou à l'hospice, devront pourvoir par eux-mêmes à la dépense de leur traitement; il ne leur sera accordé aucun supplément sur les fonds départementaux.

Art. 6. Dans les lieux où il était d'usage que les concierges prélevassent une partie de la consignation pour frais de gîte et geôlage, il pourra leur être accordé sur les fonds départementaux, et d'après la demande motivée des autorités locales, soit une augmentation de traitement, soit une indemnité par journée de détenu.

Signé SIMÉON.

---

6 NOVEMBRE 1820. — CIRCULAIRE RELATIVE A L'ARRÊTÉ CI-DESSUS.

Monsieur le préfet, les informations recueillies par le ministre sur les usages suivis à l'égard des personnes détenues pour dettes, lui ont appris qu'il n'y avait ni ordre ni uniformité dans cette partie du service des prisons. Plusieurs concierges perçoivent plus de 20 francs pour la consignation mensuelle des aliments; d'autres se croient autorisés à prélever, à leur profit et comme représentant l'indemnité de gîte et geôlage, une partie de la somme consignée. Le loyer des lits est fixé à un taux très-inégal et souvent excessif; dans quelques prisons, les détenus n'ont pas la permission de se servir des lits qui leur appartiennent; ailleurs, on s'oppose à ce qu'ils fassent apporter leur nourriture; quelquefois les concierges retiennent la totalité de la consignation et ne fournissent que les vivres ordinaires de la prison.

Pour remédier à ces abus, le ministre a pris l'arrêté que vous trouverez ci-joint.

L'article 2 pourvoit à ce que la consignation soit remise aux déte-

---

(1) *V.* p. 450, art. 72 et 73 du règlement du 30 octobre 1841.

nus par dixième tous les trois jours. Cette disposition a pour but d'empêcher que le prisonnier imprévoyant ne consomme en peu de temps la somme déposée, et ne se trouve ensuite dans le dénuement.

Il était nécessaire de prévoir le cas où un détenu qui n'aurait d'autre ressource que la somme consignée pour ses aliments, tomberait malade dans la prison. Comme on ne peut contraindre le créancier à payer l'excédant de dépense causé par le traitement, et comme il y aurait de l'inhumanité à refuser à un prisonnier les secours de l'art et le régime qu'exigerait le rétablissement de sa santé, il est indispensable que l'administration en fasse les frais : tel est l'objet de l'article 5.

Le ministre a pensé que, en diminuant les bénéfices qui étaient assurés aux concierges, soit par des règlements locaux, soit par l'usage, il pourrait être convenable d'augmenter, dans les mêmes proportions, les traitements fixes ou les indemnités accordées à ces employés; en conséquence, il vous a laissé, par l'article 6, la faculté de proposer ces augmentations.

Je vous prie de notifier l'arrêté du ministre aux maires des villes où il y a des maisons d'arrêt, et aux commissions qui sont chargées de la surveillance de ces établissements, et de m'envoyer copie des tarifs que vous aurez adoptés.

J'ai l'honneur, etc.

Le directeur général, signé MOUNIER.

CIRCULAIRE DU MINISTRE DU COMMERCE ET DES TRAVAUX PUBLICS (1) DU 6 OCTOBRE 1832.

Un décret du 4 mars 1808 (2) avait statué que les personnes détenues à la requête de l'agent du trésor public ou de tout autre fonctionnaire, pour cause de dettes envers l'État, seraient nourries comme les autres prisonniers, et qu'il n'y aurait point de consignation pour aliments, cette dépense devant être comprise entre celles qui sont allouées pour le service ordinaire des prisons.

La loi du 17 avril 1832 a modifié ces dispositions à l'égard des débiteurs compris dans les articles 8, 9, 10 et 11 du titre II, savoir :

1° Les comptables de deniers publics ou d'effets mobiliers publics et leurs cautions;

2° Leurs agents ou préposés qui ont personnellement géré ou fait la recette;

---

(1) Les prisons étaient à cette époque dans les attributions du ministre du commerce et des travaux publics.

(2) *V.* p. 409, CXXII.

3° Toutes personnes qui ont perçu des deniers publics dont elles n'ont point effectué le versement ou l'emploi, ou qui, ayant reçu des effets mobiliers appartenant à l'État, ne les représentent pas ou ne justifient pas de l'emploi qui leur avait été prescrit;

4° Les comptables chargés de la perception des deniers ou de la garde ou de l'emploi des effets mobiliers appartenant aux communes, aux hospices et aux établissements publics, ainsi que leurs cautions et leurs agents ou préposés, ayant personnellement géré ou fait les recettes;

5° Tous entrepreneurs, fournisseurs, soumissionnaires et traitants qui ont passé des marchés ou traités intéressant l'État, les communes, les établissements de bienfaisance et autres établissements publics, et qui sont déclarés débiteurs par suite de leurs entreprises;

6° Leurs cautions, ainsi que leurs agents et préposés qui ont personnellement géré l'entreprise, et toutes personnes déclarées responsables des mêmes services;

7° Tous redevables débiteurs et cautions de droits de douane, d'octroi et autres contributions indirectes, qui ont obtenu un crédit et qui n'ont pas acquitté à échéance le montant de leurs soumissions ou obligations.

Le titre IV, dont les dispositions sont déclarées communes aux titres précédents, porte, article 29, que la somme destinée aux aliments sera de 30 fr. à Paris et de 25 fr. dans les autres villes, pour chaque période de trente jours. La consignation doit être faite à l'avance par le créancier poursuivant et mentionnée dans l'écrou du débiteur, conformément à l'article 789 du Code de procédure. Si elle n'est pas renouvelée en temps utile, l'élargissement a lieu, ainsi que le prescrit l'article 30 de la loi.

Les débiteurs désignés ci-dessus ne doivent plus recevoir les rations de prisonniers au compte des fonds affectés aux dépenses ordinaires des maisons d'arrêt : ils doivent s'entretenir moyennant la somme désignée à titre d'aliments, et qui sera mise à leur disposition, dans la proportion d'un dixième tous les trois jours, conformément à l'arrêté du 4 novembre 1820.

AVIS DU CONSEIL D'ÉTAT DU 15 NOVEMBRE 1832.

Les comités réunis, de législation, de l'intérieur et des finances, du conseil d'État, consultés par M. le garde des sceaux sur les questions suivantes :

1° Dans quelle prison doit-on faire subir la contrainte par corps aux condamnés qui ont achevé leur peine dans une maison centrale, et qui ont été recommandés par la régie de l'enregistrement, à défaut de payement des amendes et frais de justice?

2° Peut-on interdire à l'administration de l'enregistrement le droit de recommander les détenus pendant qu'ils sont dans les maisons centrales, sauf à exercer la contrainte par corps contre eux après leur retour dans le lieu de leur domicile?

3° De quelle manière doit se faire le transport du lieu où ils ont achevé leur peine à celui où ils doivent subir la contrainte par corps?

4° L'administration de l'enregistrement peut-elle recommander les condamnés détenus dans les maisons centrales, dans le but de les obliger à lui abandonner leurs fonds de réserve en payement des frais et amendes dont ils sont débiteurs?

5° Lorsqu'un individu condamné à une amende justifie dans les formes légales de sa complète insolvabilité, la régie intéressée doit-elle nécessairement renoncer envers lui à l'exercice de la contrainte par corps, ou bien peut-elle alors y recourir comme moyen de répression dans l'intérêt général de la société?

6° En admettant que la contrainte par corps puisse être employée comme moyen de répression envers les condamnés insolvables, à la charge de quel ministère se trouvent alors les frais d'exécution?

7° Quels sont les droits de capture qui doivent être alloués aux gendarmes pour l'arrestation des condamnés?

Vu le rapport adressé sur ces questions à M. le garde des sceaux par le chef de la division des affaires criminelles et des grâces au ministre de la justice;

Vu l'avis du comité de l'intérieur du conseil d'État, du 21 mars 1832;

Vu la lettre adressée, le 24 mars 1832, à M. le ministre des finances par M. le ministre de l'intérieur, contenant envoi d'une lettre du préfet de la Somme, en date du 21 du même mois;

Vu le rapport fait à M. le ministre des finances, le 10 mai 1832, par M. le directeur général de l'enregistrement et des domaines;

Vu la lettre adressée à M. le garde des sceaux, le 22 mai 1832, par M. le ministre des finances;

Vu les lettres adressées à M. le garde des sceaux, les 14 avril et 11 juillet 1832, par M. le ministre du commerce et des travaux publics;

Sur la première question :

Vu l'article 14 de la loi du 15 germinal an VI, qui désigne les maisons d'arrêt pour lieux de dépôt des détenus pour dettes;

Vu l'article 604 du Code d'instruction criminelle, portant que les maisons d'arrêt et de justice sont entièrement distinctes des prisons établies pour peines;

Vu l'ordonnance royale, du 2 avril 1817, qui affecte exclusivement les maisons centrales de détention aux condamnés à des peines criminelles et aux condamnés par voie de police correctionnelle, lorsque la peine à subir n'est pas moindre d'une année;

Considérant que la contrainte pour les peines pécuniaires ne doit consister que dans la privation de la liberté, et ne peut s'exercer dans les lieux où la détention offre un caractère pénal ;

Qu'à défaut de prisons spéciales pour dettes, dont l'établissement n'est point prescrit et ne peut avoir lieu dans les départements, c'est dans les maisons d'arrêt que la contrainte par corps doit être exercée à la requête de l'administration de l'enregistrement, comme elle l'est à la requête des particuliers;

Que d'après le droit commun, c'est dans la maison d'arrêt la plus voisine de la maison centrale que le détenu recommandé doit être conduit (1), et qu'il n'appartient qu'à l'administration d'autoriser, sur la demande du détenu, quand elle le juge convenable, le transfèrement dans une autre maison d'arrêt;

Que dans tous les cas, dans le concours des recommandations des tiers avec celles de la régie, la translation ne peut s'effectuer que contradictoirement avec ces tiers, qui seraient exposés, par leur ignorance du lieu de la nouvelle détention, à ne pouvoir plus suivre, par des consignations mensuelles d'aliments, les effets de leurs recommandations ;

Que si, par suite des recommandations des tiers, le condamné libéré ne peut être immédiatement transféré dans une maison d'arrêt, cet obstacle qui vient de son fait ne contrarie pas le principe du droit de translation, mais le suspend seulement dans son exécution.

Sur la deuxième question :

Vu l'article 792 du Code de procédure civile, portant que celui qui est arrêté comme prévenu d'un délit peut être recommandé ;

Vu l'article 33 de la loi du 17 avril 1832, qui charge le procureur du roi de donner les réquisitions nécessaires sur la demande du receveur de l'enregistrement pour l'exécution de la contrainte par corps contre les individus condamnés, au profit de l'État, à des peines pécuniaires, et qui porte que si le débiteur est détenu, la recommandation pourra être ordonnée immédiatement après la notification du commandement;

Considérant que le droit de recommander les détenus est accordé sans restrictions à l'administration des domaines; qu'il appartient également aux particuliers, entre les mains desquels il ne pourrait être paralysé en aucun cas, et qu'il ne peut pas non plus être in-

---

(1) *V.* l'article 788 du Code de procédure civile.

terdit d'en user à l'administration que la loi a placée sur la même ligne et soumise aux mêmes règles et aux mêmes formes.

Sur la troisième question :

Vu les articles 125 de la loi du 26 germinal an VI, et 179 de l'ordonnance du 28 octobre 1820, qui chargent spécialement la gendarmerie de la conduite des prisonniers et condamnés ;

Considérant que l'effet de la recommandation est d'empêcher la mise en liberté à l'expiration de la peine encourue par le condamné, et que, s'il y a lieu de le transférer dans un autre lieu de détention, ce service doit, aux termes des articles ci-dessus visés, être remis à la gendarmerie toutes les fois que l'administration de l'enregistrement veut user de son droit et ne consent point à un autre mode de transfèrement.

Sur la quatrième question :

Vu l'article 41 du Code pénal, portant qu'une partie du produit du travail des détenus sera employée à former pour eux, au temps de leur sortie, un fonds de réserve ;

Vu l'article 12 de l'ordonnance royale du 2 avril 1817, portant qu'un tiers du produit du travail des détenus sera tenu en réserve pour leur être remis à leur sortie ;

Considérant que la réserve prescrite par cet article a pour objet d'assurer aux détenus, au moment de leur mise en liberté, des moyens d'existence qui les mettent à l'abri du besoin et des fautes auxquelles ils pourraient être entraînés par la misère, et de leur donner pendant leur détention, par la perspective de ce secours ultérieur, des habitudes d'ordre et d'économie ;

Que la réserve a le caractère d'une provision alimentaire qui, aux termes de l'article 581 du Code de procédure civile, est insaisissable ;

Que le bienfait de cette disposition serait perdu si l'administration de l'enregistrement pouvait s'emparer du montant de la réserve, soit en la saisissant directement entre les mains des préposés de la maison de détention, soit en se la faisant remettre par les détenus pour les décharger de la contrainte par corps en raison des condamnations pécuniaires, soit enfin en les recommandant lorsqu'ils n'auraient le moyen de se libérer qu'en faisant l'abandon de cette réserve ;

Qu'il importe à l'ordre public de prévenir cet abus, et que, sous ce rapport, il convient que M. le garde des sceaux se concerte avec M. le ministre des finances pour que celui-ci prescrive à ses agents de n'avoir aucun égard à la masse de réserve des détenus dans l'appréciation de leur solvabilité, lorsqu'il s'agit de procéder à leur recommandation ;

Qu'au même titre M. le ministre des travaux publics a le droit de prescrire aux préposés des maisons centrales de ne jamais verser le montant de la réserve entre les mains des receveurs de l'enregistrement, et de le remettre directement aux condamnés lorsqu'ils ont recouvré leur liberté ;

Que l'exécution de ces mesures empêchera que les condamnés se trouvent dans l'alternative de ne sauver leur réserve qu'au prix de leur liberté ou leur liberté qu'au prix de leur réserve, résultats qui seraient également fâcheux et qu'il convient de prévenir.

Sur la cinquième question :

Vu les articles 53 et 467 du Code pénal, modifiés par les articles 33 et suivants de la loi du 17 avril 1832 ;

Vu les articles 211 et 213 du Code forestier, 77 et 79 du Code de la pêche fluviale ;

Vu l'article 5, titre II, de la loi du 28 septembre 1791 ;

Considérant qu'à la vérité, d'après l'article 35 de la loi du 17 avril 1832 et les articles ci-dessus visés des Codes forestier et de la pêche fluviale, la justification de l'insolvabilité du condamné ne suffit point pour le soustraire à la contrainte par corps, et qu'avant d'être mis en liberté, il peut être assujetti à un emprisonnement gradué sur l'importance des condamnations pécuniaires ;

Mais qu'aucune disposition n'indique que le législateur ait eu en vue, pour les insolvables, de commuer la peine pécuniaire en celle de l'emprisonnement ;

Qu'une semblable intention devait être formellement exprimée comme elle l'était dans l'article 5, titre II, de la loi du 28 septembre 1791, et que dans ce cas la commutation serait prononcée par le jugement ;

Que, loin de prononcer cette commutation, la loi du 17 avril ne considère l'emprisonnement que comme un moyen de contrainte, expression qu'elle emploie dans toutes ses dispositions ;

Qu'après l'exercice de la contrainte, le condamné ne se trouve point libéré des condamnations, d'où il suit qu'elles n'ont pas été remplacées par l'emprisonnement ;

Que si la contrainte ne peut être reprise, et si elle est proportionnée à l'importance de la dette, on ne saurait en tirer aucune conséquence, les mêmes règles étant établies pour les créances privées qui donnent lieu à la contrainte par corps ;

Que la contrainte exercée malgré la justification de l'insolvabilité, s'explique par la possibilité de forcer le débiteur à user des ressources qu'il aurait dissimulées, et qu'il peut encore posséder malgré une insolvabilité apparente ;

Que l'intérêt public exige sans doute une peine autre que des condamnations pécuniaires pour ceux que leur insolvabilité met à l'abri de ces condamnations, mais que cette mesure doit être légalement établie ; que la substitution d'une peine à l'autre doit-être exprimée, après avoir été discutée, calculée, et que, dans le silence de la loi, on ne peut suppléer à ces dispositions dans une matière aussi grave ;

Que dans cet état de choses, M. le ministre des finances doit donner à ses agents les instructions qu'il croira les plus propres à assurer le recouvrement des condamnations pécuniaires ; que la loi ne mettant aucune restriction au droit de contrainte dans les limites qu'elle a établies, l'administration peut agir dans des vues d'intérêt public et d'utilité générale, comme il arrive en ce moment pour les affaires forestières, mais que le ministère public ne pourrait y intervenir officiellement au nom de la vindicte publique, toutes les mesures administratives relatives à l'exécution des jugements lui étant étrangères, et qu'il y a lieu seulement de la part de M. le garde des sceaux d'inviter les procureurs du roi à fournir aux receveurs de l'enregistrement tous les renseignements officieux qui pourront les guider dans l'exercice des poursuites.

Sur la sixième question :

Vu les articles 2, nᵒˢ 13, 113 et suivants, et 126 du décret du 18 juin 1811 ;

Considérant que ce décret ne comprend parmi les frais de justice que ceux d'exécution des arrêts criminels, et décide qu'en cas d'insolvabilité des condamnés, les frais de poursuite pour le recouvrement des amendes seront alloués à l'administration de l'enregistrement dans les comptes ;

Considérant d'ailleurs que le ministère de la justice ne peut, sous aucun rapport, être chargé de dépenses qui n'ont pour but que le recouvrement de valeurs qui doivent profiter à l'administration des finances.

Sur la septième question :

Vu le décret du 7 avril 1813 et l'ordonnance royale du 25 février 1832 ;

Considérant que les droits de capture alloués aux gendarmes sont gradués d'après la nature de la peine infligée aux condamnés ; qu'en cas d'arrestation pour défaut de payement des condamnations pécuniaires prononcées par un tribunal de répression, il n'y a pas de peine sur laquelle on puisse graduer l'indemnité de capture, et que la capture ne doit alors présenter que peu de difficultés, puisque le condamné peut l'éviter en payant ou donnant caution conformément à la loi ;

Que dès lors, toutes les fois qu'il ne s'agit que de l'exécution de la contrainte par corps, les indemnités allouées aux gendarmes par les nᵒˢ 2, 3 et 4 de l'art. 6 du décret du 7 avril 1813, peuvent être réduites au taux fixé par le nᵒ 1ᵉʳ du même article pour l'exécution des jugements de simple police ; que cette réduction a déjà été adoptée en matière forestière par l'ordonnance du 25 février 1832, et que des motifs semblables doivent la faire adopter dans toutes les contraintes pour le recouvrement des condamnations pécuniaires ;

Sont d'avis :

Sur la première question,

Que la contrainte par corps pour le recouvrement des amendes et autres condamnations pécuniaires, après l'expiration de la peine dont ces condamnations sont l'accessoire, ne peut, quand il n'existe point de recommandations à la requête d'autres créanciers, être exercée dans les maisons centrales de détention ; que les condamnés qui y sont soumis doivent, à défaut de prison spéciale pour dette, subir la contrainte dans la maison d'arrêt la plus voisine de la maison centrale, et qu'il n'appartient qu'à l'administration d'autoriser, sur la demande du détenu, quand elle le juge convenable, le transfèrement dans une autre maison d'arrêt.

Sur la deuxième question :

Qu'on ne peut interdire à l'administration de l'enregistrement le droit de recommander les détenus pendant qu'ils sont dans les maisons centrales ; qu'il appartient à M. le ministre des finances seul de donner à ses employés les instructions et de leur prescrire les mesures les plus convenables pour concilier les intérêts du trésor avec les ménagements commandés par l'humanité, et que MM. les ministres de la justice et des travaux publics ne pourraient intervenir dans ces dispositions.

Sur la troisième question :

Que le transfèrement des détenus de la maison centrale dans la maison d'arrêt où ils doivent subir la contrainte par corps, doit être effectué par la gendarmerie toutes les fois que l'administration des domaines ne consent pas à un autre mode de transport.

Sur la quatrième question :

Que la réserve du tiers du produit du travail des détenus ne doit pas servir à l'acquittement des condamnations pécuniaires dont ils ont été frappés ; que le soin de la conserver intéressant l'ordre public, il appartient à M. le garde des sceaux de se concerter avec M. le ministre des finances pour que dans les recommandations et le calcul de la solvabilité on n'ait jamais égard à cette réserve, et à M. le ministre du commerce de prescrire aux agents des prisons de ne la remettre qu'aux détenus directement et après leur mise en liberté effectuée.

Sur la cinquième question :

Que M. le ministre des finances seul est chargé d'effectuer le recouvrement des amendes et condamnations pécuniaires ; que la loi n'ayant apporté aucune limite à l'exercice du droit de contrainte, le ministre peut toujours l'exercer ; qu'il lui appartient d'en user dans des vues d'intérêt public, et qu'à cet effet M. le garde des sceaux peut inviter les procureurs du roi à fournir aux agents de l'administration des domaines tous les renseignements officieux dont ils peuvent avoir besoin.

Sur la sixième question :

Que les frais de poursuite pour le recouvrement des amendes et autres condamnations pécuniaires sont à la charge du budget du ministère des finances, et ne peuvent être portés à celui du ministère de la justice.

Sur la septième question :

Qu'il y a lieu, lorsqu'il ne s'agit que de l'exécution de la contrainte par corps, de réduire les droits de capture alloués aux gendarmes au taux fixé par le n° 1er de l'article 6 du décret du 7 avril 1813.

EXTRAIT DE LA CIRCULAIRE DU MINISTRE DE L'INTÉRIEUR DU 30 OCTOBRE 1841.

§ 6. — Règles particulières aux détenus pour dettes.

Comme c'est la première fois, monsieur le préfet, que mon administration porte son attention particulière sur cette branche du service des prisons départementales, je dirai ici pourquoi il m'a semblé que les détenus pour dettes devaient, presque en tous points, être assimilés, sous le rapport de la discipline, aux prévenus, cependant sans qu'ils puissent jamais être confondus avec eux dans la maison d'arrêt où ils sont renfermés, à défaut de maisons spéciales, ainsi que le rappelle l'article 415 du règlement.

Dans un intérêt d'ordre, le règlement général défend au prévenu l'usage de l'eau-de-vie et des autres liqueurs spiritueuses : il ne peut même se procurer qu'une quantité déterminée de vin (art. 59). Quant aux aliments, il ne peut non plus en faire venir du dehors que dans les limites fixées par le règlement de la maison (art. 58). S'il lui est permis d'améliorer son coucher, cette faculté est encore soumise à des restrictions (art. 70). Cependant le prévenu jouit de tous ses droits de citoyen, et il a l'entière disposition de ses biens ; mais un intérêt plus puissant que le sien commande de mettre des limites à ses dépenses, comme à ses relations avec sa famille. A quel titre le détenu pour dettes pourrait-il réclamer l'exercice de droits plus étendus ? Il n'y en a aucun de sérieux, monsieur le préfet, aucun qui puisse satisfaire l'administration, dont le premier devoir est d'empêcher tout désordre, tout scandale dans les prisons. La tolérance de l'administration, dans certaines localités, est allée cependant jusqu'à ne mettre aucune limite aux dépenses de table de cette classe de détenus, et à leur permettre toutes sortes de jeux. Quelquefois même on m'a signalé d'autres désordres plus graves encore. Des considérations d'une haute moralité exigeaient, monsieur le préfet, que les détenus pour dettes fussent soumis, comme les autres prisonniers, à des règles fixes et bien définies ; j'y ai pourvu, en ce qui me concerne, par plusieurs articles du règlement général. A l'avenir, des limites convenables seront mises à leurs dépenses de nourriture (art. 60) ; il en sera de même pour les effets du coucher (art. 73). Mais j'ai pensé que l'appréciation de ces restrictions, qui ne doivent être prises que dans un intérêt d'ordre, pouvait être laissée à la commission de surveillance et à votre décision. En conséquence, elles devront être déterminées par le règlement particulier de chaque prison (art. 116). La disposition de l'article 19, qui défend au gardien-chef de recevoir les détenus dans son logement, doit s'entendre des détenus pour dettes comme des autres détenus. Le règlement n'a pas voulu supposer qu'il fût nécessaire de faire les mêmes défenses à un directeur ; il a gardé le silence à son égard.

Ce que je viens de dire s'applique principalement aux débiteurs envers des particuliers ; mais les prisons départementales renferment aussi des débiteurs du trésor, par suite de condamnations pour crimes, délits ou contraventions. D'après un avis du conseil d'État, du 15 novembre 1832, ces débiteurs doivent subir la contrainte par corps dans la maison d'arrêt de l'arrondissement, ou dans la maison d'arrêt *la plus voisine* de la maison de force ou de la maison de correction dans laquelle a été subi l'emprisonnement pénal. La loi, sous ce rapport, ne fait aucune distinction entre eux et les débiteurs incarcérés pour des créances privées. Mais il est expliqué, dans l'article 84 du règlement, que les détenus recommandés par l'administration de l'enregistrement, pour le recouvrement d'amendes et autres condamnations pécuniaires, sont soumis à la règle commune de la maison, pour ce qui concerne le régime alimentaire, en exécution des lois sur la matière. Le règlement particulier déterminera également les règles disciplinaires auxquelles ils devront être soumis.

C'est ici le lieu de répondre à diverses réclamations qui m'ont été adressées par plusieurs préfets, au sujet de détenus en assez grand nombre, recommandés à la suite de condamnations pour délits forestiers ou de douanes, que mon administration n'a point à connaître de ces sortes de réclamations. Aux termes de l'avis précité du conseil d'État, le droit de recommandation appartenant, sans partage, à l'administration des domaines, sous l'autorité de M. le ministre des finances, elle seule également peut faire cesser la contrainte par corps avant le terme fixé par la loi, mais sans qu'elle puisse y être astreinte par la remise de certificats d'indigence et d'insolvabilité. Elle ne doit se déterminer que par des considérations d'intérêt public et d'utilité générale qu'il lui appartient d'apprécier.

EXTRAIT DU RÈGLEMENT GÉNÉRAL POUR LES PRISONS DÉPARTEMENTALES.

CHAPITRE Ier. — *Employés.*

Art. 1er. Le personnel des maisons d'arrêt, des maisons de justice et des maisons départementales de correction se compose, suivant l'importance des établissements, d'un directeur, d'un commis-greffier, d'un gardien-chef, d'un ou de plusieurs gardiens, de sœurs religieuses ou surveillantes; d'un médecin, d'un aumônier, d'un instituteur, et de tous autres employés ou agents que l'autorité administrative juge utile de préposer au service des prisons.

Art. 3. Les dénominations de geôlier, guichetier et autres, cessèrent d'être employées.

§ 1er. — Du directeur et du commis-greffier.

Art. 8. L'action du directeur s'étend à toutes les parties du service. Tous les employés lui sont subordonnés et doivent lui obéir.

Art. 9. Le directeur est chargé, sous l'autorité du maire et la surveillance de la commission :

1° De l'exécution des règlements généraux et particuliers, et de la police de la prison;

2° De veiller à l'exécution des marchés pour les diverses fournitures;

3° De désigner les détenus qui peuvent être employés au service de la prison et de l'entreprise;

4° D'ordonner le classement des prisonniers, conformément aux lois et règlements;

5° De l'examen de la correspondance des détenus, à l'arrivée et au départ.

Art. 11. Le directeur tient un registre de tous les effets d'habillement et de literie à l'usage des détenus, et un état de tous les meubles et autres objets appartenant à l'administration.

Il tient un registre, par compte ouvert, de l'argent de dépôt et des bijoux de chaque détenu.

Il tient également la comptabilité des ateliers, et un registre par compte ouvert à chaque ouvrier.

Il peut être chargé, par arrêté du préfet, de la tenue des caisses.

§ 2. — Du gardien-chef.

Art. 14. Le gardien-chef tient les registres d'écrou prescrit par le Code d'instruction criminelle, savoir :

Un registre pour la maison d'arrêt ;

Un pour la maison de justice ;

Un pour la maison de correction.

Tous ces registres sont tenus séparément et conformément aux instructions ministérielles des 26 août 1831 et 4 janvier 1832.

Les gardiens-chefs tiennent, en outre, suivant la prison dont la garde leur est commise, des registres d'écrou séparés, savoir :

Pour les détenus pour dettes envers les particuliers ;

Pour les passagers civils ;

Pour les passagers militaires ;

Pour les condamnés en matière de simple police.

Art. 15. Indépendamment de la garde des prisonniers et du maintien du bon ordre et de la décence dont il est plus particulièrement chargé, le gardien-chef veille à ce que le service de propreté se fasse exactement dans toutes les parties de la maison.

Art. 16. Il veille à ce que les effets des prisonniers qui sont mis en magasin soient préalablement lavés, nettoyés, raccommodés, mis en paquets et étiquetés.

Art. 17. Dans les prisons où il n'y a pas de directeur, le gardien-chef prend communication des lettres écrites ou reçues par les détenus, à l'exception de celles qu'ils ont à adresser à l'autorité administrative ou à l'autorité judiciaire, aux avocats et avoués chargés de leur défense.

Art. 18. Les enfants du gardien-chef ne doivent jamais entrer dans les cours, préaux, ateliers, infirmeries, dortoirs et autres lieux occupés par les détenus.

Il en est de même de sa femme, hors le cas prévu par l'art. 27 du présent règlement.

Art. 19. Dans aucun cas et sous aucun prétexte, le gardien-chef ne peut recevoir les détenus dans son logement.

Art. 23. En cas de décès d'un détenu, le gardien-chef en fait mention en marge de l'acte d'écrou, conformément à l'article 84 du Code civil. Il en donne avis au maire qui, de son côté, fait constater les effets, papiers, argent, etc., laissés par le défunt.

Il informe, en outre, l'autorité judiciaire du décès de tout prévenu ou accusé.

Art. 24. Dans les prisons où il n'y a pas de directeur, le gardien-chef est responsable des meubles et effets mentionnés dans l'article 11.

Il peut être chargé, par arrêté du préfet, de la comptabilité des ateliers et de celle de la caisse des dépôts.

§ 4. — Surveillantes.

Art. 27. Les quartiers habités par les femmes ne peuvent être surveillés que par des personnes de leur sexe, lesquelles y sont chargées des fonctions que les gardiens remplissent dans les quartiers des hommes.

Dans les prisons où, en raison du petit nombre habituel des femmes détenues, il ne serait pas nécessaire d'établir des surveillantes spéciales, la femme ou toute autre parente du gardien-chef, dûment autorisée à cet effet par le préfet, pourra être chargée d'exercer la surveillance dans le quartier des femmes.

Le traitement des surveillantes ne peut être au-dessous de *deux cent cinquante* francs.

Art. 28. Les surveillantes reçoivent, comme les gardiens, les ordres du gardien-chef qui, seul de tous les préposés du service de sûreté, pourra entrer dans le quartier des femmes, à moins de circonstances extraordinaires dont il sera rendu compte au maire.

Art. 29. Dans les prisons où il n'y a pas de sœurs religieuses, les surveillantes sont chargées, en totalité ou en partie, des fonctions attribuées aux sœurs.

Art. 30. Les attributions des sœurs religieuses sont déterminées par un arrêté du préfet, approuvé par le ministre.

§ 5. — Du commissionnaire et du barbier.

Art. 31. Dans les prisons où il n'y a pas de fournisseur chargé de procurer aux détenus les aliments supplémentaires ou autres articles accessoires autorisés par le présent règlement, les commissions des détenus sont faites par un commissionnaire désigné par le préfet.

Tous les jours, à l'heure fixée par le règlement particulier de la prison, le commissionnaire reçoit du gardien-chef la note des commissions à faire.

Au retour du commissionnaire, le gardien-chef remet ou fait remettre aux détenus, par les gardiens sous ses ordres, les objets qu'il aura reconnus conformes à l'autorisation accordée.

Art. 32. Il est défendu au commissionnaire d'entrer dans l'intérieur de la prison et de communiquer directement avec les détenus.

Il lui est également défendu, sous peine de destitution, de faire aucun bénéfice sur le prix de vente des objets qu'il aura achetés pour les détenus.

Art. 33. Un ou plusieurs barbiers, salariés par l'administration, sont attachés à chaque prison, où ils se rendent aux jours et heures fixés par le règlement.

§ 6. — Dispositions communes aux paragraphes précédents.

Art. 37. Si la prison a un directeur, les punitions sont prononcées par lui, sur le rapport du gardien-chef et après avoir entendu le détenu.

Lorsqu'il n'y a pas de directeur, le gardien-chef qui inflige une punition à un détenu, doit en référer au maire dans les vingt-quatre heures au plus tard.

Art. 38. Le gardien-chef tient un registre des punitions. Les motifs de chacune y sont énoncés et visés par le maire, en regard du nom du détenu puni.

Art. 39. Hors les cas de permissions délivrées par le préfet ou par le sous-préfet, et dont le maire sera toujours informé, aucune personne étrangère à l'administration de la prison ou à la surveillance légale des détenus ne pourra visiter la prison ou les prisonniers, sans un permission écrite du maire.

Cette permission sera un ordre obligatoire pour le gardien, à moins que le détenu désigné dans le permis ne soit en punition, et sans préjudice des ordres qui auraient pu être donnés par le juge d'instruction ou par le président des assises, en vertu de l'article 613 du Code d'instruction criminelle.

Art. 40. Aucun objet, de quelque nature qu'il soit, ne peut être introduit dans la prison ou en sortir, qu'après avoir été visité par le gardien.

Le gardien prend la même précaution pour tout ce que les détenus reçoivent du dehors.

Art. 41. Il est expressément défendu à tout employé, gardien ou préposé :

D'occuper des détenus pour son service particulier ;

De recevoir aucun présent d'eux ou de leurs parents ;

De leur vendre quoi que ce soit, ni faire pour eux aucune commission ;

De faciliter leur correspondance ou l'introduction de vivres, boissons ou tous autres objets prohibés ;

D'influencer directement ou indirectement les prévenus et les accusés sur le choix de leurs défenseurs ;

De boire ou de manger avec les détenus ou avec leurs parents, sans en excepter les détenus pour dettes, qui ne pourront prendre leurs repas ni avec le gardien ni dans son logement ;

De retarder, par faveur, le départ de condamnés désignés par l'autorité administrative pour être transférés les premiers aux bagnes ou aux maisons centrales de détention ;

Enfin, de tutoyer les prisonniers et d'avoir avec eux aucune sorte de conversation familière.

§ 7. — Médecins et pharmaciens.

Art. 44. Le service de santé est fait par un médecin nommé par le préfet.

Art. 45. Le médecin est tenu de faire chaque jour une visite dans la prison.

Art. 46. Les prescriptions du médecin sont toujours faites par écrit.

Elles sont remises, par les soins du directeur ou du gardien-chef, après avoir été revêtues de son *visa*, au pharmacien chargé de la fourniture des médicaments, lequel doit toujours et nécessairement les reproduire à l'appui de ses mémoires.

Art. 47. Le médecin visite la prison, les ateliers, les dortoirs, les lieux de punition, etc., etc., au moins tous les quinze jours.

Il propose des fumigations et autres moyens de salubrité, toutes les fois qu'il le juge nécessaire.

Il est tenu de consigner ses observations sur un registres *ad hoc*.

§ 8. — Aumônier et instituteur.

Art. 49. Un aumônier, nommé par le préfet, sur la proposition de l'évêque, est attaché à chaque prison.

Art. 50. L'aumônier célébrera la messe les dimanches et fêtes dans l'établissement. Les heures des offices, des instructions et autres services religieux, seront fixées par le règlement particulier.

Il fera aux détenus une instruction religieuse, une fois par semaine au moins, et le catéchisme aux jeunes détenus qui n'auront pas fait leur première communion.

Art. 51. L'aumônier peut choisir parmi les détenus, et d'accord avec le chef de la prison, les servants de la chapelle.

Art. 52. L'aumônier visite les infirmeries, et se rend auprès des malades qui le font demander.

Ses visites périodiques dans la prison ont lieu au moins deux fois par semaine.

Art. 53. L'aumônier est informé de chaque décès.

Art. 54. Les dispositions ci-dessus sont communes aux ministres des autres cultes.

Art. 55. Un instituteur, réunissant les conditions d'aptitude et de capacité voulues par la loi du 28 juin 1834, pourra être nommé, par le préfet, dans les prisons dont la population le comportera.

CHAPITRE. II. — *Régime économique.*

§ 1er. — Nourriture des valides.

Art. 56. La nourriture accordée par l'Etat aux prisonniers, dans les maisons d'arrêt, de justice et de correction, se compose, savoir :

1° Pour les hommes, d'une ration de pain du poids de 75 décagrammes, et pour les femmes, d'une ration de 70 décagrammes.

Le pain sera de pur froment avec extraction de 10 kilogrammes de son sur 100 kilogrammes de grain mis sur la meule.

Il ne sera distribué qu'après vingt-quatre heures de cuisson.

2° D'un litre de bouillon au beurre ou à la graisse, avec des légumes verts ou secs, suivant la saison, le sel et le poivre nécessaires à l'assaisonnement.

La quantité de beurre ou de graisse, et celle des légumes, pour chaque litre de bouillon, sera déterminée par le règlement particulier de la prison.

La soupe sera partagée en deux rations : l'une sera donnée le matin, l'autre le soir.

Les femmes enceintes et les nourrices pourront, sur l'avis du médecin, recevoir une ration supplémentaire.

Art. 57. Le jeudi ou le dimanche de chaque semaine, il sera servi aux prisonniers une soupe grasse, dans la composition de laquelle on aura fait entrer, pour chaque prisonnier, 200 grammes de viande de bonne qualité, les légumes, le sel et le poivre nécessaires. La viande provenant de cette soupe sera partagée par portions égales entre tous les détenus.

Il entrera dans chaque ration de soupe grasse ou maigre 90 grammes de pain blanc bien rassis.

Art. 58. Les prévenus et les accusés peuvent, dans les limites fixées par le règlement de la prison, faire venir du dehors, et à leurs frais, les vivres dont ils auront besoin.

S'ils pourvoient eux-mêmes à leur nourriture, ils cessent d'avoir droit aux vivres de la maison.

Art. 59. L'usage de l'eau-de-vie et des liqueurs spiritueuses est interdit aux prévenus et aux accusés. Quant au vin et autres boissons fermentées, le règlement particulier de chaque prison déterminera dans quel cas et en quelle quantité ils pourront en faire usage.

Art. 60. Les détenus pour dettes envers les particuliers peuvent, dans les limites fixées par le règlement de la prison, recevoir leur nourriture du dehors et en traiter de gré à gré.

Ils peuvent aussi prendre les vivres de la prison, au prix du mar-

29

ché dans le cas d'entreprise, ou au prix fixé par le préfet, dans le cas de régie.

Art. 64. Toute vente connue sous le nom de *cantine* est prohibée.

§ 3. — Coucher (1).

Art. 70. Le coucher des prisonniers se composera, pour chacun :

1° D'un hamac ou d'une couchette en bois ou en fer, de 70 centimètres de largeur sur 1 mètre 95 centimètres de longueur, pouvant, au besoin, s'enlever ou se relever pendant le jour ;

2° D'une paillasse ;

3° D'un traversin en paille ;

4° D'un drap plié en deux, ou de deux draps cousus ensemble dans une longueur de 1 mètre 60 centimètres, et non cousus pour le reste ; ces draps seront changés tous les mois ;

5° D'une couverture en été, et de deux couvertures en hiver.

La paille des paillasses et des traversins sera renouvelée aussi souvent qu'il sera jugé nécessaire par la commission de surveillance, et suivant ce qui sera déterminé par le règlement particulier de la maison.

Art. 71. Les prévenus et les accusés spécialement autorisés par le préfet ou par le sous-préfet, sur l'avis de la commission de surveillance, pourront, dans les limites fixées par le règlement particulier de la maison, faire venir du dehors les effets de coucher dont ils désireront faire usage.

Art. 72. Dans les prisons où il ne pourra y avoir de fournisseur chargé de la location des effets dits de *pistole*, le gardien pourra être autorisé à louer pour son propre compte, aux prévenus et aux accusés qui le demanderont, les meubles, linge et effets de literie à lui appartenant, moyennant une rétribution quotidienne, hebdomadaire ou mensuelle, fixée, pour chaque objet, dans un tarif arrêté par le préfet ou par le sous-préfet, sur l'avis de la commission de surveillance.

En tous cas, le gardien ne pourra accorder aux prévenus et aux accusés, comme chambres de *pistole*, que celles qui auront été spécialement affectées à cet usage par le préfet ou le sous-préfet, également sur l'avis de la commission.

Art. 73. Les détenus pour dettes envers les particuliers peuvent

---

(1) C'est à tort que dans sa circulaire en tête de ce règlement, page 10, M. le ministre de l'intérieur a dit que le coucher ne doit pas être fourni aux détenus pour dettes, qui sont tenus de pourvoir à toutes leurs dépenses personnelles. Cette proposition est trop absolue. Quand l'État ne fait pas de consignation alimentaire, c'est-à-dire quand la contrainte par corps est exercée dans son intérêt en matières criminelle, correctionnelle ou de police, il faut bien que le coucher soit fourni comme la nourriture.

faire apporter, dans la prison, des meubles et effets de coucher pour leur usage ; mais ils doivent préalablement adresser une demande à cet effet au préfet ou au sous-préfet, qui, sur l'avis de la commission de surveillance, détermineront les objets dont l'introduction sera permise.

Le prix de location des meubles et effets de coucher, que le fournisseur ou le gardien pourra louer aux détenus pour dettes, sera réglé, pour chaque objet, ainsi qu'il est prescrit par l'article précédent.

§ 4. — INFIRMERIE. — Coucher et nourriture des malades.

Art. 75. Il y aura dans chaque prison deux chambres ou salles d'infirmerie entièrement séparées, l'une pour les hommes, l'autre pour les femmes.

Art. 76. S'il y a impossibilité absolue d'établir dans la prison des salles d'infirmerie, les prisonniers atteints de maladies graves seront traités dans une salle spéciale de l'hôpital du lieu où est située la prison, conformément à la loi du 4 vendémiaire an VI, et au décret du 8 janvier 1810.

Le prix de journée du traitement sera arrêté d'avance entre la commission administrative de l'hospice et le préfet.

L'ordre de transfèrement à l'hôpital sera délivré par le maire, et d'après le consentement, savoir : du juge d'instruction, s'il s'agit d'un prévenu ; du président des assises ou du président du tribunal civil, s'il s'agit d'un accusé, et du préfet ou du sous-préfet, s'il s'agit d'un condamné ou d'un détenu pour dettes.

Art. 77. Le coucher des malades se compose d'une couchette. d'une paillasse, d'un matelas, d'un traversin, d'une paire de draps de lit et de deux couvertures.

La paille des paillasses sera renouvelée aussi souvent que le médecin le jugera nécessaire, mais régulièrement après chaque décès.

Le matelas sur lequel un détenu sera décédé sera rebattu, ainsi que le traversin.

Les toiles seront lavées, ainsi que les couvertures.

Art. 78. La nourriture des détenus soignés à l'infirmerie sera fournie sur les prescriptions du médecin, conformément aux règles suivies dans l'hôpital du lieu.

Art. 79. Les prisonniers uniquement affectés de maladies cutanées, telles que dartres, gale, teigne, ne recevront que la nourriture des détenus valides.

Art. 80. En cas de maladie, si les frais de médicaments et de nourriture des détenus pour dette excèdent le taux de la consignation, la différence sera payée sur le fonds des dépenses ordinaires de la prison.

§ 5. — Chauffage et éclairage.

Art. 81. Les moyens de chauffage et d'éclairage sont déterminés par le préfet, suivant les localités, sur la proposition du sous-préfet, l'avis du maire et celui de la commission de surveillance.

Les dortoirs communs seront éclairés toute la nuit.

§ 6. — Dispositions diverses.

Art. 83. Un tarif, arrêté tous les quinze jours par le maire, contiendra le prix du pain et autres aliments et objets dont la vente aux détenus aura été autorisée.

Art. 84. Les détenus débiteurs de l'État par suite de condamnations pour crimes, délits ou contraventions, sont, aux termes du décret du 4 mars 1808 et de la loi du 17 avril 1832, soumis, pour ce qui concerne le régime alimentaire, à la règle commune de la maison.

CHAPITRE III. — *Du travail des détenus.*

Art. 88. Les prévenus et les accusés pourront être employés, sur leur demande, aux travaux admis dans la prison. Dans ce cas, ils seront assujettis à la règle commune prescrite pour l'organisation et la discipline du travail.

Le produit de leur travail leur appartiendra.

CHAPITRE IV. — *Régime disciplinaire et de police.*

§ 1er. — Règles communes aux diverses classes de détenus.

Art. 89. A défaut de maisons distinctes d'arrêt, de justice et de correction, les préfets, les sous-préfets et les maires veilleront à ce que les prévenus, les accusés et les condamnés, renfermés dans la même maison, y occupent des locaux séparés.

Les prisonniers de passage seront placés dans des chambres séparées. En aucun cas, ils ne pourront communiquer avec les autres détenus.

Les condamnés correctionnels ou criminels resteront, jusqu'à leur transfèrement au bagne ou à la maison correctionnelle, dans la maison d'arrêt ou de justice où ils étaient lors de leur condamnation. Ils y seront séparés des prévenus et des accusés.

Dans chacune des catégories ci-dessus, les détenus des deux sexes seront complétement et constamment séparés.

Art. 90. Chaque détenu occupera un lit séparé. Il sera tenu de se déshabiller pour se coucher.

Art. 91. Les prisonniers d'une même catégorie pourront seuls se promener ensemble dans le même préau, et être réunis dans le même chauffoir ou atelier, ou toute autre chambre qui en tiendra lieu.

Art. 92. Sauf le cas d'autorisation spéciale accordée par le préfet ou par le sous-préfet, les visiteurs ne pourront communiquer avec les prisonniers qu'au parloir ou dans le local qui en tiendra lieu, et en présence des gardiens.

Les détenus de classes et de sexe différents ne pourront être admis en même temps au même parloir.

En aucun cas, les visiteurs ne pourront boire ni manger avec les prisonniers.

La durée des visites sera déterminée par le règlement particulier de la prison, qui déterminera également si elles auront lieu tous les jours, ou seulement certains jours de la semaine.

Art. 93. Toute communication avec les détenus est interdite aux repris de justice. Il n'y a d'exception que pour les père, mère, femme, mari, frères, sœurs, oncles, tantes, ou le tuteur du détenu.

Art. 94. Il est expressément défendu d'exiger ou de recevoir quoi que ce soit d'aucun prisonnier entrant ou sortant, à titre de bienvenue, étrennes, droit de prévôt, ou à tout autre titre.

Art. 95. Les détenus doivent obéir au directeur ou aux gardiens, en tout ce qu'ils leur prescrivent pour le maintien du bon ordre et l'exécution des règlements.

Art. 96. Chaque prisonnier est obligé de faire son lit, et d'entretenir sa chambre ou la place qu'il occupe au dortoir, dans un état constant de propreté.

Les dortoirs et corridors seront balayés et lavés par les prisonniers, à tour de rôle.

Les condamnés seront, en outre, obligés de faire, à tour de rôle, tout ce qui leur sera prescrit pour la propreté et la salubrité de la prison.

Art. 97. Dans les maisons où il y aura des locaux susceptibles d'être affectés spécialement à la réunion des prisonniers pendant le jour, l'entrée des dortoirs leur sera interdite entre le lever et le coucher.

Art. 98. Les jeux de toute sorte sont interdits.

Art. 99. Aucun détenu ne pourra avoir de rasoirs à sa disposition, non plus qu'aucun autre instrument, sans une autorisation spéciale délivrée par le maire, sur l'avis de la commission de surveillance.

Art. 100. Les chants et les cris sont défendus. Il en est de même de toute conversation à voix haute, de toute réunion bruyante, et de toute demande ou pétition collective.

Le silence est obligatoire pendant les repas, le travail et dans les dortoirs.

Art. 101. Toute infraction aux règles de la prison sera punie, suivant les cas, de l'une des peines disciplinaires suivantes :

La privation de la promenade, de l'école, de visites, de correspondance, de secours du dehors, et de tout ou partie du produit du travail ;

La mise au pain et à l'eau ;

La mise au cachot ;

La mise aux fers dans les cas prévus par l'article 614 du Code d'instruction criminelle ;

Le tout sans préjudice de la réparation pécuniaire des dégâts et dommages causés, s'il y a lieu.

§ 6. — Règles particulières aux détenus pour dettes.

Art. 115. Dans les maisons qui ne leur sont pas exclusivement affectées, les détenus pour dettes occuperont des locaux séparés. Aucune communication ne leur sera permise avec les autres prisonniers.

Art. 116. Le règlement particulier de chaque prison déterminera les autres règles disciplinaires auxquelles seront soumis les débiteurs envers les particuliers ou envers l'État.

CHAPITRE V. — *Régime moral et religieux* (1).

Art. 117. Tous les condamnés catholiques assisteront à la messe, aux autres exercices de leur culte et à l'instruction religieuse.

Les jeunes détenus iront au catéchisme.

Art. 118. Les détenus seront placés dans la chapelle, suivant les classifications voulues par l'article 89 du présent règlement.

Art. 119. Les détenus qui appartiendront à un des autres cultes reconnus par l'État, recevront les secours religieux du ministre de leur communion.

Art. 120. Il sera établi dans chaque prison un dépôt de livres à l'usage des détenus. Le choix de ces livres sera approuvé par le préfet, sur l'avis du maire et celui de la commission de surveillance.

Aucun autre ouvrage ou imprimé quelconque ne pourra être introduit dans la prison, soit pour les condamnés, soit pour les prévenus, sans une autorisation spéciale du préfet.

---

(1) Le règlement veut que les condamnés catholiques soient tous conduits à la messe et assistent à l'instruction religieuse, mais laisse aux prévenus, et par conséquent aux détenus pour dettes, qui leur sont assimilés, la liberté d'assister à la messe ou de ne pas l'entendre.

CHAPITRE VI. — *Dispositions générales.*

Art. 123. Le maire ne pourra déléguer l'exercice de son autorité dans la prison qu'à un de ses adjoints (1).

Art. 128. En outre des prescriptions contenues dans le présent règlement général, un règlement particulier déterminera, pour chaque prison départementale, toutes les autres mesures d'ordre, de discipline, de propreté et de salubrité, ainsi que toutes les mesures de police locale et de détail qui pourront y recevoir leur exécution.

Ce règlement, proposé par la commission de surveillance et arrêté par le préfet, sur l'avis du maire et celui du sous-préfet, sera, avant son exécution, soumis à l'approbation du ministre de l'intérieur.

Il sera, après cette approbation, imprimé et distribué à chacun des membres de la commission de surveillance et à tous les gardiens.

Art. 129. Un extrait du présent règlement général et du règlement particulier restera constamment affiché dans les divers quartiers de la prison. Cet extrait, certifié conforme par le préfet, renfermera les dispositions relatives aux devoirs des détenus.

Paris, le 30 octobre 1841.

Le Ministre secrétaire d'État au département de l'intérieur,   T. DUCHATEL.

---

(1) Le ministre a entendu exclure formellement l'intervention du commissaire de police.

FIN.

TABLE SOMMAIRE

DES MATIÈRES CONTENUES DANS CE VOLUME.

458   TABLE SOMMAIRE DES MATIÈRES.

TABLE ALPHABÉTIQUE

DES MATIÈRES CONTENUES DANS CE VOLUME.

---

ne suspend pas l'exercice de la contrainte par corps, p. 378. — Appel spécial en cette matière, p. 384.

ARRESTATION. Temps et lieux où l'arrestation peut être opérée, p. 388 et suiv.

ARRÊTÉ. Arrêté de la commission exécutive qui crée des exceptions au décret de suspension de la contrainte par corps, p. 3.

AUMÔNIERS. Règles sur les aumôniers des prisons, p. 448.

AVOUÉS. Cas dans lesquels le droit de copie du jugement signifié avec le commandement tendant à prise de corps appartient à l'avoué, p. 337, n° 137. — L'avoué a droit à la copie du jugement qui prononce la nullité de l'emprisonnement lorsque cet officier a certifié les écritures, p. 340, n° 142. — Autres émoluments dus aux avoués en matière de contrainte par corps, p. 357, n°ˢ 173 et 174. — Quels droits ils ne peuvent plus réclamer, p. 359, n° 175. — Cas où la contrainte par corps a lieu contre les avoués, p. 369 et suiv.

BAIL. Interdiction de stipuler la contrainte par corps dans un acte de bail à ferme, p. 129, 134. — Cette proposition est combattue par M. Renouard, p. 140, 148, 153; — Elle est appuyée par MM. H. Durand (Seine-et-Oise), p. 145, et Dérodé, p. 151; — Elle est adoptée, p. 154. — Motifs, p. 129, 235. — L'art. 2 de la loi du 13 décembre s'applique aux baux antérieurs, p. 238. — Il n'autorise pas le bailleur à demander la résolution du contrat, p. 239. — A la fin du bail, le fermier ou le colon partiaire est tenu par corps de représenter le cheptel de bétail, les semences et lès instruments aratoires qui lui ont été confiés, p. 374.

BARBIERS. Un ou plusieurs barbiers salariés par l'administration doivent être attachés aux prisons, p. 446 et 447.

BILLETS A ORDRE. V. *Lettres de change.*

BOURSE COMMUNE. Salaires des gardes du commerce qui doivent être mis en bourse commune, p. 348 et suiv., n°ˢ 158 et suiv. — Dispositions qui prescrivent l'établissement de la bourse commune des gardes du commerce, p. 423 et 424.

CAUTION. En matière de commerce, le débiteur incarcéré, peut, comme en matière civile, obtenir son élargissement s'il consigne le tiers de la dette et fournit caution pour le surplus, p. 130, 135, 262 et suiv., n°ˢ 47 et 53. — Obligation que doit contracter alors la caution, p. 385. — Cas où la contrainte par corps a lieu contre les cautions judiciaires et contre les cautions des contraignables par corps, p. 368. — Caution en matière criminelle, p. 405 et suiv.

ERRATA.

Page 230, ligne 23, *au lieu de :* du 30 germinal, *lisez :* du 4 germinal.

— 239 — 28, *au lieu de :* contrat de prêt, *lisez :* contrat de change.

— 255 — 2, *au lieu de :* deux, *lisez :* trois.

— 266 — 35, *au lieu de :* l'article 5, *lisez :* l'article 7.

— 279 — 14, *au lieu de :* maximum, *lisez :* minimum.

— 311 — 19, *au lieu de :* (art. 1er), *lisez :* (art. 2).

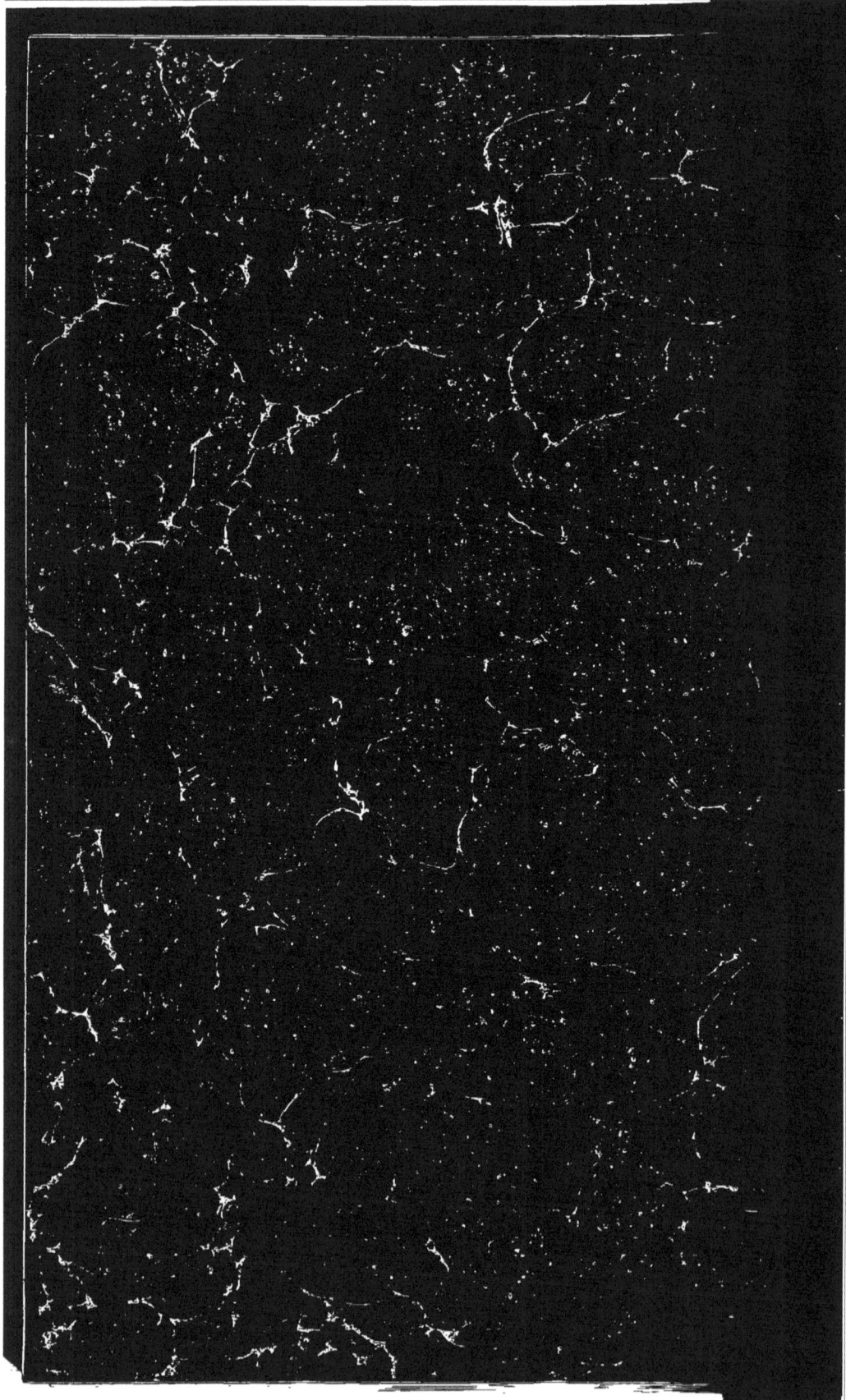